라마나 마하리쉬와의 대화, 1

* 이 책의 저작권은 슈리 크리슈나다스 아쉬람에 있습니다.
* 무단전재와 무단복제를 금합니다.

라마나 마하리쉬와의
대화, 1

김병채(크리슈나다스) 옮김

슈리 크리슈나다스 아쉬람

바가반 슈리 라마나 (1879. 12. 30. ~ 1950. 4. 14.)

This book is dedicated
to Ramana Maharshi

옮긴이의 글

김병채(크리슈나다스) (1948. 2. 23 -)

경상북도 포항에서 태어나다. 1972년 경북대학교를 졸업하고 난 뒤 다수의 직업을 거친 후 서울의 대기업에서 근무를 하였다. 직장의 일보다는 신을 만나고자 하는 염원이 늘 가슴에 있었다.

어느 날 회사로 돌아가는 길에 명동 성당에 들러 성모상 앞에서 기도를 하였다. "신을 보는 삶을 주소서. 그렇지 않다면 이 삶이 무슨 소용이 있습니까? 그럴 수 없다면 저의 생명을 거두어 주소서."라고 기도한 적도 있었다.

회사 생활은 나의 길이 아니라는 생각이 들어서 회사를 그만두었다. 무엇을 할 것인지는 몰랐다. 이 생활은 아니라는 것을 느꼈을 뿐이었다. 충남에 있는 수덕사 근처에서 생활했다. 덕산 성당 신부님으로부터 신학교에 들어갈 것을 권유받았지만, 신을 만나고픈 열정이 더 강했다. 그곳에서 몇 개월 지내다 서귀포로 가서 약 2년간 생활하였다.

부산으로 가서 대학교 강사 생활을 몇 년 하다가 창원에 있는 국립 대학교 교수가 되었다. 가르치다가 명상을 배워야 되겠다는 생각이 일어났다. 그래서 송광사 주위의 암자에 기거하기도 하였다. 법정 스님에게 제자로 받아달라는 부탁을 드리기도 하였다.

성당 고해소 신부님에게 "신이 어디에 계십니까?"고 질문을 하였다. 신부님은 "산과 들에 있지요."라는 답을 하셨다. 세상에 산과 들이 얼마나 많은 데 하는 생각이 들어서 절망을 느꼈다.

1988년 말 붓다가 태어난 곳인 인도로 명상을 배우러 갔다. 뉴델리에 기거하면서 슈리 오로빈도 아쉬람에 자주 갔다. 그곳의 한 이방인에게 길을 물었다. "제가 어디로 가면 좋습니까?" 그분이 답하였다. "알란디로 가세요." 그래서 여정이 시작되었다.

켈커타에서 마더 데레사의 축복을 받기도 했다. 비파사나 아카데미에서 명상을 하다가 마음 너머에 있는 것을 경험했다. 거기에는 찬란한 무엇이 있었다. 그곳의 성자분께서 그것을 사마디라 하셨다.

봄베이의 한 요가 연구소에서 외국풍의 연구원에게 인도에서 가장 성스러운 곳을 물었다. 그는 "티루반나말라이에 있는 아루나찰라 산입니다. 거기에 라마나 아쉬람이 있습니다."라고 대답하였다. 라마나는 신이라는 애칭을 가졌으며 동물들과도 대화를 나누시는 분이셨다. 이미 돌아가셨다.

말로의 대화가 없는 곳이었다. 아름다운 아루나찰라 산자락에 고요만이 있었다. 그곳으로 순례를 온 스승과 한 무리의 제자들도 말을 하지 않았다. 눈을 마주하는 것이 전부였다. 많은 것을 느끼게 하였다. 다른 곳들에서는 무엇을 하라고 하는데 이곳에서는 무엇을 하라고 하지 않았다.

3호실의 나의 숙소로 가는 길에 남쪽의 파파지라는 별명을 가지신 나나가루라는 성자 분을 만나고 대화까지 나누었다. 그때는 그분의 메시지를 이해하지 못하였다. 그곳에서 한 달 가량 머물렀다.

깨닫는 것을 다음의 생애들로 미루어야 될 것 같았다. 그래서 고국으로 돌아오고자 하였다. 돌아오기 직전에 북인도의 갠지스 강가인 하리드와르에서 라마나 마하리쉬의 제자 슈리 푼자를 만나 대화를 나누었다. 그분께서는 북쪽의 파파지라는 별명을 지니신 분이셨다. 그분이 말씀하시는 요지는 마음이 나가 아니라는 것이었다. 나는 그 말의 의미를 이해했다. 그래서 나는 마음을 내려놓았다. 그러자 순식간에 이 현상계를 벗어나 빛이 끝없이 펼쳐진 하늘로 갔다. 다시 돌아온 옮긴이에게 "그것이 깨달음입니다. 그대는 붓다입니다. 찾을 것이 더 없습니다. 당장 고국으로 돌아가십시오."라고 말씀을 주셨다.

고국으로 돌아와 정기적으로 티루반나말라이에 있는 라마나 아쉬람을 방문하였다. 2016년에도 라마나스라맘으로 가서 저녁 찬송인 파라야나를 하였다. 온 사랑과 정성을 다하여 라마나

님을 흠모하였다. '바리 바리 라마나 구루'라는 구절을 찬송하다가 또 마음 너머로 갔다.

나는 경전들에 대한 아무런 지식도 없이 아루나찰라의 은총만으로 깨달음을 경험한 것 같다. 빛과 빛에 이르는 길을 더 이해하고 정리하고 싶은 마음이 일어나 베단타 경전들 속으로 들어가게 되었다. 그러나 가르침이 아주 명쾌한 라마나님의 책들이 그 중심이었다. 『Talks with Ramana Maharishi』는 많은 도움을 주었지만 자료가 더 있었으면 하는 마음이 늘 있었다.

그러다가 『Aham Sphurana: Scintillations of Jnana from Sri Ramana Maharshi』라는 방대한 자료를 접하게 되었다. 이것은 라마나님에 관한 자료이다. 그러나 왜 그런지 모르겠지만 라마나스라맘에서 출간된 것은 아니었다. 나는 이 책 속으로 빠져들었다. 이러한 귀중한 자료가 이 세상에 있다니.... 이 책을 통해서 깨달음과 수행법들을 그리고 라마나님의 가르침의 정수를 접할 수 있었다. 그래서 기쁜 마음으로 이것을 번역하여 한국의 독자들과 나누어야겠다는 마음이 일어났다. 이 자료에는 국제 정세, 자세한 주변 환경, 여과 없는 질문자의 자기 고백, 여러 책들을 참석자들이 읽는 것도 담겨있었다. 나는 라마나님의 직접적인 가르침이 아닌 이것들을 생략하였다. 라마나스라맘에서 나온 『Talks with Ramana Maharishi』와 같은 모습이 되도록 노력하였다.

창원에 슈리 크리슈나다스 아쉬람을 열고 소수의 사람들과 진리를 나누는 대화의 장을 마련하고 있다.

2025년 5월

차례

옮긴이의 글 · 7

제1장	1936년 7월 5일 ·	11
제2장	1936년 7월 6일 ·	26
제3장	1936년 7월 7일 ·	41
제4장	1936년 7월 9일 ·	75
제5장	1936년 7월 10일 ·	85
제6장	1936년 7월 11일 ·	92
제7장	1936년 7월 12일 ·	109
제8장	1936년 7월 13일 ·	124
제9장	1936년 7월 14일 ·	134
제10장	1936년 7월 15일 ·	147
제11장	1936년 7월 16일 ·	168
제12장	1936년 7월 17일 ·	177
제13장	1936년 7월 18일 ·	196
제14장	1936년 7월 19일 ·	247
제15장	1936년 7월 20일 ·	274
제16장	1936년 7월 21일 ·	316
제17장	1936년 7월 23일 ·	325
제18장	1936년 7월 24일 ·	328
제19장	1936년 7월 25일 ·	338
제20장	1936년 7월 26일 ·	343
제21장	1936년 7월 27일 ·	353
제22장	1936년 7월 28일 ·	355
제23장	1936년 7월 30일 ·	367
제24장	1936년 8월 1일 ·	377
제25장	1936년 8월 2일 ·	388

제1장
1936년 7월 5일

헌: 명상 중에 잠이 드는 것을 어떻게 막을 수 있습니까?

라: 만약 "나는 잠이 들어서는 안 된다. 나는 지금 명상을 하고 있다. 잠이 드는 것은 나의 명상을 망칠 것이다."라고 생각한다면, 생각하는 것은 명상과 반대되는 것이기 때문에 당신은 명상을 망치게 될 것입니다. 따라서 의식적으로 잠을 막으려고 한다면, 그것은 생각의 출현으로 이어질 것입니다.

그러나 명상을 하는 도중에 잠이 든다면, 그 명상은 잠자는 동안 그리고 잠이 든 직후에도 계속될 것입니다. 잠에 대한 생각 또한 정신을 산만하게 하는 생각이기 때문에, 그런 생각 또한 제거되어야 합니다. 왜냐하면 생각이 없는 자연스러운 상태는 자그라트(깨어있는 상태)에서 의식적으로 얻어져야 하기 때문입니다. 그 결과로 생긴, 노력을 하지 않고 자발적으로 지속되는 생각이 없는 주관적 의식의 상태는 자그라트-수슙티(잠자는 상태)라고 알려져 있으며 그것은 사마디와 동일합니다.

꿈꾸는 것, 분명한 깨어있음, 그리고 잠은 단지 내재하고, 힘들이지 않은 생각 없음의 상태라는 스크린 위의 그림일 뿐입니다. 그것들에게 주목하지 말고 지나치십시오. 당신은 세 가지 상태들의 바탕이 되는 영원한 토대로서 작용하는 지속적인 실재를 고수하는 것에 초점을 맞추고, 세 가지 상태들과 그 안에서 일어나는 것은 스스로 알아서 하게 두십시오. 그것들에 대해서는 걱정하지 마십시오.

생각 부재의 상태와 그 안에 아무런 개념이 존재하지 않는 상태는 모두에게 있어 원초적이고, 자연스러운 마음의 상태입니다. 이것이 원래의 평화의 상태이고, 우리는 생각을 불러들임으로써 결과적으로 그것을 망칩니다.

헌: 로마서 12:9 '사랑은 거짓이 없어야 합니다. 악을 미워하고 꾸준히 선한 일을 하십시오.'의 의미는 무엇입니까? 리드비터는 그것이 신비적 의미를 지닌다고 말했던 것 같습니다. 만약 바가반께서 그것을 아신다면, 저에게 그것을 설명해 주시겠습니까?

라: 그 의미는 분명합니다. 신에 대한 거짓 없고 진실한 단 하나의 헌신 또는 사랑은 에고-자아를 포기하고 진정한 나에 대한 탐구에 집요하게 매달리는 것입니다.

헌: 바가바드 기타의 어떤 슬로카가 바가반의 가르침을 가장 잘 나타냅니까?

라: 제2장 16절 '비실재는 존재가 없고, 실재는 전혀 비존재가 없다.'입니다.

헌: 저는 어제 오후 쿤주와 대화를 나눴습니다. 그는 예전에 스칸다스라맘에서 슈리 바가반이 최종적인 깨달음을 얻는 순간 바로 직전에 어떻게 지바가 가슴 안으로 가라앉는지를 어떤 사람에게 설명하면서 (원어) 또는 (원어)를 사용했던 것을 기억합니다. 바가반이시여! 이 용어의 의미를 저에게 분명히 해 주시기를 부탁드립니다.

라: (원어)의 경험은 지바 즉 마음이 그 의식의 모든 내용을 빼앗겼다는 것을 의미합니다. 그러나 빔비타칫탐(실제로 지바트만을 구성하고, 그 안의 변형들이 생각처럼 보이는 반사된 의식)······반사된 의식이 파람아트만 안으로 최종적으로 합병되는 일은 아직 일어나지 않습니다. 산스크리트에서는 그와 똑같은 용어를 스판다브라자 사마디 혹은 아함스푸르티라고 합니다. 영어로는 그것을 "나"- 불꽃이라고 부릅니다.

헌: 이 경험의 의미는 무엇입니까?

라: 바사나의 근절이라는 과업과 관련해서 이루어진 진전의 표시입니다.

헌: 이 상태에 이르면, 그 상태에서 무지로 물러나는 것이 가능합니까?

라: 그렇습니다. 정말로 그렇습니다. 수행자는 바사나가 다시 마음으로 들어오지 않도록 경계해야 합니다. 동시에 아함스푸르티 상태가 변함없이 있어야 하고 버려져서는 안 됩니다.

헌: 아함스푸르티에서 마음이 가슴 안에서 돌이키지 못하게 죽는 최종적인 상태로 결단력 있는 도약을 하는 방법은 무엇입니까?

라: 어떤 노력도 마노나샴(마음의 파괴)으로 이어질 수는 없습니다. 아함스푸르티는 혼자 힘으로 가는 것이 가능한 만큼 멀리 있습니다. 그 후에는 더 높은 힘이 스스로 알아서 할 것입니다.

헌: 바가반께서 반다바사나(과거의 경험이 남긴 묶는 인상들)와 보가바사나, 두 종류의 바사나가 있다고 말했다고 들었습니다. 전자는 깨달음을 방해하는 반면 후자는 깨달음을 얻는 데 필요한 특성을 기르는 데 도움이 된다고 합니다.

라: 아닙니다. 아갸니(무지한 사람)의 바사나는 반다바사나이고, 반면에 갸니의 바사나는 보가바사나입니다.

헌: 그렇다면 갸니가 바사나를 가지는 것이 가능합니까?

라: 하지만 그의 바사나는 그 자신의 자유 의지의 결과가 아닙니다. 그것은 파레차(다른 사람을 위한 것)입니다.

질: 제 질문을 조금 다른 식으로 표현해보겠습니다. 깨달음을 얻기 전에 모든 바사나는 근절되어야 합니까? 아니면 여전히 바사나를 가지고 있는 사람이 마노나샴(마음의 소멸)에 이를 수 있습니까?

라: 그것은 수행자의 바이라기야(욕망의 포기)에 달려 있습니다. 바이라기야는 오랜 기간 동안의 금식, 가족과 가까이 지내는 것을 금하는 것, 말하지 않는 것 등을 의미하는 것이 아닙니다. 그것은 실제로 아무것도, 심지어 마음이 존재하지 않는 파라브람만 또는 깨달음의 상태조차도 바라지 않는 것을 의미합니다. 사람의 바이라기야가 완전하면 그런 사람의 벌거벗은 마음은 나에 의해 파괴될 날이 멀지 않았습니다. 모든 바사나는 댐이 둑을 무너뜨릴 때 풀을 뜯는 소들이 쓸려가서 죽는 것처럼, 완벽한 바이라기야의 맹렬한 불길에 씻겨나갑니다.

헌: 그런 바이라기야를 어떻게 기를 수 있습니까?

라: 스라바나-마나나-니디디야사나(듣기, 묵상, 깊은 명상)가 그것을 위한 수단입니다.

헌: 수행자에게 마노나삼 또는 최종적 깨달음을 가져오기 위해서는 인도하는 갸니의 몸의 존재가 필요합니까?

라: 갸니의 존재는 몸인 것이 아닙니다.

헌: 하지만 그 질문에 대한 답은 무엇입니까?

라: 그것은 수행자의 팍쿠밤(성숙함)에 달려 있습니다.

헌: 제가 나를 깨닫는 데는 얼마나 오래 걸리겠습니까?

라: 계속해서 노력이 없이 의지가 없이 생각 없음으로 있는 데 걸리는 만큼입니다.

헌: 어떻게 바사나를 파괴합니까?

라: 그 또한 오직 계속해서 노력이 없이 의지가 없이 생각 없음으로 있음으로써 입니다.

헌: 하지만 그것은 아주 어렵습니다. 어떻게 생각하지 않고 있습니까?

라: "나는 생각하지 않고 있어야 한다."는 것도 또한 생각입니다.

헌: 생각들을 억누르려고 할 때, 그것들은 더 강제적으로 또는 맹렬하게 생겨납니다.

라: 누가 당신에게 강제로 생각들을 억제하라고 요구합니까? 마음이 길을 잃었다는 것을 알게 될 때면 그것을 부드럽게 달래어 근원으로 돌아가게 하십시오. 그것으로 충분합니다.

헌: 바가반께서는 누군가에게 "깨달음은 오직 당신이 깨닫지 않았다고 생각하지 않는 것이다."라고 말한 것 같습니다. 그 말은 이해할 수가 없습니다.

라: 그것은 "나는 아갸니이다."라는 생각 또한 피해야 한다는 것을 의미할 뿐입니다. 당신이 자신을 이것 또는 저것이라고 받아들이는 한, 당신의 실제 모습은 구름에 덮여 있게 됩니다. 모든 마음의 변형은 깨끗이 씻겨나가야 합니다. 그래야만 나가 자신을 드러냅니다.

헌: 쿤주가 나에게 말하기를 바가반께서 스칸다스라맘에 있는 동안, 그의 어머니는 그의 몸이 그것의 구성 요소들로 분해되었다가 나중에 함께 조립되는 것을 보았다고 했습니다. 그것이 실제로 일어났습니까, 아니면 그저 바가반 어머니의 비전이나 환각이었습니까?

라: 각자는 자신의 마음의 상태에 따라 어떤 것을 봅니다. 우리가 그것에 대해 뭐라 말하겠습

니까?

헌: 텔레파시나 염력 같은 사이킥 현상들은 실제입니까?

라: 어떤 현상들도 결코 실재일 수는 없습니다. 현상들은 그것들을 보는 누군가를 필요로 합니다. 그 사람은 누구입니까? 그가 있는 한, 갸나는 없습니다. 언제나 존재하는 본체(실체)만이 실재입니다.

헌: 바가반께서 "당신이 아비야사(수행)를 하든지 그렇지 않든지 당신은 자신의 자연스러운 상태에 있다."라고 말했다는 것은 사실입니까?

라: 그렇습니다.

헌: 그렇다면 나를 깨닫기 위해 노력을 하는 것의 요점은 무엇입니까?

바가반: 나는 기침이 나서 이 약(그의 옆에 있는 Nux Vomica 200C를 가리키면서)을 먹고 있습니다. 마찬가지로, 마음의 평화 없음은 사람으로 하여금 실재에 대한 탐구를 하게 합니다.

헌: 하지만 만약 모든 사람이 이미 갸나라면, 갸나에 대한 탐구는 어디에서 관련성으로 생겨 납니까?

라: 구름들을 물러나게 한다고 하늘을 만들어내는 것은 아닙니다. 하지만 만약 하늘을 보고 싶다면, 구름들은 사라져야 합니다. 모두가 잠재적인 갸나라는 것은 사실입니다. 하지만 오직 소수만이 마음의 내향성이라는 충분한 힘을 발생시켜 그것의 파괴를 가져옵니다.

헌: 갸나는 마음대로 그의 몸을 투명하게 하거나 보이지 않게 하는 능력을 가지고 있습니까?

라: 갸나는 도대체 어디에 몸을 가지고 있단 말입니까? 하물며 의지는요?

헌: 라마나마자팜("라마"라는 이름에 대한 지속적인 묵상)은 마음의 파괴를 가져옵니까?

라: 당신이 라마에게 무조건 복종 했다면 그렇습니다.

헌: 초보자에게 있어서 대상에 대한 명상이 탐구를 수행하려고 시도하는 것보다 쉽다는 것은

사실입니까?

라: 그렇습니다. 수행자가 마음의 한 점 집중(에카그라타)을 얻으면, 그는 탐구를 시작할 수 있습니다.

헌: 그러면 수행자들이 아직 초보인 동안에는 탐구를 시작하는 것을 단념해야 합니까?

라: 그에게 가장 매력적인 방법이나 길을 시작하도록 각자에게 맡겨 둡시다. 만약 충분히 오랫동안 유지된다면 모든 여러 방법들은 결국 오직 탐구로 이어지게 됩니다. 탐구는 수행자가 안으로 향하는 마음과 밖으로 향하는 마음을 분명하게 구분할 수 있게 된 후에야 의미 있는 영향력을 가지기 시작하며, 그의 마음이 헤매고 있다는 것을 보게 되자마자 서둘러 밖으로 향하는 마음을 피하고 안으로 향하는 마음 안에 있습니다.

헌: 어떻게 저는 바이라기야(포기, 초연)를 얻을 수 있습니까?

라: 행복의 실제 내용에 대한 올바른 이해가 당신을 그것으로 이끕니다. 지금 당신은 행복을 추구하지만 행복이 바깥 세계로부터 당신에게로 흘러들어오거나 당신의 마음이 외부의 대상 세계로부터 행복을 흡수한다고 생각합니다. 하지만 진리는 무엇일까요? 현현으로 나타난 것은 행복을 유발하기는커녕, 우리의 모든 참담함의 원인입니다. 마음과 감각 지각 대상들의 상호작용에 의해 얻어지는 즐거움 또한 고통이라는 이면을 가지고 있습니다.

 행복에 대한 욕구는 옳지만 당신은 아비디야마야(무지라는 환영)에 의해 고통과 연관된 일시적인 쾌락이 진짜 행복이라고 현혹되어 왔습니다. 감각 지각들은 단기적인 쾌락을 낳으며, 더욱이 그것은 그 후에 고통을 유발합니다. 고통과 쾌락은 세상에서 서로 번갈아 나타납니다. 일시적이고, 순간적이고, 고통과 연관된 행복과 나의 최고의 행복 사이의 차이를 알아내고, 현명하게 자신을 후자에만 국한시키는 것이 바이라기야라고 알려져 있습니다.

 감각적인 매혹에 대한 추구가 당신을 단지 고통으로만 이끈다는 것을 알면서도 왜 당신은 그 방향으로 갑니까? 그것은 마음의 오래된 습관(바사나)들이 끌어당기는 힘 때문입니다. 이 습관들이 사라진 후에, 당신은 지속적인 평화를 얻을 것입니다. 그 습관들은 하루에 떨쳐버릴 수 있는 것이 아닙니다. 그것들은 오랜 기간의 아비야사(수행)와 꾸준한 바이라기야에 의해서만 사라질 것입니다.

헌: 마음을 안정되게 만드는 것에 있어서 구루의 역할은 무엇입니까?

라: 구루는 단지 그대는 그대 자신을 무조건적으로 복종하라고 제안할 뿐입니다. 그는 당신이 얻지 못한 새로운 어떤 것을 당신에게 주지는 않을 것입니다.

헌: 마음은 잠시 동안만 평화롭고, 조금 시간이 지나면 다시 오래된 짓궂은 경향성이 마음을 지배하여 그것이 빗나가게 합니다. 저는 무엇을 해야 할지 모르겠습니다.

라: 당신은 계속적인 수행을 통해 마음을 그 근원에 유지하는 것에 성공할 것입니다. 마음이 그 근원에 가라앉아 있는 상태가 그것의 자연적인 상태입니다. 그 자연적인 상태를 되찾기 위해서는 엄청난 싸움이 불가피합니다.

헌: 싸움에서 우위에 있기 위해서 제가 제대로 알아야 할 하나의 사실은 무엇입니까?

라: 당신의 의식의 영역 안에 놓이는 어떤 것도 믿지 말아야 한다는 것입니다. 그것은 더 나아가 마음이 안으로 이르게 하는 길로부터 당신을 벗어나게 할 수 있습니다.

헌: 그렇다면 비전들이 반드시 영적 진보의 징후는 아닙니까?

라: 비전들에 속지 마십시오. 내가 당신 앞에 나타난다고 해도 그것을 믿지 마십시오. 마음이 끊임없이 가슴의 빛 속에 잠기게 하는 일에만 계속해서 전념하십시오. 이것이 당신이 해야 할 유일한 일입니다. 가슴의 빛 안에 영원히 잠겨 있으십시오.

헌: 그것(마음을 끊임없이 가슴의 빛 속에 잠기게 하는 일)을 위해서는 구루의 은총이나 신의 은총이 필요합니다. 당신의 은총으로 저를 축복해 주십시오.

라: 마음이 안으로 향하는 것과 은총은 똑같은 것입니다. (원어) 왜 밖에서 은총을 찾습니까? 그렇게 하는 것은 헛되지 않습니까? 당신의 바깥에 어떤 것이 있습니까?

헌: 그러면 은총은 제 노력의 결과로 얻을 수 있는 것입니까?

라: 노력은 당신이 은총을 얻도록 허락은 하지만, 그럴 자격은 없습니다 not deserve it.

헌: 어떤 사람이 신의 은총이나 나의 은총에 대한 선택된 수혜자라는 표시는 무엇입니까?

라: 당신이 언급했던 것과 같은 은총의 개념화에 신경 쓸 필요는 없습니다. 마음이 안으로 향

하는 것과 은총은 같은 것이기 때문에 은총은 안으로 향하는 마음에 내린다고 합니다. 은총은 본질적으로 나와 동일합니다.

헌: 저는 원하는 만큼 자주 여기에 올 수 없습니다. 일의 책무가 그것을 막습니다.

라: 당신은 몸을 진짜라고 여기고, 이런 이유로 모든 문제들이 있습니다. 반면에 나에는 아무런 제한이 없습니다. 시간과 공간은 물리적 차원에서만 작동합니다. 우리는 자신이 몸이라고 생각하기 때문에 시간과 공간에 의해 노예가 됩니다. 깨달음은 당신이 이것저것이라고 상상하지 않는 것, 당신이 이런 저런 환경에 의해 좌우된다고 생각하지 않는 것을 의미합니다.

당신이 세상 안에 있습니까 아니면 세상이 당신 안에 있습니까? 깊은 잠 속에서 세상이 생겨나 그 자신을 당신에게 알렸습니까? 그럼에도 불구하고 당신은 깊은 잠에서 존재하지 않았습니까? 당신은 깊은 잠에서 존재했던 사람과 다릅니까? 그렇다면 왜 당신은 기운이 넘치는 마음에 의해 떠올려진 개념일 뿐인 시간과 장소에 신경을 씁니까? 깊은 잠에서의 당신의 모습이 자신의 진정한 성품이라는 것을 아십시오. 그 잠은 지금도 계속되고 있습니다. 잠이 없는 잠의 상태를 붙잡고 이 질문들이 생겨나는지 보십시오.

헌: 제가 몸이 아니라는 것을 어떻게 스스로 상기시킬 수 있습니까?

라: 현재 상태를 깊은 잠과 비교해 보십시오. 당신은 잠에서 몸이 있었습니까? 항상 존재하지 않았습니까? 잠을 잤던 동일한 "나"가 또한 지금도 존재합니다. 그를 붙잡으십시오. 깊은 잠에서의 몸이 없음의 경험 또한 지금 있습니다. 지금도 당신은 몸이 없습니다. 오직 그와 반대로 주장하는 악의적인 힘, 즉 생각을 억제해야 합니다.

헌: 어떻게 잠을 자지 않고 잘 수 있습니까?

라: 항상 마음을 그 근원에 유지하고 절대 그것이 밖으로 빗나가지 않게 함으로써 할 수 있습니다. 수행에 의해, 그 상태는 점점 자연스러워질 것입니다. 계속적이고, 자연스러운, 노력이 없는 생각 없음이라는 그 완벽하게 의지가 없는 상태는 잠이 없는 잠이 탐내는 상태입니다. 그것이 우리 노력의 목표입니다. 그것은 오랜 수행에 의해서만 생겨날 것입니다.

헌: 제가 어떻게 니르비칼파 사마디에 이르겠습니까?

라: 니르비칼파 사마디란 무엇입니까? 그것은 가슴의 빛 안에 영원히 잠겨 있는 것입니다. 잠, 기절, 죽음 등에서 우리는 무의식적으로 가슴Heart에 합쳐집니다. 사마디에서는 의식적으로 가슴에 합쳐집니다. 왜 그 근원과 떨어져 있어야 합니까? 그의 근원으로부터 떨어져 있기를 원하는 그 사람은 누구입니까? 그의 존재는 단지 허세가 아닙니까?

개별적 존재로서의 당신의 존재에 대한 생각은 물라-아바라나(뿌리-제한)라고 불립니다. 그에게 자신을 조사하고 그의 존재를 알리라고 꾸준히 요구를 하자마자 자아는 달아나기 때문에 그 생각은 그릇된 것입니다. 그러면 실재만 남습니다. 이 과정은 나를 깨닫는 것이라고 알려져 있습니다. 하지만 새롭게 얻어지는 것은 없습니다. 구름을 흩뜨리는 사람이 하늘을 만들어 내지는 않습니다.

헌: 바가반께서 저에게 딕샤를 주시겠습니까? 바가반께서는 저의 유일한 희망입니다.
라: 아무런 대답이 없다. 홀 안의 누군가 말했다. "마하리쉬는 하스타(손) 딕샤를 주지 않습니다. 오히려 그는 그의 눈을 통해 비밀스러운 딕샤를 줍니다. 그는 공개적으로 그렇게 하지 않습니다. 그것을 원한다면 그의 눈을 가만히 들여다보아야 합니다." 나는 마하리쉬의 눈을 들여다보고, 그의 영원한 사랑의 통치가 조용히 시작된다…

헌: 쉬반 소트투의 의미를 제가 알 수 있겠습니까? 관습적인 이해는 쉬바 사원에서 훔쳐서는 안 된다는 것입니다. 하지만 며칠 전 제가 홀에 없었을 때 바가반께서 그것을 철학적 시각에서 설명하셨던 것 같습니다. 바가반께서 저를 위해 다시 말씀해주시겠습니까?
라: 쉬반 소트투는 나의 순수한 주관적 의식입니다. 그것은 "나"라고 말하지 않고 생각을 하지 않습니다. 어떤 거짓된 요소는 이 순수한 주관적 의식을 기본적 물질substrate로 사용함으로써 그 자신에게 인위적인 "나"-감각을 도용하고, 성격을 참고해서 스스로를 "나"라고 칭하는데, 그것은 단지 잠재하는 마음의 성향의 집합일 뿐입니다. 이 거짓된 요소는 안타카라남(내적 기관들)이라고 불립니다. 그것의 근본 원인은 아비디야마야입니다. 그러므로 이런 방식으로 불법

적으로 존재하는 마음은, 절대적 자각인 쉬바에게 속하고, 겉으로 보기에 분리되어 있을 때조차도 그와 분리되어 있는 존재가 없기 때문에 도둑맞은 재산이라고 불립니다.

절도에 대한 벌은 (원어) 또는 (원어)입니다. 마음의 모든 브릿티 즉 자손(쿨람)은 불행을 야기하는데, 그 불행은 그의 타고난 행복의 파괴(나삼)와 똑같습니다.

헌: 어떻게 신을 봅니까?

라: 신의 영역은 주관적 경험의 영역입니다. 그는 그 자신의 상상의 범위 안에서가 아니고는 객관화되어질 수 없습니다.

헌: 슈리 크리슈나는 아르주나에게 비스와루파(우주적 모습)를 보여주셨습니다.

라: 아르주나는 그가 보고 싶어 하는 것을 보았습니다.

헌: 바가반 슈리 마하리쉬의 니자스와루팜(자신의 모습)이 무엇인지 여쭤봐도 되겠습니까?

라: 먼저 자신의 니자스와루팜을 발견하십시오. 그러면 슈리 마하리쉬의 니자스와루팜은 당신에게 분명해질 것입니다.

헌: 제가 나 깨달음을 원한다면, "세상은 객관적으로 실제하는 실체이다."라는 믿음은 없어져야 합니까?

라: 나 깨달음을 원한다면, 모든 믿음들을 없애야 합니다.

헌: 알겠습니다. 그러면 무엇이 남겠습니까?

라: 존재입니다.

헌: 무엇이 존재입니까?

라: 이 질문이나 다른 어떤 질문을 제기할 사람이 없을 때 남는 것입니다. 왜 당신은 이것 또는 저것이 되려고 노력해야 합니까? 되지 않을 수는 없습니까? 이미 아니지 않습니까?

헌: 저는 당황스럽습니다.

라: 그것은 "나는 생각하지 않고 남아있다."라는 생각을 하지 않고 남아있는 것을 포함해서, 생각하지 않고 남아있는 것을 의미합니다. 생각의 파동들의 완전한 파괴만이 진리를 드러낼 것입니다.

헌: 그것은 어려워 보입니다.

라: 유일한 어려움은 어려움에 대한 생각입니다. 그것 또한 없애십시오.

헌: 모든 것이 꿈이라면, 제가 지금 슈리 바가반을 만나서 그에게 이런 질문을 하는 것도 오직 저의 꿈속에서입니까?

라: 그 안에 있는 의문은 무엇입니까?

헌: 하지만 바가반께서는 동시에 제 경험을 입증할 수 있습니다! 그는 지금 이 순간 이 홀에서 저에게 일어나는 모든 것의 나타남을 확인하지 않습니까? 그러면 왜 저와 바가반은 일치하는 똑같은 꿈을 꿀까요? 저는 바가반과 이야기하는 꿈을 꿉니다. 바가반은 저와 이야기하는 꿈을 꿉니다! 왜 그래야 합니까?

라: 당신의 상상 외부에는 라마나가 없습니다. 따라서 당신이 제기한 다양성의 문제는 결코 일어나지 않습니다. 진짜 바가반은 절대 볼 수 없습니다. 그는 단지 보는 자의 나$^{Self\ the\ seer}$, 형태가 없고, 깊이를 알 수 없는 나입니다.

헌: 그러므로 제 꿈은 이 모든 설명을 저에게 해 주는 것입니다, 그런 다음은요?

라: 그렇습니다. 그렇게 당신은 실재로 깨어날 수 있습니다. 지금 당신은 깊이 잠들어 있습니다. 깨어나십시오!

헌: 이 나른함이나 무지가 어떻게 저에게 밀려왔습니까?

라: 그것은 누구에게 밀려왔습니까?

헌: 그래서 그^{Him}에 대한 저의 지각과는 독립적인 바가반은 없습니까?

라: 당신과 별개인 것은 아무것도 없습니다. 분명한 지각은 분명한 창조를 야기합니다. 만약 사람이 그의 존재 또는 존재하지 않음에 대한 가정을 하지 않고 계속해서 지각하는 자를 찾으려고 한다면, 찾는 사람은 결국 사라집니다. 그러면, 불멸만이 잔여물로 남게 됩니다.

헌: 깨달음을 초래하기 위해서 어떻게 마음을 파괴합니까?

라: 마음은 존재하지 않기 때문에, 그것은 파괴될 수 없습니다.

헌: 그러면 저는 무엇을 해야 합니까?

라: 계속해서 마음을 찾으십시오.

헌: 하지만 방금 바가반께서는 그것이 존재하지 않는다고 했습니다!

라: 그것은 존재하지 않는 것이라고 발견되어야 합니다. 이 발견은 마음을 만드는 사람을 사라지게 만듭니다. 그리고 그것이 당신이 묻고 있는 깨달음입니다.

헌: 깨달음을 가져오는 것에 있어서 구루는 어떤 역할을 합니까?

라: 구루는 깨달음의 필수적인 원인입니다.

채드윅이 어떤 사람에게 분명히 말하고 있었다, "MBE 메달은 예술과 과학에 대한 공헌에 있어서 공공 서비스 사업에 있지 않은 개인을 포함한 민간인에게도 수여될 수 있습니다…"

라: (누구에게도 말하지 않으면서) P.I.H. 메달은 지혜로운 자들이 가장 탐내는 것입니다.

채드윅: 저는 신문을 정기 구독하지 않습니다… 그것은 새로 도입된 훈장입니까?

라: (웃으면서) P.I.H.는 가슴-동굴에 영구히 사는 사람을 의미합니다… 그 훈장은 사후에만…

채드윅: 의심할 여지없이 슈리 바가반은, 사다카의 자아가 돌이킬 수 없이 전적으로 복종할 때만 신성한 은총의 작용으로 인해 나 안에 영원히 내재함이 자동적으로 주어진다는 것을 의미하는 것이 분명합니다…

라마나는 미소지었지만 아무 대답도 하지 않았다.

헌: 제가 바가반께 물으려고 했던 것은 사람이 스스로를 부양하기 위한 생활을 하기에 몸과 마음이 충분히 건강한데 구걸하며 다니는 것은 부적절한 행위가 아닌가 하는 것입니다.

라: (웃으면서) 저는 이곳에서 초기에 있었던 사건을 기억합니다. 한 번은 내가 파이 고푸람 근처의 집 앞에 가서 손뼉을 쳤습니다. 한 여인이 나타났습니다. 그녀는 나의 쇠약한 모습을 보았습니다. 그녀는 나에게 기다리라고 하고는 안으로 들어갔습니다. 곧 집 안에서 화가 난 목소리가 터져 나왔습니다. 한 남자와 여자가 어떤 일에 대해 격렬하고 싸우고 있는 것 같았습니다. 곧 다시 문이 열렸습니다. 나는 먹을 것을 얻게 될 거라고 생각했습니다. 한 남자가 문 앞에 나타났습니다. 그는 나에게 종이 한 장을 건네주고는, 들어가서 문을 닫았습니다. 나는 종이에 있는 것을 읽었습니다. 그런 다음 내가 그 자리에서 움직이는 데 10분이 걸렸습니다. (원

어) 그 자리에 뿌리박힌 채 서서, 나는 아주 심하게 웃고 있었습니다!(행복하게 웃는다)

종이에는 뭐라고 적혀 있었습니까?

라: 쿠랄의 1063인 구걸로 빈곤을 끝낼 수 있다고 쉽게 말하는 자들보다 더 이해하기 어려운 일은 없다와 1064인 가난 속에서도 결코 구걸하지 않는 위대한 자 앞에서는 온 세상도 너무 작다 라는 구절입니다. (홀 안의 많은 눈들이 이제 촉촉해졌다.)

헌: 이 남자는 슈리 바가반이 글을 읽을 수 있다는 것을 어떻게 알았습니까? 많은 부랑자들은 티루반나말라이에서 대부분의 시간을 길가에서 돌아다니고 있습니다. 그들은 처음 보는 집에서 동전이나 먹을 것을 요구할 수도 있습니다. 그들은 모두 글을 읽을 수 있습니까? 왜 누군가는 어떤 무작위의 방랑자가 글을 읽을 줄 알고, 그것도 티루쿠랄의 순수한 타밀어를 읽을 만큼 지식이 있다고 생각할까요?

라: 이전에 이 남자는 내가 팔라니스와미에게 리부 기타의 시를 설명하는 것을 본 적이 있습니다. 그는 여기저기에 물어봤고, 내가 티루반나말라이에서 어떤 부류에도 속하지 않고 오히려 아무 소속도 없는 스와미라는 것을 알게 되었습니다. 그는 내가 팔라니스와미와 이야기를 하고 있을 때 잠깐 듣다가 가 버렸습니다.

나중에 내가 구걸하는 것을 보았을 때, 그는 내가 하고 있는 일을 보고는 화를 냈는데, 왜냐하면 학식이 있음에도 불구하고 나의 학식으로 생산적인 일을 하지 않고 내 삶을 낭비하고 있다고 그는 스스로 생각했기 때문입니다. 그는 내가 타밀어 선생님 일을 찾도록 자신이 도와주겠다고 하면서 나를 설득해서 구걸하는 방식을 그만두게 하려 했지만 내가 아무 반응이 없는 것을 알고는 불만스러워하며 가 버렸습니다. 후에 나는 그것이 이 남자의 집이라는 것을 모르고 그 날 그곳에 구걸하러 갔고, 이 티루쿠랄 구절들을 보게 되었습니다!

헌: 그런데 바가반께서는 저의 원래 질문에 답해 주시겠습니까?

라: 구걸하는 것은 거절이 뻔뻔함으로 취급당할 때만 도덕적으로 불결한 행위가 됩니다. 또한 절대 돈을 구걸해서는 안 됩니다.

헌: 저는 아드바이타에 대한 강연을 들었고 많은 아드바이타 경전들을 읽었습니다. 그렇지만 저에게는 깨달음이 없습니다.

라: 어떤 사람은 수영에 대해 전체 도서관에 있는 만큼의 책을 읽었지만, 발가락으로 물 표면을 긁는 것조차도 두려워했습니다. 그럼에도 그는 다음 달 수영 경기에서 올림픽 금메달을 따고 싶어했습니다.

헌: 바가반께서 저에게 사다나에 전념하기를 권하려고 한다는 것은 이해합니다. 이제 사다나가 무엇이고 그것의 목적이 무엇인지를 알려주십시오.

라: 사다나는 마음을 안으로 향하게 하려고 노력하는 것을 의미합니다. 사다나의 목적은 노력을 하지 않고 의지 없이 유지되는 생각 없음, 그리고 나른함이 없는 주관적 의식 effortlessly and volitionlessly-maintained, thought-free, and langour-free Subjective Consciousness이 있는 영구적인 마음 상태를 달성하는 것입니다. 사다나의 결과는 그것이 결국에는 실재의 깨달음을 가져온다는 것입니다.

헌: 얼마나 오래 사다나를 행해야 합니까? 그리고 어떤 사다나가 가장 좋습니까?

라: 사다나는 그것을 행할 수 있는 사람이 완전히 사라질 때까지 필요합니다. 선택된 사다나는 관련된 개인의 기질에 따라 다릅니다. 가장 직접적인 방법은 "나는 누구인가?"를 탐구하는 것입니다. 그것에 적합한 사람들은 그것을 듣자마자 비차라 수행에 뛰어들 수 있습니다. 비차라마르가가 그렇게 매력적이지 않다고 생각하는 다른 사람들은 먼저 무르티디야나(성상명상), 프라나야마, 하타요가, 만트라자파 등과 같은 다른 수행들로 스스로 자격을 갖출 필요가 있습니다. 일단 이렇게 마음이 어느 정도 팍쿠밤(성숙)을 얻으면, 그것은 자동적으로 비차라의 끌어당김을 느낄 것입니다.

헌: 제가 사다나를 행함으로써 슈리 바가반과 같은 갸니가 되는 데는 얼마나 걸리겠습니까?

라: 당신이 얻어야 하는 깨달음이라 불리는 어떤 것이 있다는 관념으로부터 벗어나십시오. 이 관념 또한 깨달음을 가질 수 있게 되기 전에 버려야 하는 장애물입니다. 생각들로부터의 완벽한 자유는 깨달음을 보장하는 데 필수적인 벗은 마음 상태를 얻을 수 있기 전에 얻어져야 합니다. 관념은 단지 임의적인 마음의 개념화에서 나온 생각에 불과하기 때문입니다.

헌: 만약 제가 계속해서 비차라를 수행한다면, 시간이 지나 어느 지점에 생각은 멈추게 됩니까?

라: 네, 그것이 목적입니다. 조금의 노력이나 의지 없이 생각과 의도가 전혀 없는 그 자연스러운 원초적인 마음의 상태에 남을 때까지 끊임없는 수행이 필수적입니다.

헌: 텔레파시와 천상계 여행의 기술들을 배우고 싶습니다. 바가반께서 가르쳐주시겠습니까?

라: 그것을 위해서는 (그런 기술을 배울 수 있는) 다른 곳들이 있습니다.

제2장
1936년 7월 6일

헌: 갸니는 누구입니까? 그는 무슨 일을 합니까? 그는 다른 사람들이 보지 못하는 어떤 것을 봅니까?

라: 아무것도 모르는 사람이 갸니라고 불립니다. 그는 어떤 것도 하지 않고 어떤 것도 보지 않습니다.

헌: 나 깨달음의 비밀은 무엇입니까?

라: 자기 복종입니다.

헌: 갸나비차라가 아닙니까?

라: 부르는 법만 다양할 뿐입니다.

헌: 갸나비차라는 구루를 필요로 합니까?

라: 그렇습니다.

헌: 구루의 도움은 깨달음을 달성하는 데 있어서 필수적 요소라고 합니다. 모든 마르가(길)들에서도 그렇습니까?

라: 그렇습니다.

헌: 자유-의지는 근거 없는 믿음일 뿐입니까?

라: 그렇습니다.

헌: 카스트 제도의 폐지와 카스트 차별의 제거에 대해 바가반께서는 어떻게 생각하십니까? 모두 똑같이 창조된 신의 아이들이 아닙니까? 신의 눈앞에서는 모든 창조물이 똑같지 않습니까?

라: 그의 눈은 창조물을 보지 않습니다.

헌: 만약 아드바이타가 유일한 진리라면, 왜 마드바차리야는 이원론에 대해 이야기했습니까?

라: 그에게 물어보는 것이 더 나을 것입니다.

헌: 하지만 그는 죽었습니다!

라: 나도 그렇습니다.

헌: 아루나찰라 언덕을 도는 것의 의미는 무엇입니까?

라: 은총의 올가미는 자아의 목 주위를 조르고 조르고 또 졸라서 그것이 숨이 막혀 결국에는 부러지게 합니다.

헌: 다른 사다나가 없는 상황에서 바가반의 가장 높은 상태에 도달하는 것이 그것 하나만으로 충분할까요?

라: 그렇습니다.

헌: 최종적 해방에 이르기 위해서 저는 몇 번이나 언덕 주위를 돌아야 합니까?

라: 도는 것을 더 이상 멈출 수 없을 때까지입니다.

헌: 베나레스의 아고리 스와미들은 듣기에 식인종이라고 합니다. 역겹고 혐오스럽지 않습니까? 먹을 만한 다른 좋은 것들이 많이 있지 않습니까? 왜 사람의 살과 오물을 먹습니까?

라: 목적은 "나는 살과 피로 만들어진 이 몸"이라는 관념을 뿌리 뽑는 것입니다. 자신의 눈에 보이는 몸의 존재에 만족하는 사람은 결코 나를 깨닫지 못합니다.

헌: 그러면 바가반께서는 제가 식인종이 되게 해 주시겠습니까?

라: 당신은 당신의 방법을 수행하고 다른 사람들은 자신들의 방법을 수행하게 두십시오. 당신이 옳다고 생각하는 것만 하도록 허용된다면 세상은 정말 아주 유감스러운 곳이 될 것입니다. 각자는 자신의 도덕적 예의범절에 대한 관념을 세상에 떠안기고 부과하기를 원합니다. 죽어

라 그리고 죽게 두어라 die and let die. 그런 태도여야 합니다!

헌: 당신의 나-깨달음 경험을 요약하면 무엇입니까?

라: 왔노라. 보았노라. 이겼노라.

헌: 모든 지식의 정수는 무엇입니까?

라: 모든 객관적인 지식이 없는 것입니다.

헌: 미덕들 중의 최고는 무엇입니까?

라: 연민입니다.

헌: 모든 연민 중의 최고는 무엇입니까?

라: (아무 말도 하지 않는다)

헌: 침묵입니까?

라: 그렇습니다.

헌: 파괴할 수 없는 부는 무엇입니까?

라: 지독한 가난입니다.

헌: 영원한 행복은 무엇입니까?

라: 진정한 의미의 나입니다!

헌: 영원한 불행은 무엇입니까?

라: 원하는 것입니다.

헌: 영원한 비밀은 무엇입니까?

라: 아루나찰라입니다!

헌: 가장 고귀한 싯디(성취)는 무엇입니까?

라: 나-머무름 Self-abidance 입니다.

헌: 신의 진정한 성품은 무엇입니까?

라: 사랑입니다.

헌: 바가반께서는 '나는 누구인가?'라는 질문에 스스로에게 뭐라고 답하십니까?
라: 그것은 당신의 의문입니까? 다른 사람들은 걱정하지 마십시오. 당신은 자신의 답을 찾습니다. 다른 사람들은 스스로 알아서 할 수 있습니다. 우리가 스스로 알아서 할 수 있다면 그것은 정말 대단한 일입니다.

헌; 쿠마리칸담이라고 알려져 있는 광활한 땅덩어리는 실제로 존재했습니까? 어떤 타밀 사람들은 단지 그들 자신의 문화를 미화하기 위해 그것을 믿는 것처럼 보입니다. 하지만 지질학자들은 이 사라진 땅을 언급하는 고대 문헌들로 확증을 발견했다고 합니다.
라: 왜 이런 질문들을 합니까? 당신은 잠에서 쿠마리칸담이나 다른 것에 대해 이야기하지 않습니다. 그렇지만 자신이 꿈에서 존재했다는 것을 인정합니다. 지금 당신은 자신이 깨어나서 세상을 본다고 나에게 말하고 쿠마리칸담이 그것의 일부였는지 아닌지를 나에게 묻습니다. 잠을 잤던 사람과 당신은 같은 사람입니다. 따라서 "당신"의 연속성은 변함없지만, 세상은 생겨나고 사라집니다.

헌: 당신의 가르침을 한마디로 하면 무엇입니까?
라: 가슴의 빛 말하자면, 나의 존재 안에 가라앉아서 영구히 남아있는 것입니다. 그것은 형태가 없는 의식 또는 생각에 오염되지 않은 의식의 성품을 가지고 있습니다. 만약 우리가 그것에 합쳐지고 영원히 우리를 그곳에 두게 된다면, 우리의 문제는 끝날 것입니다.
헌: 나 즉 가슴은 순수한 주관적 의식 그 자체입니까, 아니면 순수한 주관적 의식이 그것의 속성들 중 하나입니까?
라: 두 진술 모두 정확하지 않습니다. 순수한 주관적 의식은 생각의 영역을 넘어서 있고, 나 즉 가슴은 순수한 주관적 의식조차도 넘어서 있습니다. 태양으로부터 한 줄기 광선이 나오는 것처럼 순수한 주관적 의식은 그것으로부터 나옵니다.
헌: 그러면 어떻게 제가 나에 이를 수 있습니까?

라: 스스로를 "나"라고 부르는 것처럼 보이는 이것을 계속해서 조사함으로써 그렇게 할 수 있습니다.

헌: 많은 사람들이 노력하는 것 같습니다. 하지만 성공적인 결과를 얻는 사람은 많지 않아 보입니다.

라: 그것은 강렬하게 그리고 중단이나 쉼 없이 행해져야 합니다. 옆으로 빗나간 나무 조각이 잇몸을 뚫었다면, 혀는 그것이 뽑힐 때까지 가만히 있습니까?

헌: 그래서 저는 깨달음이 분명해질 때까지 계속해서 노력을 해야 한다는 것입니까?

라: 그렇습니다. 조금의 노력도 없이 생각과 의도로부터 완전히 자유로운 그 자연적이고 원초적인 마음의 상태를 얻을 때까지 끊임없는 비차라의 수행이 필요합니다.

헌: 하지만 슈리 바가반의 가르침을 왜곡하기 위한 엄청난 노력의 결과로, 사람들은 실제 가르침을 볼 수 없게 되지 않습니까?

라: 이곳에 올 운명인 사람들은 곧장 이곳으로 옵니다. 그들은 다른 어떤 곳으로도 가지 않습니다.

채드윅: 바가반의 에세이 "나는 누구인가?"로부터 그가 준비한 영어 요약문을 홀에 있는 사람들에게 큰 소리로 읽고 있었다.

사마디의 획득이 우리의 목표이기 때문에, 분명하게 사마디에 이르기 위해서는 '나는 누구인가?' 기억을 항상 붙잡아야 한다. 그렇게 붙잡는 수단은 다른 산만하게 만드는 생각들이 일어날 때, 그것들을 뒤쫓는 것이 아니라 그것들이 누구에게 일어났는지에 대해 탐구해야 하는 것이다. 성실하게 아무리 많은 생각들이 생겨난다고 해도, 그것들 각각이 심지어 그것들이 생겨날 때조차도 만약 누구에게 이 생각이 생겨나느냐는 질문에 직면한다면, 나에게라는 대답으로 이어질 것이다.

만약 누군가 '나는 누구인가?'를 묻는다면, 그 마음은 그 근원으로 되돌아가고, 그런 탐구가 시작된 것과 연관되는 생각 또한 가라앉는다. 위의 선상에서 계속해서 수행할 때, 그 근원에 머무르는 마음의 힘은 강화된다. 이런 식으로 마음이 가슴의 빛 속에 잠겨서 머무를 때, 모든 생각들의 기초 또는 토대가 되는 실체인 "나"-생각으로서 작용하는 생각은 잘못되었다는 또는 존재할 수가 없고 따라서 존재하지 않는다는 또는 사실이 아니라는 것이 밝혀지고, 항상 존재하는 그것만이 빛을 발한다. 알아차리는 눈, 즉 마음이 사물들에 대한 인상을 가지고 있는 한, 그때까지 앞에서 설명된 나-탐구의 수행이 사용될 필요가 있다. 마음에서 생겨나는 또는 **빠르게** 분출하는 많은 생각들이 그곳에서 그러는 것처럼, 그들 각각 모두는, 하나의 존재도 남겨두지 않고, 그것들이 일어나는 대로, 그때 그곳에서, 그것들의 바로 근원에서, 나-탐구의 힘을 통해 완전히 전멸되어야 한다.

만약 사람이 자신의 진정한 나 정신hood의 즉각적인 느낌에 대한 자각 안에서 영원히 내재하고자 한다면, 진정한 불멸이라고 묘사되는, 탄생과 죽음 그리고 분리의 순환에 걸려든 환영의 겉모습으로부터의 해방의 상태에 이르기 위해서 "나"-"나"의 느낌sensation, 그것만이 효과가 있을 것이다. (그것은 단순히 순수하고 구분되지 않은 존재Being의 의식으로서 머무르는 것 또는 하나의 실재와 하나Being One with the One가 되는 것이다.)

라: "당신은 스스로 그것을 암기하고 자주 반복할 수 있도록 이 개요서를 준비했습니까?"

채드윅: 예.

라: 당신이 필요성을 느꼈다면 해로울 것은 없지만, 실제적인 수행만이 깨달음의 길로 이어질 것입니다.

채드윅: 수행은 모든 생각이 "이 생각은 누구에게 생겨났는가?"라는 반대counter-생각과 맞닥뜨리는 것을 의미합니다. 제가 맞습니까?

라: "나는 누구인가"를 묻는 것은 마음을 시작이 없는 존재라는 최초의 성품으로 되돌려 놓아야 합니다. 그렇게 하는 것이 그것의 목적이며 목표입니다.

채드윅: "존재" 또는 생각에 오염되지 않은 주관적 자각 또한 마음의 구성요소입니다. 그것은 "나는 누구인가?"라고 물은 후에 남아 있습니다. 이렇게 질문을 하는 것은 마음의 파괴로 이어

진다고 바가반께서 제기하실 때, 저는 그 말에 당황스럽습니다.

라: 존재Being는 마음의 구성요소가 아닙니다. 그것은 마음의 토대입니다. 그 오염되지 않은 자각이 생각의 영역으로 넘쳐 나오려고 하는 모든 자유 의지를 영원히 잃은 채 그렇게 영구히 남아 있으면, 그것은 또한 파괴되지만, 당신은 그 최종적인 파괴에 있어서 아무 역할도 없고, 그것을 일으킬 아무 힘도 없습니다. 그것은 전적으로 너머에 남겨져 있습니다.

채드윅: 그 최종적인 파괴 후에는 무엇이 남습니까?

라: 그 너머의 것입니다. 그것은 파라브람만이라고 알려져 있습니다. 그것은 설명될 수 없습니다. 마음으로는 그것을 상상할 수 없습니다. 그렇지만 그것은 당신의 진정한 나입니다.

채드윅: 그래서, 우리의 최종 목표는 오직 이 "파라브람만"입니다. 그것을 획득하는 것이 나 깨달음이라고 불립니다. 제가 맞습니까?

라: 그것을 획득하는 것이란 없습니다. 반사된 의식이 사라지면, 오직 원래의 의식만 남습니다. 반사하는 현상, 즉 기만적인 자아-마음의 파괴가 목표이거나, 오히려 목표를 드러냅니다. 그것이 나 깨달음입니다.

채드윅: 일단 나 깨달음을 얻으면, 그것이 사라질 수 있습니까?

라: 사용되는 명명법은 명확해야 합니다. 주관적 자각의 영역에서 마음으로 브람만을 살짝 보는 것도 나 깨달음이라 부를 수 있습니다. 그것이 재탄생이나 몸을 입는 것으로부터의 해방으로 이끕니까? 아닙니다. 단지 그를 방문해서 교육상의 자질에 대해 작성하고, 그의 의복을 흉내 내는 것으로는 고위 관리가 될 수 없습니다. 극히 드문 사하자갸나스티티의 상태는 마음에 브릿티가 남아있지 않은 사람에게만 가능합니다. 욕망, 애착, 의견, 선호, 성격의 특성 등이 모두 브릿티의 예입니다. 그것들은 순수한 주관적 의식이 기만적인 생각의 영역으로 흘러넘치게 하고, 사람을 탄생과 죽음, 예를 들어 몸을 입는 것의 악순환에 가둡니다. 속박이 강한 사람들에게 있어서, 브릿티는 너무 강하고 깊게 스며들어 비샤야바사나vishayavasana로서 나타나는 것으로 밝혀졌습니다. 비샤야바사나는 그것들에 대한 가식적이고 이중적인 합법성의 의미를 지니고 있기 때문에 근절하기가 어렵습니다. 예를 들어 어떤 사람이 굶주리고 있다면, 그에게

가서 "그것은 모두 상상 속에 있는 것입니다"라고 말해 보십시오. 당신은 잘 겨냥한 몇 번의 일격을 당하는 대상이 될 것입니다...

채드윅: (웃는다) 하지만 그러면 분명히... 몸의 유지를 위한 기본적 필요조건들 즉 음식, 물, 옷, 머리 위의 적당한 지붕 등 분명히 이것들은 합당하다고 여겨질 수 있습니까?

라: 그것들이 당신의 필수품이라고 생각하지 마십시오. 그것들은 몸의 것입니다.

채드윅: 저는 몸이 아니지만, 몸을 적당하게 돌보는 것은 저의 의무입니다. 제가 맞습니까? 모든 사람이 그것들을 지네와 쥐로 가득 찬 버려진 지하실에 던져버리고 나에만 집중하는 초인적인 정신력을 가진 것은 아닙니다.

라: 지하실로 떨어질 필요는 없습니다. 만약 "몸이 나다 Body-am-I"라는 생각을 버리고 더 높은 힘의 자비에 자신을 무조건적으로 맡기면, 몸의 유지에 대한 책임은 자동적으로 더 높은 힘에게 복종하면 그분은 거기에서 일을 합니다. 당신은 "나는 몸을 돌볼 책임이 있다."라고 생각할 필요가 없습니다. 당신은 그분에게 자신을 맡겼습니다. 몸을 포함해서 모든 것을 그분에게 맡기십시오. 그분은 모든 것을 아주 잘 관리합니다. 그분의 방법은 이해하기 힘들지만 결국에 일은 완수됩니다.

채드윅: 모든 바사나의 완전한 파괴는 최종적인 사하자스티티 상태에서만 가능하다고 바가반께서 말씀하시는 것을 들었습니다. 저는 또한 그런 파괴가 영향을 미치지 않으면 앞서 말한 그 상태는 얻어질 수 없다고 그가 말하는 것도 들었습니다. 그것은 역설적으로 들립니다.

라: 그것은 거짓되고, 겉으로 보기엔 진짜인 자아 수준에서만 역설적입니다. 자아는 스스로 만든 self contained 환영입니다. 그것이 사라지면 당신은 그것이 존재하지 않았다는 것을 알게 됩니다.

채드윅: 이해하지 못하겠습니다.

라: 제노 Zeno의 경주 코스의 역설이 사실이라면, 우리는 한 장소에서 다른 곳으로 옮기는 것이 불가능하다는 것을 알아야 합니다. 그렇지만 그 역설에 관한 한, 따로 떼어낸 지적 관점에서 연구하고 고려해 보면 그것은 진정 사실인 것 같습니다. 우리의 일상생활의 경험은 그 역설로

부터 도출된 추론과 양립합니까? 우리는 움직임이 가능하다는 것을 발견하지 않습니까? 마찬가지로, 지성을 사용하는 것에 대해 곰곰이 생각해볼 때, 나 깨달음은 번거로운 역설입니다. 만약 지성을 우회하거나 초월하면, 오직 존재의 영역만이 남게 됩니다. 거기에서는 의문이 생기지 않고 오직 침묵만이 다스립니다.

바사나는 나-깨달음에 대한 결정적인 장애물입니다. 그렇지만 비차라에 대한 반복적이고 계속적인 수행은 바사나를 뿌리 뽑고, 궁극적으로 해방이 얻어집니다. 그것은 어느 정도까지 명확합니다.

채드윅: 원래 순수한 주관적 의식이었던 것으로부터 어떻게 바사나가 생겨났는지 바가반께서 말씀해주실 수 있습니까?

라: 바사나는 지금 돌이킬 수 없을 정도로 의식과 함께 고정되어 있고, 사다나를 통해 그것을 없애는 것은 보통은 얽혀 있는 이 두 가지 마음의 구성요소의 분리를 수반한다는 관념은 잘못된 이해입니다. 바사나는 의식에게 지성이라고 알려져 있는 좁고 유한한 통로를 따라 길을 알려주는, 씨앗과도 같은 인상입니다. 바사나는 아주 작고, 지각 능력이 없고, 깊이를 알 수 없는 나의 맨 위에 모여 있는 것처럼 보이며 그것이 빛나는 것을 막아주는 가상의 부착물입니다.

그것들은 실제도 아니고 자연스러운 것도 아닙니다. 오직 존재만이 실재입니다. 당신은 스스로 가슴의 빛 안으로 뛰어들거나 그 안에 잠겨서 바사나의 소멸에 대해 잊어버릴 수도 있습니다. 마음이 나의 존재 Beingness of Self 와 영구적으로 하나이자 동일하게 만들어진 그 상태에 머무르면, 그는 마음이 아직 결정적 죽음을 맞이하지 않았다는 사실에 대해 걱정할 필요가 없습니다. 그란티나삼 granthinasam 이 일어날 운명이라면 일어나게 두십시오. 당신은 생각의 혼란함이 없도록 확실히 하는 것에 주의하고 있으며, 그것으로 충분합니다. 바사나에 대한 생각이 당신을 불안하게 할 때, 그것들이 누구의 바사나인지를 보십시오.

채드윅: 나는 전능합니다. 그렇게 작은 바사나가 나를 모호하게 할 수는 없습니다!

라: 모호함은 단지 자기 관념적인 것입니다. 사실 무지란 없습니다. 그렇지만 바사나가 남아 있는 동안, 절대 최종적 상태는 얻어지지 않을 것입니다.

스승은 카이발야 나바니탐에서 다음을 읽었다.

　　* 감각적이고 관능적인 세상적 대상들을 즐기는 것에 탐닉하는 끝이 없는 유혹인 바사나라고 불리는 이 더러운 것은 무지가 존재한다는 것에 대한 빛나는 지표이다. 그 무지는 이른바 슬픈 탄생과 죽음의 순환이라고 불리는 삼사라의 근본 원인이다. 반면 진정한 지식의 빛나는 지표는 욕망이 없는 것이다.

　　* 무지는 자신의 나를 비나와 동일시하는 것을 의미한다. 이 방법에 의해 자아는 성장하게 된다. 행위자이자 즐기는 자, 지바, 개별적 자아도 마찬가지이다. 이같이 진정한 나의 깨달음을 막는 유일한 장애물은 바사나라고 불리는 이 더러운 것인데, 그것을 막는 것은 우기의 구름들이 가장 밝은 태양을 막는 것과 같다.

　　* 자아 즉 아함브리티는 산칼파라고 불리는 즐거움-생각-패턴을 만들어 낸다. 산칼파는 완전히 살이 오르면 그 자체가 지바의 기억 장소에서, 바사나의 형태로 저장된 욕망의 다발, 사악한 욕망 저장고가 된다. 관련되거나 적절한 때와 장소가 찾아오면, 이 유해한 바사나들은, 하나씩 차례로, 끝이 없고, 언제나 고통스러운 작용과 반작용의 해로운 바다로 지바가 뛰어들도록 유혹하고, 그가 삼사라의 슬픔과 동요, 탄생과 죽음이라는 그것의 결과를 거두게 만든다.

　　* 바사나 즉 욕망의 기억-패턴의 완전한 근절 또는 파괴는 해방이라고 불린다.

　　* 지바의 기억 속에 축적된 바사나 더미의 거대한 크기와 엄청난 점도 때문에, 마음의 인상의 부정적 힘은 수행자를 감각적이고 관능적인 대상들을 즐기는 쪽

으로 강제로 밖으로 끌어당긴다. 따라서 마음에게는 밖으로 뛰쳐나가고, 감각적이고 관능적인 즐거움의 깊이를 알 수 없는 도랑에 빠지는 것이 자연스럽게 된다.

* 분별과 초연(비베캄과 바이라기야)의 강력한 힘으로, 외향적인 마음은 중단되고, 내향적이고, 예속적이 되고, 그리고 목격자인 나에 언제나 끈질기고 집요하게 머물도록 만들어진다. 이것이 진정한 사다나이다.

채드윅: 스승이 제공한 자세한 설명에 아주 기쁜 것처럼 보였다. 그는 스승 앞에서 그의 당당한 몸을 낮춰 절하고, 통역사에게 감사를 하고는 홀을 떠났다.

헌: 왜 모든 사람은 당신을 마하리쉬와 바가반이라고 부르면서, 당신에게 특별한 대우를 합니까? 당신은 머리에 코뿔소처럼 뿔을 길렀습니까?
라: (웃음이 터져 나온다.) 당신처럼 나도 아무것도 모릅니다!
헌: 저도 마하리쉬가 될 수 있습니까?
라: 네, 물론입니다!

헌: 바이라기야는 사드시쉬야(제자)에게 필수적이라고 바가반께서 말씀하시는 것을 저는 들었습니다. 그것이 비애착 또는 세상적 관심사에 대한 초연함의 태도입니까?
라: 단순히 마음의 태도가 진정한 바이라기야일 수는 없습니다. 진정한 바이라기야는 무엇입니까? 그것은 마음의 탈선입니다.
헌: 뭐라구요?! 나 깨달음을 얻기 위해서는 우리 모두 미친 사람이 되어야 합니까?
라: 마음의 탈선은 세상의 객관적 실제에 대한 믿음을 완전히 잃는 것입니다.
헌: 지적 수준에서조차도 비인격적 절대자 즉 브람만을 이해하거나 인정할 능력이 없지만, 인격적인 신을 꾸준히 숭배하고 사랑하는 사람, 그는 나를 깨달을 수 있습니까?

라: 신은 그에게 삿구루(진정한 구루)의 모습으로 나타나 그를 진리로 이끌 것입니다.

헌: 어떻게 제가 마음의 평화를 얻을 수 있습니까?

라: "마음의 평화"라는 용어는 모순어법입니다. 당신의 자연스러운 평화의 상태를 방해하는 것이 마음입니다. 마음이 아직 존재하는 한, 진정한 평화를 가질 수 없습니다.

헌: 그런 경우, 어떻게 마음을 제거할 수 있습니까?

라: 오직 생각을 그 근원에까지 추적해서 제거해야 할 마음이 없다는 것을 알아냄으로써 그렇게 할 수 있습니다.

헌: 나-깨달음은 모두를 위한 것입니까 아니면 자신의 프라랍다 카르마가 그것을 허용하는 사람들만을 위한 것입니까?

라: 깨달음은 마음과 함께 있습니다. 카르마는 몸만을 위한 것입니다.

헌: 저의 탄생 원인은 무엇입니까? 그것은 카르마입니까? 어떻게 카르마를 없앱니까?

라: 탄생이란 무엇입니까?

헌: 몸이 존재하게 될 때, 저는 그것을 탄생이라 부릅니다.

라: 존재하게 되거나 존재로부터 사라지는 것은 아무것도 없습니다. 존재는 결코 창조되지 않습니다. 그것은 결코 파괴될 수 없습니다. 사람들이 보통 "탄생"이라고 말하는 그것은 존재의 시작이 아니라 한계들의 가정입니다. 반대로 "죽음"은 몸의 소멸이나 파괴가 아니라 진짜 나의 드러남입니다.

헌: 어떻게 한계들을 초월할 수 있습니까?

라: 그것들이 누구에게 일어났는지 보십시오.

헌: 저는 또 다시 묻고 싶은 생각이 듭니다. 저는 왜 태어났습니까? 실제적인 이유를 알고 싶습니다.

라: 누가 태어났습니까? 만약 당신이 진짜 태어났다면, 그 질문은 깊은 잠에서도 일어나야 하지 않습니까? 왜 그때는 그것이 일어나지 않습니까?

헌: 마음은 깊은 잠에서 활동하지 않습니다.

라: 맞습니다! 이로써 우리는 탄생과 죽음이 마음에만 있다는 것을 발견합니다. 그것들은 마음의 개념일 뿐입니다.

헌: 베나레스의 트라일랑가 스와미는 보통 사람 허리둘레의 세 배 크기입니다. 그럼에도 저는 그가 하늘 높이 날 수 있는 능력이 있다고 들었습니다. 또한 그의 사망 당시 나이는 450 세로 추정됩니다. 이 초자연적 현상들은 어떻게 설명되어야 합니까?

라: 초자연적 현상들은 지적인 자들이 만족할 만하게 결코 설명될 수 없기 때문에 그렇게 불려 왔습니다.

헌: 바가반께서는 알려진 물리 법칙들을 거역하는 환상적인 싯디들을 보여줌으로써 우리를 이해시키지 않을 것입니까?

라: 개인적인 "나"를 잃는 것이 최고의 싯디입니다.

헌: 하타요가는 수행자에게 도움이 됩니까?

라: 사다나 초기에는 그럴 수 있습니다. 그것은 필수적인 것은 아닙니다.

헌: 환생 이론에 대한 슈리 바가반의 의견은 무엇입니까? 재탄생이 있습니까?

라: 당신은 지금 태어났습니까?

헌: 네. 저는 이 몸에서 저의 존재를 자각합니다.

라: 몸에 대한 자각이 깊은 잠에서도 남아 있습니까?

헌: 마음은 잠에서 활동하지 않았습니다. 그래서 그것은 몸을 자각할 수 없었습니다. 하지만 다음 날 아침에는 다시 똑같은 몸이 있습니다. 그것은 모두 단순한 환영입니까?

라: 그렇습니다.

헌: 만약 모든 것이 환영이라면, 어떻게 환영이 생겨났습니까? 어떻게 저는 그 안에 갇혔습니까?

라: 그 환영이 누구에게 일어났는지 스스로 물어보십시오. 그러면 당신은 어떤 환영도 없었다는 것을 발견할 것입니다.

헌: 그러면 그것은 "가상의 환영"입니까?

라: 맞습니다.

헌: 왜 저는 그의 자연스러운 상태로부터 떨어져 자아가 되었습니까?

라: 나^{self}는 언제나 그의 자연스러운 상태에 남아 있습니다. 그로부터 달아나는 것은 당신입니다!

헌: 그^{Him}와 별개인$^{apart\,from}$, 나는 누구입니까?

라: 바로 그것입니다. 알아내십시오!

헌: 만약 제가 저의 분명한 개별성을 나에게 복종한다면, 나 깨달음이 그 결과가 될까요?

라: 무조건적인 복종이 목표 그 자체입니다.

바가반이 이 말을 마쳤을 때, 점심시간을 알리는 소리가 시끄럽게 들렸다. 현자의 은둔처의 점심시간이었다. "오! 벌써!", 마하리쉬가 부드럽게 소리쳤다. 그런 다음 그는 일어나서 홀을 떠났다.

저녁에, 한 노인이 찾아와서 바가반 옆에 서서 그에게 이렇게 말했다.

헌: 저는 아드바이타 철학을 읽었지만 그것은 저에게 아무 매력이 없습니다. 저는 바가반의 이트미비치라 방법을 배우는 것에도 관심이 없습니다. 오직 제가 원하는 것은 라마를 보는 것입니다. 저는 라마와 항상 함께 하고 싶습니다. 라마에 대해 생각만 해도 저는 희열로 가득합니다. 저는 라마에게 가고 싶습니다. 바가반께서는 그에게로 가는 길을 저에게 알려주실 것입니까, 아니면 알려주시지 않을 것입니까? 저는 비인격적인 브람만에 대해서는 신경 쓰지 않습니다. 제가 원하는 것은 오직 라마입니다. 라마는 어디에 있습니까? 제발 말씀해 주십시오, 바가반. 저는 라마에게 가고 싶습니다. 라마에게 가는 길을 바가반께서 저에게 보여주시겠습니까? 라마! 라마! 라마! 라마는 어디에 있습니까?

(방문객이 "라마"를 말할 때마다 그의 얼굴은 황홀감으로 밝아졌다. 그는 라마에 대해 생각만 해도 감동해서 눈물이 날 것 같아 보였다.)

라: (수수께끼 같지만 공감할 수 있게) 라마가 곧 당신을 그의 왕국으로 부를 것입니다.

   이 간결한 확언은 그 노인을 만족시키는 것 같았다. 그는 엎드려 절하고는 떠났다.

헌: 저는 프라나바 즉 옴카라 소리를 계속해서 명상합니다. 그것이 나 깨달음에 있어서 충분합니까, 아니면 비차라 또한 필요합니까?

라: (아무 응답이 없다.)

헌: (약간의 시간이 흐른 후에, 마치 통찰력을 얻은 것처럼) 네, 이제 이해됩니다.

헌: 오늘부터 시작해서 12년 동안 연속으로 바가반의 몸의 존재가 있는 곳이나 그 근처에서 계속해서 머무른다면, 저는 자동적으로 나를 깨달을 수 있게 됩니까? 깨닫기 위해서는 삿상감(현자들과의 만남)이 필요하고 또 충분하다고 사람들은 말합니다.

라: 그런 보장은 할 수 없습니다.

헌: 많은 구루들은 그들의 단순한 몸적 존재가 자신의 제자들을 깨우치게 한다고 주장합니다.

라: 그러면 그런 구루들에게 가지 않고, 왜 여기에 와서 시간을 낭비합니까?

헌: 저는 바가반께서 그것에 대해 생각하는 것 즉 바가반께서 그들의 주장이 진짜라고 생각하는지 아닌지를 알고 싶습니다.

라: 바가반은 그것에 대해 생각하지 않습니다.

헌: 구루가 진짜인지 아닌지 어떻게 구별합니까?

라: (아무 응답이 없다.)

제3장
1936년 7월 7일

헌: 그는 규칙적으로 아즈나차크라에 대한 명상을 수행하고 있었고 이제 어떤 수도회에 가입하지 않고도 깨달음으로 더 나아가는 것이 가능한지 알고 싶어 했습니다.

라: 외적인 의식들 ceremonies은 형체를 실체 substance 위에 두는 오류를 범하기 쉬운 사람들을 위해 처방되는 것입니다. 실체만이 소재이며 그것만이 실제 real입니다.

헌: ....바가반께서는 그들의 철학이 사회의 병폐에 대한 결정적 만병통치약으로 작용하기에 가장 적합하다는 것에 동의하지 않으십니까?

라: 당신 자신의 병은 당신을 압도합니다. 그렇지만 당신은 사회적 병폐의 영역으로 이미 옮겼습니다! 먼저 스스로 영구적인 평화에 있으십시오. 일단 그런 태도를 성취하면, 우리는 독일 총리와 독일인들에게 평화를 가져오는 방법에 대해 이야기할 수 있습니다.

헌: 저는 바가반께서 자기중심주의자 solipsist라는 것을 알고 있습니다. 하지만 인간의 모든 문제들을 상상에만 존재하는 것이라고 묵살해 버리기 위해서는 그 범위의 끝에 있는 이상주의를 향해서 커다란 믿음의 도약이 필요합니다.

라: 그것은 단지 물질주의에 대한 환멸을 필요로 합니다.

헌: 슈리 오로빈도의 주장에 따르면, 그는 베다 리쉬들의 경험 너머를 조사했습니다. 슈리 바가반의 의견은 어떻습니까? 그것은 진짜입니까, 아닙니까?

라: 위로부터 신성한 의식을 끌어내리는 것에 대한 오로빈도의 이야기는 가슴의 빛으로서 이미 스스로 찬란히 빛나는 그 똑같은 존재를 간과합니다. 실재는 그냥 존재is입니다. 어떻게 그것을 이곳저곳으로 옮기는 등의 문제가 일어날 수 있습니까? 사람들은 계속 나에게 슈리 오로빈도의 요가 체계에 대해 질문합니다. 그리고 내 능력껏 대답을 하면, 그들은 "이 갸니들은 항상 서로 모순됩니다."라고 말하면서 불만스럽게 가 버립니다. 내가 무엇을 할 수 있겠습니까?

헌: 나 깨달음으로부터 시작해서 신성한 존재를 이 땅으로 끌어내리는 것을 진행해야 한다는 슈리 오로빈도의 주장에 대해서는 어떻습니까?

라: 먼저 깨닫고, 그런 다음 논의합시다. 만약 필요하다면요. 지금은 아닙니다.

헌: 인간의 삶의 궁극적 목적은 무엇입니까?

라: "왜 나는 겉으로 보이는 몸에 제한되는가? 내가 그 이상 아무것도 아니라는 것이 정말 가능한가?"라는 질문에 대한 대답을 찾는 것입니다. 이 질문은 결국에는 "존재하거나 몸을 지니고 있는 이 한계에 의해 겉보기에 속박되어있는 나는 누구인가?"라는 질문으로 바뀝니다. 이 정도는 확실합니다. 어리석게 자신의 몸의 존재를 당연하게 받아들이는 사람, 사실 그가 태어난 것이 피할 수 없는 최종 결과라고 생각하는 사람은 어떤 금욕이나 고행을 행한다고 해도 탐구에서 절대 성공하지 못할 것입니다.

　태어나지 않은 자만이 태어나지 않은 자를 알 수 있습니다. 태어나지 않은 자는 그 자체만을 압니다. 즉, 그것은 탄생이나 죽음을 알지 못합니다. 몸의 존재는 헛되고, 바람직하지 않고, 쓸모없고, 망상이라는 지적 이해가 깨달음을 향한 바로 첫 걸음입니다. 만약 당신이 한계들의 존재를 받아들인다면 수행되는 어떤 사다나도 정확히 하나의 결과만을 가져올 것입니다. 즉 그것은 자아를 점점 더 강하게 만듭니다. 한계들을 초월하고자 하는 사람은 자신이 제한되어 있다고 생각하는 것을 멈춰야 합니다. 그것은 효과가 있을 것입니다. 그렇습니다. 그것은 정말 그렇게 간단합니다. 단순히 실재가 아닌 것을 포기하는 대신, 사람들은 그것을 근절하기 위해 사다나를 하고 싶어 합니다! 웃기지 않습니까?!

헌: 사다나는 유용하지 않습니까?

라: 한계들의 존재를 가정하지 않고 행해질 때만 그렇습니다. 유일하게 유용한 사다나는 "나는 누구인가?"라는 탐구입니다. 다른 모든 것은 단지 "개념 가스의 방출"(마음의 관념들의 움직임 또는 마음 안의 동요vritti들을 휘젓는 것)인데, 왜냐하면 한계들의 존재가 내포적으로 추정되고 받아들여지기 때문입니다. 만약 존재하지 않는 한계들이 존재한다고 받아들여진다면, 그 잘못된 수용에 기초해서 수행된 그 어떤 사다나가 소용이 있을 수 있으며, 그런 거짓된 사다나가 어떻게 당신이 바로 그런 한계들을 초월하도록 도와줄 수 있겠습니까?

헌: 그 논리는 나가 마음에 의해 발견될 수 있다고 제시하는 것 같습니다.

라: 죽은 마음은 나가 되거나 혹은 그것 자신이 나라는 것을 발견합니다.

헌: 니체가 『짜라뚜스뜨라는 이렇게 말했다』에서 죽은 마음의 영원한 회귀의 개념에 대해 이야기한 것을 저는 이해합니다. 바가반께서는 그것에 동의하십니까? 우주의 소멸 후에 우주가 재창조될 때마다, 그것은 똑같이 그 자신을 되풀이합니까? 만약 그것이 사실이라면 자유 의지와 나-깨달음은 둘 다 불가능할 것입니다. 만약 모든 것이 전에 그랬던 것과 똑같이 지금 전개될 것이라면, 현재 있는 저의 자유 의지는 분명히 단지 근거 없는 믿음일 뿐입니다. 미래에 모든 것들이 지금과 똑같은 방식으로 전개될 것이라면, 저는 탄생과 죽음의 순환으로부터 절대 벗어나지 못할 것입니다!

라: 이 모든 것은 단지 마음의 개념일 뿐입니다. 지금도 당신은 태어나지 않았습니다. 그것을 깨달으십시오.

헌: 몸은 태어났습니다.

라: 당신은 그것입니까?

헌: 저의 이해는 몸이 제 자신의 일부라는 것입니다. 하지만 바가반의 가르침은 제가 브람만이고 따라서 어디에나 편재한다고 저에게 말해줍니다.

라: 브람만은 내버려두십시오. 먼저 자신에 대해 말해 보십시오. 당신은 누구입니까?

헌: 저는 정말 모르겠습니다… 저는 순수한 주관적 의식pure Subjective Consciousness입니다. 그렇지 않습니까?

라: 순수한 주관적 의식이 지금 나와 대화를 하고 있습니까? 그것이 "나는 브람만이다."라는 등의 말을 하고 있습니까?

헌: 그렇다면 대답은 무엇입니까?

라: 노력 없는 생각 없음의 상태가 대답입니다.

헌: 어떻게 그것을 얻을 수 있습니까?

라: 어떤 것을 얻는다는 문제는 없습니다. 있으십시오^{BE}. 그리고 "어떻게 내가 단지 있는 것$^{BE\text{-}ing}$으로 남아있는가?"라는 의문은 마음이 만들어낸 끝없는 생각의 미로에 갇히는 확실한 방법입니다. 왜 자신의 존재에 대한 그 자신의 의식 같은 근본적인 어떤 것을 "달성"하기 위해 "과정"을 추구합니까? 단순히 있으십시오. 그것이 바로 당신의 성품^{nature}입니다.

헌: 저는 그것을 깨달을 수 없습니다.

라: 이것 또한 생각일 뿐입니다. 모든 생각들을 제거하면 모든 것은 잘 될 것입니다.

헌: 저는 슈리 바가반께서 설명하신 갸나비차라 기술에 대해 들었습니다. 질문을 하는 것 자체는 단지 마음의 수준에서 시작되고 유지되는 활동일 뿐인데, 어떻게 스스로에게 "나는 누구인가?"라고 질문하는 것이 마음의 초월로 이어질 수 있습니까?

라: 비차라는 마음으로 시작해서 나에서 끝납니다. 완전히 안으로 향해진 마음은 그 자신이 나라는 것을 발견합니다.

    채드윅은 바가반으로부터 그 사람에게 바가반의 "Who am I"를 읽으라고 주라는 요청을 받았다. 그는 그것을 읽고 나서 물었다.

헌: 저는 깨어있는 상태는 꿈보다 나을 것이 없다는 아드바이타의 선언을 심각하게 고려한다는 것이 아주 충격적입니다. 그것은 제가 지금 꿈을 꾸고 있지만 반대로 믿고 있고, 감각들을 통해 제가 경험하는 모든 것은 그것에 대한 저의 인식과는 독립적으로 존재한다고 말하는 것과 같습니다… 당신의 수많은 제자들 또는 추종자들 또는 헌신자들 또는 숭배자들 또는 마니 아들 또는 그들을 그렇게 부르는 것이 정당화되는 그 어떤 것이든 이 세상, 그들이 매일 경험하는 것과 같은 세상은 꿈이라는 관념을 기꺼이 받아들이는 것은 왜 그렇습니까?

라: 당신은 어제 보았던 것과 오늘 보고 있는 것이 같은 세상이라고 말합니다. 어떻게 그것을 압니까? 기억을 통해서입니다. 기억들 또한 가상의 것입니다. 그것들은 사실상 아무것도 존재하지 않는, 기만적인 지적 연속성의 구조를 만들어냅니다. 실제로 존재하는 것은 오직 절대적 존재 또는 나입니다. 꿈에서조차 당신은 기억을 가지고 있고, 익숙한 장소로 가는 등의 일을 합니다. 어떻게 이것이 가능합니까?

자그라트(깨어있는 상태) 또는 스와프나(꿈꾸는 상태), 그 똑같은 마음이 그것을 가리고 있는, 순수한 나 위에 드리워진 대상화 또는 구분이라는 해로운 베일을 끌어당깁니다. 이 베일은 아비디야마야(무지의 환영)의 차단막이라고 불립니다. 누가 이 베일을 드리웠는지 묻는 대신 누가 베일을 보는지 묻는 것이 더 유용합니다. 그러면 당신은 어떤 베일도 없었다는 것을 보게 될 것입니다. 이것이 나 깨달음이라고 불립니다. 그것을 얻기 위해 사다나를 하고자 하는 욕망은, 사실상 ipso facto 무의미하고 자기 패배적인 것입니다. 왜냐하면 이 욕망은 나에 도달하기 위해 사다나를 하고 있는 나와는 별개인 누군가의 존재를 전제하기 때문입니다.

헌: 당신이 사하자(자연스러운) 니르비칼파 사마디라고 부르는 깨달음, 단지 제가 개별적 사람이라는 관념을 포기함으로써 그것을 얻을 수 있습니까? 아니면 제가 자주 저의 실제적 신성한 성품을 스스로 상기시켜야 합니까?

라: 당신은 스스로 "나는 몸이 아니라 나이다"라고 믿도록 설득할 수 있습니까? 그 결과는 무엇입니까? 당신의 고충이 늘어납니다. 일단의 마음의 개념들이 다른 것으로 대체되었습니다.

헌: 제가 어떤 사다나도 해서는 안 됩니까? 그러면 모든 사다나는 쓸모없습니까?

라: 당신은 "나"라는 내적 감각에 대해 끊임없이 그리고 강렬하게 숙고하는 것 외에는 아무것도 할 필요가 없습니다. 그것이 좋은 사다나입니다.

헌: 제가 나라는 것을 항상 기억하는 것은 좋지 않습니까?

라: 그리고 기억하는 일을 하는 사람은 누구입니까? 그는 나가 아닙니다. 그는 실제의 진정한 나라고 가장하는 마음의 임의적인 마음의 개념화입니다.

헌: "나에 대해 숙고하는 것"과 "생각이 없는 존재 안에 노력을 하지 않고 머무르는 것" 사이의

차이는 무엇입니까?

라: 전자는 후자를 얻기 위한 디딤돌로 사용됩니다.

헌: 각기 다른 영적 스승들은 다른 사다나를 추천합니다. 어떤 것을 따라야 합니까?

라: 사다나는 나를 되찾는 수단입니다. 하지만, "나는 사다나를 하고 있다."라는 생각은 사다나를 완전히 무의미하고 쓸모없게 만듭니다. 사다나는 세상의 쾌락에 대한 매력이 제거되면 자연스러워집니다. 세상이 한낱 꿈이라는 것을 깨달을 때 세상의 쾌락에 대한 욕망은 달아납니다.

헌: 이 견고한 세상이 단지 꿈에 불과할 수도 있다는 것을 믿는 것은 불가능하다고 저는 여전히 생각합니다.

라: (웃으면서) 두 가지 다른 범주의 영적 수행자 즉 사다카가 존재합니다. 하나는 Spulauftrag(Kritopasaka)이고, 다른 하나는 Wischauftrag(Akritopasaka)입니다.

(바가반은 강한 충격을 주기 위해서, 또는 전문 용어들이 관련된 곳에서, 때때로 헌신자의 모국어로 된 단어들을 사용했다.) 전자는 올바른 경로(마음을 나 방향으로 또는 근원 방향으로 향하게 만드는 것)를 따라 지시된 수백억 년에 걸친 진지하고 꾸준한 영적 수행에서 생겨난 지적인 확신을 가지고 태어납니다. 그 확신은 그가 주위에서 보는 우주는 환상에 불과하고, 그의 마음의 능력을 그것에 쓰는 것이 지속적인 평화와 흔들리지 않는 행복이라는 내재된 성품을 파괴하게 될 것이라는 것입니다.

반면 후자는 자그라트와 스와프나 상태 사이에, 모든 실제적 목적을 위한, 아무 차이가 없다는 것을 알면 충격을 받고 불안해합니다. 지각된 우주는 망상 때문에 여러 개의 복합적인 개체들로 구성된 존재로 보입니다. 지각된 우주는 같은 토대 아디슈타남 또는 사드바스투로 보는 자에 귀속되는 것이라는 확고한 지적 확신은 아주 고된 영적 수행의 결과로서만 태어납니다.

그 수행은 삿구루의 풍부한 은총을 촉매로 이용할 수 있을 때만 가능한데, 그 은총은 그의 가슴을 이기심 없고 보답을 기대하지 않는 신에 대한 사랑, 인류애, 또는 다른 어떤 순수하고 황홀한 헌신 즉 프라박티라는 하나의 목표를 향한 이상^{ideal}의 눈부신 불빛에 영구히 담그는 사람에게만 내립니다. 그리고 세상의 객관적 비실재에 관한 이 지적 확신은 자아 즉 아함카라라는 유해한 잡초를 완전히 뿌리째 질식시키는 나무로 자라는 갸나의 씨앗인데, 그런 씨앗은 무한히 자비로운 삿구루의 극도로 자애로운 은총의 시선을 통해, 깊이를 알 수 없고 어두운 안개 낀 마음 깊은 곳에 오래전에 심어졌습니다.

헌: 그러면, 구루가 없이는 아트마지그나사(아트만을 알고자 갈망)조차도 아트마삭샤트카람 Atmasakshatkaram만을 남긴다는 널리 알려진 지각은 완전히 불가능합니다, 그렇습니까?

라: 명백히 그리고 완전히 옳습니다.

헌: 이런 종류의 "구루 저명인사"를 그의 삶에서 만나게 되지 않는 사람의 운명은 어떻습니까? 슈리 바가반 같은 그런 엄청난 영적 명성 중 한 분을 런던, 란스테인, 린츠, 또는 레인그라드의 분주한 거리에서 어쨌든 발견하거나 마주치게 되는 것은 거의 불가능합니다... 그것들은 아주 희귀한 것처럼 보이지만, 만약 영적 길에서 승리를 성취하기를 바란다면 그것들은 절대 없어서는 안 될 것이라고 주장됩니다... 신은 그의 상태를 열망하는 자들에 대해 구체적이고 강력하게 음모를 꾸민 것 같습니다. 왜냐하면 – 필요한 노력은 하도록 내버려 두십시오 – 그의 도움이 불가피한 스승을 찾는 것, 또는 어쩌면 알아내는 것조차도 아주 어려워 보이기 때문입니다...

   마하리쉬는 조용히 있었다. 홀에 있는 어떤 사람이 말했다, "이 어려움을 정확히 해결하기 위해, 시대의 아바타인 슈리 바가반을 신이 우리에게로 내려 보냈고, 그렇게 그는 우리 사이에서 살고 있지만 신성한 지고의 진리로 가는 우리의 길을 밝혀줄 수 있습니다." 어떤 사람이 끼어들었다. "슈리 바가반은 단순한 아바타가 아니라 인격적 절대자인 갸나싯다입니다. 아바타는 신의 탁월함 중의 하나의 표현입니다. 갸니는 신 그 자신입니다. 슈리 바가반은 많은 경우에서 이것을 우리에게 직접 상기시켰습니다. 그렇지 않습니까, 바가반?" 그가 물었다. 바가반은 오직 조용하고 고요하게 있었다. 그가 들었다고 해도, 의심할 여지없이 그는 들었다. 그는 그것에 대한 아무 표시도 드러내지 않았다. 원래의 헌신자는 바가반의 침묵에 약간 기가 죽은 듯이 보였다. 단념하지 않으려고, 그는 다시 말을 하기 시작했다.

헌: 그래요. 어떤 사람들은 오로빈도가 시대의 화신이라고 하는 반면, 다른 사람들은 그것이 메헤르 바바라고 합니다. 또 다른 사람들은 그것이 죽은 사이 바바였다고 말합니다. 그렇지만 다른 사람들은 우주 소멸의 때에 칼키 아바타가 도달하기 전, 슈리 크리슈나가 인간화된 형태의 마지막 아바타였다고 주장합니다. 다른 사람들에게 그것은 붓다, 라마크리슈나 또는 공자입니다.

그들은 단지 아바타이지 갸니가 아니라고 추정되기 때문에, 그의^{His} 의식 경험이 어떤 면에서 이들의 방식보다 뛰어난지 바가반께서 우리에게 말씀해 주시겠습니까? 그리고 실제로 인류 역사에서 이 시대, 특히 격동의 시대에 해당하는 아바타는 누구입니까? 독일은 국가 사회주의자 정부의 적대적인 태도를 보여주는 것으로 스스로를 재무장시키려는 의도를 발표했습니다. 분명 아바타는 인간의 집단적 악행이 그의 친절한 행위들보다 더 적다는 것을 확실히 하도록 세상을 돌보기 위해 대대로 필요합니까? 갸니는 한낱 몸적인 몸의 존재를 보장하는 것을 제외하고는 세상에서 활동하지 않습니다. 그렇습니까? 그렇다면 우리 불쌍한 인간 자아들 그리고 또한 세상을 돌볼 아바타는 어디에 있습니까?

라: 진짜 니르비칼파 사마디의 경험은 자연적으로 "다른 것들"을 배제합니다. 그러므로 그것 안에서 돌이킬 수 없이 그의 작은 자아를 잃었던 그의 나$^{Self\,of\,Him}$와 별개인 것은 없습니다. 왜냐하면 두 번째도 없고, 다른 것도 없으며, 하나의 불변의 절대적 나에 대해 이질적 또는 생경하거나 또는 그것과 별개인 것은 없기 때문에 비교의 문제는 그야말로 절대 일어나지 않습니다.

모든 진정한 스승들은 하나입니다. 그들이 자신을 공통적인 어떤 것과 동일시하기 때문이 아니라, 일반적으로 하나의 것을 다른 것과 동일시하는 능력이 그들 중 누구에게도 존재하지 않기 때문입니다. 아바타들에게 있어서, 각자는 그 자신의 마음의 확신들과 성향들에 따라 아바타라 푸루샤(자각, 우주적 영)를 봅니다. 다른 사람들 사이에서 자신의 관점의 최종 결과를 확립하는 것은 오직 성과 없는 언쟁을 초래할 뿐입니다. 당신은 자신의 마음에 드는 것을 계속해서 믿을 수도 있지만, 우주에 대한 당신의 세계관에 대해 다른 사람들의 확증을 기대하는 것은 당신의 마음의 불안감을 증가시키고 마음을 더 동요시키는 데 기여할 뿐입니다.

헌: 따라서 대대로 내려오는 아바타라푸루샤, 신-현현(신-화신)의 관념은 단지… 동화만큼만 좋은 허위일 뿐입니까? 현현은 숭배할 수 있는 형상을 만들기 때문에, 우리가 영적 완벽함과 순수함, 큰 영향력과 신성함의 정점으로 우리 자신을 끌어올릴 수 있도록, 다양한 믿음의 신성한 책들은 우리가 숭배할 수 있는 이 축복받은 존재들에 대해 이야기하지 않습니까? 예수, 마호메트, 조로아스터, 붓다. 그들은 어떻습니까? 특히 크리슈나는 파리트라나야 사두남(경건한 자를 구하기 위해서) 등을 말하지 않습니까? 어떻게 이런 고려사항들을 무시할 수 있습니까?

라: 당신의 마음의 예측들과 성향들은, 당신의 나 밖에 신이 있고, 그는 당신을 인도하고 그에게 이르는 길을 당신에게 보여주기 위해 전령을 내려 보내야 한다는 잘못된 생각으로 당신을 속입니다. 계속해서 여행을 한다 해도 당신은 절대 닿지 못할 것입니다. 그러므로 탐색은 충분합니다.

탐색을 중지하고, 목표가 있다는 생각을 버리고, 당신의 나가 되십시오 BE YOUR SELF. 더 이상은 없습니다. 위대한 스승들은 각자 자신의 말로, 하지만 모두가 같은 가슴에서 당신에게 이 메시지만을 전해주려고 했습니다. 자신의 나가 되십시오. 당신이 언급했던 스승들과 다른 이들은 인간의 영적 진화에서 의심할 여지없이 각자가 자신의 구체적이고, 특별하거나 독특한 역할을 해왔고 또 하고 있으며, 계속해서 해 나가지만 "어떻게 이 모든 마하누바바르 Mahanubhavar들이 옳을 수 있는가? 그들은 어떤 점에서 스스로 모순되는가? 이런 명백한 모순과 외견상 상호 불일치를 완전히 정리하는 것이 우리의 당면한 과제 아닌가? 그것은 우리에게 특별한 영적 가치를 부여하지 않을 것인가?"라는 질문을 논의하는 것으로는 당신이 말하는 정점에 분명히 도달하지 못할 것입니다.

사람들은 이렇게, 아주 헛되게 일생을 낭비합니다. 랏치치얌 Latchiyam을 나 또는 실재에 전적으로 고정시키는 것에 완전히 이용했다면, 이 노력은 오래전에 묵티(해방)의 결과를 낳았을 것입니다. 대신, 사실 바로 그 능력이 가라앉는 것이 나 또는 실재의 드러남이라는 결과로 나타날 때, 붓디 또는 추론 능력을 사용해서 진리에 도달하는 것에 대한 이런 잘못되고 어리석은 생각들로 인해 무수히 많은 삶들이 낭비되었습니다. 아주 유감스러운 일입니다.

헌: 여전히 명확하지 않습니다. 아바타라푸루샤, 그는 간다르바, 락샤사rakshasa, 부타bhootha 등과 같이 단지 마음의 개념입니까? 이 유형의 세계는 바가반 자신을 포함한 그런 많은 위대한 사람들의 출현을 목격하지 않았습니까?

라: 문제는 우리가 우리의 지적 미각과 식욕을 만족시키기 위해 그들의 가르침을 이용할 때 생깁니다. 현명하지 못한 사람들에게는, 철학자들과 형이상학자들이 모인 곳에서 토론 주제로 그것을 이용하는 대신에, 노력하고 수행하는 일이 일어나지 않습니다.

따라서 나는 진실한 수행자에게 말합니다. 그것에 대해 에세이를 쓰려고 하지 마십시오. 그것에 대한 아주 박식한 기사를 발표하려고 하지 마십시오. 당신이 새로 발견한 격언, 신격화 장치 또는 고대 지혜의 계율에 대한 추종자들을 얻으려고 하지 마십시오. 그것을 마음으로 개념화하지 말고, 바로 그 개념에 갇혀서 당신이 "아무 진전도 보지 못한다."고 신음하고 불평하지 마십시오. 그것에 대해 계속해서 토론하거나 이야기하지 마십시오. "먼저 나는 그 기술에 대한 지적 지배권을 얻고, 그 뒤에 그것의 적용을 시작할 것이다."라고 스스로에게 말하지 마십시오.

대신 지금 여기에서 수행에 뛰어드십시오. 어느 것이든 하나의 마하누바바르(위대한 힘, 관대한, 높은 마음)를 고수하십시오. 그러면 모든 것은 결국 잘 될 것입니다. 스승들은 당신에게 길을 보여주기 위해서만 그곳에 있습니다. 사람은 '이 사람 또는 저 사람이 싯다푸루샤, 묵타푸루샤, 또는 아바타라푸루샤입니까?'라고 묻는 것처럼 단순히 그들 각각의 삶, 출현, 가르침에 대해 단지 이론화하거나 관념화함으로써 그들 목적의 완수를 흐리게 합니다. 물론 이것들은 당신의 마음의 개념일 뿐입니다. 사실, 사람의 신성한 가슴의 예배소에 앉아 있는, 형체가 없는 절대자와 전혀 다르지 않은 스승은 진정 당신 자신의 진정한 나와 동의어입니다. 그렇다면, 왜 다른 곳에서 그를 찾습니까?

헌: 저 자신에 대해서는 지금 확신하지만, 짙은 어둠에 뒤덮인 것처럼 보이는, 가망이 없는 세상의 영적 상황에 대해서는 걱정이 됩니다. 세상 사람들은 자신들이 지독한 무지의 어둠 속에서 살고 있다는 사실을 알아차리고 그들 주위의 세상은 꿈이라는 것을 이해해서 진정한 깨달

음을 얻을 수 있겠습니까?

그들의 삶에서 진정한 삿구루를 만난 적이 없는 불운하고 무지한 수백만 명의 세상 사람들은 어떻습니까? 그들의 프라랍다 카르마가 그들에게, 구루의 지식이 절대 일어나지 않은 것의 결과로 평생을 사악한 아비디야마야의 바다에 가차 없이 내던져져서 보내라고 지시한다면, 그러면 어떻게 됩니까? 그들의 무지의 시련은 얼마나 많은 생애동안 지속되어야 하며, 그런 불운한 사람들은 언제 마침내 그들의 구루를 만나서, 그를 통해 그들의 구원이 확실히 보장받을 수 있겠습니까? 바가반께서 머물렀기 때문에 그 자체가 신성하게 된 이 지구에서의 그의 축복받은 체류 동안 그를 만나는 큰 행운을 가진 적이 없는 그런 불운한 사람들은 스스로를 아주 운이 없다고 생각해야 합니다. 따라서 바가반께서는 그들이 무엇을 하게 할 것입니까? 그들은 무엇을 할 수 있습니까? 그들의 운명은 어떻게 되겠습니까?

라: 각자의 운명은 그의 공덕에 달려 있습니다. 자신을 돌보십시오, 그러면 다른 이들은 스스로를 돌볼 수 있습니다.

이 대답은 분명히 질문자의 마음에 들지 않았다. 그는 채드윅이 다음의 말로 그를 진정시킬 때까지 왜 세상의 "무지한" 대중들에게 아낌없이 자비를 퍼부어서는 안 되는지에 대해 바가반 앞에 추가적인 논쟁을 제시한다는 생각을 해 보는 것 같았다.

"바가반은 신에 대한 갈망 또는 명상의 강렬함이 과열된 정도에 이르렀을 때, 구루는 자동적으로 헌신자 앞에 나타납니다."

갑자기 경전에서, 영의 영역에서 천재와 다름없고 신성한 받아들임을 열망하는 외롭고, 인간을 저버린 많은 영혼의 동경의 대상인 유대인 목수의 말씀을 읽는 바가반의 목소리가 홀의 주의를 사로잡았을 그때도, 그 남자는 무언가를 말하려고 하는 것 같았다.

"구하라, 그대는 얻을 것이다. 찾으라, 그대는 찾을 것이다. 두드리라, 그것이 그대에게 열릴 것이다." 바가반이 "그것은 열릴 것이다."라고 말했을 때, 그 남자는 일종의 발작적인 기쁨에 빠져서 스스로를 억제할 수 없었다. 그는 "구원자시여! 당신은 저에게 하늘의 왕국, 제가 항상 찾던 니르바나로 가는 열쇠를 주셨습니다! 구원자시여! 구원자시여! 산의 구원자시여! 산의 예수! 여기에! 세상에!"라고 소리를 지르며 바가반에게 달려갔습니다. 쉬지 않고 내뱉는 그의 말들은 갑자기 그를 엄습한 긴장성 발작에 의해 저지되었습니다.

바가반의 수행원들은 그의 어깨와 셔츠 깃을 붙잡은 것을 서서히 풀어주었습니다. 왜냐하면 그가 현자를 공격할까봐 겁이 나서, 그들은 자신의 살아있는 신으로서 존경하고 흠모하는 스승에게로 향하는 그의 전진을 막기 위해, 자연스럽게 앞으로 나가서 그를 붙잡았기 때문입니다. 그는 천천히 바닥에 주저앉아 작고, 시무룩하고, 침울한 아이처럼 무릎에 손을 모은 채 앉았습니다. 곧 그는 몇 마디 알아들을 수 없는 말을 중얼거린 다음 침묵에 빠졌습니다. 누군가 그에게 물을 가져다주었고, 그는 황홀하게 그것을 꿀꺽꿀꺽 마신 다음 이해할 수 없는 말을 했습니다.

한 시간 정도 지나자 그는 정상적인 상태를 되찾은 것처럼 보였지만, 수행원들의 불안하고 초조해하는 눈은 여전히 그에게 고정되어 있었다. 그는 바가반에게로 다가갔고, 수행원들은 즉시 앞으로 움직였다. 바가반은 그들에게 말했다. "Varattum, vidu…". 하지만 열심히 그리고 빈틈없이 보물을 지키는 정령들처럼, 그들은 스승이 별난 사고 때문에 어떤 뜻밖의 신체적 아픔을 겪지 않도록 그를 경계하며 서 있었다. 이제 그 남자는 그의 세심한 얼굴에 아주 크고 공개적으로 적혀 있는 그의 감사를 전하고 싶어 하는 것처럼 보였다. 그는 몸을 숙이며 낮은 어조로 스승에게 뭔가를 말했다. 바가반은 웃었고, 축복의 기도로 그에게 그의 손바닥을 보여주었고, 그는 공손한 작별인사로 몸을 굽히고는, 다음 순간 홀을 떠났다.

이것이 바로 바가반과의 우연한 만남이 "정글 은둔처"를 발견할 만큼 운이 좋은 사람들의 삶에 급격한 변형을 가져다 준 방법이다. 그 만남은 겨우 몇 시간 지속될 수도 있지만, 그 변형은 평생 지속될 수도 있다. 그것이 내가 "Bwaga Moyo" 마을에서 독일인을 본 마지막이었다. 지금 홀에 있는 사람들은 그에 대해 논의하고 싶어 한다. 어떤 사람은 이 사람과 같은 이름을 가진 한 남자가 그가 어떤 잡지에서 만난 적이 있는 Keshab Chandra Sen에 대한 에세이를 썼다고 말했다. 그는 그것이 같은 사람인지 궁금했다. 그런 다음 바가반에게 몸을 돌려 그가 물었다.

헌: 바가반께서는 지금 떠난 운이 좋은 이 사람에게 사하자스티티의 경험을 주셨습니까?

라: 그의 마음은 가슴Heart 안에 가라앉기 시작했고, 희열은 그의 오랜 묵상 또는 명상의 대상으로서 객관화되어, 매혹적인 매력의 충격적 환영으로서 외적으로 나타났습니다. 만약 희열이 그의 나와 별개가 아닌 것으로 이해된다면, 그는 명상을 시도하는 것을 멈추고 그저 존재하는 그것THAT-WHICH-IS이 될 것입니다.

헌: 제가 알고 싶은 것은 그가 경험한 것이 무엇인지가 전부입니다. 그것은 그가 항상 몰두해 있던, 갸니의 사하자 사마디라고 불릴 수 있습니까?

라: 아닙니다. 생각들이 잠재된 형태로 여전히 남아있는 동안, 묵티는 완전히 불가능합니다. 하지만, 일단 아트마스와루파의 희열의 넥타를 맛본 마음은, 심지어 자기도 모르는 사이에 그것을 되찾으려고 반복적으로 시도할 것입니다. 그런 노력은, 신의 자비로운 신성한 은총의 작용으로 인해 그의 가슴에서 그가 사랑하는 선택된 스승에 대한 개인의 욕망이 점점 더 차오르면서 더 필사적이고 강렬해질 것입니다. 결국 그 사랑은, 갈망하던 지고의 통합 상태에 이르는 것에 대한 그것의 완전한 무력함을 인정하는 지바트만이 드러내놓고 솔직하게 "저는 더 이상 중요하지 않습니다. 아니, 저는 이미 제가 아닌 것이 되고 싶지 않습니다. 오직 당신만 있습니다. 오직 당신만 중요합니다. 왜냐하면 오직 당신만 존재하기 때문입니다."라고 말하며 더 높은 힘에게 복종하는 그런 광적인 열망의 수준에 이릅니다.

이 단계 이르면, 신은 노력을 하지 않고 헌신자를 그에게로 흡수합니다. 하지만 얻거나 달성할 것은 아무것도 없다는 사실은 남아 있습니다. 지금도 당신은 사하자 사마디에 있습니다. 단지 당신이 다르게 생각할 뿐입니다. 생각을 제거하십시오, 그러면 모든 것은 잘 될 것입니다. "나는 나이다I am the Self"라고 생각하는 것은 마음의 에너지의 무의미한 전환diversion입니다. 왜냐하면 생각의 장난에 의해 야기되는 동요로부터 항상 자발적으로 자유로운 순수한 주관적 의식으로서 영원히 남아있는 선택권이 언제나 가능할 때, 어떤 바보가 대신에 자기가 나라고 생각하기를 더 좋아하겠습니까?

그것은 자신의 왕좌에 대해 모두 잊어버리고, 그의 궁전으로 조용히 걸어가서, 그곳에 들어가, 그의 정당한 왕좌를 차지하는 대신, 미치광이처럼 '나는 왕이다! 나는 왕이다! 나는 왕이다!'라고 목청껏 외치면서 그의 제국의 온 거리를 헤매며 다니기 시작한 왕의 이야기와 같습니다. 이렇게 그가 거리를 배회하며 다닐 때, 그는 어떤 존경이나 애정 어린 대우를 받습니까? 아닙니다. 사람들은 "당신이 한 푼도 없는 가난뱅이라는 것을 인정하십시오. 그러면 우리는 당신에게 맛있는 음식, 좋은 옷, 그리고 다른 도움을 제공할 것입니다. 왕인 척 그만하십시오. 우리는 우리의 아주 고귀한 왕족에 대한 많은 애정을 가지고 있기 때문에, 그것은 우리를 짜증 나게 합니다."라고 말하면서, 경멸하며 그에게 돌을 던집니다.

만약 당신이 정말 왕이고, 실제로 원래 사는 거주지로 가는 길을 잃었다면, "나는 왕이다"라고 무의미하게 소리치면서 길거리에다 에너지를 낭비하는 대신 당신의 왕좌로 가서 그것을 차지하지 않겠습니까? 위엄과 품위의 진정한 구현인 우리의 왕이 이렇게 행동하겠습니까? 사악한 행위들을 즉시 그만두십시오. 왕의 이름을 모욕하는 것은 심각한 범죄입니다." 물론 이것은 제정신이 아닌 왕을 더 화나게 할 뿐이고, 그는 그의 사랑하는 시민들과 주먹다짐을 합니다. 결국 그는 나쁜 행실과 대중 폭동으로 체포되어 재판을 위해 왕실 법정에 가게 됩니다.

한편 모든 사람들은 왕좌가 빈 것을 보고 당황합니다. 그의 시간 엄수는 전설적인 것이었기 때문에 그의 수많은 다른 좋은 특성들이 그러했던 것처럼, 그들은 국왕이 어디에 있는지 의아해합니다. 그들은 스스로에게 말합니다. "길거리에서 왕을 모욕하려 하던 미치광이를 급히 처형해야 하는데, 이 중대한 순간에 국왕께서는 어디로 가셨는가, 그가 안 계시는데 어떻게 판결을 내릴 수 있는가?" 왕이 익숙한 궁궐을 보고는, 그의 정신력이 정상적인 상태로 회복되고 조용한 설명을 통해 왕실 법정에 실제 상황을 이해시킵니다. 불신이 가라앉자마자 그들은 공포에 질립니다. 그들은 그를 사슬로 묶은 것에 대해 즉시 용서를 구합니다. 그는 평소 왕좌에서의 빛나는 모습과 충격적 대조가 되는, 거리에서 떠돌아다니는 미치광이 상태로 그를 몰아넣을 만큼 그의 정신력을 흐트러뜨리고 왜곡시킴으로써 그들을 실망시킨 것에 대해 용서해 달라고 그들에게 간청합니다.

그런 다음 그는 Royal Diet의 상좌인 그의 평소 자리를 차지하기 위해 몸을 움직입니다. 왕좌에 손을 대자마자 그는 상대적 실재를 깨닫습니다. 미치광이처럼 거리에서 돌아다녔던 그 모든 사건은 결코 일어나지 않았습니다. 그는 바쁜 날에 왕좌에서 그저 잠이 들었고, 이런 일련의 불쾌한 모든 사건들에 대한 꿈을 꾸었습니다. 진실은 그는 결코 왕좌에서 흔들린 적이 없었고, 꿈이 그의 마음에서 재생되는 동안 줄곧 그 위에 앉아 있었다는 것입니다.

바가반은 각각의 역할을 직접 연기했기 때문에 모두가 그의 내레이션에 감동했다.

어떤 사람은 그의 얼굴에서 고통과 분노를 볼 수 있었습니다. 그의 시민들은 왕이 될 자격이 있다고 자신의 적법한 권리를 제시하는 그에게 대응해서 그를 비웃고 조롱했습니다. 어떤 사람은 기쁨을 볼 수 있었습니다. 그는 결국에 자신의 궁으로 돌아왔고 이 우스꽝스러운 미친 짓은 앞으로 그에게 어떤 문제도 일으키지 않을 것입니다. 그가 꿈에서 깨어나 실제의 (상대론적 의미에서의 실제) 세상에 눈을 떴을 때, 어떤 사람은 믿을 수 없는 놀라움과 경악을 볼 수 있었습니다. 어떤 미치광이 짓도 절대 없었습니다. 그는 그날 아침 그 왕좌를 차지했던 때부터 한 번도 그것으로부터 떠난 적이 없었습니다!

헌: 그 설명은 왜 그런 꿈이 일어나야 했는지에 대한 질문을 다루지 못합니다.

라: 애착들, 욕망들, 그리고 마음속에 퍼져 있는 다른 브릿티들 때문에 세상은 객관적 실체 objective entity로서 실제하는real 것처럼 보입니다. 사실 만약 세상이 나타난다면 그것은 단지 나self 입니다. 그것은 꿈과는 별개의 어떤 것, 지각하는 주체, 즉 그것을 꿈 또는 어떤 것이 경험되고 있다고 말하는 것을 필요로 합니다. 그런 주체가 존재하는지를 물어보면, 우리는 그것이 존재하지 않고, 존재하는 것은 겉으로 보이는apparent 주체와 겉으로 보이는 대상이 지금까지 의복을 입은 것처럼 보이는 토대라는 것을 발견합니다.

이제 주체와 대상은 없고 단지 가슴의 아디슈타남(바탕)만 있는데, 사실 항상 그랬던 것처럼, 오직 이 모든 시간 동안 우리는 진리에 주의를 기울이지는 않았습니다. 무지를 찾으려 한다면, 그런 것은 존재하지 않기 때문에, 당신은 성공하지 못할 것입니다. 그것은 존재하지 않는 것으로 우리에게 많은 어려움을 주고 있는 것입니다. 모든 것은 결국 나의 궁전으로 되돌아갑니다. 심하사남(옥좌)이 건드려질 때만 왕은 그의 무서운 꿈에서 깨어날 수 있고, 다른 방법으로는 안 됩니다. 어떤 사람들은 붙잡혀서 궁으로 돌려보내지도록 스스로 허락하기 전에 몇 년 동안 미치광이처럼 거리를 배회하는 반면, 소수의 어떤 사람들은 화가 난 시민들로부터 받은 첫 일격에 마음으로 복종하고, "좌우에서 쏟아지는 일격들을 여기에서 계속해서 대응하는 것은 어려워 보인다. 결과가 어떻든지 간에 권위에 복종 하고 그것을 처리하는 것이 더 나을 것이다."라고 생각하고, 그에 따라 즉시 행동합니다. 문제를 일으키는 사람의 동의가 없으면 그를 궁전으로 데려갈 수 없다는 것에 주목해야 합니다. 몇 번의 일격을 당하는지에 대해서 동의를 얻을 필요는 없습니다. 이것이 바로 이 꿈의 우주가 작동하는 방식입니다. 또한 주목하십시오.

어떤 경우에는 왕의 2분짜리 꿈이 꿈의 세계에서는 심지어 60년 동안 계속될 수 있는 반면, 다른 경우에는 그의 여섯 시간의 꿈이 꿈의 세계에서 1/144초 동안 계속될 수도 있습니다. 시간은 상상력의 기능입니다. 그것은 성품상 절대적인 존재의 속성을 가질 수 없습니다.

요가 바시슈타에 나오는 라바나 왕의 이야기를 생각해 보십시오. 한 번은 어느 현자가 라바나 왕의 궁궐을 방문했습니다. 그 방문객은 자신이 마법사라고 선언했고 그의 마법 능력과 상상할 수 없는 엄청난 정도의 환영을 만들어내는 능력을 자랑했습니다. 라바나의 얼굴은 무표정했습니다. 그는 속으로 웃었습니다. 그는 "적국 왕들의 공포인 나, 강력한 라바나. 마치 내가 이 이상하게 생긴 남자의 환영의 힘에 속기라도 할 것처럼!"이라고 생각했습니다. 웃타라 판다바 왕국의 황제인 라바나는 용맹함과 용기로 전 세계에 잘 알려져 있었습니다. 지구를 더럽히는 사악한 자들에게 공포가 되는 것만큼 못지않게, 그는 궁핍하고 가난한 자들에게는 자비로웠습니다.

사람들은 그의 강렬한 팔 아래서는 아무것도 두려워할 것이 없었습니다. 그는 현자 바시슈타의 인도 아래 모든 경전을 익혔고 심지어 나 깨달음에 이르는 것을 목표로 규칙적으로 아트마비차라 방법을 수행하고 있었습니다. 그의 성격은 흠이 없었습니다. 그의 행동은 완벽했습니다. 그의 생각은 숭고했습니다! 전반적으로 보아 세상에는 그의 침착한 기질을 불안하게 하거나 평온한 상태를 방해할 수 있는 것이 아무것도 없었습니다. 그는 천상이나 지옥의 어떤 피조물의 환영의 힘도 두려워할 것이 없었고, 또는 그렇다고 생각했습니다.

라바나는 그의 궁궐에 앉아있는 사람들의 얼굴을 보았습니다. 그의 대신들도 그 눈에 똑같은 회의적인 표정을 담고 있었습니다. 하지만 궁궐에 앉아 있는 다른 사람들은 마법사의 존재에 대해 다른 식으로 반응했습니다. 어떤 사람들은 몸을 떨며 자신들이 가장 좋아하는 신의 이름을 되뇌였습니다. 어떤 사람들은 두려움을 숨기기 위해 웃었습니다. 어떤 사람들은 눈을 감았습니다. 어떤 사람들은 지원을 바라며 왕을 쳐다보았습니다. 왕은 그 이상하게 생긴 남자를 경멸적으로 쳐다보았습니다.

마법사는 왕 앞에서 그의 재능을 보여줄 수 있도록 허락을 구했습니다. 그는 알록달록한 깃털로 만들어진 터번을 썼습니다. 그의 얼굴은 신분을 감추려는 듯 붉게 칠해져 있었습니다. 아주 큰 검은 콧수염이 그의 입을 덮었습니다. 눈은 빨갛고 비정상적인 광채로 빛났습니다. 목부터 발가락까지 그의 온몸은 여러 색깔의 깃털로 짠 긴 치마로 덮였습니다. 멋진 빛깔의 말하는 앵무새가 그의 어깨에 앉아 그가 말하는 모든 문장의 마지막 단어만을 되풀이해서, 그 장면에 더 이상함을 더해주었습니다. 마법사는 마치 그 깃털들이 조금이라도 움직이면 모두에게 위험이 될 수 있다는 것을 두려워하는 것처럼 양손에 공작 깃털 다발을 꽉 쥐고 있었습니다.

라바나 왕이 마침내 침묵을 깨고 마법사에게 말했습니다. "그래서 내가 어떤 환영을 통해 당신에게 속을 수 있다고 생각합니까?" 마치 그 남자와 공작-깃털 다발에 도전이라도 하는 것처럼 경멸의 미소가 그의 입가에서 살짝 보였습니다. 마법사는 왕의 비판적인 표정에 영향을 받지 않는 것처럼 보였습니다. 그는 경솔한 오만함으로 왕에게 미소를 지으며 말했습니다. "감히 저에게 허락해 주시겠습니까…?" 왕은 대신들의 의견을 묻는 것처럼 그들을 쳐다보았습니다. 그들 또한 마법사의 말에 불신을 보였고 왕에게 알고 있는 듯한 미소를 비쳤습니다. 왕은 궁궐에 앉아있는 일반 대중들을 즐겁게 해 주기로 했습니다. 그는 길거리 방랑자의 이 같은 오락이 누구에게도 해를 끼치지 않을 것이라고 판단했고, 그 이상한 남자가 보여주기로 약속한 마법 쇼에 동의했습니다.

마법사는 가식적인 겸손함을 크게 보이면서 왕에게 경의를 표했습니다. 그런 다음 그는 앞으로 몇 발자국 걸어가서 높은 받침대 위에 놓인 왕좌로 가는 계단 가까이에 섰습니다. 왕은 세상에서 구할 수 있는 가장 좋은 보석들로 장식된 거대한 황금 왕좌에 편안하게 앉아 있었습니다. 마법사는 잠시 동안 왕의 얼굴에 그의 눈을 고정시켰습니다. 왕도 눈꺼풀 하나 움직이지 않고 시선을 돌려주었습니다. 그는 공작 깃털 다발을 가지고 노는 그 불쌍한 피조물의 기분을 맞춰주기로 했습니다. 궁궐에 있는 사람들은 그가 만들어내는 놀라운 마법 솜씨를 하나도 놓치지 않으려고 그 마법사의 모든 행동을 주의 깊게 관찰했습니다. 궁궐은 조용했습니다. 마법사의 입에서 나오는 윙윙거리는 소리만이 사방을 채웠습니다. 주위는 으스스한 분위기였습니다. 심장이 약한 사람들은 다음 순간 세상이 사라져 버릴 것이라고 예상하는 것처럼 몸을 떨었습니다. 마법사는 아주 낮은 목소리로 이상한 소리를 중얼거리고 있었습니다. 왕의 양 옆에서 벌레 쫓는 채를 흔들던 예쁜 아가씨들은 차가운 바람이 그들을 지나가기라도 한 것처럼 약간 떨었습니다. 그들은 알 수 없는 두려움에 눈을 감았습니다.

마법사는 갑자기 공작 깃털 다발을 들어 올려서 왕 앞에서 그것을 격렬하게 흔들었습니다. 곧 사방이 화려한 빛의 불꽃으로 가득 찼습니다. 어디에나 떠다니는 화려한 빛의 방울들 말고는 아무것도 보이지 않았습니다. 조용하고 불안한 몇 분의 시간이 흘렀습니다. 불꽃들은 모두 한 번에 사라졌고 모든 신하들이 갑자기 정상적으로 볼 수 있었습니다. 마법사는 어디에서도 보이지 않았습니다. 사람들은 안도감에 한숨을 쉬었습니다. 눈에 띄는 일은 일어나지 않았습니다. 오직 화려한 빛의 장관만 있었습니다! 그것이 전부였습니다! 이것을 가지고 마법사는 마치 전 세계를 자신의 통제 아래 두는 것처럼 행동하고 있었습니다. 궁궐에 있는 모든 얼굴에서 미소가 피어올랐지만 이 미소는 오래 가지 않았습니다. 그들은 모두 자신들의 사랑하는 왕에게 일어난 일에 충격을 받았습니다.

왕은 동상처럼 얼어붙어 버렸습니다. 그는 눈을 뜨고 그의 앞에 있는 보이지 않는 것을 응시하고 있었습니다. 그는 깜빡거리지도 않았습니다. 눈은 초상화의 눈처럼 고정되어 있었습니다. 왕이 어린 아이였을 때부터 알았던 한 나이든 대신이 왕좌로 달려와 놀라서 그를 만졌습니다. 그는 살아 있었습니다. 심장 박동은 멈추지 않았습니다. 호흡은 깊고 느렸습니다. 하지만 몸은 조금도 움직이지 않았습니다. 대신은 왕을 세게 흔들었고 여러 번 그의 이름을 불렀습니다. 왕은 어떤 식으로도 반응하지 않았습니다. 그는 마치 깊은 사마디에 들어있는 것처럼 보였습니다. 대신은 그 날의 사건들을 헤아리지 못하고, 천천히 왕좌의 계단을 내려왔습니다. 그는 손을 들어 일반 대중들에게 조용히 하라는 손짓을 했고, 그들은 입을 다물고 왕을 예의 주시했습니다. 대신들은 낮은 목소리로 무엇인가를 논의했고 아무 것도 할 수 없어서 의자에 앉아있었습니다. 그들은 모두 불안해하며 기다렸습니다. 이렇게 두 시간이 흘렀습니다.

갑자기 왕이 움직였고 그의 온 몸이 조금 떨렸습니다. 그는 마치 일어나서 무언가에 뛰어들려는 것 같았습니다. 의식이 없는 그의 몸이 왕좌에서 떨어지고 있었습니다. 경계를 하며 왕을 지켜보고 있던 경호원들이 앞으로 튀어 나와 강한 팔로 왕을 붙잡았습니다. 그들은 왕을 천천히 왕좌에 앉혔습니다. 왕은 점차 의식을 되찾았습니다. 그의 눈은 무언가를 찾는 것처럼 사방을 둘러보았습니다. 그는 바로 가까이에 있는 누구도 알아보지 못하는 것 같았습니다. 그의 얼굴은 근심으로 주름이 생겼습니다. 그는 혼란스럽고 당황해 보였습니다. 그는 땀을 많이 흘리고 있었습니다. 모든 대신들은 왕의 안녕을 걱정하며 그의 주위에 서 있었고, 어떤 신하들은 사악한 마법사를 찾아내어 갈기갈기 찢을 준비를 하느라 바빴습니다. 왕은 몇 마디 앞뒤가 안 맞는 말들을 중얼거리기 시작했습니다. 그는 자신을 둘러싼 모든 사람들에 놀란 것처럼 보였습니다. 나이 든 대신은 왕의 마음에 있는 혼란을 이해하고는 왕의 아주 가까운 두세 명의 친구들만 제외하고는 모두를 보냈습니다.

왕은 친절한 나이든 대신에게 물었습니다. "당신들은 모두 누구입니까? 나는 어디에 있습니까? 이것은 누구의 궁궐입니까? 나의 아내와 아이들은 어디에 있습니까? 당신들은 그들에게 무슨 짓을 했습니까?" 대신은 친절한 말로 그를 안심시켰습니다. 그는 하녀에게 궁궐로 거울을 가져오라 했습니다. 그는 왕이 거울로 자신의 얼굴을 보게 했습니다. 왕은 처음에는 거울에서 그를 쳐다보고 있는 잘생긴 얼굴에 충격을 받았지만, 갑자기 그의 눈은 이해로 빛났고 그는 걷잡을 수 없이 웃기 시작했습니다. 왕은 그의 개인 집무실로 안내받았습니다. 그는 그 시간쯤에 먹는 것이 습관이 되어 있는 음식을 받았고, 마침내 스스로 편안하게 느끼기 시작했습니다. 몇 시간 후에 왕은 그의 궁궐로 돌아왔습니다. 그의 가까운 친구들과 대신들은 각자의 자리에 앉아 있었습니다. 그들은 왕의 얼굴을 빤히 바라보면서 그의 경험담을 기다리고 있었습니다. 마법사는 왕이 감사의 표시로 그에게 제공한 특별한 황금 의자에 앉아 있었습니다. 그는 왕이 의식을 완전히 되찾자마자 궁궐에 나타났습니다. 이제 그는 조용히 앉아서 아주 재미있게 왕을 관찰하고 있었습니다. 그의 붉은 눈은 숨겨진 장난기로 미소를 지었습니다. 왕은 그에게 이렇게 말했습니다.

"잘 했습니다, 나의 친구여! 당신의 미혹의 능력에 감사드립니다. 당신은 순진한 자들을 함정에 빠뜨리기 위해 망상의 그물을 짜는 나라야나 신 못지않습니다. 당신의 마법은 정말 대단합니다." 그는 머리를 약간 끄덕이며 대신에게 신호를 주었습니다. 다음 순간, 백 명의 하녀들이 귀중한 보석과 다이아몬드로 가득한 큰 황금 접시를 들고 그 방으로 들어왔습니다. 그들은 모든 접시를 마법사 앞에 두고 방의 구석으로 물러났습니다. 왕은 다시 마법사에게 말했습니다. "선생님, 당신의 행동은 이 선물들보다 더 가치가 있습니다. 그것들을 나의 보잘것없는 공물로 받아주십시오. 당신이 원하는 어떤 것이든 나에게 요구하십시오. 당신이 원하는 것을 들어주기 위해 나는 최선을 다할 것입니다."

마법사가 일어났습니다. 그는 왕에게 경의를 표하고 말했다. "왕이시여, 저는 이 모든 것들이 필요하지 않습니다. 저는 단지 저의 의무를 다했습니다. 이제 제가 떠나도록 허락해 주십시오." 그렇게 말하면서 그는 공작 깃털 다발을 다시 한 번 흔들었습니다. 그가 있던 곳에서 번쩍이는 섬광이 일어났고 그는 가 버렸습니다. 왕 옆에 앉아 있던 대신이 물었습니다. "왕이시여, 이 모든 것이 다 무엇입니까? 당신께 무슨 일이 생긴 겁니까? 우리에게 친절하게 모든 것을 말씀해 주십시오." 마법사가 서 있던 곳을 놀라서 바라보던 왕은 불안해하는 그의 지지자 쪽으로 얼굴을 돌렸습니다. 그는 기절했을 때 일어났던 모든 일을 기억하려는 듯 잠시 눈을 감았습니다. 그런 다음 그는 눈을 뜨고 말했습니다.

"당신들은 모두 마법사가 공작 깃털 다발을 흔들고 화려한 불꽃이 궁궐을 채우는 것을 분명 보았을 것입니다. 알록달록한 빛 방울의 안개가 걷힌 후, 나는 아주 아름다운 말 옆에 내가 서 있는 것을 보았습니다. 그것은 인드라의 말 "우치치슈라바스"가 가지고 있다고 하는 모든 특성을 가졌습니다. 그것은 아주 매혹적으로 보여서 나는 말을 타고 조금 갔다가 돌아오기로 마음먹었습니다. 다른 생각은 들지 않았습니다. 궁궐, 마법사, 나라, 그리고 다른 모든 것들은 잊혀졌습니다. 나는 단지 그 멋진 말을 타고 싶었습니다.

그 위에 앉는 순간, 나는 그 말을 믿는 실수를 저질렀다는 것을 깨달았습니다. 그것은 곧바로 빛의 속도로 빠르게 갔고 나는 살기 위해 그것을 붙들어야 했습니다. 어떤 식으로도 그것을 통제할 수 없었습니다. 그것이 어디로 갔는지, 또 얼마나 시간이 흘렀는지 모릅니다. 나는 피곤하고 배가 고팠습니다. 하지만 말은 불이라도 붙은 것처럼 계속해서 달렸습니다. 심지어 어떤 도시나 마을을 지나고 있는지조차 알 수 없었습니다. 태양의 열기가 나를 그을리고 뜨거운 모래가 내 얼굴을 때릴 때야 비로소 나는 거대한 사막에 있다는 것을 알게 되었습니다. 그것은 끝도 시작도 없었습니다. 나는 맹렬한 태양을 타고 하늘을 가로지르는 것을 느꼈고 땅의 열기에 그을리는 것을 느꼈습니다. 영원의 시간이 지난 후, 갑자기 아주 춥다고 느꼈습니다. 나는 거대한 나무들과 수많은 관목들로 가득 찬 야생의 숲 지역에 있는 것을 알게 되었습니다. "지금이 아니면 절대 못 해."라고 생각하고 나는 말이 지나가고 있는 곳의 위에 있는 나뭇가지에 올라탔습니다.

큰 나뭇가지를 덮고 있는 덩굴에 두 손으로 매달렸을 때, 말은 어두운 숲 안으로 사라졌습니다. 이미 어두워지고 있었습니다. 뒤덮은 어둠 속에서 내 손도 볼 수가 없었습니다. 나는 어떻게든 나뭇가지의 위쪽으로 올라가려고 애썼고 떨어질 것 같은 두려움에 덩굴을 꽉 잡았습니다. 쉭쉭하는 소리가 들렸고, 밧줄 같은 어떤 것이 내 가까이로 다가오자 차가운 무언가를 느꼈습니다. 나는 위험을 피하기 위해 숨 쉬는 것조차도 멈추고 남은 밤 내내 동상처럼 가만히 있었습니다. 그것은 내 평생 가장 긴 밤이었습니다. 각각의 1/192초는 브람마의 일생과 같았습니다. 차가운 바람이, 그때쯤 이미 두려움으로 얼어붙어 있던 나의 사지를 얼게 했습니다. 나는 내가 누구인지 완전히 잊어버렸습니다. 머리가 하얘졌습니다. 사자의 영토에서 길을 잃은 사슴처럼 나는 두려움으로 가득했습니다. 찬바람에 이가 딱딱 부딪쳤습니다. 여러 종류의 곤충들이 내 몸의 모든 구멍들을 물어뜯고 가로질러 가고 있었습니다. 나는 배가 고프고, 지쳤으며, 기진맥진했습니다. 입은 바싹 말랐습니다. 필요한 것은 약간의 음식과 물이 전부였습니다. 약간의 음식을 위해서라면 나는 무슨 일이라도 했을 것입니다. 어렵게 얻은 나의 모든 지식은 잊혀졌습니다. 나의 전쟁 능력도 잊혀졌습니다. 심지어 내 이름이나 가족 또는 나라도 기억하지 못했습니다. 나는 오직 살아남기만을 바라는 인간 동물과 같았습니다.

태양의 모습에 끝날 것 같지 않던 밤이 사라진 후, 나는 내가 어디에 있는지 볼 수 있었습니다. 땅은 매달려 있는 나의 발에서 그리 멀지 않은 곳에 있었고 그 나무는 다리를 펼치고 있는 거미처럼 그 지역 곳곳에 가지를 뻗고 있는 거대한 잠부나무였습니다. 또 나무 구멍에 보금자리를 잡고 있는 많은 큰 뱀들도 보았습니다. 나는 재빨리 나무에서 뛰어내렸습니다. 옷은 누더기가 되어 있었습니다. 나는 어떻게든 가까스로 하반신을 제대로 가릴 수 있었습니다. 나의 위풍당당한 품위가 내 가슴 속 어딘가에 아직도 살아있었음에 분명합니다. 온 몸에는 긁힌 자국이 있었습니다. 어떤 부위에서는 피가 나고 있었습니다. 어떤 부위는 부풀어 올랐습니다. 한 눈은 감겨서 부어 있었습니다. 지나치는 나뭇가지가 눈을 찔렀을 수도 있다고 나는 생각했습니다.

나는 천천히 일어나 걷기 시작했습니다! 어디로 가야 할까요? 사방에는 가시덤불과 크고 가시로 뒤덮인 나무들뿐이었습니다. 멀리 위쪽 어딘가에서 새들이 지저귀는 소리를 들었습니다. 곤충들이 내 상처 주위를 맴돌며 피를 빨아 먹으려 했습니다. 나는 걸어가면서 가시가 있는 나뭇가지 하나를 잡고 흔들면서 그것들을 쫓았습니다. 마음속에는 오직 한 가지 "음식"이라는 생각만 있었습니다. 나는 나뭇잎들을 조금 먹으려고 했는데 그것들이 끔찍하게 쓰고 입에 자극이 된다는 것을 알게 되었습니다. 그 독즙 때문에 혀는 부어올랐습니다. 흘릴 눈물도 남아있지 않았습니다. 가시가 발을 찔렀습니다. 덩굴들이 내 길을 가로막았습니다. 뱀들이 바스락거리며 나를 지나쳤습니다. 그래도 걷고 또 걸었습니다.

나는 종종 지쳐서 쓰러지고 기절하곤 했습니다. 그러면 야생 동물이 나를 산 채로 잡아먹을까 봐 겁이 나서 다시 일어나 걷곤 했습니다. 얼마나 오랫동안 숲을 걸었는지 아무 생각이 안납니다. 나는 죽을 때까지 걷기로 했습니다. 지금으로서는 죽음 외에는 아무 목표가 없었습니다. 음식은 그 숲에서 불가능했습니다. 신들에게 기도조차도 하지 않았습니다. 그때 나는 신들이나 천국에 대해 아무것도 몰랐습니다. 나는 단지 인간의 모습을 한 동물이었습니다. 어느 순간에, 나는 큰 나무 아래 앉아서 잠이 든 것처럼 기절해 버린 것 같습니다. 근처에서 나는 어떤 소리가 나를 깨웠습니다. 나는 덤불 사이로 살짝 보았습니다. 정말 놀라웠습니다!

나는 숲길을 걷고 있는 한 소녀를 보았습니다. 나는 그녀의 짙고 검은 피부를 보지 못했습니다. 그녀의 짧고 뚱뚱한 몸을 보지 못했습니다. 그녀의 몸에서 나오는 소름끼치는 악취를 맡지 못했습니다. 그녀를 기이하게 보이게 만드는 그녀의 눈동자가 계속해서 움직이는 것을 보지 못했습니다. 그녀 몸의 아래쪽과 하지에 각각 대소변이 튀어있는 것을 보지 못했습니다. 오직 그녀 손에 있는 바구니만을 보았고, 거기서 나오는 음식 냄새만을 들이마셨습니다. 나는 짐승처럼 덤벼들어 그녀 앞에 섰습니다. 그녀는 나의 갑작스러운 등장에 깜짝 놀라 비명을 질렀습니다. 나는 음식을 가리키며 주인에게 애원하는 개처럼 그녀에게 구걸했습니다.

그녀는 나를 머리끝부터 발끝까지 자세히 보았습니다. 심지어 내가 진짜인지 아닌지 보기 위해 내 성기를 꼬집고 꼭 쥐어짜기도 했습니다. 나는 고통으로 소리를 질렀지만, 그럼에도 배설물로 뒤덮인 그녀의 발을 만지며 계속해서 음식을 구걸했습니다. 그녀는 단지 웃고, 내 얼굴에 침을 뱉고, 사타구니를 걷어차고는 가 버렸습니다. 나는 그림자처럼 그녀를 따라가서 그녀가 멈추는 곳마다 음식을 구걸했습니다. 이제 그녀는 나를 다르게 봤습니다. 그녀의 얼굴은 기분 나쁜 오렌지색 계열이고 그녀를 악마처럼 보이게 했습니다. 그녀는 내 쪽으로 몸을 돌려 들에서 일하고 있는 아버지를 위해 음식을 가져가고 있다고 말했습니다. 그녀는 감히 그것을 다른 사람에게 줄 수 없었습니다. 어떻게 그런지는 알 수 없지만 나는 그녀가 태어나고 자란 같은 마을에 속하기라도 한 것처럼 그녀의 모든 말을 이해했습니다. 나는 그녀에게 쪼그라든 배를 보여주며 다시 한 번 간청했습니다.

그녀는 이제 나를 불쌍하게 보며 말했습니다. "보세요! 나는 남편하고만 이 음식을 나눠먹을 수 있어요! 당신이 나의 미래의 아이들을 위한 아버지가 되어 줄 건가요? 내 느낌으로는 당신의 고환은 충분히 건강하게 보이네요." 나는 잠시 망설였습니다. 그녀가 다시 말했습니다. "나의 아버지는 내가 속한 찬달라 마을의 족장입니다. 만약 나와 결혼을 한다면 당신은 하루에 세 번, 당신이 먹을 수 있는 만큼의 많은 음식을 먹을 수 있습니다. 당신은 나와 함께 왕자처럼 살게 될 것입니다." 그렇게 많은 음식에 대한 이야기가 다시 군침이 돌게 했습니다. 나는 다시 태어난 것을 느꼈습니다. 그 당시 나는 오직 "음식"만을 원했습니다. 그때는 다른 어떤 것에 대해서도 신경 쓰지 않았습니다. 나는 동의하며 고개를 끄덕였습니다.

그녀는 바구니에서 거의 완전히 썩은, 작은 생소고기 조각을 꺼내어 애완견에게 먹이를 주듯 나에게 먹여주었습니다. 나는 그 위를 기어가고 있는 작은 벌레는 전혀 신경 쓰지 않고 악취 나는 살코기를 한입에 꿀꺽 삼키고는 더 기대에 차서 그녀를 바라보았습니다. 그녀는 웃었고, 그 살찐 손으로 경품을 받은 것처럼 그녀의 아버지가 쟁기질을 하고 있는 들판 쪽으로 나를 끌었습니다. 그녀는 마치 게임을 하듯이 이따금씩 고기 조각을 내 쪽으로 던졌습니다. 지금 벌레들이 내 입과 목구멍 안쪽에서 움직이고 있음에도 불구하고, 나는 즉시 그것을 잡아서 하늘에서 내려온 별미인 양 그것을 삼켰습니다. 나는 오직 그녀의 손에서 음식을 먹는 것에만 열중하며 그녀를 고분고분 따랐습니다.

지옥에서 올라온 악마와도 같은 아버지가 나를 보았습니다. 그는 흰 피부의 인간 동물을 승인했습니다. 그는 나의 등을 쓰다듬었습니다. 나는 음식을 좀 더 받았습니다. 우리 셋은 산기슭에 있는 마을로 갔습니다. 마을 전체는 악취가 나고 있었습니다. 고기 조각들이 어디에나 흩어져 있었습니다. 돼지, 까마귀, 개, 말, 원숭이의 잘린 살점들이 오두막 앞에 말리려고 바닥에 펼쳐져 있었습니다. 악마와 같은 얼굴을 한 먼지투성이 아이들이 새로 자른 고기 조각에서 피를 빨아 먹고 있었고 그들의 입에서는 피가 흘러나오고 있었습니다. 검은 피부의 마을 사람들은 모두 그들 족장의 딸을 마치 개처럼 고분고분하게 따라다니는 흰 피부의 포획물을 쳐다보았습니다. 많은 젊은 아가씨들은 그녀의 행운을 부러워했습니다. 어떤 사람들은 동물을 어루만지듯 나를 쓰다듬었고 나의 불편한 걸음걸이를 비웃었습니다. 나의 미래의 아내는 그런 모든 못생긴 아가씨들로부터 나를 구해서 집 안으로 데리고 갔습니다. 나는 음식을 좀 더 받았습니다. 나는 족장의 특별한 오두막에 있었습니다.

나는 사팔눈의 미래의 장모에게 소개되었습니다. 그녀는 또한 나에게 그것이 별미라고 하며 어떤 음식을 주었습니다. 나는 순순히 그것을 먹었고, 그것은 톡 쏘는 듯했지만 맛있었기 때문에, 그녀에게 그것이 무엇이냐고 물었습니다. 나는 그것이 개구리의 뇌에서 추출한 즙에 절인 돼지의 배설물이라는 대답을 들었습니다. 다음 날, 나는 족장의 딸과 아주 성대하게 결혼을 했습니다. 와인과 고기가 아주 많이 소비되었습니다. 나는 이제 찬달라 소녀의 공식적 남편이었습니다. 나는 많은 음식을 실컷 먹었습니다. 먹고 또 먹어서 순식간에 살찐 흰 피부의 찬달라가 되었습니다.

5년 안에 나는 한 명의 여자아이와 두 명의 아들의 아버지가 되었습니다. 나는 동물 사냥하는 것을 배웠습니다. 나는 동물의 사지를 자르고 인간의 오줌에 그것을 절이는 것을 배웠습니다. 나는 염소와 양을 돌보는 것을 배웠습니다. 나는 다른 사람들처럼 더럽고 악취가 나는 것을 배웠습니다. 나는 취하게 하는 술을 마시고 소리 지르는 것을 배웠습니다. 나는 아주 작은 고기 조각이나 땅을 위해 싸우는 것을 배웠습니다. 나는 가족에게 소리 지르는 것을 배웠습니다. 나는 화가 나서 걸어 나가 가족들로부터 멀리 떨어져 사는 것을 배웠습니다. 나는 돌아와서 사과하는 것을 배웠습니다. 나는 아내와 함께 있는 것에 욕정을 느끼는 것을 배웠습니다. 나는 그녀의 추한 외모를 사랑하는 것을 배웠습니다. 나는 아이들을 내 목숨과 같이 귀중하게 여기는 것을 배웠습니다. 나는 겨울에 얼어붙는 것을 배웠습니다. 나는 비에 흠뻑 젖는 것을 배웠습니다. 나는 뜨거운 태양에 그을리는 것을 배웠습니다. 나는 살아있는 뱀을 먹는 것을 배웠습니다. 나는 모기에게 물리는 것을 배웠습니다. 간단히 말하면 나는 완벽한 찬달라였습니다. "시간의 바퀴"는 계속 돌아갔습니다. 나는 나이가 들었습니다. 나는 60대에 가까워지고 있었습니다. 흰 턱수염이 나의 말라붙은 턱을 뒤덮고 있었습니다. 나의 얼굴은 걱정과 근심으로 주름이 졌습니다. 나는 모두에게 짜증을 냈습니다. 나는 모든 사람과 싸웠습니다. 나는 두들겨 맞고 부상을 입었습니다. 나는 다른 사람들을 때리고 그들을 부상 입혔습니다. 삶은 계속되었습니다.

그러던 어느 날 기근이 들었습니다. 모든 동물이 죽었습니다. 모든 식물이 말라버렸습니다. 숲의 불이 숲 지역을 전부 파괴했습니다. 땅은 장작 숯처럼 뜨거워졌습니다. 어디에도 음식이 없었습니다. 어디에도 물이 없었습니다. 많은 사람들이 죽었습니다. 많은 사람들이 불 속으로 뛰어들어 자살을 했습니다. 많은 사람들이 마을을 떠나서 다른 곳에서 죽었습니다. 나도 나이 든 장인, 장모를 떠나 아내와 세 아이들을 데리고 그 마을로부터 멀리 갔습니다. 우리는 걷고 또 걸었습니다. 나는 어린 아들들을 어깨에 짊어졌습니다. 사방에는 마른 땅뿐이었습니다. 마침내 하루가 끝나갈 때, 우리는 산악 지역의 경계에 도착했고 팔미라 나무들을 발견했습니다. 아내와 딸은 그곳에서 지쳐 쓰러졌습니다. 나는 딸이 탈진과 영양실조로 곧 죽을 것을 알아차렸습니다. 다른 대안이 없이, 나는 과도한 힘의 행사로 고통스러워 고환이 팽창하게 될 때까지 그녀에게 정액을 먹였습니다. 나는 아들들을 내려놓고 쉬려고 앉았습니다. 나는 무엇을 해야 할지 또는 어디로 가야 할지를 몰랐습니다.

죽음이 우리를 기다리고 있는 최후의 목적지라는 것을 알았습니다. 이미 아내는 숨을 헐떡이고 있었고, 참을 수 없는 배고픔에 자신의 배설물을 먹은 바로 다음에 고통스러운 기절에 빠졌습니다. 딸은 땅에 떨어진 마른 덩굴처럼 자고 있었습니다. 큰 아들은 내 옆에서 내 다리를 안고 누워 있었습니다. 그의 눈은 건조했고 보지 못했습니다. 작은 아들은 어떻게든 나에게로 기어와서 간청했습니다. "고기를 주세요. 고기를 주세요! 마실 피가 필요해요." 나는 그를 달랬습니다. 나는 그를 설득했습니다. 그는 우는 것을 멈추려 하지 않았습니다. 나는 화가 나서 내 살을 먹고 내 피를 마시라고 그에게 말했습니다. 그는 "지금 주세요, 배가 고파요."라고 말했습니다. 나는 죽어서 내 구운 몸을 음식으로 주기로 결심했습니다. 나는 거기에 떨어진 마른 나뭇잎들로 불을 피웠습니다. 그리고 불이 높이 타오르자 그 안으로 뛰어들었습니다…"

왕은 잠시 멈췄습니다. 죽음과 같은 고요함이 방을 채웠습니다. "…그러자 나는 여기 왕좌로 떨어졌습니다." 그런 다음 왕은 크게 웃었고 계속 웃으면서 그 방에서 걸어 나갔습니다. 열심히 이야기를 듣고 있던 대신들과 왕의 친구들은 동상처럼 앉아 있었습니다. 그들은 멀리에서 왕의 큰 웃음소리를 들을 수 있었습니다. 그들은 천천히 일어나 방에서 걸어 나갔습니다.

그들은 아무것도 논의하고 싶지 않았습니다. 다음 날 왕은 빈디야 산으로 갈 것이라고 알렸습니다. 그는 찬달라 집단 거주지를 방문하고 싶어 했습니다. 만약 그것이 존재한다면. 왜 그것이 존재하지 않겠습니까? 그는 그 산에서 시시각각으로 삶을 경험했습니다. 그는 거기에 있는 모든 돌멩이를 알았습니다. 그는 그곳에서 굴러다니는 모든 모래알을 알았습니다.

그는 모든 것이 꿈을 꾼 것이고 그것은 현실에서는 일어날 수 없다고 그를 설득하려고 하는 대신들의 충고를 묵살했습니다. 그는 오직 그의 구루 바시슈타의 허락만을 구했습니다. 현명한 현자는 동의하며 고개를 끄덕였습니다. "진리를 찾는 것은 아무 해가 되지 않습니다. 실재를 발견하기 위해 시도하는 것은 낭비되지 않습니다." 그는 말했습니다. 이제 왕은 수행원들과 빈디야 산으로 가는 중이었습니다. 그는 그 황무지를 이리저리 찾아보았고, 마침내 숲불에 타 버린 것이라고 생각되는 장소에 도착했습니다.

그는 그 잿더미 위에서 뒹굴고 있는 나이 든 여자들을 보았습니다. 아주 나이가 많은 한 여인이 큰 소리로 울고 있었습니다. 그녀는 흰 피부의 사위와 검은 피부의 딸에 대해 애통해하고 있었습니다. 그녀는 손자와 손녀를 부르고 있었습니다. 왕은 말에서 내려 그녀에게 다가갔습니다. 그는 그녀의 가족에 대해 물었습니다. 그녀는 우는 중에 살찐 찬달라 사위에 대한 모든 이야기를 가까스로 들려주었습니다. 왕은 놀랐습니다. 그는 그들에게 편안한 삶을 준비해주고, 그들을 위해 비싼 선물과 보석을 실어다 주며, 그들의 마지막 날까지 돌보아줄 생계 자금을 만들어낼 것을 발표했습니다. 그는 환영의 경험에서 찬달라로서 그가 보았던 모든 장소들을 방문하며 좀 더 돌아다녔습니다. 일어났던 모든 일들을 깊이 생각하면서 그는 마음속에서 타오르는 많은 의문을 안고 집으로 돌아왔습니다. 며칠 후 왕은 한 벌의 흰 면 옷을 그의 멋진 몸에 걸친 채, 바닥에서 그의 앞에 펼쳐진 사슴 가죽위에 앉아 있었습니다. 그는 이제 현자 바시슈타의 은둔처에 있었습니다. 그의 스승 바시슈타는 왕 앞의 나무 의자에 앉아 있었습니다. 그의 눈은 행복한 묵상으로 감겨 있었습니다. 그는 자신의 왕족 제자가 던진 질문에 대해 생각하고 있었습니다.

"그 마법사는 누구였습니까? 왜 그는 이런 환영을 만들어냈습니까? 왜 나는 생각, 말 또는 행동에서 아무런 잘못된 것을 행하지 않았는데 꿈에서조차 이런 것을 겪어야 했습니까? 어떻게 내 마음 속의 환영이 현실이 되었습니까? 어떻게 나의 두 시간의 경험이 찬달라 거주지에서의 수십 년의 삶과 똑같을 수 있습니까?" 왕은 그의 질문에 대한 답을 얻기 위해 차타카 새처럼 기다리고 있었습니다. 그는 오직 창조주의 아들인 바시슈타만이 이 모든 역설에 대한 답을 가질 수 있다는 것을 알았습니다. 그는 오래 기다리지 않았습니다.

현자가 그의 사랑하는 제자의 마음을 고요하게 하기 위해 침묵을 깼습니다. "나의 사랑하는 라바나! 오래 전에 당신이 마음속으로 행했던 라자수야야즈나(거대한 의식)를 기억합니까?" 라바나는 돌이켜 생각해 보았습니다. 네, 그는 기억했습니다. 그는 자신의 조상 유디슈티라가 라자수야즈나 희생 의식(그 땅의 다른 모든 왕들을 그가 평정했다는 최종적인 표시로 군주에 의해 행해지는 희생의식)을 행했고 그 자신과 그의 형제들에게 천국을 확보했다는 것을 들었습니다. 그는 또한 똑같은 일을 하기로 결심했습니다. 하지만 그는 그것을 마음의 영역에서 했습니다. 그는 놀라울 정도로 긴 시간 동안 시각화된 일련의 사건들에 그의 마음을 집중할 수 있는 힘이 있었습니다.

그래서 그는 자신의 명상 방에 앉아서 마음으로 희생의식을 행했습니다. 아주 작은 세부 사항도 잊지 않고 그는 속으로 희생의식을 행했습니다. 그는 마음속으로 모든 자료들을 모으고, 현자들과 브람민들을 그의 마음으로 초대하며, 마음속으로 많은 자선을 베풀었습니다. 해가 질 무렵, 그는 1년의 경험을 했습니다. 일어난 후에 그는 그것을 즐기는 놀이라고 생각하면서 그것에 대한 모든 것을 잊어버렸습니다. 그는 공손하게 대답했습니다, "네, 저의 주인이시여! 저는 그렇게 했습니다!" 현자는 미소를 지으며 말했습니다. "희생의식을 행하는 사람은 그의 삶에서 많은 고통들을 겪는다는 것을 모릅니까? 당신은 마음의 영역에서만 희생의식을 행했기 때문에, 당신에게 부정적으로 주어지는 그에 상응하는 고통을 마음으로만 경험했습니다. 천상의 지배자인 인드라는 (속으로 라자수야야즈나를 행한 의식에 대한 결과로 당신이 겪어야 하는) 고통을 당신 자신의 마음의 환경 안에서 당신에게 전하기 위해 그의 전령을 마법사로 변장시켜 이곳으로 보냈을 수도 있습니다."

라바나는 어린아이처럼 미소지었습니다. 현자는 계속해서 설명했습니다. "당신은 또한 "시간-요인"에 대한 의심을 품고 있는 것처럼 보입니다. 나의 아이여, 진지하게 심사숙고하고 나에게 말해주십시오. "시간"이라고 불리는 이것은 결국 무엇입니까? 세상에는 사건들이 일어날 수 있는 절대적 "시간"이나 "공간"은 없습니다. 모든 사건은 그 자신만의 공간적이고 시간적인 경계가 있습니다. 길고 짧은 기간의 "시간"은 마음이 그 자신의 변덕과 환상의 헛소리에 따라 만들어낸 임의적인 척도입니다. 모든 사람은 이 세상에서 그 자신만의 공간적, 시간적 영역에서 살아갑니다. 겉으로 보기에 융합될^{fused} 때, 우리의 다른 마음들이 가진 생각들은 서로 교환되고, 모두에게 비슷한 "절대적 시간"에 대한 환영은 사실인 것으로 잘못 확인됩니다. 궁정에서 신하들은 당신이 두 시간 가량 동안 왕좌에 얼어붙어 있는 것을 봤다고 말하지만, 당신을 지켜봤던 각각의 사람은 이 "시간의 길이"를 다르게 경험했을 것입니다. 당신을 가장 사랑했던 사람들에게 있어서 1초는 1년과도 같았을 것입니다. 그들은 당신의 안전을 걱정하며, 마음속으로 많이 고통 받았을 것입니다. 만약 아이가 게임을 하면서 그곳에 있었다면, 2시간은 단지 2분이었을 것입니다.

모든 것은 마음 안에 있습니다, 라바나! 마음이 결정하는 것, 그것만이 경험되는 "시간의 길이"가 될 것입니다. 우리가 "시간"을 계산하고 시^{hour}를 결정하기 위해 사용하는 척도들은 단지 통합된 방식으로 일상의 일들을 행하기 위한 것입니다. 그것은 단순히 혼란을 피하기 위한 실제적 해결책일 뿐입니다. 실재에서는 "시간"이라고 불리는 것이 없습니다. 파라브람만의 경험만이 실제입니다. 마음 그 자체는 경험의 질에 토대해서 "시간"을 늘리거나 줄입니다. 찬달라 라바나의 경험은 극심한 고통의 기간이었고 당신의 마음은 그것을 여러 해로 측정했습니다. 라바나 왕의 경험은 단지 마법사가 만들어낸 오락이었습니다. 궁궐에서의 "시간"은 그곳에 모인 자들에 의해 두 시간으로 결정되었습니다. 하지만 사실 몇 년, 몇 달, 며칠 등은 모두 인간의 세상 행위들을 지휘하는 사회에 의해 고안된 구분일 뿐입니다. 분명히 "시간"은 환영이고 실제가 아닙니다!" 라바나는 그의 구루의 말을 주의 깊게 받아들이고 있었습니다.

바시슈타는 계속했습니다. "그리고 당신이 궁궐에서 경험했던 놀라운 환영의 사건이 실제로 찬달라 마을에서 일어났던 것으로 분석하기 전에, 먼저 어떤 것이 실제이고 어떤 것이 실제가 아닌지 나에게 말해 주십시오. 꿈을 꿀 때, 당신은 몇 초의 시간 안에 그렇게 많은 사건들을 경험하지만, 그럼에도 만약 질문을 받는다면, 당신은 꿈에서의 사건들에 대해 마치 몇 년 동안 일어났던 것처럼 아주 상세한 설명을 할 것입니다. 이것은 마음이 그것의 변덕과 환상에 따라 이야기를 만들어낼 수 있기 때문입니다. 그것은 일어나지 않은 것을 일어난 것으로 기억할 수 있고, 아니면 일어난 것을 일어나지 않은 것으로 기억할 수 있습니다. 그것의 악의적인 임무는, 당신이 존재의 명백한 몸 경험을 편안하게 느끼고 당신의 삶이 "절대적 시간과 공간" 안에서의 발생이라는 것을 확실하게 느끼도록 일관성 있는 날조된 이야기를 당신에게 제시하는 것입니다.

이 모든 것은 신의 행위에 대한 책임을 지려고 하는(tries to take) 아함카라 때문입니다. 만약 당신이 아트마삭샤트카람(나를 지각한다면, 깨닫는다면)에 이른다면, 당신은 어떤 인생 이야기도 실제가 아니라고 묵살할 것입니다. 마법에 걸렸을 때 만약 당신이 나 깨달음을 얻었다면, 당신은 라바나의 왕으로서의 경험과 찬달라 경험을 둘 다 단지 마음의 혼합물로 보고 그것들을 묵살했을 것입니다. 당신의 잠재의식적인 마음은 찬달라 세계가 깨어있는 세계에서도 진짜이기를 원했습니다. 왜냐하면 그것은 그 세계에 대해 애착을 가지게 되었기 때문입니다. 당신의 마음은 당신이 살았을 것으로 생각되는 찬달라 마을을 자그라트(깨어있는) 상태에서 물리적 실제 장소로 당신에게 보여줌으로써 그 소원을 성취했습니다. 또는, 이 대답이 당신을 만족시키지 못한다면, 대안적 설명으로 당신이 빈디야 산에 갔을 때 당신의 생각이 찬달라인들의 마음에 반사되었고 그들은 모두 왕이 그들 가운데서 그들 중의 한 명으로 살았다는 것을 느꼈다고 말하는 것이 합리적일 수 있습니다. 아니면, 그런 이야기는 빈디야의 그 장소에서 그런 경험을 했던 다른 왕에게 실제로 일어났을 수도 있고, 당신의 마음은 당신을 그 왕으로 해서 그 자신 안에 그 이야기를 반영했을 수도 있습니다. 아니면, 마법사가 그의 환영적 힘을 통해 당신과 찬달라 사람들 모두에게 똑같이 영향을 미쳐서 그들의 마음과 당신의 마음이 둘 다 같은 것을 경험했을 수도 있습니다. 어느 쪽이든 그 문제는 크게 고려할 가치가 없습니다.

소금 인형을 바다에 던져버린 후에, 당신은 그것의 다리가 먼저 녹았는지 아니면 손이나 얼굴이 먼저 녹았는지에 대해 걱정을 합니까? 나의 사랑하는 라바나, 지고의 나로서의 당신의 진정한 정체성을 깨닫지 못하는 한, 당신은 주변의 환경적 패턴에 영향을 받을 것이라는 것을 아십시오. 라바나 왕으로서의 당신은 자신을 다른 사람과 구별되는 사람이라고 생각할 수도 있습니다. 라바나로서의 당신의 "지바트만" 즉 "미세한 에센스"는 당신의 몸, 가족, 친구, 나라, 궁전과 셀 수 없는 많은 것들을 포함합니다. 당신은 그 모든 것들의 총체입니다. 하나의 환경 패턴이 조금만 바뀌어도 당신은 상실감을 느끼고 마음속으로 괴로워할 것입니다. 하지만 당신이 경험한 환영을 보십시오. 라바나로서의 당신은 순식간에 자신의 모든 환경 패턴들을 잃었고 자신의 개인적 정체성의 느낌도 완전히 잃었습니다. 당신은 다른 사람이 되어 찬달라로 살았습니다. 산의 마을에서는 당신의 뚱뚱한 아내와 검은 피부의 아이들이 당신의 정체성이 되었기 때문에 당신은 자신의 다른 잃어버린 정체성에 대해서는 생각해 본 적이 없습니다.

다시 왕으로 깨어났을 때, 당신은 라바나 왕인 것이 행복하지 않았습니다. 당신은 다시 혼란스러웠습니다. 자신을 "다른 패턴들"에 의해 얽매이는 "패턴"이라고 여기는 한, 당신은 세상일들에 의해 속을 것입니다. 따라서 나는 말합니다. 최종적으로 말합니다. 자신을 몸, 가족, 집, 나라 등의 주변 패턴들과 분리시키고, 브람만으로서의 자신의 진정한 성품을 깨달으십시오. 당신이 자신의 개별적 의지를 가질 수 있다는 생각을 영구히 버리십시오. 개인적 자아를 완전히 포기하십시오. 그러면 아비디야마야의 망상의 힘은 절대 당신을 바보로 만들 수 없을 것입니다.

오직 지고의 브람만이 개별적 나로서 존재하고 라바나 왕인 당신이 찬달라로서 고통을 겪은 것처럼 고통을 겪습니다. 라바나 왕으로서의 자신의 진정한 정체성을 잊어버린 찬달라처럼, 개별적 나는 브람만이라는 그것의 진정한 정체성을 잊었습니다. 이 세상의 존재가 찬달라들의 마을입니다. 깨우치지 않은 모든 생명체는 여기에서 자신의 왕의 지위인 라바나를 잊어버린, 뚱뚱하고, 썩은 고기를 먹는 찬달라입니다! 라바나로서의 당신의 정체성조차도 가짜입니다. 당신이 살고 있는 바로 이 왕족의 삶 또한 환영입니다.

여기에서 마법사는 인드라의 전령이 아니라 당신 마음의 모습으로 당신을 괴롭히는 영적 어둠의 망상의 힘입니다. 당신을 멀리 데리고 갔던 말은 유일한 진리인 브람만으로부터 우리를 무턱대고 빼앗아 환영의 삶의 경험에 던져버리는 비샤야(감각들의 대상) 바사나에 지나지 않습니다. 마음의 환영의 힘을 이해하는 사람은 다시는 감각 쾌락에 만족하지 않을 것입니다. 그는 나의 최고의 희열을 갈망할 것입니다. 자, 일어나십시오, 라바나!" 라바나 왕은 경건하게 현자에게 경의를 표하고 그의 궁전으로 돌아갔습니다. 그는 그의 구루가 말했던 사실들을 곰곰이 잘 생각해 보았고 곧 아트마비차라의 방법을 통해 브람만의 지고의 상태를 깨달았습니다.

슈리 라마나스라맘에서, 믿을 수 없고, 비할 데 없는 바가반 마하리쉬는 땀을 흘리며 소파로 뛰어들었다. 홀은 마법에 걸렸다. 현자는 그의 습관대로, 그 이야기 등장인물들 각각을 연기했다. 얼마동안 홀은 멍한 침묵을 유지했다. 어떤 목적 때문에 잠깐 방문해서 바가반께서 이야기를 들려주는 것을 보고는, 사르바디카리(아쉬람 관리자)조차도 바닥에 딱 붙어 버렸다. 그런 다음 집중사격과도 같은 빗발치는 질문들이 터져 나왔다. 주도한 것은 나였다.

헌: 저는 마법사의 진짜 정체가 바시슈타 자신이었고, 그가 라바나를 깨우치기 위해 그 경험을 라바나에게 주었다는 의견을 가지고 있습니다... 바가반은 이것에 대해 어떻게 생각하십니까?

라: (웃으면서) 나도 같은 의견입니다...

헌: 저는 바가반께서 저에게 같은 경험을 주시기를 바랍니다. 저는 놀라지 않을 것입니다. 저는 브람마갸나를 얻기 위해 어떤 것이든 할 준비가 되어 있습니다.

라: 만약 굳이 바라야 한다면, 환영이 아니라 실재를 바라십시오.

헌: 제가 이처럼 주문을 거는 힘을 얻고 싶다면, 저는 무엇을 해야 합니까?

라: 바시슈타는 라바나가 찬달라로서 살 수 있는 완전히 새로운 세상을 만들었습니다. 이것은 오컬트 수행자들이 얻기를 갈망하지만 보통은 실패하는, 진보한 싯디 즉 기적의 기술입니다.

그것은 신 또는 사하자갸니에 의해서만, 그것도 진보한 수행자가 이 상태에 이르게 하기 위해서만 행사됩니다.

헌: 그것이 바로 저에게 그 경험을 달라고 바가반께 간청하고 있는 이유입니다.
라: 사람들은 어리석게도 그들이 그것을 견뎌낼 수 있는지 또는 그것에 대한 준비가 되어 있는지를 고려하기 위해 잠시 멈추지도 않고 모든 종류의 영적 경험을 원합니다. 그런 경험을 한 보통의 사람은 그에 상응하는 영적 혜택은 얻지도 못한 채 그냥 죽을 것입니다. 라바나는 평범한 사람이 아니었습니다. 그는 막 터지려고 하는 목화 열매와도 같았습니다. 갸나에 대한 그의 성숙함이 그러했습니다.

헌: 만약 제가 사하자 갸니가 된다면, 그런 주문을 걸 수 있는 힘을 얻을 수 있습니까? 이는 그것을 위해 죽을 가치가 있는 재능인 것 같습니다. 우리는 원하는 누구에게든 통제권을 행사할 수 있을 것입니다…
라: 이런저런 것을 원하는 사람은 갸나라는 자아 없음의 상태에 이를 수 없습니다.

채드윅: 왜 그 이야기는 피부가 검은 사람들, 그리고 특히 찬달라 카스트에 속한 사람들을 불쌍한 시각으로 보여주는 것처럼 보입니까? 그것은 저자 측의 인종적 편견이 아닙니까?
라: 그 질문은 슈리 발미키에게 해야 합니다.
채드윅: 만약 그의 주소를 안다면, 그에게 편지를 쓸 것입니다. 그 행방을 알 수 없는 사람에게는 연락을 할 수 없습니다. 그래서 저는 바가반에게 묻고 있습니다. 결국 발미키와 바가반의 차이는 무엇입니까? 바가반의 몸은 트리노말리 사원 지하실 바닥에서 구더기에게 먹혔습니다. 발미키의 몸은 그 위에 진흙 더미를 쌓은 개미들의 먹이가 되었습니다. 둘 다 살아서 시련을 가까스로 모면했고, 그것에 대해서 깨달음을 추구하는 자들의 세상은 행운의 별들에게 감사해야 합니다… 둘 다 같은 통합을 깨달았습니다. 그러니 바가반께서는 제 질문에 대답하는

것에 동의해 주시겠습니까?

라: 사람들은 그들의 뇌에 박혀 있는 아주 적은 정보에 비추어 모든 것을 판단하려고 합니다. 이렇게 해서 그들은 스스로 그리고 다른 사람들에게 문제를 야기합니다. 우리 자신은 완벽과는 거리가 멀지만, 옳고 그름에 대한 판단을 내리고 싶어 합니다.

헌: 흥미로운 이야기였습니다, 그런데 그 이야기의 교훈이 무엇이었는지 슈리 바가반께서 말씀해 주시겠습니까?

라: ……교훈에 관해서라면, 명백히 나타난 우주는 단지 환영일 뿐이라는 것입니다. 실재적인 것으로부터의 분리라는 이 환영의 무지를 제거하는 유일한 방법은 그것이 존재하지 않았다는 것, 그것이 완전히 존재할 수 없는 것이어야 한다는 것을 발견하는 것입니다. 태양을 보는 사람은 절대 어둠을 발견할 수 없습니다. 마찬가지로, 이 존재하지 않는 환영 또는 망상을 피하기 위해서는, 단순히 마음을 나 쪽으로 돌려, 끊임없이 계속되고, 힘들이지 않는 생각 없음의 상태라는 비할 데 없는 아름다움으로서 언제나 빛나는 그것의 근원, 언제나 빛나는 가슴, 스스로 눈부시게 빛나는 실재의 진리에 마음을 계속해서 고정시키십시오. 이렇게 박티와 복종, 그리고 비차라는 똑같은 정상 또는 정점 즉 주장을 만들거나 생각을 만드는 에고티즘 기능의 완전한 포기에서 만납니다.

헌: 저는 이론적으로는 아드바이타, 그리고 특히 바가반의 철학을 아주 잘 이해합니다. 그렇지만 그것이 저에게는 깨달음으로 해석되지 않습니다. 제가 어디서 잘못된 걸까요?

라: 신이나 구루에 대한 황홀하고 신성한 사랑의 불길로 계속해서 끓이고 요리할 때, 아드바이타 베단타 가르침은 원숙해지거나 깨달음으로 꽃을 피웁니다.

헌: 박티가 필수적입니까? 비차라는 충분하지 않습니까?

라: 그렇습니다. 그것을 단지 읽거나 이론화하는 것이 아니라 실제로 수행해야 합니다.

제4장
1936년 7월 9일

콤바코넘 출신의 학식이 있어 보이는 한 남자가 오늘 아침 3일 방문 일정으로 아쉬람에 도착했다. 포갠 손바닥을 턱에 대고 상체는 스승 쪽으로 구부린 채, 바가반 앞에 공손하게 서서, 겸손함과 순종의 몸짓으로 그는 이렇게 말했다.

헌: 바가반께서는 제가 질문하는 것을 허락할 정도로 자비로우실까요?

그는 무엇을 알고 싶으냐는 질문을 받았다.

헌: 저는 자신에게 '나는 누구인가?'라는 질문을 하는 것이 깨달음에 대한 직접적이고 쉬운 방법이라고 바가반께서 말씀하신다고 들었습니다.

라: (껴러히머) 그렇습니다만?

헌: 저는 아주 진지하게 스스로에게 질문을 하지만 성공의 결실을 보상받지 못합니다. 저는 그 질문에 대한 대답으로 저는 스스로에게 '몸은 세 가지 아바스타(상태) 중 하나에만 존재하기 때문에 나는 몸이 아니다. 마음이나 지성은 내가 잠들어 있을 때는 존재하지 않기 때문에 나는 이것들이 아니다.'라고 말합니다. 반면 아드바이타 문학에 따르면 저의 진정한 성품은 제가 오래 지속되고 언제나 존재한다는 것이고, 이런 이유로 저는 깊은 잠의 상태에서 작동할 수 없는 이 덧없는 마음일 리가 없습니다. 저는 다섯 개의 코샤(덮개)들이 아닙니다. 왜냐하면 이것들은 마음의 우파디(제한)인 것 같고 마음 그 자체가 종적을 감출 때는 존재할 수 없는 것처럼 보

이기 때문입니다. 따라서 이 분석 끝에 남는 것은 다시 오직 똑같은 질문입니다. '내가 이것들 중 하나가 아니라면, 나는 누구인가?' 이 눈에 보이는 성가신 문제 해결에 있어서 바가반의 지도를 요청합니다.

(바가반은 미소를 지으며 가까이 서 있는 수행원에게 뭔가를 말했는데, 그는 생각에 잠겨 홀의 책장을 훑어보았고, 바가반의 시선을 받고는 서둘러 홀 밖으로 나갔다. 그는 이내 돌아왔고 난야르 팜플렛 한 부를 바가반에게 내밀었다.)

라: (원어)

(당황해 보이는 수행원은 시키는 대로 그 팜플렛을 더부룩한 머리의 신사에게 주었는데, 그는 이제 바가반의 묘한 텔레파시 능력에 약간 불안해 보였다. 그는 질문을 하기 전 30분을 그것에 쏟아 부었다.)

헌: 슈리 바가반은 슈리 필라이발, 아리베 난에게 말했습니다. 그것은 갸니의 대답입니다. 어떻게 그것이 아갸니에게 적용될 수 있습니까? "당신은 누구입니까?"라는 질문에 직면했을 때, 갸니는 "나는 자각입니다"라고 대답하는데, 이는 탄누나르부 즉 아리부(정보. 지식)가 그의 니자 스와루팜이기 때문입니다.

반면 사실, 깨달은 영혼이 아닌 사람이 그런 대답을 한다면, 그는 거짓말을 하고 있을 것입니다. 따라서 어떤 사람이 누가 갸니인지를 묻는다면, "그는 자각을 가진 사람, 또는 자각 그 자체입니다."라는 대답이 주어질 것입니다. 반면 "나는 자각이다."라는 주장을 할 자격을 전혀 정당하게 부여받지 못하는 저 같은 아갸니의 경우에, Arivae Nan 또는 아함브람마스미(나는 브람만이다)나 브람마이바함 Brahmaivahamn 같은 유사한 진술이 (브람만은 순수한 자각일 뿐이라고 말해지기 때문에) 어떻게 "나는 누구인가?"라는 질문에 대한 타당한 대답으로서 기여할 수 있습니까? 바가반께서 이 점에 대해 저희에게 밝혀주시겠습니까?

라: 우리의 실수는 우리가 비차라 방법을 지적으로 만드는 것입니다. 우리는 나가 지성에 의해 발견될 수 있다고 생각합니다. 지성은 나로부터 일어나고 그것에게로 가라 앉습니다. 지성은 나를 발견하는 능력이 없습니다. 지성이 가라앉으면, 그것으로부터 나가 드러나고, 지성이 그것을 가리는 나가 빛을 발하고, 사람은 나가 아닌 것 같은 것은 존재하지 않았고, 나가 아닌

것 같은 것은 존재할 수도 없었다는 것을 알게 됩니다.

이런 발견을 하는 사람은 "나는 이것을 발견했다." 또는 "나에 대한 이 발견은 나에 의해 이루어졌다."라고 생각하기 위해 살아남은 것이 아닙니다. 그는 사라졌습니까? 아닙니다. 그는 결코 나타나지 않았고, 존재하지 않았습니다. 자아는 허구의 적입니다. 그를 찾으십시오, 그러면 오직 실재만 남습니다. 무지는 지성의 원칙 즉 에고티즘과 동의어인데, 그것은 가능한 다양성의 척도를 만들고, 그 결과 이름과 형상을 가진 허구의 세계가 단지 순수한 희열일 뿐이며, 어떤 불행이나 부족도 알지 못하는 나 위에 첨가되거나 떠맡겨지게 합니다. 마음은 그 자신의 분리된 존재에 대한 잘못된 개념일 뿐입니다. 자아 "나"는 잘못된 믿음일 뿐입니다.

그러나 무지가 아무리 짙다고 해도, 무지한 사람도 "나"라고 말하는 것처럼 그것은 실재를 완전히 가릴 수 없습니다. 이같이, 나는 모든 사람들이 직접 닿을 수 있는 범위 안에 있습니다. 하지만 그것은 수없이 많은 이전 생 또는 탄생으로부터 물려받은 모든 믿음들, 관념들, 편견들, 가치 판단들, 생각들, 의견들, 감각 지각들에 대한 갈망 충족을 향한 경향성들의 완전한 포기를 필요로 합니다. 당신이 집합적으로 자신의 "성격"이라고 일컫는 모든 것은 사라져야 합니다. 그러면 실재가 드러날 것입니다.

문제는 우리가 그것을 우리가 이르러야 하는 목표라고 생각하면서 갸나의 상태를 얻으려고 한다는 것입니다. 세상의 대상들을 바라게 될 때, 사람은 그것들을 얻기 위한 계획을 세우고 지성과 몸을 도구로 이용해서 이 계획들을 실행합니다. 하지만 더 많이 하는 것, 예를 들자면, 마음의 활동이 실재의 드러남이라는 결과를 낳을 수 있습니까? 마음의 활동은 내향성과 반대되는 방향으로 마음을 이끕니다.

깨닫기 위해 필요한 것은 고요히 있는 것이 전부이고, 그것은 마음을 끊임없이 그 근원에 가라앉히는 것을 의미합니다. 깨달음을 위해 필요한 노력은 마음의 움직임이나 생각의 꽃피움과 관련된 것이 아니라, 오히려 영원히 마음을 그 근원에 제한하는 것과 관련된 것입니다.

만약, 그 노력 또한 버린다면, 당신은 가슴의 빛에서 완벽한 휴식을 성취할 수 있고, 그러면 모든 것은 잠잠해졌고 더 이상의 의심이나 갈망은 없습니다. 존재는 어떤 브릿티에도 방해받지 않고 그 자신으로 남아있습니다. nayithee(이것이 아니다) 방법은 나가 아닌 것을 걸러내겠지만, 실재 즉 진정한 나를 발견하려고 시도하면서 그 자신이 사다카(구도자)라고 믿는 사람에 대해서는 누가 또는 무엇이 설명할 수 있겠습니까? 사다카의 존재의 거짓됨을 알아내기 위해서는 "나는 누구인가?" 탐구가 필요한 것이라고 지지됩니다.

"나는 누구인가?"는 지성적으로 "나는 내가 누구인지가 궁금하다"라는 이론화 체계를 배우는 것을 말하는 것이 아닙니다. 가슴 속에서 조용히 "나"-"나"로서 빛나는 실재의 직접적인 경험을 가리는 생각-파도의 움직임을 완전히 저지하고, 마음이 나의 존재와 하나로 동일하게 남아있을 수 있도록 조용히 그 근원으로 합치는 것이 "나는 누구인가"라는 탐구의 의미입니다.

오직 하나의 나만 있기 때문에, 그것의 목적은 하나의 나가 다른 것을 발견할 수 있게 하는 것이 아닙니다. 그것의 목적은 나가 자신을 발견할 수 있게 하는 것이 아닙니다. 이 보다 더 모순되는 것은 없습니다. 그것의 목적은 무지의 잎, 가지, 몸통, 싹, 뿌리를 가진 유해하고 악의적인 나무를 완전히 훼손하고 제거해서 그것이 완전한 자각의 행복한 빛 속에서 영원히 사라지게 하고 몸을 갖춘 사다카의 상태를 최종적으로 산산조각 내는 것입니다.

진정한 지식인 그것만이 당신이 여성의 자궁 안에 갇히는 것으로부터 구해줄 수 있습니다. 대상 또는 관념에 대한 지식은 진정한 지식일 수가 없습니다. 그것만이 아는 자, 아는 대상, 아는 능력이 흔적도 없이 그 안에 포괄되는 진정한 지식입니다. 마음에 하나의 브릿타라도 있는 한, 탄생은 불가피합니다. 탄생이 바로 슬픔의 원인이라는 것을 아십시오. 탄생은 무지한 자들이 그렇다고 가정하는 것처럼 존재의 시작이 아닙니다. 그것은 한계의 가정입니다.

원래 희열 그 자체인 당신은 이제 자신이 의무들, 책무들, 책임들, 역할들, 걱정들, 불안들, 그리고 뭔지를 가지고 있다는 것을 알게 됩니다. 사람들이 아이들을 갖게 해 달라는 청탁을 위해 여기에 올 때, 나는 웃으며 조용히 있습니다. 내가 그밖에 무엇을 할 수 있겠습니까? 클랩햄 옴니버스(보통 사람들)에 있는 사람은 이런 종류의 가르침을 이해할 수 없습니다. 그는 자신의 인간 형상을 당연하게 받아들이고 그 가정을 토대로 자신의 열망들, 야망들, 욕망들을 만들어냅니다.

"자신이 태어났다고 고백하는 그는 누구입니까?"라는 질문을 받으면, 그는 그 질문을 이해할 수 없고 "이 라마나 스와미는 단어 선택으로 나에게 악담을 퍼붓는 것 같다. 오늘은 나에게 운이 나쁜 날인 것 같다. 그렇지만 그는 이 우스꽝스러운 외국인들에게 그의 친절함을 엄청나게 많이 쏟아내고 있다. 그들은 신을 보기를 원한다. 그는 그들을 돕는다. 나는 아내가 아이를 가지기를 원한다. 그는 내가 이해할 수 없는 뭔가, 아마도 욕설을 내뱉는다... 어떤 요구가 더 합리적인가? 누가 신을 보았는가, 등? 왜 지금 신에 대해 신경 쓰는가? 삶의 그 단계에서는 생산적인 것은 아무것도 없을 것이기에, 물러난 후에 그에 대해 생각하는 것이 더 낫다,... 어쨌든 이 스와미가 또 다른 욕설을 내뱉기 전에 자리를 뜨는 것이 낫겠다..."라고 생각하면서 더 낙담하게 됩니다.

묵티를 진정 필요로 하는 사람들에게, 묵티는 절대 멀리 있지 않습니다. 간절히 묵티를 원하는 것, 그것을 열렬히 갈망하거나 바라는 것의 결실은 묵티에 대한 필요성이 어쨌든 신비롭게 일어나고, 일단 그 필요성이 일어나면 나 깨달음은 전적으로 불가피하다는 것입니다.

사람들이 땅, 금, 이성, 돈 같은 것들을 놓고 미친 사람들처럼 싸우는 이 세상에서 사람에게만 있는 특성으로 그를 구원으로 이끌 수 있는 묵티에 대한 아주 열정적인 갈망이 드물고, 과거에 또는 이전 삶들 동안에 수많은 희생의식들, 고행들, 금욕들, 선행들을 행한 사람에게만 일어난다는 것을 인정해야 합니다... 일반적인 사람은 몸의 틀이 속박을 의미한다는 것과 사람의 진정한 성품은 그 자신을 모르는, 보는 자^{seer}가 보는 거친 몸적 형체가 아니라 형체가 없는 칫탐 즉 아리부(지혜의 왕)라는 것을 인정할 수조차 없습니다. 아리부는 갸니의 배타적인 절대적인 봉토가 아닙니다. 그것은 모두에게 공통적입니다.

하지만 이런 차이가 있습니다. 갸니의 경우, 나의 원래 불가해한 의식을 비추기 위한 치다바사 즉 반사된 의식이 없습니다. 왜냐하면 그것의 도움으로 어떤 반사가 가능할 수 있는 바사나가 하나도 남아있지 않기 때문입니다. 그의 믿음, 그리고 그 결과 그가 공간과 시간에 한정되어 몸을 차지하고 있는 개별적 인간이라는 관념과 관련된 그의 생각들은 영원히 사라졌습니다. 그에게는 아함브릿티가 없고, 이렇게 해서 다른 브릿티도 가능하지 않습니다. 그는 불멸의 비인격적 절대자인 파라브람만과 하나이며 동일합니다.

　반면 아갸니의 경우, 그는 자신이 거친 몸을 가진 피조물이고, 물리적인 물질로 만들어졌다는 것을 믿도록 현혹되었습니다. 그는 어리석게도 그의 감각 기관들이 그에게 "그의 나 외부에" 있는 "대상들"과 관련하여 정보를 준다는 헛된 생각을 받아들입니다. 그는 상호작용하는 주체와 대상들의 세계에 살고 있습니다. 그의 의식은 진정한 나에 바사나들, 삼스카라들 즉 브릿티들에 반사되는 나로부터의 빛을 더한 것입니다, 깨달음은 어떤 환영도 없다는 것뿐만 아니라 환영은 불가능하다는 진리, 그런 것은 있을 수 없다는 진리를 드러냅니다. 태양은 어둠을 알 수 없습니다. 아트마비차라를 수행하기 위한 실제적 조치는 "내가 몸도 아니고 마음도 아니고 코샤들 중의 어느 것도 아니라면, 도대체 나는 무엇일 수 있는가?"라고 생각하는 것이 아니고, 다른 어떤 생각을 하는 것도 아니며, 가치가 없는 생각의 영역에서 완전히 물러나서 그 후에 다음의 단계들을 추구하는 데 있습니다. 1. 생각이 생겨나는 근원을 찾으십시오. 2. 최종적으로 그곳에 머무르십시오. 영원히.

　실제로 위에서 밝힌 두 단계들은 갸나싯디를 가져오기에 충분할 것입니다. 하지만 성공하려면 끊임없는 탐구가 있어야 합니다. 그것은 하루에 몇 분 또는 몇 시간 행해지는 것이 아닙니다. 당신의 모든 칫타샥티 즉 쿤달리니샥티(잠재적인 마음의 집중 또는 초점의 힘)는 마음이 감각적인 만족이나 감각-쾌락의 대상들을 좇아 뛰쳐나가지 않도록 하면서, 그 근원에 머무르게 만드는 방향으로 전체적으로 통로화되어야 하는데, 이것은 항상, 마음의 총체로, 자그라트와 스와프나 두 상태 모두에서 이루어져야 합니다. 더 나아가, 노력을 부추기는 태도는 "나는 나-깨달음을 얻어야 한다." 또는 "나는 브람만에 합쳐져야 한다." 또는 "나는 이 꿈에서 벗어나 나의 진정한 나를 발견해야 한다." 또는 다른 어떤 태도가 되어서는 안 됩니다.

　의지, 의욕, 태도, 동기, 의도, 욕망의 어떤 성향이 사다나를 몰아가려 할 때, 의지는 마음의 일부분이고, 마음은 마음을 없애거나 심지어 마음을 찾을 수 없기 때문에, 그것은 실패하게 되어 있습니다. 마음을 죽이기 위해 마음의 도움을 받는 것은, 사실은 경찰로 위장한 도둑을 잡기 위해 그 경찰의 도움을 간청하는 것과 같습니다. 마음보다 더 큰 힘만이 마음을 그 자신 안으로 흡수하여 그것을 죽일 수 있습니다. 다름 아닌 신 또는 절대적 나인 이 힘을 불러내기 위해서는 꾸준하고, 지속적이고, 끊이지 않고, 완전히 자발적인 탐구가 필요합니다. 그것을 하면 더 높은 힘이 몸의 세상적 기능을 넘겨받아 전혀 노력을 하지 않고 그것들을 살펴보는데, 그것들을 처리하는 것이 몸의 프라랍다인 이 세상적 일들에 대한 당신의 개입은 더 이상 필요하지도, 정당화되지도, 심지도 가능하지도 않습니다.

　홀에 있는 모든 사람이 열심히 듣고 있었다. 더부룩한 머리의 신사는 소파 가까이 앉아서, 아마도 그에게 쏟아진 지혜의 분수에 대해 경외하면서, 그의 머리와 그로 인한 머리 다발을 한 쪽으로 약간 기울이고, 입은 딱 벌린 채로 모든 말을 열심히 듣고 있었다. 몇 분간의 침묵 후에 그가 말했다.

헌: 저는 망한 것 같습니다. 저는 그것을 하려고 원하지, 또는 적어도 막연히 의도하지도 않고 어떻게 행위가 행해질 수 있는지 알지 못합니다.

라: 그것을 하려는 욕구 없이 또는 욕구의 부재로 행동을 하기를 원하는 것 또한 욕구입니다. 우리의 목표는 하나의 욕구를 없애고 다른 것을 그 자리에 도입하는 것이 아닙니다. 목표는 그것의 저변에 있는 욕구를 암시하기 때문에 우리는 목표가 없고, 욕구가 남아있기 때문에 원하는 사람 또한 남아있습니다. 목표들과 원함들이 없는 자연스러운 상태가 우리의 상태입니다.

헌: 어떻게 이 상태에 도달합니까?

라: 이것이 바로 내가 당신에게 말하려고 했던 것 아닙니까? 의지가 없는 상태는 또 하나의 다른 의지의 도움으로 도달할 수 없습니다. "나는 의지가 있어서는 안 된다."라는 것 또한 의지입니다. 당신은 그것을 압니까 아니면 알지 못합니까? 그것은 "약을 먹는 동안에는 원숭이에 대해 생각하지 말라"고 말하는 것과 같습니다. 그것은 불가능하고, 짜증스러운, 역설적 생각입니다.

헌: 여전히 명확하지 않습니다. 저는 무엇을 해야 합니까? 슈리 바가반께서 상술하시는 두 단계들을 그렇게 하려는 의지 없이 어떻게 효율적으로 사용합니까?

라: 나–깨달음을 향해 노력하는 사다카가 존재한다는 생각을 버린 후에, 자발적으로 아트마 비차라의 사다나를 계속하십시오! 다시 말하지만, "사다카는 존재하지 않는다는 생각 또는 개념 또는 의견 또는 믿음을 나는 길러야 한다."고 가정하는 실수를 범하지 마십시오. 당신의 모든 생각들을 버리라는 요구를 받을 때, 그것이 바로 당신이 해야 할 일입니다.

사람들은 마음의 활동에 너무 집착하고 사로잡혀서 명상 같은 어떤 특별한 종류의 마음의 활동에 의해, 예를 들면, 나가 속아서 스스로를 드러낼 수 있다고 상상합니다. 그렇지 않습니다. 마음의 활동의 완전한 중지만이 나를 드러낼 수 있습니다. 개인적 자아 또는 사다카의 존재에 대한 생각을 포기하는 것은 다시 말하지만 의지가 없고 무조건적이어야 합니다. 그것은 어떤 동기에 의해 내몰려서는 안 됩니다. 만약 이것에 대한 공식을 요구하고 싶은 유혹을 느낀다면, 그것은 없다는 것을 알아두십시오. 당신은 실제로 그것을 전혀 포기하지 않으면서, 당신은 터무니없이 자신이 포기한다고 단지 생각할 뿐입니다. 그 대가로 나 깨달음을 기대하거나 예상하거나 바라기 때문이 아니라, 바로 그런 포기의 그 행위로, 실제적으로, 직접적인 통찰력으로서, 개인적 자아 같은 것은 존재한 적이 없었고 그런 것은 존재할 수도 없다는 것을 스스로 발견하기 때문입니다. 개인적 자아 또는 에고–자아의 실제적 비존재가 그 개인적 자아 또는 에고–자아가 그것의 비존재 때문에 버려지는 하나의 유일한 이유로 작용한다는 것은 나 깨달음의 필수요소입니다. 개인적 자아가 존재하지 않는다는 이 발견은 마음이거나 지적인 것이 아닙니다. 사람은 스스로에게 "에고–자아는 존재하지 않는다."라고 말하지 않습니다. 사람은 에고–자아를 찾고, 찾아내는 자와 함께 또는 찾아내는 자를 포함해서, 그것이 존재하지 않는다는 것을 경험적으로 알아냅니다. 이것은 지식화의 문제가 아니라 직접적인 경험의 문제입니다.

헌: 모든 사람이 이 멋진 경험을 할 수 있습니까?

라: 그렇습니다.

헌: 저도 그것을 할 수 있습니까? 저같이 어리석은 사람들에게도 그것이 가능합니까?

라: 단순히 당신은 이러이러하다, 당신은 이러이러한 속성들을 가지고 있다는 생각을 버리십

시오. 오히려, 이런 생각들과 모든 생각들로부터 아주 노력을 하지 않고 자유롭게 남아있으면, 당신은 그곳에 있습니다. 오직 존재의 순수한 주관적 의식only pure Subjective Conscioiusnes of Being이 남습니다.

헌: 생각들로부터 자유롭게 남아있으면서, 저는 생각의 근원을 추적하고 그곳에 확고부동하게 남아 있으려고 노력해야 합니까, 아니면 이 노력조차도 역효과를 낳습니까? 저는 스타타프라갸(의식에 확고히 있는) 상태에 이르기 위해 바가반께서 자애롭게도 저에게 주신 2단계 공식을 말하고 있습니다. 생각의 근원에 남아있기 위해 행해지는 노력: 그것은 상응하는 의지나 생각의 존재를 저버립니까? 미묘한 생각이지만 그럼에도 불구하고 파멸을 가져오는 것인.

라: 모순은 없습니다. 생각의 족쇄를 최종적으로 떨쳐버리면, 생각이 일어나는 이유라고 여겨지는 관념이나 브릿티가 이미 포기되었기 때문에, 사람은 최소한의 노력도 수반하지 않는 생각 없음 상태에서 자연스럽게 살아갑니다. 이 생각-없음 상태는 생각이 일어나서 번창하는 토대로서 작용하는 순수한 있음-의식-존재-생기 있음sentience의 상태입니다. 이같이 그것은 생각의 근원입니다. 생각의 영역으로 넘쳐 나오는 다양화 경향은 이제 사라지고, 지금은 의식만이 순수하게 남습니다. 즉, 그 자체로서 그리고 홀로. 이 경향은 실재 위에 던져진 아비디야 마야의 베일입니다.

일단 이 베일이 찢기면, 사람은 단지 생각의 근원에서가 아니라 그것으로서 머무르는데, 왜냐하면 그것이 그곳에 도달하고 그곳에 머무르는 유일한 방법이기 때문입니다. "그곳"에 있음 BEING "THERE". 그러므로 생각의 근원에서 머무르라는 가르침은 그저 의식이 순수하게 또는 단순히 또는 배타적으로 그 자체로 머무르고, 남아있거나, 존재하는 것을 방해하지 않는 것을 의미합니다.

헌: 그러면, 생각에 의해 방해받지 않고 단지 그 자체로서 한결 같이 남아있는 이 의식의 상태가 사하자스티티라고 불립니까?

라: 아닙니다. 그것은 아함 스푸라나라고 불립니다.

헌: 그렇다면 사하자스티티는 무엇입니까?

라: 어떤 설명도 불가능합니다. 몸에 국한된, 반사된 존재 의식은 파괴됩니다. 이것이 파괴된 후에는 언제나 존재했던 그것만이 남습니다. 그것은 절대적 실재입니다. 그것은 존재하는 것과 존재하지 않는 것, 지식-무지, 빛-어둠 등과 같은 갈림을 초월합니다. 이것이 존재하는 그것THAT-WHICH-IS이고, 그것에 대해 말할 수 있는 전부입니다.

그것이 YHWH(하나님을 나타내는 말)가 성경에서 나타내는 것입니다. 비록 그가 이스라엘의 자손들의 운명을 인도하는 개인적 신으로서 그곳에 있는 것처럼 보일지라도, 고대의 탈무드 예언자들은 그리스도가 그랬던 것처럼 초월적 측면을 알고 있었습니다. 신은 모세에게 말했습니다, "나는 아브라함에게, 이삭에게, 그리고 야곱에게 전능한 신으로서 나타났지만, 나의 이름 야훼로는 그들에게 알려지지 않았다."

반면 여호와Yehwah라는 용어는 창세기에서 여러 번 나타납니다. 모순이 있습니까? 아닙니다. 모세 시대 이전의 예언자들은 개인적 신 여호와를 알았지만, 그 초월적이고 형체가 없는 측면이 드러난 것은 모세에게가 처음이었습니다. 초기 예언자들은 그 이름은 알았지만 그것의 의미는 몰랐습니다. 그들은 신을 사랑하고 그의 이름을 소중히 여겼지만 그 이름의 의미나 중요성은 알지 못했습니다. 그 이름은 "나는 나다I am that I am"라는 뜻입니다. 신은 그 이름의 의미를 모세에게 드러냈지만, 초기 예언가들은 오직 이름만을 받았습니다. 그 이름은, 대상을 앎이 없이 그냥 주관적으로 자각하는 사람은 신에게 흡수되거나 신으로 변형된다는 것을 의미합니다. 이것은 지적 확신이나 마음의 확언이 아닙니다. 그것은 내면으로부터의 사랑의 가슴-연꽃(흐리다야푼다리캄)이 꽃피는 것입니다.

제5장
1936년 7월 10일

～

아리아 사마주 협회 출신의 한 젊은 남자가 홀에 앉아 있었다. 그가 말했다.

헌: 슈리 바가반께서는 어제 찬성하는 어조로 그리스도를 언급하셨던 것 같습니다. 제 생각에 그리스도는 보통의 범죄자처럼 자신을 십자가에 못 박혀 수치스럽게 처벌받도록 내버려 둔 나약한 자였습니다. 용기 있는 사람이라면 그런 끔찍하고 공개적인 굴욕을 당하기보다는 로마 군단에 맞서 싸웠을 것입니다. 기독교인들은 그런 줏대 없는 겁쟁이를 자신들의 신으로서 숭배하기를 좋아합니다. 저는 그것이 재미있습니다.

이 논평은, 예상한 바와 같이 홀에서 잘 받아들여지지 않았다. 많은 사람들이 한꺼번에 이야기하기 시작했다. 웅성거림이 가라앉은 후에, 채드윅이 소용히 그리고 위엄 있게 말했다.

메시아가 그런 식으로 죽어야 한다는 것은 탈무드에 정해져 있었습니다. 예언을 실현하기 위해 예수는 그런 방식으로 죽임을 당하는 것에 동의했는데, 이는 그가 구약 성서에서 언급된 것과 같은 정확하고, 규정되어 있는, 고통스러운 방식으로 죽어야만, 신의 뜻에 따라 인간의 구원이 가능해질 것이기 때문입니다.

라: (읽으면서) 그런 다음 예수께서 베드로에게 말씀하셨다, 네 칼을 칼집에 넣어라. 내 아버지께서 나에게 주신 잔을 내가 마시지 아니하겠느냐? (페이지를 넘겨 더 읽는다) 그런 다음 예수께서 그에게 말씀하셨다, 네 칼을 도로 칼집에 넣어라. 칼을 가지는 자는 다 칼로 망하느니라. 너는

내가 내 아버지께 구하여 지금 열두 군단이 더 되는 천사를 보내시게 할 수 없는 줄로 아느냐? 내가 만일 그렇게 하면 이런 일이 있으리라 한 성경이 어떻게 이루어지겠느냐?

헌: 왜 사람을 죄인으로 만든 다음, 그를 해방시키기 위해 신의 아들을 죽입니까? 원죄 교리의 토대가 되는 합리성의 계획은 무엇입니까? 인간이 자유롭게 태어나지 않고 죄인으로 태어난다는 그런 역겨운 생각은 단순히 그것에 대해 곰곰이 생각하는 것만으로도 사람을 화나게 합니다. 그것은 혐오스럽습니다. 바가반께서는 저에게 동의하지 않으십니까, 아니면 동의하십니까? 그런 불안감을 주는 생각들은, 신에게 감사하게도, 우리 베다에서는 찾아볼 수 없습니다... 바가반께서는 어떻게 생각하십니까?

라: (몇 분간의 침묵 후에) 몸을 입은 지바가 그의 높은 나의 상태를 떠나 인간의 형체를 띠었다는 것은 어떤 형태의 영적 퇴화가 일어났다는 것을 암시합니다. 비록 절대적 실재가 아니라 오직 지각된 수준에서만일지라도. 왜냐하면 절대적 실재는 어떤 속박, 한계 심지어 해방도 알지 못하기 때문입니다. 지바트만이 맛본 금지된 열매는 "나는 몸이다"라는 생각의 형태로 한계를 가정한 것입니다. 첫 번째 생각은 잘못되고 파멸을 가져오는 것이며, 그것으로부터 나온 생각들도 그러합니다. 십자가에서 흘린 피는 인간이 원래 상태를 되찾는 방법을 알려주는 갸나의 씨앗을 상징합니다.

헌: 그러면 그 방법은 –?

라: "나는 몸이다."라는 잘못된 생각을 십자가에 매달아 죽이는 것입니다. 이와 같이 그리스도의 피를 먹거나 삼키는 것은 지고의 불멸 즉 영원한 삶으로 이끄는 길에 그를 단단히 고정시키기 때문에, 사다카에게 불멸을 주는 갸노파데삼(신성한 지식)입니다. 그것은 실재에 대해서는 알아채고 다른 모든 것에 대해서는 잠이 드는, 갸니의 사하자스티티에 불과합니다.

스승이 이 말씀을 마쳤을 때 홀에는 뚜렷한 평화의 폭발이 있었다. 바위와 같은 그의 얼굴과 고요한 존재는 항상 마음을 달래주고, 습관적으로 불안정한 마음조차도 그가 자세히 설명한 길로 예외 없이 끌어당기지만, 때때로 그는 감정적이 되고, 그때 당신은 이 영적 초인이 어떻게 초인적인 인간이 될 수 있는지 보거나 살짝 엿볼 수 있다... 그러는 동안 더부룩한 머리를 한 사람은 홀로 되돌아왔다.

헌: 바가반께서는 어제 "아함 스푸라나"라고 알려진 어떤 것을 언급하셨습니다. 사람이 이 아함 스푸라나에 도달하면, 그곳에서 최종적인 사하자스티티의 나-깨달음으로 어떻게 나아갑니까?

라: 아함 스푸라나에 도달하면 더 이상의 노력은 불가능합니다. 스푸라나에 도달한 사람에게 이 질문은 불가능합니다. 다른 질문들이 그러하듯이. 의심하는 자는 오래전에 그의 가슴에서 진정한 "나"의 빛으로서 빛나는 무한한 존재에 자신을 맡겼기 때문에 아무런 의문이 일어나지 않습니다. 스푸라나에 도달해서 흔들리지 않고 그것에 영구히 합쳐진 채로 있는 사람은 절대 "나는 아함 스푸라나에 도달했다. 이제 나는 절대적 나의 깨달음이 언제 나에게 분명해질지 궁금하다."라고 생각하지 않을 것입니다.

또한 그는 다른 생각들도 하지 않을 것입니다. 생각하는 자가 사라지면 생각을 만들어내는 누가 남습니까? 스푸라나 상태에 한결같이 남아있는 사람은, 더 이상 어떤 필요성도 가지지 않기 때문에 깨달음이나 다른 어떤 것도 갈망하지 않습니다. 그것으로부터 벗어나는 것은 항상 이론적으로 가능하기 때문에, 스푸라나는 여전히 사다나로 분류됩니다. 하지만 그것은 그 안에 남아있기 위한 최소한의 노력의 흔적이나 산칼파 없이도 지속되기 때문에 가장 높은 사다나 상태입니다.

지속적인 스푸라나는 자아-감각이 최종적으로 포기된 후에야 가능합니다. 그것이 지속적으로 나타나기 전에, 사다카가 그것의 섬광을 경험하는 것은 가능합니다. 이 섬광이 그의 마음을 어지럽히게 두지 않고, 그것을 영구화하거나 자발적으로 다시 그것을 가져오려는 의도적인 노력을 하는 대신에, 그는 스푸라나가 지속적이 될 때까지 "누가 이것을 경험했는가?"라고 고요하게 탐구해야 합니다. 일단 스푸라나가 영구적인 상태가 되면, 장뇌나 불길이 더 이상 보이지 않을 때 장뇌 덩어리의 연소가 완전해지는 것처럼 그것 또한 적절한 때가 되면 소멸되고 실재만이 남습니다. 그것이 당신이 묻고 있는 갸나싯다의 사하자스티티입니다.

헌: 스푸라나의 신체적 증상들은 무엇입니까? 그것은 감각-기관들의 기능 상실과 관련 있습

니까? 그것이 몸-의식의 상실을 야기합니까?

라: 빈번하게 일어나는 케발라꿈바카(자연스러운 호흡의 멈춤)가 있을 수도 있고 없을 수도 있습니다. 또한 두근거림이나 맥동하는 감각이 있을 수도 있습니다. 그런데 왜 이런 질문을 합니까? 안으로 뛰어들어 자신을 보십시오. 중요한 것은 스푸라나 상태에서는 "결정 내리기" 같은 것은 없다는 것입니다. 모든 것은 더 높은 힘에 의해 결정됩니다... 그리고 판단을 하는 능력을 잃은 당신의 마음은 단지 존재의 의식으로 축소됩니다... 감각 기관들은 정상적으로 작용하고, 몸-의식의 멀리함은 아직 완전하지 않지만, 외부 세계의 사건들은, 사람이 조금의 관심도 없이 영화를 볼 때처럼, 혐오감이나 매료됨이 없이 단순히 거리를 두고 목격됩니다... 행위들은 사전에 계획된 것이 아니라 자발적인 것입니다...

몸은 전능한 존재의 손에서 도구가 되고, 황홀경은 영혼을 범람시키며, 그는 신성한 도취의 마법에 눈이 멀어 뚜렷한 목적 없이 울고 웃고, 노래하고 소리칩니다. 이것들은 안으로 끌어당기는 깊은 곳the Deep의 눈에 보이고, 외적인 증상들일 뿐이고 모두에게 나타나지 않을 수도 있습니다... 나는 마두라이에서 그랬는데, 왜 그런지 전혀 알지도 못한 채, 미낙쉬 사원에 대한 그리움에 눈물을 흘렸습니다... "내가 왜 울고 있지?"라는 생각조차 생기지 않았습니다... 모든 사람이 갈망에 대한 고통으로 울고 있는지 아니면 성취의 황홀경에서 울고 있는지 알지 못하고 신경 쓰지도 않은 채, 신을 위해 우는 경험을 얻는 것은 아닐 수도 있습니다.

중요한 것은 내적으로 데하트마붓디 즉 카르트리트바붓디가 분리되었는지 아닌지 입니다... "나는 몸-마음-복합체이다"라는 생각을 완전히 버리면, 산칼파나 의지의 흔적은 남지 않습니다... "티루반나말라이로 갑시다."라고 나는 결정하지 않았습니다. 나는 이것(소파 위의 형체가 섬세한 손가락 하나로 그것의 오른쪽 어깨를 부드럽게 건드렸다)이 여기로 오는 것을 보았습니다, 그것이 전부입니다...

헌: 바가반께서는 죽음의 경험을 한 날에 그가 아트마삭샤트카람을 얻었다고 말씀하셨습니다. 이제 그는 그가 마두라이에서 경험한 것이 사하자스티티 이면의 것이라고 말하고 있습니다...

라: 내가 사다나에 어떤 참여를 한 것은 오직 죽음에 대한 그 강렬한 두려움이 있을 즈음에, 내가 그것에 대해 무엇을 해야 하는지 생각하던 때였습니다... 그 후 신성한 존재는 나를 그 손에 넘겨주었고, 나는 펼쳐진 것에 대해 해야 할 역할이 없었습니다... 믿기지 않는다는 듯이 저쪽에 있는 언덕을 바라보면서, 그는 (표현할 수 없을 정도로 그렇지만 미묘한 심오한 헌신을 저버린 무심함으로) 신성한 아루나찰라 산의 모습을 보여주는, 홀에 있는 창문들 중 하나를 향해 오른손을 휙 움직였습니다. 어안이 벙벙한 얼굴을 내가 있는 기차의 철창에 바짝 댄 채, 내 마음, 또는 거기에 있던 아주 극미한 잔해는 자신도 모르게 "이것을 보는 자는 누구입니까, 신들의 지고한 황제입니까?"라는 질문을 했습니다.

헌: 그 다음에는 어떤 일이 일어났습니까?

라: 그 이야기를 들려줄 수 있는, 살아남은 사람이 있습니까?

논쟁자는 무엇인가를 더 물으려고 했지만, 저녁 식사를 소리가 들렸고, 슈리 바가반은 평소처럼, 달콤하고도 우스꽝스럽게, "오! 벌써! 멋지군요!" (원어)라는 말과 함께, 소파에서 일어나 홀에서 나갔다.

저녁에 아리야 사마주 회원인 그가 무관심한 투로 말을 시작했다.

헌: 당신을 포함한 갸니들에게는 우주가 소멸할 때 어떤 일이 일어납니까? 당신은 그것에 의해 죽습니까, 아니면 영향을 받지 않고 남아 있을 것입니까? 만약 후자라면, 어떻게 모든 것이 파괴된다고 말해지는 우주의 소멸에 대해 어떤 것은 목격자로서 남을 수 있습니까? 그것은 전능한 존재가 명하신 카르마 질서에 위배되지 않겠습니까?

바가반은 몇 분 동안 조용히 있었지만, 그 젊은이의 미소가 점점 번지기 시작하려 할 때, 그는 이렇게 말했다.

라: 갸니들은 스스로 돌보는 법을 압니다. 당신이 그들에 대해 걱정할 필요는 없습니다. 만약 당신이 스스로 돌볼 수 있다면, 그것은 정말 대단한 업적이 될 것입니다. 먼저 자신을 깨달으십시오. 왜 갸니, 프랄라야(소멸) 등에 대해 걱정을 합니까? 우리가 스스로를 돌볼 수 있다면 그것은 정말 엄청난 일입니다.

그 소년은 잠시 동안 침묵을 지켰다. 하지만 그는 곧 스스로를 억제할 수 없는 것처럼 보였다.

헌: 슈리 라마크리슈나는 그의 메시지를 전 세계에 전파하기 위해 비베카난다를 지명했습니다. 마찬가지로 저는 당신의 대사가 될 수 있습니다. 우리는 함께 아드바이타 철학을 세상 구석구석에 전파하고 대중화시킬 수 있습니다. 당신은 한 곳에 국한됩니다. 당신은 다른 어느 곳으로도 가고 싶어 하지 않습니다. 반면 저는, 저는 인류의 고통에 공감하고 그것을 달래주고 싶습니다. 저는 소파에 가두고 있으면서 사람들에게 인간의 문제들, 그의 고통들을 무시하라고 조언할 수 없습니다.

저는 친절하고, 고결한 마음을 가진 영혼입니다. 세상은 그것이 저의 이타적 정신으로 어떻게 이득을 보게 될지 알지 못합니다. 곧 그들은 알게 될 것입니다. 저는 인류의 향상을 위해 제 삶을 바칠 준비가 되어 있습니다. 저는 궁극적 원인, 즉 그의 다른 모든 문제들을 자동적으로 해결해줄 것이라고 제가 기대하는 인간의 영적 부활을 위해 촛불처럼 자신을 태우는 것에 개의치 않습니다. 저는 혼자 일할 수 있습니다.

하지만 저는 당신에게 불멸의 영광으로 가는 저의 여정의 일부가 될 기회를 주고 싶습니다. 당신의 신하로서, 저는 모든 냉소적인 가슴에 신에 대한 순수한 사랑의 불꽃을 밝히고, 그것이 현재 희미하게 타오르는 곳에서 더 강하게 부채질할 것입니다... 저의 능력을 의심하지 마십시오. 저는 능력이 있습니다. 저는 그것을 할 것입니다. 제가 누구인지 아십니까? 저는 마드라스의 프레지덴시 대학을 졸업한 학사입니다... 저는 마지막 해에 다재다능한 사람으로 금메달을 땄습니다. 그것은 어떻습니까? 제가 생각하기에, 저는 교육을 잘 받았습니다. 당신이 지금 분명히 볼 수 있는 것처럼, 저는 영어를 유창하게 말합니다. 뭐가 더 필요하겠습니까? 또한, 저는 저의 봉사에 대한 보수를 요구하지 않습니다. 하지만 저는 선의, 사랑, 애정으로 제공되는 어떤 것도 사양하지 않을 것입니다. 어떻습니까? 저를 제자로 받아주시겠습니까?

라: 당신의 당당한 위상을 가진 인물에 비추어 보았을 때 나는 너무나 바보 같은 구루입니다. 다른 곳을 찾아보는 것이 어떻습니까?

젊은이가 말했다. "네. 당신 말이 맞습니다. 저는 어리석게도 여기에서 시간을 낭비하고 있네요."

제6장
1936년 7월 11일

어떤 사람이 오늘 아침 아쉬람을 떠나야 할 것이라고 슬퍼하며 발표했다. 그는 언제 그가 돌아올 수 있는지 또는 돌아올 수 있기는 한지 알 수 없었다. 그는 계속해서 사다나를 할 수 있도록 바가반의 은총을 구했다. 그는 이것이 그의 마지막 탄생이기를 간절히 바랐다. 그는 움찔거리며 죽음의 순간에 다른 것이 아니라 바가반의 발을 기억해야 하는 이 은총을 바가반으로부터 받을 수 있도록 간곡히 부탁했다.

라: (원어)... 하지만 나의 몸의 다른 부분들은 무슨 죄를 저질렀습니까? 그렇게 말하면서 바가반은 웃었다.

헌: 스승님, 저는 몇 가지 의문이 더 있습니다. 세상이 진짜인지 아닌지 제가 알 수 있습니까?

라: (웃으면서) 그러니까 당신도 시작했군요! (원어!!!)

헌: 각기 다른 마하누바바르들은 그 문제에 대해 다른 의견을 갖고 있는 것처럼 보인다는 것을 부인할 수는 없습니다. 슈리 라마나크리슈나는 '신만이 실재이고 다른 모든 것은 환영이다.'라고 말했습니다. 푸자야프라부 슈리 아디산카라바가바트파다차리얄은 '객관적 세계는 환영이다.'라고 말했습니다. 가우다파다를 포함한 다른 이들은, 그들이 지지하는 아자타 교리에 따르면 우주 같은 그런 것은 창조된 적이 없기 때문에 실재 또는 우주의 다른 것에 대한 문제는 절대 일어나지 않는다고 말합니다. 유가파트슈리슈티바담에 따르면, 모든 지각들은 꿈에서

처럼 마음의 창조물인 것처럼 보입니다. 바가반에 의하면 어떤 견해가 옳다고 간주되어야 합니까?

라: 그것이 실제인지 아닌지 알고자 하는 것이 세상입니까? 세상이 당신에게 '내가 실제인지 아닌지 말해 줄 수 있습니까?'라고 물었습니까? 아닙니다. 그런 의문은 당신의 마음속에서만 일어났습니다. 만약 당신이 당신 자신의 실재의 니자스와루팜(자신의 나)을 찾고 발견한다면, 세상의 실재(또는 다른 것)는 당신에게 분명해질 것입니다. 우주의 성품과 기원에 대한 모든 이론적 논의들이 사람을 나 가까이로 이끄는 것은 아닙니다. 나가 깨달아지면, 그 질문은 일어나지 않을 것입니다.

헌: "나는 누구인가?" 방법이 너무 급격하다고 생각한다면, 제가 따를 수 있는 다른 것이 있습니까?

라: "나" 생각을 주의 깊게 살펴보십시오. 그것이 어떻게 생겨나고, 어떻게 다른 생각들을 일으키며, 어떻게 그것의 근원으로 바뀌는지를. 잠에서 깨어나면 일어나서 그의 뇌리를 떠나지 않는 첫 번째 생각이 "나"입니다. 잠자리에 들기 전에 그것은 잠의 아비디야가 가라앉기 전에 존재Beingness 또는 생명의 흐름으로 바뀌게 되는 마지막 생각입니다. 이 "나" 생각을 계속해서 지켜보십시오. "나" 생각이나 다른 생각을 억누르거나 통제하려고 하지 마십시오. "나" 생각이나 다른 어떤 생각이 출현하거나 널리 퍼지는 이유에 대해서 어떤 질문도 하지 마십시오.

단순히 당신이 "나"라고 부르는 이 기본적인 마음의 변형, 그것의 활동, 그리고 그것의 일어남과 가라앉음을 계속 관찰하십시오. 이 관찰은, 충분히 강렬하고 지속적이라면, 시간이 지남에 따라 변함없는 주관적 자기-주의self-attention의 흐름으로 커지거나 성숙해져야 하는데, 그 흐름은 항상 꾸준하게 유지되는 것이고, 관찰하는 자, 관찰 능력, 그리고 관찰되는 대상이 알아차릴 수 없을 정도로 매끄럽게 융합된 것입니다. 때가 되면 이 생명 흐름은 저절로 당신을 묵티로 인도할 것입니다.

헌: 이것조차도 어렵다고 하는 사람들에게는요?

라: 그렇다면 샤라나가티(신에게 완전한 복종)가 유일한 방법입니다.

헌: 저는 삼푸르나(완전한) 샤라나가티 또는 아난야(고유의) 샤라나가티가 목표라고 하는 바가반의 가르침의 방식을 들었습니다. 하지만 무조건적인 복종을 달성하는 것은 불가능하다고 생각합니다. 어떻게 그것을 성취할 수 있습니까?

라: 만약 가슴 깊은 곳으로부터 진심으로 "제가 아니라 당신이고, 저의 의지가 아니라 당신의 의지입니다, 저는 완전히 무력해서 아무것도 할 수 없습니다, 신께서 저에 대해 하고 싶으신 대로 하소서."라고 느낀다면, 그것을 아트마샥티라고 하든 아니면 당신이 원하는 어떤 것으로 부르든 더 높은 힘이 그 사람을 껴안아 차지해서 목표로 데리고 갑니다. 당신의 의지는 완전히 사라지게 되고, 신의 의지가 그 자리를 차지할 것입니다.

삼푸르나 샤라나가티 후에 당신은 좋아함, 싫어함, 또는 선호함을 가질 수 없습니다. 순순히 신성한 존재의 의지를 받아들이는 것이 당신이 할 일입니다. 그런 사람은 자신이 몸에 의해 수행된 행동의 행위자라는 생각을 하지 않을 것입니다. 그는 복종했기 때문에 이런저런 것을 위해 기도하지 않고 어떤 일이 일어나든 단순히 신의 의지라고 받아들여야 합니다. 복종하는 것은 자아의 근원으로 합쳐지는 것입니다. 이와 같이, 이런 식으로 에고-자아를 포기하면 "언제 나에게 나-깨달음이 밝아옵니까?"라고 물을 사람도 없고 다른 어떤 질문도 남지 않습니다. 절대적 복종은 헌신의 궁극의 정점입니다.

헌: 저는 복종의 방법이 모든 것 중에서 가장 쉽다고 생각합니다. 저는 그것을 채택하고 싶습니다. 하지만 저는 그리하스타(가정거주자)입니다. 저는 완수해야 할 가정의 책임이 있습니다. 저는 일의 결과에 무관심할 수가 없습니다.

라: 진정으로 복종하는 것은 신경 쓰는 것을 완전히 그만두는 것입니다. 당신의 모든 걱정은 이제 그의 것이기 때문에 당신은 더 이상 아무 걱정이 없습니다. 이것이 복종의 진정한 의미이고, "나는 복종한다." 또는 "나는 신에게 내 삶을 맡겼다."라고 입으로 말하거나 속으로 생각하는 것은 복종이 아닙니다.

"나는 그리하스타이다."라는 등의 마음의 생각을 완전히 없애십시오. 신에게 복종한 후에, 신이 당신을 도구로 사용해서 그가 보기에 적합한 어떤 방법으로든 당신의 필요 또는 책임을 완수하도록 맡기십시오. 일단 "나는 행위자이다."라는 잘못된 생각이 제거되면, 행위들은 저절로 진행될 것입니다. 가장의 삶에 대한 장애물은 없습니다. 세상적 불안이 당신의 마음을 삼키려고 위협할 때, 스스로에게 말하십시오, "이것들은 나의 문제가 아니다. 그것들은 신의 것이다. 적절한 때가 되면 적절한 행위를 위해 나를 도구로 삼아 그가 보시기에 알맞게 그것들을 처리하실 것이다. 나는 어떤 것에 대해서도 걱정할 필요가 없다."

머지않아 그런 생각들 또한 불필요하게 될 것이고, 피할 수 없는 프라랍다(현생에서 펼쳐지고 있는) 카르마 때문에 일어나는 세상의 활동에 미친 사람처럼 몸이 밤낮으로 관여한다 해도, 세상의 걱정들은 완전히 마음에서 지워질 것입니다. 행위에 대한 책임이 더 높은 힘에게 주어질 때, 그는 홀로 모든 활동을 수행합니다. 이와 같이 아함카라의 카르트리트바붓디(행위자 의식)는 파괴되고 생각은 상관없게 됩니다. 마음은 점차 세상에 대해 잠이 들고 오직 내면의 나에 대해서만 깨어나게 됩니다. 그것이 갸니의 사하자스티티입니다.

헌: 제가 이른 나이에 산야사를 받아들여, 모든 인간 거주지로부터 떨어진 베나레스의 외딴 장소로 물러나면, 저는 나 깨달음에서 더 성공을 거둘 수 있습니까? 마음은 애태우게 하는 감각 유혹의 대상들에 의해 산만해지지 않기 때문에, 에칸타바삼(은거처에 거주함)은 타파스를 수행함에 있어서 도움이 된다고 합니다. 바가반께서는 이 견해에 동의하십니까?

라: 생각이 없이 남아있는 것이 유일한 진정한 에칸타바삼인데, 그것은 사하자스티티 상태에 도달하기 위한 필수 요건인, 드물게 나타나는 마음의 니브릿티(행위들의 중지) 상태를 부여합니다. 집에서 숲으로 가면, 사람은 숲에서 직면해야 하는 훨씬 더 위압적인 일련의 문제들을 발견할 수도 있고, 이로 인해 마음의 평화에 대해서는 기회가 훨씬 더 적다는 것을 알 수도 있습니다.

의도적인 환경의 변화는 전혀 필요가 없습니다. 대신 마음의 방향을 바꾸십시오. 그것이 안을 향하게 해서 나를 바라보게 하십시오. 산야사에 관해서는, 그것은 오렌지색 옷을 입고 루드락샤 묵주를 걸치고 머리를 깎고 그 위에 티루니어(성스러운 재)를 바르는 것을 뜻하는 것은 아닙니다. 단순한 자아의 포기가 산야사이고, 생각의 장난에 의해 발생한 동요로부터 언제나 자발적으로 자유로운 순수한 주관적 의식으로서 남는 것이 가장 좋은 타파스입니다.

　아마도 미국인인 듯한 한 남자가 북인도 의상을 입고 우스꽝스러운 모자를 쓰고서 홀 뒤쪽에 앉아 있다가 곧 일어나 다가와서 자리를 차지하고는 그의 질문들을 하기 시작했다.

헌: 어떤 사람은 실재인 것을 깨닫는 데 성공합니다. 다른 사람들은 실패하는데, 그럼에도 두 경우에 노력은 같을 수 있습니다. 우리는 "프라랍다"가 이유라고 말하고 그대로 그 문제를 무시할 수 있습니까?

라: 사람이 내면을 향하면 향할수록 그는 세 가지 겹의 카르마를 성공적으로 초월합니다. 그의 몸이 오직 카르마에 얽매여 있습니다. 존재 의식Being-Consciousness에로의 자신의 잠김이 점점 더 지속적이고 강렬해지면서 그는 자신을 그 몸과 점점 덜 동일시합니다. 마침내 그는 어떤 종류의 몸적 또는 다른 동일시도 불가능해집니다. 그는 몸이 활동을 하지 않든 활동을 하든, 언제나 가슴의 빛 속에서 조용히 휴식을 취합니다.

헌: 하지만 제 질문에 대한 답은 무엇입니까?

라: 아닙니다, 프라랍다가 이유라고 말할 수 없습니다.

헌: 그렇다면 그 이유는 무엇입니까?

라: 사람이 몸도 아니고 마음도 아니라는 말을 들으면, 일생 동안 그의 자아의 경험은 이 두 가지에만 국한되어 있었기 때문에, 그는 처음에 당황합니다. 갸나구루의 말을 처음 들으면, 그는 이 두 가지는 갑자기 비실제적이고, 대수롭지 않고, 실체가 없는 것으로 간주되고, 존재의 의식Consciousness of Being만이 실재이고 원료material인 것으로 다루어진다는 충격적인 사실을 알게 됩니다.

　세상에 대한 이해가 개념적 지식에 의해 유지되고 삶이 주체 대상의 관계에 의해 지배되는 사람에게, 이것은 참기에는 너무나 큰 충격일 수 있습니다. 그는 아자타(원인이 없는, 창조되지 않는) 아드바이타 교리를 다른 할 일이 없는 장난꾸러기들이 고안한 순전한 헛소리라고 비웃거나 그것을 심각하게 받아들여서 그 영향, 즉 그의 삶에서 알고 소중히 간직해 왔던 모든 것들이 이제 갑자기 무의미하고, 대체가능하고, 덧없고, 변할 수 있는 것으로 드러나고 따라서 실제가 아니고 고려할 가치가 없는 반면, 그가 전에 전혀 관심을 두지 않았던 것이 유일하게 영원하고, 지속적인 실재라고 드러난다는 사실에 충격을 받습니다.

그때까지 자신을 객관적 세계에 살면서, 시간과 공간에 걸쳐 유한한 주체라고 여겨오던 사람에게 있어서, 그는 세상의 것들에 애착을 가지고 있기 때문에, 이 드러남은 아주 큰 감정적, 마음의 격변으로 다가옵니다. 그의 과거의 사다나들이 모든 애착을 약화시킨 사람은 자연스럽게 세상은 꿈이라는 생각을 하게 됩니다. 어느 쪽이든 그는 그것에 관심이 없기 때문에 그것은 그에게 중요하지 않을 것입니다. 세상이 독립적 대상들의 집합체로서 존재하지 않고, 오히려 그것의 분명한 존재에 대한 지각에 의존한다는 생각은 어떤 사람들에게 충격을 줍니다.

다섯 가지 감각 기관들의 증거는 단지 무작위적 "정보"일 뿐입니다. 그것은 그런 어떤 대상이 실제로 "그곳에" 있다는 것을 의미하는 것은 아닙니다. "그곳에"라는 것은 없습니다. 의식의 입구는 오직 하나입니다. 그러므로 지각된 모든 것은 지각하는 자에게만 달려 있습니다. 바깥으로 향해진 이 의식은 세상과 그것을 지각하는 자입니다.

안으로 향해지면, 그것은 나라는 것을 알게 됩니다. 자그라트(깨어 있는) 프라마(개념, 지각의 정확성)은 자그라트 프라마타(진정한 지식을 얻는 자)의 프라마입니다. 지각하는 자 외에는 지각되는 것 같은 것은 없습니다. 그 프라마타는 그가 세상에 대해 아주 많은 것을 안다고 믿습니다. 그는 단지 그의 마음의 내용에 접근하고 있을 뿐입니다. 모든 생각들과 지각들은 마음속의 변형입니다. 나의 빛은 아함브릿티와 그 아이들에게 떨어지고 (이 문맥에서, 슈리 바가반은 아함브릿티에서 기인한 다른 브릿티들을 아함브릿티의 아이들이라고 지칭한다), 지바(살아 있는 존재)가 태어납니다. 그것은 수행자가 다른 모든 브릿티들을 파괴하기 위한 것입니다. 나는 벌거벗은 아함브릿티를 처리합니다. 즉, 그것을 파괴합니다. 그러면 그것은 반사 없이 남을 것입니다.

헌: 이것은 순수한 솔립시즘, 즉 버클리의 이론(실재하는 것은 오직 자아와 그 의식뿐이며, 그 밖의 타인이나 모든 사물은 자아의 의식 속에 존재하는 것에 불과하다.)입니다.

라: 솔립시즘인들은 마음은 실제이고, 세상과 생각을 포함한 모든 것, 그것으로부터 나오는 모든 것은 유령이거나 그림자라고 말합니다. 그는 마음의 실체 그 자체에 의문을 갖지 않습니

다. 나는 당신에게 훨씬 더 나아가라고 요구하고 있습니다. 나는 마음 그 자체가 나로부터 나오는 그림자 또는 유령이라고 말합니다. 당신은 이것이 직접 경험의 문제라는 것을 발견하게 될 것입니다.

만약 마음의 근원을 면밀히 조사하기만 한다면. 당신은 프라랍다가 그 이유인지 아닌지 궁금해 합니다. 아닙니다. 프라랍다는 그 근원으로 영원히 사라지기로 단호하게 결심한 지바를 세상으로 끌어낼 아무런 힘이 없습니다. 그러면 그 이유가 무엇인지 당신은 묻습니다. 이것이 이유입니다. 객관적 지식에 집착하는 것. 여러 아자타 아드바이타 교리, 즉 아슈타바크라 기타, 리부 기타, 판차다시, 카이발야 나바니탐, 오지빌 오둑캄 등을 직접적으로 제기하는 아드바이타 문헌들에 대한 많은 논평을 여러 권 썼던 학식 있는 판디트들이 있습니다. 많이 사랑받고, 많이 환영받던 아이가 죽었을 때 그들의 집으로 가서 그들의 기분이 어떤지 물어보십시오. 당신은 적대적인 시선을 받을 수도 있습니다. 그때 그곳에 앉아서 이 모든 것을 설명한다면, 당신은 그 후에 목숨을 부지하고 떠나는 것이 허락되면 자신이 운이 좋다고 여길 것입니다.

문제는 어디에 있습니까? 배운 모든 것은 지성의 수준에서 멈추었기 때문에 헛된 것이 되었습니다. 수행이 없었기 때문에 자아를 진압하는 것은 불가능합니다. 더 많은 책을 읽고, 계속해서 논평을 쓰고, "아드바이타 분야의 전문가"라는 칭찬을 받는 것이 유일한 노력이었고, 이로 인해 자아는 점점 더 커졌습니다. 끊임없는 생각의 파도들을 잔잔하게 만들기 위한 노력은 결코 없었습니다. 그런 방향으로의 약간의 노력만으로도 나로부터의 상호적인 은총의 흐름을 가져왔을 수도 있습니다. 하지만 아닙니다.

책을 읽고, 쓰고, 출판 기념회에서 어깨에 두르는 숄을 받고, "아니, 아니, 그것은 모두 신의 작품이다… 나는 그의 손에서의 도구이다, 그것이 전부이다…"라는 말을 하면서 자신이 아주 지적인 방식으로 행동한다고 상상하고, 거기에서 박수를 받고, 자아를 갈수록 더 부풀립니다. 태양과 지구는 어느 날 권태감으로 서로의 위치를 맞바꾸기로 결정할 수도 있지만, 책을 공부하는 사랑의 독한 술에 홀린 사람들은 진정한 지식을 얻을 수 없습니다. 객관적 지식과 책을 공부하는 것은 나 깨달음의 길에서 가장 치명적인 적입니다. 왜냐하면 그것들은 능숙하게 다정한 친구로 위장되고, 그 변장은 정말 깊이 작용하기 때문입니다...

헌: 만약 제가 깨달으면 하나의 반사는 파괴됩니다. 세상에 살고 있는 다른 이들은 어떻습니까? 언제 모두가 깨어나게 될까요?

라: 먼저 당신이 그것을 하고 보십시오. 그런 다음에 나중에 필요하다면 그 질문을 제기하십시오. 꿈에서 깨어난 후에, 당신은 "오! 나는 아주 많은 사람들이 물에 빠지는 꿈을 꾸었는데, 누군가 그들을 구했는지 아니면 그들이 죽었는지 모르겠다."라고 깊이 생각합니까?

헌: 그래서 저만 무지합니다. 아니, 저만 홀로 있습니다! 하지만 그렇다면 저는 가망이 없이 외롭다고 느껴야 합니다...

라: 홀로 있다는 것은 생각하지 않고 남아있는 것을 의미하는데, 그것은 "나는 혼자이다" 또는 "나는 외롭다"라는 생각도 없이 남아있는 것을 포함합니다.

헌: 제가 나라는 말을 들을 때, 왜 저는 그 지식에 만족해하지 않습니까? 왜 저는 계속해서 생각의 영역으로 잘못 들어섭니까?

라: 아함브리티에 붙어있는 이원적인 duplicitous 타당성의 느낌이 있습니다. 이것이 당신의 문제의 원인입니다. 그것은 좋은 결과가 나오기 이전에 있어야 합니다. 이것은 자아의 "세계관"이라고 칭해질 수 있습니다.

그것과 아함브리티의 관계는 뇌와 심장의 관계와 같습니다. 심장이 없으면, 뇌에 산소 공급이 없을 것이고 몸의 생존은 불가능할 것입니다. 불수의적인 근육의 활동을 조절하는 뇌의 그 부분의 작용이 없으면, 심장은 수축과 확장이 가능하다는 것을 발견하지 못할 것입니다. 왜냐하면 그것의 기능을 추진하는 신경 전기 자극을 이용할 수 없고, 마찬가지로 몸의 지속적인 생존이 불가능하게 만들기 때문입니다. 하나를 죽이는 것은 다른 것도 죽입니다. 그것들 중 어느 하나를 죽이는 것은 몸을 소생이 불가능할 정도로 죽입니다. 여기에서도 마찬가지입니다.

세계관을 죽이는 것은 아함브릿티를 죽이고, 그 반대도 마찬가지입니다. 둘 중 어느 하나를 죽이는 것은 자아를 완전히 파괴합니다. 완전히 복종한 박타는 그렇게 함으로써 "나"가 그 자신에 대해 갖는 어떤 중요성도 파괴합니다. 이렇게 그는 세계관을 뿌리 뽑습니다. 갸나사다카(지식의 구도자)는 계속해서 "나"를 찾으려고 합니다. 이렇게 해서 그는 아함브리티를 뿌리 뽑습니다. 이 설명은 분석적 목적을 위해서만이라는 것을 알아두십시오.

당신에게 두 가지 유사한 접근법을 설명하기 위해 나는 이 지적 분기점을 만들었습니다. 카멜레온이 주변 환경의 색에 따라 색을 바꾸지만 사실은 같은 카멜레온인 것처럼, 실제로 세계관과 아함브리티는 자아의 두 개의 다른 그림자 또는 측면입니다. 아함브리티는 "나" 생각입니다. 세계관은 이 "나" 생각을 똑같이 허구적인 대상 또는 "환경"과 연관시킴으로써 그것의 분명하고, 환영적이고, 개별적인 존재를 합법화하는 지적 틀입니다.

이것은 "나" 생각이 그런 연관성이 없으면 남아있을 수 없기 때문입니다. 이와 같이 "나"를 죽이는 것은 지성 또는 연상이 자동적으로 끝나게 해주고, 지성 또는 연상의 습관을 끝내는 것은 자동적으로 "나"를 죽입니다. 그러므로 "나"와 그것의 객관화 또는 연상의 성향은 동일한 것이 되지만, 그것의 파괴는 개인의 마음의 기질에 따라 어느 쪽으로든 이행될 수 있습니다.

만약 확신하지 못한다면 (웃으면서) 두 갈래 공격을 시작하십시오! 알렉산더 대왕이 인도를 침공했을 때, 알렉산더가 가장 강적이었다고 말하는 편잡의 황제 푸루쇼타마 왕은 다른 모든 전술들이 실패해서 그에게 이런 식으로 패배했습니다. 악어의 두 개의 턱 사이에 탈출구는 없습니다. 자아가 활기 넘치고 다루기 힘든 것처럼 보이고, 그 자신을 복종하는 것을 거부할 때마다 비차라로 그것에 맞서십시오.

당신이 비차라를 하기에는 마음이 너무 괴롭고 약화되었다고 느낄 때면 복종하십시오! 한쪽은 섬멸전이고, 다른 쪽은 소모전입니다. 그것은 전쟁에서 승리해야 합니다! 하지만 기억하십시오. 당신의 몸이 세상의 활동에 관여하고 있을 동안, 이 모든 것을! "모든 것은 환영이다. 모든 것이 꿈이라면 왜 나는 노력을 해야 하는가?"라고 말하면서 아자타(아무 것도 창조되지 않았다) 아드바이타를 당신의 의무를 의도적으로 피하기 위한 변명거리로 사용하지 마십시오.

헌: 네, 그것이 제가 묻고 싶었던 것입니다! 슈리 바가반께서는 묘하게 통찰력 있는 정확성으로 제 마음을 읽었습니다!

라: 세상의 의무를 포기하는 것은 당신이 지금 상상할 수 있는 것보다 더 많은 복잡함을 야기할 것입니다. 당신은 프라이팬에서 곧장 불로 뛰어들게 될 것입니다!

헌: 마음을 나에 두고 있으면서 평소처럼 자신의 일을 하는 것이 가능합니까?

라: 왜 안 되겠습니까?

헌: 슈리 바가반과 같은 영적인 힘이 큰 사람에게 그것은 분명 어린아이의 놀이입니다. 저는 어떻습니까?

라: 당신 말입니까?

헌: 어떻게 생각이 없이 있는 사람이, 즉 나에 대해 주의를 고정시키는 사람이 세상의 의무를 수행할 수 있습니까? 그 점에 대한 예를 들어보자면, 제가 일을 하는 도중에 종종 큰 숫자들과 관련된 산술 연산을 해야 한다고 가정해보십시오. 이것은 대수표에 접근해서 그것을 사용하는 것을 수반할 것입니다. 그래서 저는 무엇을 합니까? 마음을 이용하는 것이 필요하게 되지 않습니까? 최소한 일부라도? 마음 없이 대수표를 사용할 수 있습니까?

라: 문제는 당신이 몸과의 동일시에 너무 익숙해져서, 당신이 자신의 몸이 수행하는 행위들의 행위자라고 생각한다는 것입니다. 모든 것을 하는 것은 더 높은 힘입니다. 당신은 단지 스스로 신용이나 가치를 책정할 뿐입니다 just appropriate credit or merit for you. 조금만 수행하면 진리를 보게 될 것입니다. 당신은 자전거를 타는 습관이 있습니까?

헌: (놀라서) 그렇습니다. 아니, 자전거를 이용하는 것이 자아를 다소 강화시킵니까?!

라: (우호적으로 웃으면서) 아니오, 아닙니다! 들어보세요! 자전거를 타면서 가끔 노래를 부릅니까?

헌: (마하리쉬의 신통력에 놀라서) 그렇습니다! 바가반께서는 어떻게 이 모든 것을 아십니까?

라: 누군가에게서 들었습니다. 자, 요점은 이것입니다. 익숙한 지역에서, 때때로 당신은 자신이 부르고 있는 즐거운 노래에 너무 심취해서 그 길이 복잡하고, 길을 따라가면서 피해가야 하는 버팔로와 소떼들이 있고, 여행할 때 날씨가 전혀 완벽하지 않았음에도 불구하고 의도했던 목적지에 도착했음을 알게 되는 것, 그것을 당신은 경험했습니까, 경험하지 않았습니까?

헌: (놀라움에 망연자실해서 거의 웃으면서) 네! 맙소사, 그렇습니다! 하지만 그것이 무슨 상관이 있습니까…?

라: 그런데 당신이 하고 있는 것에 주의를 기울이지 말고 여행하라고 누군가 요구한다면, 당신은 분명 그가 미쳤다고 생각할 것입니까?

헌: 무례하게 굴려는 것은 아니지만, 분명 그렇습니다.

라: 당신은 나의 요점을 이해하는군요. 우리는 지성을 너무 중요시합니다. 우리는 우리가 선택을 한다고 생각합니다. 우리는 우리가 통제하고 있다고 생각합니다. 우리는 몸이 하는 모든 것을 우리가 한다고 생각합니다. 우리는 우리가 몸이 하고 있는 것처럼 움직이고, 말하고, 행동하게 만든다고 생각합니다. 그것은 교묘하게 구성된 가짜입니다! 몸의 움직임을 포함한 모든 것은 저절로 일어납니다.

따라서 "결정에 따라 행동하는 것" 같은 것은 없습니다. 의지는 환영입니다. 사건의 세계와 생각의 세계는 둘 다 마음속에 있지만, 이어져 있지 않고 서로 상호 의존적이지 않습니다. 당신은 자신이 결정을 내리고, 그런 다음 그에 따라 행동한다고 말합니다. 실제로 어떤 일이 일어나는지 생각해보십시오. 행동은 프라랍다에 의해 결정됩니다.

당신이 어떤 식으로 결정을 하든, 그 결정의 결과는 결국 단지 운명 지어진 행동일 뿐, 그 외에는 아무것도 아닙니다! 이와 같이 결정은 전혀 중요하지 않습니다. 따라서 어떤 행동도 사람의 결정의 결과가 아닙니다. 우리는 우리 스스로 그렇게 생각하도록 속입니다. 미래에 대한 지식은 사람에게 금지되어 있기 때문에, 그는 행동이 생각을 따를지 아니면 막대자석 앞의 쇠줄밥처럼 생각이 앞으로 있을 행동 앞에 줄을 서서 정렬할지를 알 수 없습니다.

이렇게 그것은 생각과 행동 사이에 가상의 원인 결과 관계를 만들어내지만, 사실 그것은 결과 원인 관계일지도 모릅니다… "사람은 그가 원하는 것을 할 수 있지만, 그가 의도하는 것을 의도할 수는 없다."라고 쇼펜하우어는 말했습니다. 내가 말하고 있는 똑같은 진리 또한 이런 식으로 표현될 수 있습니다. 어떤 경우든 도출된 추론은 자유 의지가 존재할 수 없다는 것입니다. 일단 당신이 자유 의지를 믿는 것을 멈춘다면, 자아의 장악력은 자동적으로 느슨해집니다...

헌: (의심스러워하며) 자전거를 타는 것 같은 경우에는 괜찮았고, 신체 조정력도 충분했습니다. 하지만 그것을 모든 활동의 경우로 확장시키는 것은 (생각에 잠긴 듯 그의 머리를 흔든다)...

라: 다시 말합니다. 수행이 제가 말하고 있는 것의 진리를 드러낼 것입니다. 존재의 순수한 주관적 의식pure Subjective Consciousness of Being으로 남아서 수행하고 행동이 스스로 계속되는지 아닌지 보십시오.

헌: 행동이 제 기호에 맞지 않으면 어떻게 됩니까?

라: 당신은 나 깨달음을 열망합니다. 그럼에도 당신은 자기 생각대로 살기를 원합니다! 어떤 다른 열망도 나 깨달음에 대한 열망과 의미 있게 공존할 수 없습니다. 적절한 때가 되면, 나 깨달음에 대한 열망조차도 나 깨달음을 꽃피우는 것에 대한 장애물이 됩니다. 수행자에 대해 우리가 어떤 것을 해야 할까요? 이렇듯 사다나가 추진력을 얻으면, 나 깨달음에 대한 열망조차도 버려져야 합니다.

일단 당신이 더 높은 힘의 손에 있게 되면, 당신 자신의 의지 또는 의견이 방해가 되는 것은 허용되지 않습니다. 당신은 그의 손에 있는 흙이 됩니다. "나"-"나"로서 아래에서 빛나는 순수한 토대를 드러내기 위해, 모든 마지막 개념이 무너지고, 배운 모든 것은 무효화되며, 모든 객관적 지시은 취소되고, 훼손되고, 파괴됩니다. 몸의 포기의 문제와 관련해서, 세상에서의 삶은 전처럼 유지되어야 합니다. 그것이 더 높은 힘의 뜻이라면요.

만약 당신이 세상에 남는다면, 당신은 그의 생각대로 그렇게 합니다. 만약 당신이 포기한다면, 그것 또한 오직 그의 생각대로입니다. 그는 당신이 집에 머무를지 숲에 머무를지 아니면 양쪽에 다 머무를지를 결정합니다. 몸이 어디에 있는지 또는 그것이 무엇을 하고 있는지는 당신에게 전적으로 중요하지 않습니다. 당신에 관한 한, 자신의 자아를 나에게 포기한 그날, 당신은 자신이 가진 모든 것 또는 당신이 가지고 있다고 생각되는 모든 것을 포기했고, 그리고 그것은 몸도 포함합니다. 당신의 포기는 그때 그곳에서 완성됩니다. 일단 자아가 진정한 나 지식의 빛 속으로 사라지면, "세상"이라고 불리는 혼동하기 쉬운 이름과 형상의 집합체는 다름 아닌 다정하고 사랑스러운 나라는 것이 드러납니다. 이것이 갸나입니다.

헌: 저는 폴 브런튼의 책 『A Search in Secret India』에서 선생님, 당신에 대해 읽었습니다. 책이 제 손에 들어왔을 때, 저는 오로빈도의 아쉬람에 있었습니다. 그것을 읽기를 끝내자마자 저는 당신을 만나고 싶었습니다, 선생님. 오랫동안 제 마음을 괴롭혀 온 의심들이 있습니다. 그것들은 제 마음의 평화가 번져나갈 어떤 여지도 허용하지 않습니다. 저는 그것들을 당신으로부터 정화해야 합니다. 저는 당신이 답을 알 거라는 것을 압니다... 저의 질문들은 까다로운 성질의 것이고, 그것이 바로 제가 이 사적인 알현을 기다린 이유입니다. 제가 논의하고 싶은 문제들은 아주 민감한 성질의 것입니다... 그러므로 제 문제들을 당신 앞에 두기 전에... 저는 알아야만 합니다... 제가 당신을 정말 신뢰할 수 있습니까? 만약 누구라도 알게 된다면, 저는 심각한 곤경에 빠질 것입니다... 제발... 부탁드립니다...

라: 그래요. 말씀을 하십시오.

헌: 블레이크의 말로는, 어떤 이들은 달콤한 기쁨으로 태어나고, 어떤 이들은 끝없는 밤으로 태어납니다. 왜 그렇습니까?

라: 운명입니다.

헌: 운명은 극복될 수 있습니까, 아니면 극복할 수 없는 것입니까?

라: 몸의 운명은 확실히 극복할 수 없습니다. 당신의 경우에는 그렇지 않습니다.

헌: 저는 아스트랄 여행의 기적적인 힘을 배움으로써 몸으로부터 벗어날 수 있다는 뜻입니까?

라: 당신은 탄생^{existence}이 성립시킨 몸이 선천적으로^{inherently} 그것의 갑작스러운 파괴의 가능성을 지니고 있다는 것에 동의합니다.

헌: 그렇습니다.

라: 그래서 몸을 영원히 보존할 희망은 없습니다. 그것에게 일어나는 것은 신경 쓰지 마십시오.

헌: 저의 존재는 몸의 존재 여하에 달려 있습니다. 제 말이 맞습니까?

라: 아닙니다. 지금도 당신은 몸이 없습니다. 그것을 깨달으십시오.

헌: 어떻게 해야 합니까?

라: 존재에 대한 노력하지 않은 자각이 당신의 진짜 성품이 드러나는 상태입니다.

헌: 존재에 대한 노력하지 않은 자각이 어떻게 몸을 차지하게 되었습니까?

라: (겉으로 보이는 몸의 있음에 대해) 불평하고 있는 것은 존재에 대한 노력하지 않은 자각이 아닙니다. (깨달음의) 방법은 '나는 누구인가?'를 묻는 것입니다. 그것은 당신이 자신의 진짜 성품(존재에 대한 노력하지 않은 자각)으로부터 산만해질 때마다 행해집니다. 생각들 때문에 (산만함은 생겨납니다). 지적 분석 – 이것은 (추구되어야 하는 '나는 누구인가?'라는 탐구가 추구하는) 목적이 아닙니다. ('나는 누구인가?'라는 질문에 대해) 깊이 생각하지 마십시오. 일단 질문해 보십시오. 그 질문은 더 이상의 (생각의) 발전을 저지합니다. 그런 다음 마음을 그것의 자연적 상태(존재에 대한 노력하지 않은 자각)로 되돌리십시오. 이 수행은 마음이 (앞에서 말한 자연적 상태로부터) 떠나지 않을 때까지 계속되어야 합니다.

헌: 제가 이 수행을 성공적 정점까지 수행한다면, 저는 고칠 수 없을 정도로 몸이 손상되거나 심지어 완전히 파괴되어도 살 수 있습니까?

라: 그렇습니다.

헌: 자실을 권하시는 것입니까?

라: 마음의 자살을 권하는 것입니다.

헌: 그것이 무엇입니까?

라: 지금 당신에게 가르쳐준 방법입니다.

헌: 그것은 죄인들에게 효과가 있습니까?

라: 특히 그렇습니다.

헌: 몸을 죽이는 것은 어떻습니까?

라: 그것은 (구하는) 자유를 가져다주지 않을 것입니다. 하나의 몸의 매개체가 소진되면 또 다른 것이 취해집니다. 몸을 죽이는 것은 마음을 죽이지 못합니다. 죄인을 응징해야 합니다. 지

각이 없는 몸이 무엇을 압니까? 그것은 단지 짓궂은 마음의 손에 있는 도구일 뿐입니다. 그러니 죄를 범한 마음에게 사형판결을 내리십시오. 그것을 그 근원인 가슴으로 밀어 넣으십시오. 그것이 영원히 그곳에서 사라지게 두십시오.

헌: 어떻게 이것을 합니까?

라: 이미 당신에게 말했습니다. '나는 누구인가?'가 방법입니다. 하나의 유일한 방법.

헌: 신은 오직 이런 이유로 소돔과 고모라에 파멸을 내렸습니다. 저의 운명은 어떻게 되겠습니까?

라: 당신이 어떤 죄들을 지었든 이것을 아십시오. 죄를 짓는 마음이 사라지면, 모든 흠은 사라집니다. 바가바드 기타는 갸나의 불길이 모든 카르마를 태워 재로 만든다고 말합니다 (4:37).

헌: 다시 한 번 바가반께서 "나는 누구인가?"만 권한다는 것을 저는 알겠습니다.

라: 그것이 만능 해결책입니다.

헌: 저는 예전에 영국 오컬리스트 알리스터 크롤리를 만나 그가 저에게 알려준 몇 가지 주문을 연습해보았습니다. 그것은 백운석으로 만들어진 바닥에 신비의 상징을 그리기 위해 작은 동물의 피를 사용했습니다. 저는 그것을 몇 번 시도했습니다. 마지막 때에, 중앙의 "Wedjat" 상징에서 뿜어져 나오는 갑작스럽고 미세한 연기의 흐름이 있었고, 그것은 시작했던 것과 같이 갑자기 멈췄습니다. 불이 붙는 물질이 그곳에 놓여있지 않았기 때문에 그것에 대한 설명은 할 수가 없습니다. 하지만 곧 저는 제 머릿속에서 말을 하는 목소리를 들을 수 있었습니다. 불행하게도, 그 목소리는 악의적 영혼의 것처럼 보였습니다. 왜냐하면 제가 어떤 것을 시도할 때마다 그것은 밤낮으로 쉬지 않고 경멸, 혹평, 모욕을 항상 내 귀에 쏟아냈기 때문입니다. 제가 자살을 하기로 결심한 시점에 이르렀습니다.

저는 마지막 한 번의 희망을 시험해 보라고 스스로에게 간곡히 부탁했습니다. 작년에 저는 폰디체리에 와서 미라 알파사와의 알현을 승인해달라고 간청했습니다. 그것은 이루어졌습니다. 저는 그녀에게 저의 곤경을 설명했습니다. 그녀는 "당신의 생명력은 어지럽혀 있습니다. 이것이 그것을 바로잡을 것입니다."라고 말하고 제 머리 위에 손을 올렸습니다. 어떤 일이 일어났는지 아십니까? 바로 그 순간, 저는 사악한 영을 내쫓았습니다! 그것에 대해 어떻게 생각하십니까, 선생님?

라: 제가 생각하기에는... 만약 그 소환을 다시 시도한다면, 미라 알파사께서 더는 그렇게 친절하지 않다는 것을 당신이 알게 될 수도 있습니다...

헌: 저는 이미 모든 저울과 마술과 관련된 모든 용품들을 버렸습니다. 그래서 그 점에 대해서는 걱정할 필요가 없습니다. 이제 저는 이런 질문이 있습니다. (성에 관한 질문이 나온다.)

라: 몸은 그 자신의 어떤 의지로부터도 자유롭습니다. 그것은 지각이 없습니다. 온갖 죄를 짓게 만드는 것은 마음입니다. 범죄는 행동이 아니라 그렇게 하게 만드는 생각에 있습니다. 마음속에 있는 생각은 물리적 차원에서 실행됩니다. 마음은 얼마 동안은 만족하는 척합니다. 조금 지나면 갈망이 돌아옵니다. 생각과 행위는 둘 다 마음속에 있습니다. 몸은 그것의 활동을 자각하지 못합니다. 아니라면 그것은 "나는 행동하고 있다"라고 말할 것입니다. 하지만 그렇지 않습니다. 그렇게 말하는 것은 당신이고 속으로 (자신을 행위를 하는 몸과) 동일시하고 (자신이 그것이라고 믿으면서, 지각이 없는 몸 대신에 말을 하는) 것은 당신입니다. 따라서 생각과 행위는 결국 같은 (것)입니다. 그것들은 똑같은 독이 있는 에고티즘의 씨앗에서 싹을 틔웁니다.

헌: 이 '나는 누구인가?' 수행이 완성에 이르는 데는 몇 년이 걸리겠습니까?

라: 경우에 따라 다릅니다. 그런 질문들이 당신을 동요시키도록 하지 마십시오. 필요한 만큼 많은 시간을 가지십시오.

헌: 혜택을 보기 위해서는 그것이 베나레스, 부다가야, 이곳, 트링코말리 등과 같은 신성한 장소에서 수행되어야 합니까?

라: 어느 곳에서 수행되어도 좋습니다.

헌: 당신과 신체적으로 가까이에 있는 것이 수행의 성공에 필수적입니까?

라: 그것은 당신의 노력을 대신할 수 없을 것입니다.

헌: 이 정글 은둔처에 영구히 머무르는 것으로 얻어질 수 있는 것이 있습니까? 그것은 저에게 매력적이지 않습니다. 저는 여기에서 두세 명의 유럽인을 보았습니다. 아니 어쩌면 미국인일

까요? 그들은 상주하고 있는 것처럼 보입니다.

라: 장소는 마음의 기능입니다. 만약 마음이 나의 존재 안에서 그것의 적합한 자리를 취하면, 이 질문은 일어나지 않을 것입니다.

헌: 저에게 어떤 것을 추천하십니까? 저는 쿠르티시(루마니아의 도시)로 돌아가야 합니까? 당신이 신체적으로 계시는 곳인, 이곳 트리노말리에 남아있어야 합니까?

라: 제가 당신을 위해 결정할 수는 없습니다.

헌: 그렇다면 이것을 말씀해 주십시오. 어디를 가든 저는 당신의 인자한 호의가 항상 저와 함께한다고 확신할 수 있습니까?

라: 바가반은 항상 당신과 함께 있습니다. 당신이 그에 대해 생각하려고 애쓸 때 당신은 그를 알아차립니다. 다른 문제들에 대해 생각하는 데 관여하면 당신은 그를 알아차리지 못합니다. 그는 항상 변함없습니다. 그는 언제나 당신과 함께 있습니다. 계속 도망가는 것은 당신입니다...

헌: "바라건대, 당신의 눈에 제가 사악하거나 바람직하지 못한 유형의 사람으로 보이지는 않겠지요, 선생님?"

라: (빙그레 웃으면서) 아니오, 아닙니다. 누가 당신에 대해 그런 말을 하려고 꿈이라도 꾸겠습니까?!

헌: 선생님... 모든 것을 포용하는 당신의 사랑은 저 또한 포용하기 위해 확장되는 것이 확실합니까?

라: (웃음을 터뜨리며) 바가반의 단단한 포옹 안에서만 모든 것이 태어나고, 모든 것이 살고, 모든 것이 죽습니다! 많은 사람들이 그것을 인정하기를 거부합니다. 소수의 어떤 사람들은 그것을 깨닫습니다!

헌: 제가 "깨닫는" 범주에 들어가기를 바랍니다, 선생님!

그는 대답을 기다리지도 않고, 바가반 앞에 정중히 인사하고, 깊이 몸을 숙인 다음 홀 밖으로 미끄러지듯 나갔다.

제7장
1936년 7월 12일

헌: 사비칼파와 니르비칼파 사마디 사이의 차이에 대해 제가 분명한 이해를 얻을 수 있을까요?

라: 대상에 대한 아무런 지식이 없는 순수한 존재–의식–지각력이라는 최고의 상태supreme State of Pure Existence-Consciousness-Sentience를 잡는hold on 것이 사마디입니다. 마음의 소란 때문에 노력이 있을 때면 그것이 사비칼파입니다. 이런 소란이 없을 때, 그것이 니르비칼파입니다.

노력이 없이 자연스러운 상태로서 영원히 머무르는 것이 사하자입니다. 니르비칼파의 경우에서와 마찬가지로, 산만하게 하는 생각들이 외부로부터인지 내부로부터인지에 따라 외적 사비칼파는 물론 내적 사비칼파도 있습니다. 비록 궁극적으로 모든 것이 오직 안에서만 나온다는 것을 사다카가 발견하기는 하지만요.

헌: 외부요? 어떻게 생각들이 외부의 기원을 가질 수 있습니까? 모든 생각은 마음에만 그 기원이 있지 않습니까?

라: 저는 외적인 산만함을 의미한 것입니다. 산만하게 하는 것들은 생각일 수도 있고 아니면 호기심을 불러일으켜 마음이 세상의 대상들을 쫓아 길을 벗어나게 만드는 감각 지각일 수도 있습니다. 어느 쪽이든 산만함은 마음으로 하는 것이고 깨달음이 뒤따르기 위해서는 성공적으로 해결되어야 합니다.

헌: 나 깨달음이 일어나기 전에 모든 바사나들이 완전히 파괴되어야 합니까, 아니면 일부는 나 깨달음이 파괴하도록 남아있을 수도 있습니까?

라: 만약 갸나싯다의 몸이 그란티(매듭)가 끊어진 이후의 세계에서 기능할 운명이라면, 나 깨달음을 방해하지 않는 일부 바사나는 남을 수도 있습니다. 요가 바시슈타에서는 두 부류의 바사나가 구분됩니다. 보가(즐거움을 주는) 바사나와 반다(묶는) 바사나. 전자는 묵티를 얻은 후에도 몸의 프라랍다 여부에 따라 남을 수 있지만, 후자는 그것에 의해 완전히 파괴됩니다.

마음의 애착이 반다바사나의 원인입니다. 그러나 애착이 없이 목격하는 것만으로는 구속하지 못하며 사하자스티티에서조차에도 계속될 수 있습니다. 이 모든 설명들은 갸니를 위한 것이 아님을 기억해야 합니다. "갸니의 몸"라고 말하는 것조차도 모순어법의 표현이 될 것입니다.

왜 그렇습니까? 형체가 없는 실재에 대한 그의 몸없음 경험은 절대적입니다. 또는, 그는 그들 모두 안에 똑같이 그곳에 있기 때문에 모든 몸은 그의 것이라고 똑같이 인정될 수 있습니다. 그를 어떤 시간적 또는 공간적 위치에 의미 있게 국한시키는 것은 불가능합니다.

헌: 만약 불행을 초래하는 것이 세상의 사물들에 대한 애착이라면, 제가 깨달음을 얻는 것을 허용하지 않는 이 해로운 애착을 어떻게 없앨 수 있습니까?

라: 당신의 몸과 세상의 덧없고 일시적인 내용에 대한 오랜 숙고는 애착을 점점 사라지게 합니다.

야마가 세상의 모든 제국과 부를 나치케탄에게 바치기를 원했을 때, 나치케탄은 단호하게 거절했고 그는 단지 사하자스티티에 대한 깨달음만을 원한다고 고집했습니다. 왜 그랬을까요?

왜냐하면 토대가 되는 바탕만이 영원하기 때문입니다. 형체는 실제가 아니고 바탕만이 실제입니다. 금과 장신구, 또는 목화와 옷, 또는 물과 파도의 예를 들어봅시다. 형체들은 계속해서 나타나고 사라지지만, 그것들은 실체를 아는 사람과는 관련이 없습니다. 즉, 자신을 실체라고 아는 사람과는 관련이 없습니다.

헌: 저는 몸이 아니라 오직 의식과만 동일시해야 합니까?

라: 의식에 관한 한, 동일시의 필요성이 어디에 있습니까? '몸이 나이다'는 동일시를 버리고 순수한 주관적 의식으로서 남으십시오. 의식과의 동일시는 아함 브람마스미 또는 쉬보함 방법입니다. 지금까지는 so far 하나만을 취할 수 있습니다.

헌: 해야 할 것이 존재하는 것 BE-ing으로 남아있는 것이 전부라면, "나는 누구인가?"를 질문해야 할 필요가 어디에 있습니까?

라: 순수한 주관적 의식의 존재를 동요시키기 위해 생각들이 일어날 때 그 질문을 하게 되고, 그렇게 해서 그 상태에서 마음이 하는 어떤 일탈도 신속하게 바로잡을 수 있고 마음은 다시 가슴의 빛 속에 잠기는 것으로 연결될 수 있습니다. 가슴의 빛 속에 잠겨 있는 것은 순수한 주관적 의식의 경험 안에 아무 노력 없이 자발적으로 빠져들어 있는 것을 의미합니다.

"나는 순수한 주관적 의식을 경험하고 있다"라는 생각이나 개념 또는 느낌이 있다면, 당신은 잘못 수행하고 있는 것입니다. 순수한 주관적 의식의 상태에 남아있으려는 의도는 순수한 주관적 의식의 경험 상태에는 절대 있을 수 없으며, 다른 의도도 있을 수 없습니다. 만약 마음속에 의도가 남아있다면, 그것이 어떤 의도이든 당신은 사마디에 있는 것이 아닙니다.

헌: 우리가 순수한 주관적 의식의 경험 상태에 대해 논의할 때, 경험하는 자가 관련됩니까, 관련되지 않습니까?

라: 관련됩니다. 하지만 그는 활동을 하지 않고 있습니다. 그란티가 끊어질 때만, 경험하는 자는 최종적으로 사라집니다. 그때까지 그는 어떤 형태로든 미묘하게 지속될 것입니다.

헌: 비차라는 때때로 저를 멍한 상태로 이끕니다. 그럴 경우에 저는 어떻게 해야 합니까?

라: 마놀라얌을 경험하면, 사람은 다시 스스로에게 "누가 이 마놀라얌을 경험하는가?"라고 묻습니다.

헌: 따라서 비차라 방법의 목적은 단순히 생각에 의해 동요되지 않는 주관적 의식으로 남아있는 것입니까?

라: 그것이 유일한 목적은 아닙니다. 당신의 수행이 진행될수록, 그 상태에서는 여전히 경험

하는 자가 있기 때문에, 마음은 순수한 주관적 의식으로 남아있는 것에 만족하지 못합니다. 그는 누구입니까? 잇몸에 박힌 나뭇조각을 뽑아내려고 하는 혀처럼, 마음은 이 경험하는 자가 누구인지 또는 무엇인지를 계속해서 조사합니다. 그란티가 끊어질 때까지 그 조사는 꾸준히 계속되어야 하고, 단지 대부분의 시간 순수한 주관적 의식으로 남아있는 단계에 이르렀다고 그것을 멈추는 것은 실수입니다.

마음 깊이 묻힌 바사나들은 끊임없이 수행하는 비차라의 결과로 지속적으로 자극되어 표면으로 떠올라 파괴될 수 있습니다. 모든 비차라들이 사라질 때만, 아무 노력 없이, 자발적으로, 그리고 끊임없이 항상 순수한 주관적 의식으로 남을 수 있습니다. 그때까지는 당신의 수행에 중단, 그것이 세상으로부터 오는 것이든 아니면 마음에 의해 만들어지는 생각과 기억으로부터 오는 것이든, 산만함에서 야기되는 것이 있을 것입니다.

헌: 그란티가 언제 끊어지는지 어떻게 알 수 있습니까?

라: 깨달은 사람은 의심이 없고 어떤 것도 그에게 설명되어야 할 필요가 없습니다.

헌: 저는 여가 시간에만 제 마음을 아트마 비차라에 집중하려고 해야 합니까, 아니면 항상 그것을 해야 합니까?

라: 깨어있고 꿈꾸는 모든 순간을 비차라에 사용하십시오.

헌: 만약 그것이 너무 어렵다고 생각되면, 생각의 여지를 주지 않고 단지 주관적으로 의식하는 것을 수행하려고 해도 됩니까? 그것은 비차라와 똑같은 수행입니까?

라: 아닙니다. 당신이 말하는 수행은 비차라보다 못하지만, 그래도 그것은 좋은 전조입니다.

헌: 이 두 수행 사이에 어떻게 차이가 있을 수 있습니까? 순수한 주관적 의식으로 남는 것이 비차라의 목표 또는 목적이 아닙니까?

라: 순수한 주관적 의식으로 남는 것은 비차라의 예비적인 결과이지 그것의 목적이 아닙니다. 비차라의 목적과 궁극적 결과는 그란티나삼(매듭의 파괴)이지만, 그 목적은 깨달음을 얻기 훨씬 이전에 사라져야 했습니다.

헌: 그것이 저에게는 아트마비차라와 비교해볼 때 훨씬 쉽고 덜 추상적으로 보이기 때문에 저

는 여전히 주관적 의식으로 남는 방법을 수행하고 싶습니다.

라: 좋습니다. 하지만 깨닫기 위한 사다나로서 이 주관적 의식의 유지를 수행하는 "나"가 있다는 생각을 버릴 필요가 있습니다. 그때만 긍정적 결과가 뒤따를 것입니다. 당신이 주관적 의식을 목격하고 있다는 생각은 주관적 의식이 단지 그 자체로서 남아있는 그 상태에 아무 노력이 없이 안주하거나 내재하는 abidance or inherence 것에 대한 장애물이 됩니다. 마음속에 숨어 있는 그런 개념들을 발견할 때 "자신이 주관적 의식을 목격하고 있다고 상상하는 그는 누구입니까?"라고 스스로에게 질문하십시오. 생각의 영역으로 쏟아지지 않고 단지 그 자체로서 남아 있는 이 주관적 의식 안에는 아주 작은 브릿티나 생각조차도 잠복해 있어서는 안 됩니다. 오직 그때만 그것은 영구적인 스푸라나로 꽃피울 것입니다. 이와 같이 당신이 깨닫고자 하는 사다카라는 생각을 버리십시오. 그러면 그 너머의 것이 당신을 돌볼 것이고 모든 것은 잘 될 것입니다. 그것은 새로운 브릿티 또는 생각을 얻거나 명상, 요가 등을 수행하는 것에 의해서가 아니라 깨달음이 가능해지는, 쓸데없는 부착물을 버리는 것에 의해서입니다. 모든 것을 버리십시오. 그러면 오직 나만이 남을 것입니다.

헌: 명상은 유용하지 않습니까?

라: 당신은 무엇에 대해 명상합니까?

헌: 아함-브릿티에 대해서입니다. 철저히 조사하면 저는 그것이 존재하지 않는다는 진리를 발견하고 나를 깨달을 것입니다.

라: (웃으면서) 그런데 누가 그 발견을 할 것입니까?

헌: 우리는 '나는 누구인가?'로 되돌아왔습니다.

라: 맞습니다. 사람들은 마음의 수준에서 대상들을 연상하는 것에 너무 익숙해서 항상 어떤 것을 하려고 생각하고 있습니다. 더 많은 마음의 행위가 나를 드러낼 수 있습니까? 그것은 나의 모호함을 점점 더 짙게 만들 뿐입니다. 진정한 사다나는 마음으로 어떤 것도 하지 않는 것(하지 않음)입니다. 그것이 숨마 이루(침묵을 지켜라)라는 충고의 의미입니다. 모든 사람이 이런

종류의 충고에 감사할 수 있는 것은 아닙니다. 그들은 사다나가, 그들이 어떤 것을 해야 한다는 것을 의미한다고 생각합니다.

그들에게 진리를 설명해주면, 그들은 화가 나서 "스와미는 내가 사다나에 적합하지 않다고 생각하시는 것 같다..."라고 생각할 것입니다. 그래서 누군가 여기에 와서 그가 이런저런 것을 수행할 것이라고 말을 하면 저는 "아주 좋습니다!"라고 말합니다. 우리는 누군가의 사기를 저하시키거나 좌절시킬 권리가 없습니다.

헌: 그래서 명상은 쓸모가 없습니까?

라: 그것은 마음의 확실한 집중을 도와줍니다. 그것이 사다나라고 불릴 수 있는 한, 궁극적 방법은 오직 숨마 이루입니다. (왜냐하면 실제로 그것은 단지 자연스러운 나의 상태이기 때문입니다). 심지어 '나는 누구인가?'도 이것 이후에만 있습니다.

숨마 이룻탈(the Art of Simply Being)은 단순히 마음이 포기되었다는 것을 의미합니다. 그것이 바로 나가 자신에 의해 자신에게 자신을 드러낸다고 말해지는 이유입니다. 오직 므루타마나스(죽은 마음)를 특징짓는 니브릿티 상태의 고요함만이 나를 발견하는 능력이 있습니다. 즉 자신이 나 또는 파람브람만이라는 것을 발견하는 것입니다.

헌: 만약 모든 사다나가 쓸모없다면 저는 무엇을 해야 합니까?

라: 존재하는 그것 THAT-WHICH-IS 에게 복종하십시오.

헌: 그것은 어떻게 해야 합니까?

라: 모든 브릿티들과 바사나들을 포기함으로써 해야 합니다.

헌: 다시 말하지만, 어떻게 이것을 성취합니까?

라: 끈덕지고 요지부동한 인내심을 가지고 생각들이 일어날 때마다 스스로에게 '나는 누구인가?'라고 물어보십시오. 생각은 없어집니다. 그러면 마음은 나의 존재 Beingness of Self 의 자연스러운 상태인 조용한 휴식으로 돌아갈 것입니다. 즉, 안에 있는 존재의 순수한 주관적 의식 pure Subjective Consciousness of Being 으로 돌아갈 것입니다. 생각이 일어날 때마다 마음을 부드럽게 달래서 자발적이고, 노력하지 않고, 선택이 없는 주관적 의식의 경험으로 되돌아가게 하십시오. 그것

이 방법입니다.

아무런 생각들이 일어나지 않을 때, 주관적 의식의 경험을 동요하게 하거나 일어나게 만들고자 하는 어떤 노력도 하지 마십시오. 또한 마음에 "나는 사다나를 하고 있다."라는 등의 개념을 품지 말고 깨달음을 포함해서 어떤 것에 대해서도 갈망하거나 바라지 마십시오. 마음의 습관이 변하는 데는 시간이 걸립니다.

요점은 서서히 자아를 아무것도 아닌 것으로 만드는 것입니다. 모든 것이 사라질 때까지 차례차례로 계속해서 생각과 싸우십시오. 생각이 없는 상태가 깨달음의 상태입니다. 깨달음은 긍정적인 발전이 아닙니다. 요점은 어떤 것에 도달하거나 어떤 것을 얻는 것이 아니라 모든 것을 포기하는 것입니다. 이것이 이 홀에서 보통 가르치는 것에 대한 요약입니다.

헌: 주관적 의식으로 남아있는 바가반의 방법에 관해서는, 저는 목격하고 있다는 개념을 품지 않고 목격해야 합니다. 그것이 맞습니까?

라: 주관적 의식으로 남아있는 그 사람은 누구입니까? 주관적 의식은 그가 주관적 의식으로 남을 것이라고 선언하고 있습니까? 당신은 그것의 부조리함을 봅니다. 그래서 당신의 임무는 주관적 의식으로 남아 있는 것이 아닙니다. 당신의 임무는 주관적 의식이 당신에 의해 방해받지 않고 당시 그 자신으로 남을 수 있도록 스스로 멀리 떨어져 있는 것입니다.

목격하는 것에 관해서는, 목격하는 아무것도 없습니다. 그것은 있습니다 IT IS. 단순한 존재 Simple Being 로. 관념들이 의식 안에서 마음의 에센스 또는 물질 substance 을 만들어낼 때, 같은 물질로부터 만들어진 또 다른 생각이 다른 모든 생각들을 으스러뜨릴(전멸시킬) 도구로 사용됩니다. 결국엔 이 도구 또한 파괴됩니다. 그것이 바로 타고 있는 화장용 장작더미를 휘젓는데 사용되는 막대기의 예가 제공되는 이유입니다.

헌: 따라서 차분하고, 생각이 없는 마음으로 단지 의식을 지켜보는(관찰하는) 것은 마음을 파괴하고 깨달음을 주기에 충분한 사다나가 아닙니까?

라: 만약 수행자가 그 추구에 있어서 끊임없이 성실하다면, 당신이 말하는 그 수행은 적절한

때가 되면 마음이 "나는 누구인가?"를 성공적으로 조사할 준비가 되는 것에 힘을 주도록(가능하게 하도록) 저절로 충분한 마음의 내향성을 일으킬 것입니다. 하지만 두 가지 수행이 똑같거나 심지어 비슷하다고 생각하는 것은 잘못된 것입니다.

헌: 하지만 그것들은 둘 다 사다카가 단순한 mere 의식에 주의를 기울인 채 남아있도록 보장하는 것을 목표로 합니다. 어떻게 그것들은 서로 구분될 수 있습니까?

라: 순수한 주관적 의식에 주의를 기울이는 행위는 그런 사다나를 행하는 그 사람과 여전히 관련됩니다. 그는 누구입니까?

헌: 하지만 "나는 누구인가?"를 조사하는 사람 또한 있습니다.

라: 그는 자신의 조사의 주체이자 대상입니다. 마지막에 모든 사람들이 가슴의 요새에 이르기 전에 이 문을 통하여 와야 하는 것은 이 때문입니다. '나는 누구인가?'는 그것(그 질문)을 만드는 사람이 그것이 만들어진 사람과 관련해서 동일한 사람이라는 점에서 유일한 사다나입니다. 뱀은 자신의 꼬리를 물어야 합니다. 그렇지 않으면 그는 죽지 않을 것입니다.

'나는 누구인가?'가 효과가 없다고 불평하는 초보자들은 "나" 생각을 지켜보거나 주관적 의식 Subjective Consciousness에만 주의를 기울인 채 있어야 한다는 제안을 받습니다.

훨씬 덜 성숙한 영혼들은 "나"와 연관된 성격의 감각, 다시 말해서 "나 자신"에 대한 마음의 관념에 대해 집중하는 것과 동시에 속으로 "나", "나"를 반복하라는 말을 듣습니다.

이것조차도 할 수 없는 사람들은 프라나야마, 자파, 무르티디야나(성상 명상), 또는 하타 요가를 해야 합니다.

하지만 이 수행들 중 어떤 것도 비차라를 대체할 수 없으며, 그것들 중 어떤 것을 비차라와 혼동하거나 비차라와 동일하다고 하는 것은 의미가 없습니다.

비차라는 마지막 관문입니다. "나"는 그의 나 Self가 아니라 그 자신에게 주의를 기울입니다. 자아는 다른 어떤 것에 주의를 기울이지 않고, 자아에게만 주의를 기울입니다. 그것이 비차라입니다. 주관적 의식에 주의를 기울이는 것은 그것을 유익하게 사용하는 방법이지만 확실히 비차라와 동일하지는 않습니다.

헌: 슈리 바가반의 유명한 백인 헌신자는 "그가 나Self로부터 분리되어 있다고 생각하는 사람이 사라질 때까지 "나"–생각을 고수하는 사다나는 분명히 다른 이름으로 가장되는 비차라이다."라는 의견을 밝혔습니다. 그것이 맞습니까?

라: 아닙니다. "나"–생각을 고수하는 방법은 비차라에 대한 전조이지 똑같은 것이 아닙니다.

헌: "나"가 그 자체에 대해서만 주의를 기울인 채 남아있을 때, 이 수행은 정확히 비차라라고 알려질 수 있습니까?

라: 그렇습니다. 하지만 "나"는 그 자신이라고 믿는 어떤 생각일지라도, 그것과 관련해서 관념적으로 조작된 어떤 생각이 아니라 실제로 그 자신에게 주의를 기울여야 한다는 것을 주목하십시오.

헌: (홀에 있는 다른 어떤 사람이 이제 이런 의견을 말했다) 바가반께서는 백인들에게 연설을 할 때면 요즘 J.K.와 비슷하게 들리기 시작합니다.

라: (웃으면서) 오! 그렇습니까?

헌: 정기적인 정액 사정은 깨달음에 방해가 됩니까?

라: 중요한 것은 생각입니다.

헌: 그렇다면, 만약 어떻게든 마음을 나Self의 존재Beingness에 둘 수 있다면, 저는 저의 욕망이 원하는 만큼 많이 음탕함을 충족시킬 수 있습니까?

라: 마음이 가슴의 빛 속에 잠겨 있다면 성욕은 일어나지 않을 것입니다.

헌: 사람이 깨닫고 난 후에 아이를 가지는 것은 불가능합니까?

라: 마음이 죽은 후에 일어나는 일은 마음의 이해를 넘어서는 것입니다. 깨닫는 것은 결국 알아야 할 것이 아무것도 없다는 것을 아는 것입니다. 그런 사람은 신생아와도 같습니다. 그는 자신의 행위들에 대해 책임이 없습니다.

헌: 만약 이 생각이 기준이 된다면, 사람들은 온갖 종류의 범죄를 저지른 다음 책임을 회피할 것입니다.

라: 갸니는 자신을 받침대 위에 올려두고 지나가는 사람에게 와서 그의 발바닥의 먼지에 입을 맞추라고 하지 않습니다. 갸니는 그 자신과 관련해서 어떤 생각(마음의 그림 또는 세계관)도 없기 때문에 자신에 대한 특별한 대접을 기대하지 않습니다. 반면에 그는 결정적으로 자신이 존재하지 않는다는 것을 압니다.

헌: 그 경우에, 그가 존재하지 않는다는 사실에 대해 아는 자인 그는 누구입니까?

라: 그가 다른 사람들에게 설명하기 위해 아래의 이원의 차원에 도달할 때, 그는 존재하지 않는다고 단언합니다. 그런 진술은 거의 틀림이 없이 말도 안 됩니다. 왜냐하면 누가 그러한 말을 만들고 있습니까? 그에 대한 설명은 다음과 같습니다. 그는 사마디에 완전히 들어 있을 때는 의사소통을 할 수 없습니다. 사마디에 있지 않을 때 그는 사마디에 있을 때의 내용을 특징짓는 위치를 설명한다는 것입니다.

그러나 갸니는 항상 사하자 상태에 있습니다. 그는 사마디로 들어가거나 사마디에서 나오지 않습니다. 그 설명은 구경하는 자를 위한 것입니다. 승객이 수레를 타고 가는 중에 잠이 들면, 그는 황소가 어디에서 멍에가 벗겨지는지, 멍에가 씌워져 있지만 서 있는지, 또는 움직이는지를 알지 못합니다. 마찬가지로 갸니의 마음은 그의 관점에서는 죽었습니다. 그것은 그가 세상에서 작용하고 질문에 대답하는 것을 지각하는 사람들의 관점에서만 움직입니다.

헌: 제가 비차라에서 얼마나 발전을 보이고 있는지 어떻게 알 수 있습니까?

라: 그 진행 상황을 알고 싶어 하는 사람은 누구입니까? 누구의 발전입니까?

헌: 그래서 저는 신경 쓸 필요가 없습니까?

라: 그래요. 그렇습니다.

헌: 어떻게 저는 비차라를 제대로 수행하고 있고, 올바른 방향으로 향하고 있는지를 알 수 있습니까?

라: 생각들은 일어나는 대로, 그리고 일어나자마자 점점 더 차단당하고 제거됩니다. 미래나 과거에 주의를 기울이는 성향이 없습니다. 몸에 대한 행위자 의식 또는 동일시는 점점 약화됩

니다. 어떤 것을 향한 애착은 없습니다. 이것들은 증거가 아니라 지표입니다.

헌: 말하자면 제가 자신도 모르게 이미 깨달음을 얻었지만 그 사실을 깨닫지 못한다는 것이 가능합니까?

라: 불가능합니다.

헌: 사람이 실제로 비차라를 하는 동안 그것의 수행은 어떤 느낌입니까?

라: "이 "나me"는 무엇인가?"를 계속해서 보십시오. 하지만 그것을 지적으로 하는 것은 올바른 방법이 아닙니다.

헌: 모든 마음의 활동은 지성을 수반합니다.

라: 그렇습니다. 이것은 마음의 활동의 중단입니다. 깨달음은 어떤 높은 상태에 이르는 "당신"이 아닙니다. 깨달음은 "당신"의 돌이킬 수 없는 죽음입니다.

헌: 당신께서는 자아의 죽음이라는 뜻으로 말씀하십니다. 왜냐하면 저는 나Self이고, 죽을 수 없기 때문입니다.

라: 그렇게 많은 사다카들이 길을 잃게 만드는 것이 바로 이 끔찍한 오해입니다.

헌: 이해하지 못하겠습니다.

라: 자아가 파괴될 때까지 당신은 자아입니다. 여전히 자아로 남아있으면서 그것의 존재를 지적으로 부정하는 것이 무슨 소용이 있습니까? 왜 거짓으로 가슴이라는 지위를 사칭합니까? 지금 나와 이야기하고 있는 사람이 가슴입니까?

헌: 저는 나Self가 아닙니까?

라: 당신은 누구의 나self입니까?

헌: 저는 제 자신myself의 나Self입니다.

라: 당신 안에는 생각의 형태로 존속되고 있는 매개체가 있습니까, 아니면 없습니까?

헌: 네. 생각들은 생겨납니다. 하지만 그것들은 나Self와 별개가 아닙니다. 그것이 제가 자신에게 말하고 있는 것입니다.

라: 아닙니다. 그렇지 않습니다.

헌: 제가 무엇을 잘못하고 있는 것입니까? 말씀해 주십시오.

라: 당신은 여전히 지성의 차원에서 작동하고 있습니다.

헌: 어떻게 그것을 통과할 수 있는지 말씀해 주십시오.

라: "나"는 그것을 통과할 수 없습니다. "나"는 "그것it"입니다.

헌: 그래서 나 자신을 극복하는 법을 배워야 합니까?

라: 아닙니다. 실제의 나Self 안으로 가라앉는 법을 배우십시오.

헌: 하지만 어떻게 해야 합니까?

라: 순수한 주관적 의식pure Subjective Consciousness 으로 물러나십시오.

헌: 그 상태에 남아있기 위해서는 노력이 필요합니다. 노력을 하는 사람이 있습니다. 그의 존재는 피할 수 없습니다.

라: 그렇습니다. 아함브릿티는 점점 더 약화될 수 있을 뿐, 결코 노력으로 완전히 파괴될 수는 없는데, 이것은 그 노력을 하는 사람이 여전히 남아있기 때문입니다. 그러나 내향성의 특정 임계 반경에 이르면, 가슴이 뻗어서 당신을 안으로 끌어당겨 일을 마칩니다.

하지만 이것이 일어나기 위해서는 아함브릿티가 하나의 극미한, 차원이 없는 점으로 축소되어야 합니다. 노력을 하는 사람이 노력이 행해지는 것과 관련해서 동일한 그런 사다나를 효율적으로 사용하는 것에 의해서만 아함브릿티는 결국에 이 점point 같은 형태로 무감각하게 될 수 있습니다.

그런 사다나는 오직 하나가 있습니다. 나는 누구인가? "나"는 단순히 하나의 생각이 아닙니다. 그것은 단단히 자리 잡은 생각으로, 뿌리 뽑으려면 깊은 절개가 필요합니다. 그러므로 가장 현명한 일은 이 근본적인 생각인 "나" 생각을 꼭 붙잡고, 그것 이 "나"는 무엇인가?를 면밀히 검사해서, 그렇게 함으로써 다른 생각들이 집중을 방해할 기회를 주지 않는 것입니다. 비차라의 진정한 가치와 마음을 제거하는 그것의 효용이 거기에 있습니다.

헌: 저는 바가반의 비차라 방법을 따르려고 노력합니다. 저는 깨달음을 얻는 것에 성공하지

못합니다. 왜 그렇습니까?

라: 당신은 왜 비차라를 수행합니까?

헌: 깨닫는 것을 원하기 때문입니다.

라: 그것이 실수입니다.

헌: 이해하지 못하겠습니다.

라: 그것의 근원 그 자체를 포함해서 "나"에 대한 불타는 호기심이나 매력이 분명 있을 것입니다. 만약 "나"에 대한 조사가 다른 어떤 동기를 가지고 수행된다면, 그것은 전혀 효과가 없을 것입니다.

헌: 어떻게 저는 이 매력을 얻을 수 있습니까?

라: 일단 특정한 영적 성숙함의 정도에 이르면 그것은 자동적으로 생깁니다.

헌: 이 성숙함은 어떻게 얻을 수 있습니까?

라: 다양한 방법들이 가능합니다. 하지만 이전에 어떤 발전이 있든, 성실한 비차라가 그것을 증가시킵니다.

헌: 그것은 순환논법입니다. 만약 제가 성숙하다면 저는 그 탐구를 할 만큼 강하고, 저를 성숙하게 만드는 것은 그 탐구입니다.

라: 마음은 이런 어려움이 있습니다. 그것은 스스로 만족할 수 있는 확고한 이론을 원합니다. 하지만 실제로, 마음을 제거하기 위해 끊임없는 결의로 힘들게 노력하는 성실한 사다카에게는 어떤 이론도 필요하지 않습니다.

헌: 깨닫고자 하는 욕망이나 결심으로부터도 자유로워야 할 필요가 있습니까?

라: 그렇습니다. 하지만 그것은 내보내야 할 마지막 욕망 또는 산칼파들 중 하나일 것입니다.

헌: 가끔 그러는 것처럼 건강이 나빠지면, 저는 두려움을 느낍니다. 그럴 때는 어떻게 해야 합니까? 저는 몸이 아니라 나^{Self}이고, 나는 죽지 않기 때문에 걱정할 필요가 없다고 스스로에게 말해야 합니까, 아니면 두려움이 누구에게 일어났는지 조사해야 합니까? 어떤 접근법이 슈리 바가반의 가르침과 더 부합합니까?

라: 후자입니다.

헌: 신성한 순례지를 방문하는 행위 또한 마음의 내향성에 기여합니까?

라: 그렇습니다.

헌: 최근에 저는, 인도의 브람민들이 실제로는 오래전에 인도로 이주해서, 이곳에 도착한 후에 종교적 신념과 수행을 오늘날 힌두교라고 일컬어지는 것으로 바꾼 유대인들의 오늘날 후손이라는 의견을 제시하는 한 인도학자와 대화를 나눴습니다. 그는 또한 브람민들이 성경에 언급된, 잃어버린 유대인 잇사갈(야곱의 아들) 부족으로부터 내려왔다고도 말했습니다. 바가반께서는 이 생각에 동의하십니까?

라: (응답이 없다).

헌: 예수는 "나는 이스라엘 집의 잃어버린 양 외에는 다른 데로 보내심을 받지 않았다."라고 말했습니다. 그 의미는 무엇입니까? 우리는 그에게 신뢰와 믿음을 두면서 우리 시간을 낭비하고 있습니까? 그는 전적으로 유대인들의 존경과 숭배를 위해 의도된 신입니까? 하지만 유대인들은 그의 신성을 받아들이지 않습니다!

라: (몇 분 정도 성경을 면밀히 살펴본 후에) 신은 당신이 그의 제자라는 것을 의미하지 않았다는 형식적인 결론에 이르기 전에 이 말들 또한 고려해 보십시오. "… 너희가 그리스도의 것이라면 곧 아브라함의 자손이요…", "그러므로 너희는 믿음이 있는 자들이 아브라함의 자손임을 알라." 만약 당신이 완전한 자기 거부를 할 정도로 그를 사랑한다면, 당신은 그의 것입니다.

자신의 모든 달걀들을 한 바구니에 담지 말라는 말이 있습니다. 진정한 따르는 사람은 오직 하나의 바구니만을 알고, 그것이 바로 그입니다. 기억하십시오. "누구든지 내게로 오면서 자신의 아버지, 어머니, 아내, 자녀들, 형제와 자매, 그리고 더 나아가 자신의 목숨까지도 미워하지 않으면 나의 제자가 될 수 없다." "누구든지 나를 따라오려거든 자기를 부인하고 자기 십자가를 지고 나를 따르라. 누구든 자기 목숨을 구하고자 하는 자는 잃을 것이요. 누구든 나를 위하여 자기 목숨을 잃는 자는 그것을 찾으리라." 그러니 만약 당신이 다른 모든 것을 포기하고 그만을 찾는다면, 그는 자애롭게 당신을 그의 안으로 흡수할 것입니다.

헌: 정말로 가족 모두를 미워해야 합니까?

라: 진정한 헌신자는 항상 신을 우선시한다는 말의 과장된 방식일 뿐입니다. 슈리 라마크리슈나가 비슷한 말을 하지 않았습니까? (소리를 내 읽는다.)

"아주 약한 바이라기야(초연)의 태도를 가진 사람은 자신이 머지않아 신을 깨달을 것이라고 생각한다. 하지만 바이라기야가 심하게 강렬한 사람, 그런 사람의 가슴은, 오랫동안 떨어져 있던 아이를 보기를 갈망하는 어머니의 가슴처럼 신을 열망하고 몹시 원한다. 그런 사람은 신을 제외하고는 어떤 것도 구하지 않으며, 그에게 있어 세상은 그가 언제라도 빠져 죽을 수도 있다는 두려움이 있는 실제 우물로 보인다. 그에게 가족과 친척들은 그가 달아나고 싶어지는 아주 많은 독사나 전갈들처럼 보인다. 그의 충동과 결심은 아주 강해서 그는 신을 찾기 전에 먼저 가정일의 해결에 대해 생각하지 않는다." 이렇게 그에 대한 당신의 바람이 헛되지 않기를 바란다면, 당신은 그가 다른 어떤 것에 대한 완전한 제외가 되기를 의도적으로 바라야 합니다.

제8장
1936년 7월 13일

한 무슬림 신사가 질문했다.

헌: 바가반께서는 어제 나-깨달음과 사하자스티티라는 두 개의 다른 용어를 사용하셨습니다. 차이가 있습니까? 전자는 후자를 번역한 것입니까?

라: 일단 마음이 주관적 경험의 영역에 있는 브람만을 이해하면, 마음은 더 이상 세상의 변덕에 관심을 가지지 않습니다. 마음은 감각 경험들을 부담으로나 쾌락으로 생각하지도 않으면서, 그것들로부터 초연한 채로 있습니다. 비영구적이고, 환영에 불과하며, 일시적인 현현의 내용을 이해한 사다카는, 오랜 기간의 비차라 아비야사(수행) 후에, 세상이 단지 꿈이라는 것을 지각하고, 세상의 대상들을 단지 마음의 투사로 봅니다(반면에 갸니는 나만을 볼 것입니다). 그런 사람이 나 깨달음을 얻었다고 할 수 있습니다.

하지만 그의 마음은 파괴되지 않고, 씨앗 형태로 남아있는 바사나들은 불가피한 재탄생을 불러일으킵니다. 그는 갸니가 항상 가진 초월적 자각을 가지고 있다고 말할 수 없습니다. 신이나 구루의 자비로운 은총에 의해, 방해가 되는 남아있는 바사나들 또한 파괴될 때, 마음은 가슴 안으로 끌어당겨집니다. 거기에서 그것은 바다에 던져진 소금 인형처럼 사라집니다. 이것이 갸니의 최종적 사하자스티티이고, 이것만이 미래의 탄생들로부터의 해방을 줍니다.

헌: 어제 바가반께서는 세 종류의 사마디를 분명히 밝혔습니다. 저는 그것에 대해 생각해 오

고 있습니다. 저는 묻고 싶습니다. 사하자로 옮겨가기 전에 트랜스와 같은 니르비칼파를 경험해야 할 필요가 있습니까?

바가반이 채드윅을 그의 옆으로 불러 그에게 뭔가를 말했다. 채드윅은 홀을 나가서 공책을 가지고 곧 돌아왔는데, 그는 거기에서 바가반과의 초기 대화에서 그가 적었던 다음과 같은 메모를 읽었다.

나는 스승님께 사마디라는 용어와 그것의 다양한 종류에 관해 나에게 자세한 설명을 해 줄 수 있는지 물었다. 신 라마나는 자비롭게 승인하며 다정하게 다음과 같이 말씀하셨다.

사마디라는 말의 의미는 일반적으로 실재와의 결합이라고 주어지지만 그렇지 않습니다. 사마디는 실재 또는 존재하는 그것THAT-WHICH-IS과 구분되지 않는 상태입니다. 다음은 그것의 종류입니다.

1. 사비칼파 사마디 – 마음은 순수한 존재를 붙잡으려는 의지의 노력에 의해 강요된다. 이런 의도적인 주의나 자유의지가 없으면, 마음은 감각-대상들의 세계나 생각들의 영역으로 다시 벗어나기 시작한다. 브릿티 즉 관념들은 잠재적 형태 또는 씨앗 형태로 남는다. 만약 집중이 충분히 발전하면 그는 여기에서 아함 스푸라나로 나아간다. 아함 스푸라나는 일반적으로 몸-의식의 상실에 의해 특징지어지지 않는다. "나"-"나" 진동이 분명히 느껴진다. 희열이 경험된다. 아함 스푸라나 안에 계속 내재하는 것은 사하자 사마디로 이어지고, 이렇게 해서 케발라 니르비칼파 사마디를 위한 필요조건을 건너뛴다.

2. 케발라 니르비칼파 사마디 – 마음은 일시적으로 파라브람만에 합쳐진다. 우물에 빠졌지만 그것을 다시 끌어올리기 위해 사용하는 밧줄이 부착된 양동이와도 같이, 밧줄은 바사나 또는 브릿티 즉 삼스카라를 나타낸다. 관념 즉 브릿티는 단지 일시적으로 중단될 뿐이다. 그것들은 단지 일시적으로 사라지고 트랜스가 끝난 후 다시 나타난다. 트랜스 기간 동안 "나"-"나" 진동 또는 다른 감각이 알려질 가능성

은 없다. 그 기간 동안 그것이 발생할 수 있는 사람은 없다.

"시간"이라는 단어가 사용될 때, 그것은 경험을 나타낸다. (그것은 단지 존재 Being이기 때문에, 실제적 경험이 아니라) 시간을 때우는 구경꾼의 (외향적인 마음에 의해 만들어진 겉으로 보이는 인상) – 케발라 사마디에 있는 사람은 그 기간 동안 시간의 흐름을 의식하지 못하는데, 관찰자에 의해서만 나타내지듯이 그는 개인으로서는 죽은 것이고 오직 실재로서만 살아있기 때문이다. 케발라 트랜스 동안에는 마음이 없다. 이와 같이 "시간"이라고 알려진 어떤 것을 인지하는 것은 가능하지 않다. 몸-의식의 완전한 부재, 심지어 무의식적인 신체 기능도 멈춘다. 몸은 시체가 된다. 실제 시체와 구분할 방법이 없다. 현재 있는 몸은 경험되는 희열의 강렬함 때문에 영원히 버려질 수 있다. 만약 그렇다면, 브릿티가 씨앗-형태로 남아있기 때문에......

거칠고/미세하고, 피할 수 없는 새로운 몸을 차지하는 것, 요가니드라와 케발라 사마디 사이의 차이점, 잘못 적용된 파탄잘리의 가르침 또는 라자요가 방법에 토대해서 유발된 요가니드라, 영적 길에 있는 모든 걸림돌들 중에서 가장 치명적이다. 피하기 위해서는 아주 신중해야 한다. 단순히 잠과 같은 상태의 오랜 기간, 갠지스 강둑에서 그가 타파스라고 생각했던 것을 하는 사람의 이야기, 제자에게 강에서 마실 물을 가져와 달라고 부탁하고 트랜스에 들어간다. 1000년 후에 깨어난다. 강은 보이지 않는다. 풍경은 완전히 변했고 그의 몸이 늪에 빠져 있는 것을 발견한다. 트랜스에서 깬 후 그에게 처음 든 생각은 나는 마실 물을 원한다. 그러므로 1000년이 완전히 허비되었다. 요기는 그에 의한 쾌락 또는 희열의 경험이 구원을 의미한다고 생각한다......

이보다 더 말도 안 되는 것은 없다. 비차라를 하는 많은 이들은 그들이 실재를 발견했고 이 덫으로 뛰어든다고 생각한다. 떠나기에 아주 어렵다. 코카인, 몰핀 등보다 더 중독적이다. 지금 이 위험을 대면하고 있는지 알아내는 방법은 좋아하는 음식들이 제공된 곳에서 과식한 직후에, 그는 휴식을 취하고 있다. 마음속은 기분 좋은 소강상태이다. 아무 생각이 없다. 졸음의 문턱에 서 있는 쾌락만 있다. 이것은 요가니드라의 상태와 아주 유사한데, 쾌락의 강도만 여러 가지로 강화된다. 마음은 생각하지 않고, 꿈꾸지 않고, 감각-지각들을 완전히 차단하지 않지만, 그럼에도 자신을 자각하지는 않는다. 그저 멍한 마음이다. 많은 가련한 영혼들은 생각 없이 있으라는 요구를 받으면 이 상태로 가는데, 왜냐하면 이것이 그들이 아는 유일한 생각이 없는 상태이기 때문이다. 이것이 자기-탐구의 목표라고 생각한다. 이것이 해방이라고 생각한다.

하지만 이것은 막다른 길이다. 사다카에게 일어날 수 있는 최악의 일이다. 일단 마음이 이런 종류의 유해한 쾌락에 익숙해지면 점점 더 바람직하지 않고, 따라서 계속해서 점점 더 실현 불가능하다는 것을 알게 될 것이다. 초기 단계 뒤에는 구원rescue이 불가능하다. 타마스적인 성질이 점점 증가한다. 외적인 지옥살이를 피하기 위해서, 마음은 쾌락, 행복, 기쁨이 아니라 존재BE-ing에 대한 집중을 방해하지 않도록 보장하는 것에 초점을 맞춰야 한다.

타마스에 대한 특정 임계 한계에 이르러 그것을 넘어선 후에, 라자스와 삿트바는 무시해도 될 정도의 양으로 줄어들었다. 이렇게 삿트바만을 지배적인 구나로 만들어서 깨달음에 이를 수 있도록 구나들 사이의 균형을 변경하기 위해 몸을 취하는 것은 더 이상 가능하지 않다. 왜냐하면 몸을 거칠거나 미묘하게 만들기 위해 함께 작업할 적절한 삿트바와 라자스가 남아있지 않기 때문이다. 어떤 도움도 불가능하다. 타마스는 계속 커진다. 몸은 식물인간이 되어서 썩어 없어진다. 마음의 타마스는 차츰 커지고 있다. 이슈와라 자신이 동정심을 갖고 혼합된 것을 유리하게 균형을 맞추기 위해 라자스를 더하지 않는다면, 이렇게 불쌍한 영혼을 어떤 원시적인 몸에 넣어서, 그는 그곳으로부터 계속해나갈 수 있고, 삿트바를 증가시키면서, 어떤 구원도 불가능하다.

라자요가와 쿤달리니요가 방법에서의 큰 위험, 그것이 바로 슈리 바가반이 권장하지 않는 이유이다. 위험은 속박으로부터의 자유보다 쾌락이나 희열을 원하는 비차라 수련자들에게도 존재한다. 언덕에 사는 동안 바가반은 그런 요기 중 한 명인 아디티야나트를 만났다. 방치로 인해 붕괴되는 몸, 모든 사람은 그가 사마디에 있다고 생각했고, 그를 숭배했다. 바가반은 진리를 볼 수 있었다. 그는 요가 트랜스(요가 니드라)에 빠졌다. 한번은 바가반은 그를 도우려고 했다. 남자는 화가 나서 바가반을 밀어냈고, 쾌락에 중독되어 결코 그것을 그만두려 하지 않았다. 바가반은 아무것도 할 수 없었기에 그를 운명에 맡기고 떠났다. 그것이 바로 존재에 대한 자각이 사다나 동안 계속 지속되는 것이 중요한 까닭이다.

자아-자각이 변동을 거듭하기 시작하거나 소강상태가 주도권을 잡으려고 하는 순간, 사람은 마음을 존재의 영역으로 완고하게 끌어당겨야 했다. 쾌락이나 희열은 목표가 아니다. 오직 하나의 진정한 목표인 현현의 가능성을 파괴하라. 사다나가 성공하기 위해서는 우파디(한계)들로부터 자유로운 의식이 사다나 내내 지속되어야 한다. 인간의 최고의 질병인 탄생. 보통의 사람은 탄생=존재의 시작이라고 생각한다. 그것은 진리가 아니다. 탄생=한계의 가정, 의미 있는 사다나를 시작할 수 있기 전에 이것을 지적 수준에서 이해해야 했다.

3. 사하자 니르비칼파 사마디 – 말들로는 제대로 설명할 수 없다. 어떤 개념들, 감각들, 경험, 희열, 우주, 사람, 신도 없고 아무것도 없다. 그는 현현과 그것의 부재가 그 안에 포함된 바로 그것이고, 그것에 의해 현현의 존재 또는 부재를 지각할 수 있는 그것이다. 마음에 의한 나^{Self}의 경험은 희열이다. 나^{Self} 그 자체는 희열도 아니고 고통도 아니다. 그것은 있는 그대로이다. 비록 설명으로 그 상태를 잠깐 들여다볼 수는 없지만, 트루프티(만족, 정지, 고정) 또는 샨티(평화, 우파니샤드의 마지막 기도)라는 단어는 아난다보다 나^{Self}를 더 의미 있게 설명한다.

사하자스티티라고 알려진 상태는 새롭게 만들어진 것이 아니다. 지금도 그것은 거기에 있고 당신이 그것이다. 하지만 마음이 그것을 가린다. 마음을 찾아라.

마음은 결코 존재하는 것이 아니라, 깨달음이 생겨날 수 있도록 하기 위해 사실상 존재하지 않는다고 발견되는 것이다. 내가 발견을 했다라고 말하기 위해 그 자신이 남아있는 것이 아니라는 것을 발견하라. 오직 나만이 남는다. 모든 노력의 끝. 재탄생으로부터 해방의 수단만이 이 상태에 있다.

추가 사항들: 니드라 상태만큼 나쁘지는 않지만 사실 바람직하지 않은 케발라(분리, 카르마의 잔재들을 태워서 윤회로부터 해방을 얻은) 사마디 상태는 모든 수행자들에게 생기지는 않는다. 이것은 시간 낭비로, 만약 그렇지 않았다면 사람이 최종 목표에 닿는 것을 방해하는 바사나들을 파괴하는데 사용될 수도 있었다. 나를 얻지 않는 목표 – 터무니없는 소리, 누가 나를 얻을 수 있는가 – 존재할 수 있는 나 외에 – 두 개의 나가 있는가 – 나만이 남을 수 있도록 환영의 비나를 파괴하려는 목표 – 일반적으로 파탄잘리나 아슈탕가 요가 학파의 충실한 지지자들에 의해 달성되는 케발라 사마디 – 또 약간의 위험 – 수행자는 일단 마음이 브람만을 한 번 알았으면 최종 목표에 이르렀다고 생각할 것이다.

완전한 모순. 느껴지는 엄청난 희열 때문에 격렬한 바사나를 뿌리 뽑는 대신 케발라 사마디 안으로 들어가려는 유혹. 이렇게 최종 목표는 미루어진다. 올바른 스승은 이것이 최종 상태가 아니라는 것을 그에게 확신시키기 위해 와야 한다. 문제는 그 자신을 브람마갸니라고 부르고, 그 자신이 브람만을 아는 자라고 생각하고, 그의 자아가 커지게 허용하고, 올바른 충고를 들으려 하지 않는 것이다. 거만한 행동이 나올 수 있다. 이 상태는 이렇게 해서 가장 잘 피할 수 있다. 가족들은 놀랄 수 있고, 몸-의식이 언제 돌아올지 알 수 없어서 화장을 할 수도 있다.

비차라마르가는 이 단계를 건너뛴다. 이 단계 대신, 이미 설명한 아함 스푸라나(방사, 발산, 고동)가 대체물 역할을 한다. 케발라 사마디는 사실 지향되어서는 안 되는 샛길이다. 개성이나 개별성을 잃지 않고 브람만의 희열을 원하는 자들, 케발라 사마디는 그들을 위한 마지막 문턱이다.

갸나마르가는 희열에 대한 욕망을 옹호하지 않는다. 비차라마르가 수행자는 절대 열망해서는 안 된다. 바라지 않고 자연스럽게 남아있는 것이 이상적인 갸나마르가 수행자의 특징이다. 심지어 깨달음에 대한 욕망조차도 심각한 방해물이다. 당신이 다른 욕망들을 삼가는 것처럼, 트랜스나 희열 또는 깨달음에 대한 욕망 또한 그것들이 누구에게 일어났는지 물어봄으로써 삼가라. 당신의 모습 그대로 남아있어라. 생각들, 개념들, 욕망들, 그리고 다른 모든 종류의 브릿티들이 없이 자연적인 상태에 남아있는 것만이 진정한 해방인데, 이 상태는 몸을 입는 것 또는 속박에 대해 불평할 수 없기 때문이다.

왜 사하자 사마디는 부정negation으로서만 설명되는가? 그것은 궁극적인 것을 넘어서는 것이다. 여기에서는 나 외에는 나의 희열을 경험할 누구도 존재하지 않고, 나는 아무것도 경험할 수 없고, 심지어 그 자신조차도 경험할 수 없다. 어떤 것에 스며드는 것에 대한 질문은 없다. 그가 스며들 것은 그 외에는 아무것도 없다. 이것이 바로 에카트바(하나)가 아니라 아드바이타(둘이 아닌, 아트만과 브람만이 둘이 아닌)라고 불리는 이유이다.

지바트만이 파라브람만에 이르는지에 대한 질문은 없다. 만약 그가 수행자의 성실함에 기뻐한다면, 그 자신이 손을 뻗어서 그를 파괴한다. 이 행위는 자연스럽게 일어난다. 파라브람만에게는 결정할 능력이나 자유의지가 존재하지 않는다. 이 지바트만에게 해방을 주거나 그를 파괴하라. 만약 지바트만이 충분히 가까이 다가온다면, 자동적으로 빨려들어가서 전멸된다. 이 지바트만이 아주 가까이 접근하는 것을 제외하고는, 스승은 궤도에서 태양 가까이를 지나가는 소행성의 예를 든다. 본체body가 태양 주위를 돌아가게 하는 에너지(또는 속도 또는 그것이 무엇이든)와 그것이 태양으로부터 떨어져 있는 거리는 그것이 태양의 엄청난 중력에 의해 끌어당겨지지 않도록 하기에 보통은 충분할 것이다. 이 두 요인들 중 어느 하나에 있어서의 점진적인 감소는 본체가 태양에 충동할 가능성을 더 높게 만들 것이다. 마찬가지로 바가반에 따르면 "나"-생각과 그것의 객관화 경향은 자아가 나로 합쳐지는 것을 막는 두 가지 요인이었다. 그것들 중 하나를 완전히 없앤다. 그것으로 충분했다. 구루의 은총은 점차 본체의 속도를 감소시키고 그것의 궤도의 경로를 점진적으로 변경해서 결국에는 확실하게 태양 쪽으로 가게 하는 파편의 마찰작용과 같다.

    헌신의 길은 자아의 뇌, 객관화 경향을 잘라냈다. 탐구의 길은 자아의 가슴, "나"-생각을 잘라냈다. 이 두 가지는 같은 자아의 측면이다. 하나를 죽이는 것은 다른 하나를 죽이고 자아를 죽일 것이다. 어떤 수행자들은 내가 해방의 준비가 되어 있는데 왜 아직 해방되지 않았는지 묻는다. 그것은 그들이 아직 전혀 준비가 되지 않았음을 보여준다. 진정으로 준비가 된 수행자는 그런 소통을 할 어떤 산칼파(의도, 결심)나 자유의지도 남아 있지 않다, 왜냐하면 그의 자아 복종의 정도는 완전하기 때문이다. 복종이란 무엇인가? 복종하는 것은 신이 당신에게 하고 싶은 대로 하도록 그것을 신에게 맡겨둔 채, 어떤 걱정도 하지 않는 것이다. 진정으로 복종한 사람은 어떤 필요성, 어떤 욕망도 느끼지 않기 때문에 아무것도 묻지 않는다. 그는 심지어 고통이 없는 것조차도 원하지 않고, 하물며 삼사라(윤회)로부터 해방에 대한 열망은 말할 것도 없다.

    갸니(지혜를 지닌 현자)는 몸이 움직이든지 정지해 있든지 아니면 죽었든지 항상 사마디 안에 있다. 갸니는 그의 몸을 볼 수 없다. 그가 할 수 있고 알 수 있는 것은 오직 한 가지가 있는데 그것은 나가 되는 것이다. 사람들은 이러이러한 사람이 갸니라고 말한다. 갸니의 관점에서 이것은 아무 의미가 없다. 나는 갸니이다 라는 주장을 만들어낼 것이 그에게는 아무것도 없다. 단순히 그 몸 면에서 국한된 사람은 없다. 현명한 사다카(수행자)는 가정을 떠나기로 결정하지 않는다. 그는 정글로 들어가기로 결정하지도 않는다. 그는 자신의 의지력을 최고의 힘에게 조용히 넘겨주고 그것이 그를 정글이나 가정, 천국이나 지옥 어디로 데려가든 그것에게 순순히 이끌린다. 그는 이미 '몸이 나다'라는 생각으로부터 벗어났기 때문에, "나는 어딘가로 데려 가지고 있다"라고 생각하지 않을 것이다.

박티는 무엇인가. 신에 대한 이기심 없는 사랑이 박티라고 불린다. 이기심 없는 사랑은 물질적 소유를 얻기 위한 것이 아니고 천상의 영역의 획득, 구원의 획득, 탄생과 죽음의 바퀴로부터 벗어나는 것, 인간성 향상과 관련한 이타주의적 또는 박애주의적 동기의 달성을 위한 것도 아니다. 이기심 없는 사랑은 심지어 보답으로 사랑받는 것에 대한 희망이나 기대를 수반하지 않는다. 물어볼 것도 없다. 이기심 없는 사랑은 단순히 사랑하는 것을 아는 것이다, 그것이 전부다. 진실한 박타는 어떤 세상의 존재 또는 부재에 영향 받지 않는다. 그 자신의 명백한 존재는 그에게는 설명할 수 없는 난처한 상황이다, 왜냐하면 그에게 있어 모든 것은 신의 것이기 때문이다. 그의 의지는 완전히 존재하지 않게 되고, 신의 의지가 그것의 자리를 차지한다. 그것이 성경에서 욥이 신에게 가졌던 사랑이고, 고피들이 크리슈나에게 가졌던 사랑, 카르나가 두료다나에게 가졌던 사랑, 사랑만을 아는 사랑이다. 만약 당신이 이런 종류의 광기를 키울 수 있다면, 신에게 온통 마음을 빼앗긴 사랑, 그 결과로 생긴 도취는 일자리, 생계 수단 등에 대한 걱정이 당신 마음으로부터 멀어지게 할 것이다.

진정으로 복종한 사람은 미래가 어떠하기를 원하는지에 관한 희망이나 기대가 없다. 어떤 일이 일어나든 그는 그것을 신의 뜻으로 받아들인다. 실제로 그는 자그라트(깨어 있는)와 스와프나(꿈) 상태에서 경험하는 모든 대상과 사건들에서 오직 신만을 본다. 당신은 결코 그가 고통을 경험하게 만들 수 없다, 왜냐하면 그의 몸이 괴로움을 느끼는 순간, 그는 자신에게 이렇게 말하기 때문이다. "그의 소유물들 중 하나가 이러이러한 느낌을 겪게 하는 것은 신을 기쁘게 한다. 그의 뜻에 의문을 가지는 우리는 누구이며 왜 우리는 그의 결정의 적절성에 대해 스스로를 괴롭힐 필요가 있는가? 우리는 그에게 순순히 복종하고 조용히 있으면서 나머지는 그에게 맡겨야 한다. 그것이 전부다."

이 태도를 기르면 어떤 걱정도 당신에게 영향을 줄 수 없다. 당신은 자신의 자유의지로 인해 태어나지 않았다. 당신은 탄생이 뒤따르는 모든 것에 개의치 않고, 무관심하고, 얽히지도 않은 채 있다. 이것이 진정한 포기이다. 가슴과 하나로서 남는 것은 도달해야 할 목표도 아니고, 의미 있게 어떤 야망이나 열망의 목표가 될 수도 없다. 그것은 모두의 자연적인 상태이다. 다름을 유발하는 구분이 사라지고, 아무 관념이 없는 이 순수하고 구분되지 않은 존재로서 남아있는 것은 성취가 아니다. 이것은 당신과 동일한 그것THAT이다. 그것은 당신이다. 당신이 그것이다. 해방은 무엇인가? 신에 대한 완전한 속박이 해방이라고 알려 있다.

제9장
1936년 7월 14일

무슬림 신사가 그의 질문을 계속하기 위해 오늘 일찍 아쉬람에 도착했다.

헌: 샥티파다가 무엇을 의미하는지 바가반께서 설명해주시겠습니까? 누가 그것을 받기에 적격입니까? 예를 들어 저는 무슬림이고 따라서 어떤 베다 의식에도 참여할 수 없습니다. 저도 그것을 받을 자격이 있습니까?

라: 벌거벗은 마음(니브릿티야나맘)이 생명-흐름 또는 "나"-흐름에 흡수될 때, 그것이 샥티파다라고 불립니다. 이와 같이 그 후에는 흐름만 여전히 지배적이고, 순수한 주관적 의식을 노출된 토대로서 뒤에 남긴 채 생각은 확연하게 약해지거나 완전히 사라집니다. 흐름을 일깨우기 위해서 구루가 필요합니까? 일반화할 수는 없습니다. 그것은 팍쿠밤(적합성)에 따라 다릅니다.

어떤 사람들은 브람만이 유일한 실재라는 말을 들으면 다른 모든 추구들을 버리고 마음이 가슴 안으로 빠져들어 그곳에서 완전히 파멸 되게 합니다. 그런 사람은 외부로부터 어떤 샥티파다도 필요로 하지 않을 것입니다. 그런 경우 브람만 자신이 샥티파다를 수여한다고 말할 수 있습니다. 무슬림에 관해서는, "이슬람, 이만, 이산"이 당신이 할 일로 내려져 있습니다. 먼저 그것에 있어서 완벽에 이르십시오. 그 이후에 추가적인 질문들이 일어나면 그때 우리는 그것들을 해결할 수도 있습니다.

헌: 창조는 슬픔과 고통으로 가득합니다. 왜 그렇습니까?

라: 당신의 관점 때문입니다.

헌: 제가 세상의 모든 불행에 대해 눈을 감으면, 그것은 불행이 사라지게 할까요?

라: 그렇다면 왜 당신은 세상의 고통을 경감시키려고 노력하지 않습니까?

헌: 그것은 저의 일이 아닙니다. 자선가들이 알아서 할 것입니다.

라: 그러면 왜 세상에 불행이 있는가라는 문제는 자선가들이 해결하도록 맡겨둡시다.

헌: 하지만 왜 불행이 있어야 하는지 알고 싶습니다.

라: 샤이비즘(쉬바를 숭배하는 종교)의 티르캄 학파는 사람이 존재Being-의식Consciousness과 다르지 않다는 사실을 왜 그가 인정할 수 없는지에 대한 이유로 세 가지 불순함을 말합니다. 아나바말람, 마야말람, 카르마말람. 이 세 가지 독은 자아가 순수한 존재라는 원래 상태에서 일어나거나 다시 떠나서 끔찍한 생각의 영역으로 들어가게 하고, 이렇게 해서 불행을 초래합니다.

아나바말람은 "나는 시간과 공간에 의해 제한된 이 몸을 차지하고 있는 개별적 사람이다. 바로 이 몸이 나의 존재를 나타낸다."라는 생각입니다. 마야말람은 "내가 주변에서 보고 있는 세상은 그 자체로 객관적으로 실제이다. 바로 내가 그것의 구성요소이다."라는 생각입니다. 카르마말람은 "나는 이 몸에 의해 수행되는 행위들의 행위자이다. 바로 내가 몸의 활동들과 기능들의 통제자이다."라는 생각입니다.

인간의 정신을 더럽히는 이런 독들 때문에, 제한되지 않는 나는 에고-자아로 제한됩니다. 이렇게 그것은 불행과 고통을 겪습니다. 왜냐하면 그것들은 모든 형태의 한계 안에 내포되어 있기 때문입니다. 진정한 행복은 무형의 태어나지 않은 존재에게만 있습니다. 태어난 것은 분명 고통을 받을 것입니다. 그래서 "나를 떠나 자아로서 배회하는 것이 모든 불행의 원인이다."라는 것이 "왜 불행인가?"라는 질문에 대한 대답입니다.

헌: 어떻게 불행을 치유합니까?

라: 안으로 향해서 그것이 누구에게 일어났는지 보십시오.

헌: 모든 사람은 사람이 단지 죽기 위해서 태어난다는 것을 압니다. 그런데도 왜 사람들은 자

손을 낳습니까?

라: 마음에 심어져 있는 바사나들은 그것들이 온갖 종류의 활동들을 하도록 자극합니다. 바사나들은 자신들로서 인식이나 발견의 대상이 되는 것을 피하기 위해, 스스로를 삶의 합법적인 필요와 요구로 교묘하게 위장합니다. 당신은 그들에게 아이들이 태어나지 않는다고 불평하는 사람들을 봤을 수도 있습니다. 관련된 환영의 층들을 보십시오. 나로부터의 순수한 반사된 빛인 "나" 흐름, 그 흐름으로부터 일어나는 첫 번째 마음의 변형인 "나" 생각, "나" 생각에 의해 수행되는 첫 번째 객관화인 '몸은 나이다' 생각, 그리고 마지막으로 '나는 나에게 아이들이 태어나기를 원한다.' 등과 같은 다른 생각들. 어떤 사람이 후계자가 태어나게 해 달라고 청탁하기 위해 여기에 올 때, 내가 이런 것들을 설명하기 시작한다면, 그들은 아쉬람을 불태우고 떠나 버릴지도 모릅니다.

헌: 생식이 동기가 아닐 때도 성적 욕망은 사람이 성행위를 하게 만든다는 것은 부인할 수 없습니다. 그렇지만 욕망은 사람에게 잠재되어 있습니다. 그는 몸의 생물학적 충동 때문에 비난받아서는 안 됩니다. 하지만 그 욕망이 근절되지 않는다면 해방의 희망은 있을 수 없습니다. 왜 신은 인간에게 그런 충동과 갈망을 만들었습니까? 그것들은 인간과 신 사이에 장벽을 세우고, 인간이 신에게 이르는 것들을 막지 않습니까? 신은 사람들이 그에게 이르는 것을 어렵게 만들기를 원합니까? 만약 그렇다면 그는 어떤 말도 안 되는 신입니까? 또한 고대 힌두의 탄트라-섹스 수행에 대한 바가반의 의견을 들을 수 있습니까? 그것은 진짜입니까? 그것에는 어떤 이점이 있습니까?

라: (당신이 언급한) 충동이 바사나입니다. 바사나는 시작이 없지만 꾸준하고 지속적인 비차라에 참여함으로써 그것을 끝낼 수 있습니다. 비차라는 비나$^{\text{not Self}}$ 안에서만 있을 수 있습니다. 나^{Self}는 비차라를 필요로 하지 않습니다. 하나의 나가 또 다른 것을 발견할 필요는 없습니다. 두 개의 나는 없습니다. 비나인 것은 아무런 존재$^{\text{no Being}}$가 없고 따라서 관련성$^{\text{no relevance}}$이 없습니다. 사람들은 자신의 "I"-ness 능력에 대한 탐구를 아트마-비차라라고 부릅니다. 하지만 그것을 아함카라-비차라라는 이름으로 칭하는 것이 더 정확할 것입니다.

"바사나는 어디에서 시작되었는가?"라고 묻는 대신, 바사나는 누구에게 문제를 일으키는지 자신에게 물어보고 만약 그 수행이 오래 계속되고 중단되지 않는다면, 당신은 실제로 어떤 문제도 없었고 어떤 바사나도 없었다는 것을 발견할 것입니다. 당신은 생물학적 성적 충동에 대해 질문합니다. 자연의 계획에 따르면, 그것은 생식을 용이하게 하기 위해 자아-마음-몸 복합체에 스며듭니다. 만약 그 행위가 쾌락을 수반하지 않는다면 사람은 "왜 나는 어린아이를 낳아야 하는가?"라고 물을 것이고 종을 번식시킬 아무런 자극제도 없을 것입니다.

이와 같이 그 행위는 일종의 기쁨의 발작을 수반해야 합니다. 그것이 지적 쾌락이라면 아주 발전된 지성을 가진 사람들만 아이를 낳을 수 있을 것입니다. 하지만 자연은 그렇게 되기를 원하지 않습니다. 그래서 쾌락은 더 근본적인 것, 한계가 없는 희열이라는 인간의 성품에 대한 무한히 작은 반사를 만들어내는 것이어야 합니다.

인간이 알 수 있는 최상의 기쁨은 무엇입니까? 그것은 마음이 없는 상태입니다. 그는 매일 잠에서 그것을 경험합니다. (오직 요기만이 깨어있을 때 그것을 경험합니다. 갸니에게는 어떤 것을 경험하는 것에 대한 문제는 있을 수 없습니다.) 그래서 아무리 둔한 사람들이라고 해도 지구에 자손을 낳을 기회에서 제외되지 않도록, 자연은 성행위에 (마음-없음)의 이 희열을 도입하는 것이 적합하다고 보았습니다. 왜냐하면 그것은 그 자신의 나의 타고난 희열을 포함하고 있기 때문에 (행위 그 자체가 사다나로서 사용되는 가능성을 피하기 위해 우파디들로 심하게 가려져 있긴 하지만) 모두가 그것에 대해 끌릴 것이기 때문입니다. 정액의 방출을 가져오는 경련이 시작되기 직전에 정확히 1/128초 동안 마음은 제거됩니다. 그것은 아주 빠른 셔터 속도로 감광판이 노출되는 것과 똑같습니다. 맛을 본 희열에 대한 인상은 더 많은 그런 희열에 대한 강한 갈망을 마음속에 남깁니다. 이렇게 사람은 그 행동에 중독됩니다. 탄트라 사스트라 지지자들 가운데는, 그런 행위들을 할 때 마음을 행동보다는 희열에 집중시킴으로써 나를 발견할 수 있다는 의견을 밝히는 학파들이 있습니다. 그들은 집중이 충분히 강하면 나는 드러날 것이라고 말합니다. 이를 위해 그들은 "더 많은 수행"의 필요성을 강조합니다.(웃음) 나는 또한 펠로폰네소스에도 같은 견해를 장려하는 비밀 단체가 있다고 들었습니다.

헌: 바가반은 사람은 원하는 만큼 많은 성행위에 탐닉할 수 있고, 그의 마음이 항상 나의 존재 Beingness of the Self에 몰두해있기만 하면, 그런 행위는 그의 영적 상태에 있어서 어떤 손상으로 이어지지도 않고 그의 영적 발전을 저지하는 것으로서 작용하지도 않을 것이라는 견해를 가지고 있다고 주장하는 사람들이 있습니다. 저는 대체로 슈리 바가반의 소위 "캘리포니아 추종자들"의 소행인 이 진술이 뻔한 거짓이라고 의심하기 때문에, 그 문제에 대한 그의 실제 견해를 알고 싶습니다. 깨달음의 상태에 도달하기 위해서는 완전한 금욕이 요구됩니까?

라: 완전한 마음의 금욕은 깨달음을 위한 필수조건입니다. 마음이 나의 존재에 완벽하게 흡수될 때, 성욕에 대한 생각은 일어나지 않을 것입니다. 그리고 다른 어떤 생각도 일어나지 않을 것입니다.

헌: 이것은 생각-제조thought-manufacture 능력에서 통제력의 필요성에 대한 바가반의 평상시의 진술입니다. 저는 구체적으로 성욕 표현의 수단으로 작용하는 행위에 대해 질문하고 있습니다.

라: 당신의 사고력이 올바른 장소 즉, 가슴의 빛에 명백히 잠겨 있을 때, 몸의 행위들은 잘못될 수가 없습니다.

헌: 그것은 성행위가 잘못된 것이라는 뜻입니까? 그리고 동성애적인 성행위 성향은 어떻습니까?

라: 마음을 가슴의 빛에 두는 사람은 어떤 것이 옳은지 잘못되었는지에 대해 신경 쓸 필요가 없습니다.

헌: 깨달음을 갈망하지만, 마음이 감각적 만족을 제공하는 대상들 뒤로 빗나가는 것을 통제하는 것에 형편없이 서투른 저 같은 사람들은 어떻습니까?

라: 그들의 노력과 당신의 노력은 "나는 성행위에 참여하는 것과 관련된 어떤 도덕적 위반행위가 있을 수 있는지 궁금하다"라고 계속해서 곰곰이 생각하기보다는 "나는 누구인가?"를 탐구하는 것으로 더 생산적으로 향하게 됩니다. 이런 유형의 끝없는 생각은 행위 그 자체보다 더 영적으로 파괴적입니다.

헌: 남자의 절정의 오르가슴 경련의 시작 이전에, 비록 아주 짧은 순간이긴 하지만 그가 나의 희열을 경험하는 것이 정말 사실입니까?

라마나: 그렇습니다. 하지만 그것은 깨달음을 위한 방법이 아닙니다. 아트마의 희열을 성행위에 포함시키는 것은 순수하게 생식이 높은 지적 체계를 가진 존재들에게만 이용 가능한 자원이라고 판명되는 것을 막고 더 하급의 사람들에게도 생식할 기회를 허용하기 위해 자연에 의해 꾀해진 것입니다. 왜냐하면 만약 그 문제가 지성의 영역에만 맡겨진다면 그들은 그것을 할 지적 수단이 부족할 수도 있기 때문입니다. 성행위는 생식을 위한 것입니다. 그것은 나로 가는 길이 아닙니다. 사다나로서 그것을 하는 것은 아무 소용이 없을 수도 있습니다. 하지만 물론, 우리는 우리의 견해를 다른 사람들에게 강요할 아무 권리가 없습니다. 수십 년 동안 이 "사다나"를 충실하게 수행해 온 사람들이 있습니다. "사다나"라는 그 자체의 보상이라고 그들은 자랑스럽게 설명합니다. 우리는 그것에 대해 뭐라고 말해야 합니까? 그들은 바쁘게 그들의 "사다나"를 계속하라고 하십시오…. (다시 웃는다)

헌: 아루나찰라 언덕은 갸니가 주목할 대상이라고 말해집니다. 이 언덕에 대해 그렇게 특별한 점은 무엇입니까? 그것의 비밀은 무엇입니까? "단 한 번의 생각이라 할지라도, 마음속으로 아루나찰라를 생각하는 것은 구원에 충분하다."라고 합니다. 그것은 경험적으로 옳습니까? 저는 그것에 대해 생각해 봤지만, 아직 해방을 얻지 못했습니다. 지각이 없는 언덕이 어떻게 갸나를 줍니까? 정말 갸나는 무엇입니까? 바가반께서는 제가 이 모든 것을 이해하도록 만들어 주실 것입니까?

라: (잠시 조용히 있고 난 뒤에) 아인슈타인의 1915년 과학 논문, 상대성 이론을 읽어본 적이 있습니까?

헌: (놀라서) 저는 과학 분야에 대해 교육을 받지는 않았지만, 약간의 비전문적인 관심이 있습니다. 바가반께서는 어떻게 추측하셨습니까? 저는 아인슈타인과 말씀하신 논문에 대해 들어보기는 했지만 읽지는 않았습니다. 그런데 왜 갑자기 바가반께서는 관련 없는 주제로 옮겨 가셨을까요? 저는 그 언덕에 관해 묻고 있었습니다.

라: 그 논문을 읽으면서, 흥미롭게도 나는 아인슈타인의 이완된 리만 공간$^{Riemannian-space}$을 그것의 곡률이 무한해지고 크기가 0이 되는 방식으로 변형시켜서 그 이론의 법칙 자체가 더 적용되지 않도록 하는 그의 방정식에 대한 답이 가능하다는 생각이 들었습니다. 이론적으로, 만약 그런 상황이 실제로 물리적 세계에서 일어난다고 가정한다면, 그것은 전혀 의미 있게 들리지 않는 "Kein-mannigfaltigkeit"나 "nichtweltpunkt"의 생각을 우리가 고려할 것을 요구하기 때문에 우리는 당황할 것입니다. 이론에서, 그런 변칙적인 특징을 어디서든 마주친다면, 아인슈타인 자신의 이론 범위 밖에 있는 것과는 완전 별도로, 그것은 우주로부터 떨어져 나간 심연과 같을 것이기 때문에, 그것이 무엇인지 말할 수 있는 사람은 없을 것입니다. 조심스럽게 가까이 가서 탐구할 만큼 호기심이 있는 사람들은 우리에게 돌아와서 이야기해 줄 수 없는데, 그것은 이완된 리만 공간 미터법의 무한한 밀도와 무한한 곡률을 가진 점이어서 당신을 끌어당기고 당신은 다시 보이지 않을 것이기 때문입니다.

마찬가지로 바가반이 무엇인지는 아무도 모릅니다. 만약 아는 것에 호기심이 있거나 관심이 있다면, 자신을 그에게 맡김으로써 브람만에게 다가가십시오. 그러면 그는 당신을 자신에게로 끌어당길 것이고, 당신은 더 이상 없을 것이며 불행의 문제도 없을 것입니다.

당신은 걔니가 누구인지 물었습니다. 그는 그 자신을 알지 못합니다. 왜냐하면 아무런 국지적인 아는 자가 어떤 것을 알기 위해 그곳에 남겨지지 않기 때문입니다. 당신은 다른 이들처럼 몸이 돌아다니는 것을 보고, 그것에 "브람마걔니"라는 이름을 붙입니다. 그리고 마치 그것이 특별하기라도 한 것처럼 대우합니다.

걔니 자신은 아무것도 모릅니다. 마음이 파괴되면 모든 지식은 불가능해지기 때문에 그는 완전한 무지 상태에 있습니다. 당신은 당신 주위의 세상을 보고 그것에 대해 아주 많은 것들을 압니다. 그러므로 당신은 걔니입니다. 내 안에는 어떤 것을 알아야 하는 것이 남아 있지 않습니다. 왜냐하면 아는 것은 마음의 브릿티이고 여기에는 마음이 없기 때문입니다. 그런 이유로 나를 완벽한 아걔니라고 여기는 것이 옳을 것입니다.

사람들은 걔니가 실재를 아는 자라고 말합니다. 그것은 말도 안 됩니다. 실재 외에는 아무것도 없습니다. 실재 이외의 어떤 것이 있어서 실재를 알 수 있도록 하는 것은 없습니다. 존재하는 것은 오직 그것THAT입니다. 그러므로 완벽한 아갸니인 사람이 갸니라고 불립니다. 그것이 공통적인 관점에서 올바른 설명입니다.

갸니의 관점에서 보면, 그에게는 "나는 아무것도 모른다." 또는 "나는 어떤 것도 알지 못한다."라고 주장할 아무것도 남지 않기 때문에 이것조차도 거짓일 것인데, 주장을 만드는 것은 마음의 활동 또는 기능이고 실재와 공존할 수 없기 때문입니다. 실재는 홀로 남아 있습니다. 만약 누군가가 갸나가 무엇인지 알만큼 충분히 호기심이 있다면, 올바른 과정은 자아를 포기하는 것입니다.

헌: 만약 자아를 포기하면 저는 바가반과 같은 갸니가 될 수 있습니까?

라: 자아를 포기한 후에 그 질문을 할 누가 남습니까?

헌: 저는 아직 자아를 포기하지 않았습니다. 그것이 제가 질문하는 이유입니다.

라: 자아를 포기하고 보십시오.

헌: 만약 제가 자아를 포기한다면, 보는 것을 하는 어떤 사람이 남게 됩니까?

라: 정확히 그렇습니다.

헌: 이해하지 못하겠습니다. 브람만을 제외하고는 브람만을 알 수 없습니다. 이 정도는 알려져 있습니다. 지금 저는 브람만에게로 합쳐진 사람도 브람만을 알지 못할 것이라는 말을 듣고 있습니다. 이것은 브람마갸나가 불가능하다는 뜻입니다. 이슬람으로 태어났지만 비인격적 절대자와의 진정한 동일시에 대한 힌두교 교리는 항상 저를 매료시켜 왔습니다. 저는 그것을 탐구하고 시도해서, 그가 누구든 간에, 제가 이 브람만을 깨달을 수 있는지를 보고 싶습니다.

라: 당신의 실수는 객관적 지식의 용어들로 생각하는 것에 있습니다. 브람마갸나는 앎으로 이루어져 있지 않은데, 왜냐하면 그것은 단순한 마음의 활동 즉 브릿티가 아닙니다. 그것은 존재BE-ing입니다. 진정으로 아는 것은 오직 존재BE입니다. 존재는 아함 브람마스미는 커녕 '나는 I AM'이라는 말조차도 하지 않습니다. 따라서 브람마갸나는 존재한다는 뜻에서 아는 것입니다. 주체–앎–대상이라는 이 세 가지는 (브람마갸나와 관련해서 발견되지) 않습니다.

최고의 지식은 존재BE입니다. 그것은 사람의 불멸의 평화를 망치는 마음의 사악한 브릿티가 없는 침묵입니다. 진짜인 것은 언제나 진짜입니다. 그것은 질문을 하거나 의문을 제기하지 않습니다. 자아는 나 위의 거짓된 환상의 구조입니다. 일단 그것이 사라지면 나만이 남습니다. 나는 결코 구속되지 않았기 때문에 '마침내 나는 자유를 얻었다!'라고 말하지 않습니다. 그러면 누가 남아서 갸나를 얻습니까? 당신은 기껏해야 구경꾼들에게 환상적인 환영이 사라졌다고 말할 수 있습니다. 바로 나 그 자신인 갸나싯다는 어떤 환영에 의해 구속되었다는 것을 인정할 수 없습니다. 그래서 일단 갸나가 분명해지면, 갸나 외에는 아무것도 없었고, 그것이 분명해지지 않은 사람은 아무도 없으며, 그래서 사실 그런 깨달음은 결코 일어난 적이 없었습니다. 갸나 즉 나는 언제나 갸나로서 남아 있었습니다.

헌: 그것은 역설적이고 우스꽝스럽게 들립니다.

라: 자아 그 자체의 수준에서 자아의 명백한 존재는 혼란스러운 역설을 제기합니다. 만약 자아를 초월하는 것에 성공한다면, 자아 같은 것은 존재하지 않았다는 것이 밝혀지고, 이렇게 해서 어떤 의문도 일어나지 않습니다.

스스로 눈부시게 빛나는 가슴만이 남습니다. 이것이 바로 단순히 갸나 그 자체인 갸니의 사하자스티티입니다. 당신은 어떻게 그것에 이르는지 묻습니다. 당신의 나를 가리는 것은 자아로서의 당신이기 때문에 나는 그것에 이르는 것은 없다고 말합니다. 만약 수행자가 충분히 성숙하다면, 그는 단순한 한 번의 일격에 자아를 포기할 수 있습니다. 그것이 이루어지면, 당신의 모든 문제는 그때 그 자리에서 끝날 것입니다.

헌: 이 잘못된 자아를 근절하는 가장 좋은 방법은 무엇입니까?

라: 스스로에게 '나는 누구인가?'라고 질문할 수 있습니다. 만약 그것이 비현실적이라고 생각한다면 자기 복종의 방법입니다.

헌: 저는 "나는 누구인가?" 책자를 읽었습니다. 저는 그것을 수행하려고 노력할 것입니다. 그런데 이 자기 복종은 무엇입니까?

라: 당신에 대해서 신이나 임의성randomness이 그가 하고 싶은 대로 하도록 맡기십시오. 개인적

자아로서의 당신은 더는 존재하지 않고, 따라서 개인적 자아와 그것의 가치–판단에 대한 정보로 가득한 그런 내용물들은 더 이상 당신과 관련이 없기 때문에, 당신 마음의 모든 내용물을 버리십시오. 복종하는 것은 단순히 신경 쓰기를 그만두는 것입니다.

헌: 제가 자신을 돌보지 않는다면, 누가 저를 돌보겠습니까? 만약 신이 저를 버리면 어떻게 됩니까?

라: 복종하는 사람은 그가 버림을 받든, 구원을 받든, 나–깨달음으로 이끌리든, 버려지든 신경 쓰지 않습니다. 나는 그저 (복종을 하면) 모든 걱정이 버려진다고 말했습니다. 당신은 아루나찰라에 대해 생각함에도 불구하고 왜 자신이 해방되지 않는지 물었습니다. 그 말의 요지는 입술로 아루나찰라를 한 번 말한 다음 그의 마음이 마구 날뛰도록 허용하는 사람이 아니라 무조건적으로 복종하는 사람이 평화를 찾는다는 것입니다.

헌: 저는 바가반께서 언덕에 매료된 것에 대해 질문했습니다.

라: 겉으로 보기에 말이 없는 이 언덕은 요술쟁이입니다. 그것의 단순한 물리적 근접함은 마음을 나 쪽으로 향하게 하고, 그것을 정화시켜서, 그것을 완전히 가슴 안으로 밀어 넣어, 그곳에서 그것이 녹아들게 합니다. 하지만 그것을 위해서는 먼저 무조건적으로 그대 자신을 복종시켜야 합니다.

헌: 쉬바 신은 언덕의 안쪽 지역에 살고 있으면서 언덕을 숭배하는 사람들을 축복합니까?

라: 쉬바는 언덕입니다. 무지가 이 특정 몸에 당신의 자각 또는 의식을 고정시키기 때문에, 그것은 당신에게 움직임이 없고 지각이 없는 것처럼 보입니다. 만약 당신이 내 입장이었다면, 누군가 당신의 귀에 "티루반나말라이"라는 이름만 말해도 경외감으로 전율하며 몸을 떨었을 것입니다.

  이 언덕은 "해방의 쐐기돌"입니다. 엄격한 타파스로 수없이 많은 탄생을 지불하지 않고는 얻을 수 없는 것이, 이 희귀하고 아주 귀중한 쐐기돌의 도움이 있으면 단 한 번의 생으로 쉽게 얻어질 수 있습니다.

헌: 탄생과 죽음의 순환들로부터 해방의 결과를 가져오기 위해서는 이 쐐기돌을 어떻게 사용

합니까?

라: 단순히 그것에 복종하십시오.

헌: 저는 무슬림입니다. 저는 카바에게 복종해야 하지 않을까요?

라: 당신이 어디서 누구에게 복종하든, 그것은 무조건적이어야 합니다. 복종 후에는 어떤 요구도 할 수 없습니다.

헌: 구원을 위해 기도하지 말까요?

라: 일단 복종했으면, 기도나 다른 어떤 것으로 가장하든지, 더 이상 어떤 것을 요구할 여지가 없습니다.

헌: 신과의 합일은 제 능력이 닿는 한 노력해야 하는 저의 의무가 아닙니까?

라: 복종을 했으면 인격은 남지 않습니다. 이런 이유로 의무, 책임 등은 더 이상 존재하지 않습니다.

헌: 그 경우에 저의 가족은 굶주려야 할 것입니다.

라: 그렇습니까?

헌: 네. 만약 저의 모든 의무들, 책무들, 책임들을 포기한다면, 그들을 돌볼 사람이 없을 것입니다. 저는 가족 중에서 유일하게 생계비를 버는 사람입니다.

라: 복종은 마음의 수준에서 하는 것입니다. 몸은 이전처럼 그 기능을 계속합니다.

헌: 하지만 당신께서는 복종이 모든 의무들 등을 버리는 것을 의미한다고 방금 말씀하셨습니다.

라: 더 높은 힘에게 그것들(의무들 등)을 넘겨주고 평화롭게 남아 있으십시오. 어떤 힘은 당신의 몸에 생기를 불어넣어 그것이 적절한 방식으로 그것의 모든 세상의 의무들을 이행하게 할 것입니다. 그것을 하고 있는 것이 당신이라고 생각하지 마십시오.

헌: 제가 몸에 대한 통제권을 포기하면, 어떤 지고의 힘이 그것에 대한 통제권을 차지할 것입니다, 그렇지 않습니까?

라: 그렇습니다.

헌: 저의 몸으로 지고의 힘에 의해 수행되는 활동들이 저의 취향이나 선호도에 맞지 않고, 저에게 만족스럽지 않으면, 그 다음엔 어떻게 됩니까?

라: 바로 그것입니다. 카바에게 또는 아루나찰라에게든, 알라에게 또는 쉬바에게든, 일단 복종을 하면, 복종을 한 후에는 좋아함이나 싫어함을 가질 수 없고, 어떤 취향이나 선호도도 가질 수 없습니다. 신의 의지가 당신의 의지를 대신할 것입니다. 당신의 의지는 사라집니다. 그것이 복종입니다.

헌: 그럼… 그가 저에게 무엇을 하든, 그것이 - 최종적인 것입니까?

라: 그렇습니다.

헌: 정점에 이르기 위해서는 어느 것이 최고의 길입니까? 박티입니까, 갸나입니까?

라: 그것은 개인의 미리 존재하고 있는 지적 성향에 따라 다릅니다. 그렇기 때문에 개인마다 다릅니다. 어떤 사람들은 사랑이 가장 쉬운 길이라고 말합니다. 왜냐하면 당신은 복종했고, 모든 것은 더 높은 힘에 의해 행해지고, 당신은 자신의 삶을 계획할 필요성에 직면하지 않으며, 어떤 것에 대한 어떤 역할도 갖지 않기 때문입니다.

그렇지만 사랑은 태어날 때부터 배아 형태로 그곳에 있어야 합니다. 그것을 접종할 필요는 없습니다. 갸나는, 쉽지는 않습니다. 그러나 비차라마르가를 따르면 강렬하고 끊임없는 바이라기야(포기, 초연)의 결과로 그것이 길러질 수 있습니다. 사랑을 가진 자에게, 갸나는 쉽게 생겨납니다. 갸나는 사랑 그 자체입니다.

헌: 그래서 신에 대한 가장 고귀한 형태의 사랑은 기도가 아니라…

라: 복종입니다.

헌: 나는 이제 사랑이 무엇인지 알겠네! (Nunc scio quid sit amor!)

라: (웃는다)

헌: 복종은 신에게 매료되는 사랑으로 이어집니까, 아니면 이 사랑만이 사람이 복종하도록 유도합니까?

라: 매료되는 사랑에 눈이 먼 사람은 복종할 어떤 것을 찾을 수 없습니다. 그는 어떤 것도 자신

의 것이라고 생각하지 않습니다. 부분적 복종은 시간이 지나면 완전한 복종으로 이어집니다. 삼푸르나 샤라나가티(전적인 복종의 과정)는 파라박티에 대한 다른 이름일 뿐인데, 그것은 개별적인 인격성이 영원히 작동을 멈춘 상태이며 그것이 갸나입니다.

제10장
1936년 7월 15일

헌: 저는 바가반께서 "세상의 지식은 전적으로 세상에 대해 아는 자의 지식이다."라고 말씀하시는 것을 들었습니다. 그것은 어떤 의미입니까?

라: 세상은 오직 마음속에 있다는 것 즉 세상의 겉모습, 또는 현현의 현상은 당신의 마음과 분리해서는 가능하지 않다는 것입니다.

헌: 세상에는 사람 수만큼 많은 마음이 있습니까? 이 모든 마음은 동시에 나로부터 나옵니까?

라: 다양한 마음이란 없습니다. 오직 당신의 마음만 나로부터 나오고, 그것을 "나"라고 칭하고, 그것이 감각들을 통해 지각하는 대상들은 그것과 별개이며 그것들에 대한 그것의 지각과는 독립적인 객관적 존재를 가지고 있다고 가정하고, 그런 대상들에 대한 욕망을 만들어내고, 그런 욕망들이 성취되지 못할 때 좌절감을 느끼고, 삶의 의미와 목적에 대한 질문을 하고, 마지막으로 그 자신에 관해 "나는 누구인가?"라는 의문을 제기하고, 그 결과 그것은 조용히 나 안으로 물러나 가라앉습니다.

이 순환 전체는 마음의 관점으로부터만 일어나고 있습니다. 나는 어떤 변화도 자각하지 않습니다. 감각적 또는 지적이든 모든 지각은 존재하지 않는 것에 대한 지각일 뿐입니다. "다른 마음들"이라는 생각은 단지 마음의 지각의 주제를 형성하는 추론일 뿐입니다. 다른 마음들은 없습니다. 당신의 마음은 존재하는 것처럼 나타나는 유일한 마음입니다. 만약 오랫동안 끊임없이 그것에 대해 면밀하고 강렬하게 조사를 하면, 항상 있었던 바탕만을 남겨둔 채 그것 또한 사라질 것입니다.

헌: 어떻게 그럴 수 있습니까? 제가 마음을 가지고 있는 것처럼. 이 홀에 있는 다른 사람들도 분명 그럴 것입니다. 물론 성공적으로 그것을 근절한 바가반을 제외하고 말입니다.

라: 당신의 눈앞에 나타나는 장면은 당신 자신의 마음이 꾸며낸 것일 뿐입니다.

헌: 이것에 대한 증거가 있습니까?

라: 세상과 마음은 하나로서 함께 일어나고 가라앉습니다. 수슙티(꿈 없는 잠)의 상태를 생각해 보십시오. 그때 당신에게 다양성이 존재했습니까?

헌: 우주는 잠에서 존재할 수는 있지만 지각되지 않고 사라집니다.

라: 지각하는 자가 현현에 대한 유일한 창조자이자 하나의 배타적 원인입니다. 그리고 그가 없으면 희열 외에는 아무것도 없습니다.

헌: 이 추리과정은 이해합니다. 하지만 다시 묻습니다. 어떻게 그것이 증명됩니까?

라: 증거를 갈망하는 실체는 마음입니다. 마음이 그 자신의 존재하지 않음에 대한 증거를 발견할 수 있습니까? 아닙니다. 당신은 결코 마음을 통해 마음을 발견할 수 없습니다. 그것을 복종하면 당신은 너머의 것 안에 흡수될 것입니다. 마음의 존재, 그리고 현현의 존재의 문제에 대한 판단을 확인하거나 통과하는 능력이 있는 실체는 마음 그 자체일 수가 없습니다. 마음은 오직 마음만 알 수 있습니다. 마음이 없는 상태에서는 분명한(확실한) 마음의 부재가 있습니다.

헌: 마음이 없는 상태에서 누가 마음의 부재를 인식합니까?

라: 어떤 인식recognition을 하거나 그것에 종속되는 마음이 없기 때문에, 마음의 존재 또는 존재하지 않음에 대한 인식 또는 인식하지 않음의 문제는 마음이 없는 상태에서는 결코 일어나지 않습니다. 마음이 소멸하는 실체라는 사실에 대한 암시는, 마음이 파괴된 후에, 만약 그것이 있다면 그리고 그것이 무엇이든 간에 남아 있는 바탕을 발견하려는 마음의 호기심이 생기게 합니다. 아트마지그나사라고 알려진 이 호기심은 마음을 안으로 향하게 만들고, 이렇게 해서 깨달음을 가져옵니다.

헌: 모든 지바가 이 호기심을 가지고 있습니까?

라: 아닙니다.

헌: 어떻게 그것을 얻습니까?

라: 구루의 은총에 의해서입니다.

헌: 그러면 그것은 어떻게 얻어집니까?

라: 빛을 이용해서 계속 일한다면, 그가 당신을 찾고 있을 것이기 때문에, 당신은 자신의 구루를 만나게 될 것입니다.

헌: 저는 성경에서 읽은 것, 특히 예수의 행동과 말에 관해서 몇 가지 의문들이 있습니다. 그리스도의 살아있는 화신이라고 제가 생각하는 슈리 바가반께서 그것들을 명확하게 해 주실 수 있습니까?

바가반께서 고개를 끄덕이며 참을성 있게 동의를 나타내셨다.

헌: 예수의 입에서 나온 "Ego eimi(나는 존재한다)"는 무엇을 의미합니까?

라: 신의 모든 이름 중에서 그분을 깨닫기 위한 완곡하지 않은 (직접적인) 유일한 수단을 가장 효과적으로 포착하는 것이 "EHYEH ASHER EHYEH(I Am that I Am 혹은 I am the Existing One)"라는 이름, 그것은 불타는 덤불로부터 모세에게 드러났습니다. 그 이름의 의미를 아는 사람들은 다름 아닌 그와 동일한 사람이기에, 그들에게는 깨달음의 방법이 드러납니다.

"그가 나를 사랑한즉 내가 그를 건지리라. 그가 내 이름을 안즉 내가 그를 높이리라." 예수는 그의 추종자들과 진정 듣고자 하는 모든 사람에게, 구원은 선한 일들에 의해서가 아니라 신의 은총에 의해서만 얻어진다고 하고, 그런 은총은 임의적으로 오는 것이 아니고 신의 이름을 듣고 그 의미를 이해한 사람들에게만 온다고 안심시키고 있습니다. 그 의미는 깨달음이 가능하게 만들기 위해서는, 완전한 내향성은 마음이 통로화되고 얽어매져야 하는 방향이라는 것입니다.

"나는 내가 있다는 그것이다 I-am that I-am"은 마음이 그 자신 외에는 아무것도 의식하지 않는다는 것을 의미합니다. 그것이 사마디 상태입니다. "나는 이것 또는 저것이다..."는 자그라트-스와프나(깨어있음-꿈)인데, 거기에서는 이름과 형상, 기억과 믿음, 다름과 분리가 마음을 차지하고 있습니다. "나는 있다$^{I-am}$"는 마음이 그것으로부터 그 존재를 끌어내고 그 안으로 소멸되는 본체^{Noumenon}입니다. "나는 있다$^{I-am}$"는 어떤 외부성도 있을 수 없는 상태에 대해 말하는 것입니다.

이것은 마음의 앞과 아래에 만연한^{prevail} 상태입니다. "나는 있다"를 단언하면서 예수는 헤롯 신전 시기에 해당하는 유대인의 믿음 체계를 의도적으로 모독하는 것이 아닙니다. 그는 자신의 상태가 시간과 공간을 초월한다는 것을 나타내고 있습니다. "아브라함이 있기 전에, 나는 있다." 그런 것은 마음이 죽은 사람의 행위에 기인할 수 있다는 점을 고려하면, 그런 말들을 하는 목적은 시간과 공간의 관념이 포기된 그 상태가 바로 우리가 기르려는 노력의 대상이 될 가치가 있는 하나이자 유일한 상태라고 선언하는 것입니다. 자신에게 외적인 어떤 것을 보거나 인식하지 않는 마음의 상태라는 해석에 적합한 "나는$^{I-am}$"이 방법, 진리, 그리고 삶입니다.

헌: 예수가 "너희에게는 신의 나라의 비밀을 아는 것이 허락된다. 하지만 밖에 있는 자들에게는, 이 모든 것이 비유들로 되었느니라. 이는 그들이 보기는 보아도 지각하지 못하며, 듣기는 들어도 이해하지 못하며, 어느 때라도 변하지도 못하고, 그들의 죄가 용서받지도 못하게 하려 함이라."라고 말했을 때 그는 무엇을 의미했습니까? 분명 그는 사람들이 그의 말을 이해하지 못한다고 해서 고통 받아야 한다는 것을 의미하지 않았습니다.

라: 많은 사람들이 라마나스라맘에 도착해서, '나는 누구인가?' 책자를 집어 들고, 여기에 와서, 소파 앞에 엎드려, 축복의 기도를 청하고 떠납니다. 그들 모두가 갸나를 얻습니까?

헌: 진정한 깨달음의 기회가 가능하기 위해서는 슈리 바가반의 물리적 존재가 있는 곳에서 한 번에 수년 동안 계속해서 머무르는 것이 필요하다는 의미입니까?

라: 중요한 것은 마음의 존재입니다.

헌: 이해하지 못하겠습니다.

라: 슈리 라마크리슈나는 말했습니다. "신을 깨닫기 위해서는 완벽한 정직함이 필요합니다."

어떤 사람은 밤낮으로 계속해서 타파스를 계속할 수 있지만, "나는 타파스를 하고 있다."라는 생각으로부터 스스로 벗어나지 않는다면, 그는 어떤 영적 혜택도 거두지 못할 것입니다. 또 다른 사람은 마음과 몸, 가슴과 영혼을 신에게 맡긴 채, 자신이 어떤 것을 하고 있다고 생각하지 않고, 그의 몸의 프라랍다를 구성하는 다양한 일에 참여하면서 세상에 연루된 채 남아 있을 수 있습니다. 그런 사람에게 깨달음은 아무 노력 없이 옵니다.

예수가 의미하는 것은 그가 의도적으로 어떤 사람이 그의 가르침에 대해 모르게 하려고 하고 있다는 것이 아니라, 자아가 가라앉지 않은 사람들은 그의 가르침은 이해할 수 없을 것이라는 것입니다. 그것(그 구절)은 복종하라는 말을 듣고도 여전히 오만하게 "나"를 생각하는 사람은 자비를 받을 자격이 없으며, 그는 분명히 깨달음의 길이 그에게 닫힌 것을 발견하게 될 것이라는 뜻입니다.

헌: 예수는 어디에서 자기-복종을 지지했습니까?

이 질문에 대한 답으로, 슈리 바가반은 그가 산에서 한 아드바이타 설교를 홀에 있는 사람들에게 분명히 설명했다. 바가반은 성경에서 예수로부터 인용한 한 구절을 읽었다. 그런 다음 그는 그것의 아드바이타적인 해석을 설명했다. 나는 그 말을 아래와 같이 많은 문단 형태로 담아냈다. 이것은 아주 유명한 성경 구절이고, 원고에서 공간을 낭비하고 싶지는 않기 때문에 시의 번호는 인용하지 않았다.

예수의 말씀을 담고 있는 성경 구절

"심령spirit이 가난한 자는 복이 있나니, 천국이 그들의 것임이요."

위의 성경 구절에 대한 바가반의 해석

개인의 의지가 줄어드는 중인 사람들은 천국으로 가는 길에 있습니다. 그 천국은 어떤 멀리 떨어진 물리적 영역이 아니라 구루의 영광스러운 은총의 눈길이 자신이 "나"라고 주장하는 사악한 에고티즘의 요새를 무자비하게 대학살한 후에 단지 사람의 진정한 "나"로서 드러나는 형태가 없는 나일뿐입니다. 정신spirit의 빈곤은 그것이 그 자신의 운명을 확립하고 다스릴 수 있다는 자아의 감정이 완전히 부서진 상태인 온순함을 가리킵니다. 정신의 방탕함(말하자면, 제멋대로인 자아)은 사람이 자신을 감각-지각 도구의 주인이자 통제자와 동일시하게 만들고, 몸과 자그라트-스와프나 상태에서 그에게 나타나는 여러 가지 대상들에 대한 애착의 느낌을 계속 불태우게 만듭니다.

하지만 순순히 자아를 포기한 사람에게는, 몸이 자기라는 생각을 사실로 받아들이는 것이 내키지 않습니다. '몸이 나이다'라는 생각을 포기한 사람은 그가 몸의 행위들에 대한 행위자라고 느끼지 않습니다. 그는 그 결과로 몸의 행위들에서 기쁨을 찾거나 고통의 대상이 되고 싶어 하지 않습니다. 그는 그것들이 좋은 것이든 나쁜 것이든, 몸의 행위들을 축하하거나 정당화할 조금의 필요도 느끼지 않고, 하나의 사건 방향을 다른 것보다 더 좋아하는 능력을 그의 마음에서 지웠습니다. 그의 몸, 그리고 세상과 관련해서 일어나고 있는 사건의 진행과정이 어떻든 간에, 그것들은 그에게 아무런 마음의 영향을 주지 않습니다. 그들의 행동이나 자제에 대한 질책이나 칭찬을 마주할 때, 박티의 길에 끌리는 사람들은 오직 신만이 행위를 하고 있고 몸은 그의 손의 유연한 도구라는 것을 확실히 해야 합니다.

겸손과 존중은 그의 삶의 책임을 신에게 확실하게 맡긴 사람에게 자연적으로 생깁니다. 신 자신의 (거룩한) 영은 그런 사람과 그의 행동에 대한 책임을 떠맡았고, 그 자신의 욕망, 야망, 열망은 돌이킬 수 없는 자기-복종의 태도로 신의 제단에 버려졌으며, 신에 대한 그의 사랑은 너무나 지나쳐서 그는 자신의 인격을 완전히 버리고 신의 손에 그 자신을 완전히 맡겼기 때문에, 그는 마음spirit이 가난하다고 불립니다. 왜냐하면 그 자신의 자아는 더 이상 중요하지 않고 그에게는 개인적 자아라고 불릴만한 것이 아무것도 없기 때문입니다. 그런 사람은 분명히 천국을 물려받을 것입니다 – 다시 말하면 나-깨달음을 얻을 것입니다.

예수의 말씀을 담고 있는 성경 구절

"가슴이 순수한 자는 복이 있나니, 그들은 신을 볼 것이다."

위의 성경 구절에 대한 바가반의 해석

브릿티가 없는 마음은 모든 불순함들로부터 벗어났다고 말해집니다. 바사나들은 가슴에 단단히 들러붙어서 그것이 빛나지 못하게 합니다. 신의 은총으로 인해 가능해진, 사다카의 끊임없는 영웅적 노력으로 바사나가 완전히 파괴될 때, 가슴은 더 이상 불순물들로 덮이지 않고, 신 그 자신으로서 빛납니다. 그러면 자아는 그것이 사랑하는 자인 신과 결코 떨어져 있지 않았고 항상 그와 하나였다는 것을 압니다. 이와 같이 순수한 가슴은 그 자신이 신과 다르지 않음을 봅니다. 마음을 냉정하고, 욕망이 없고, 증오가 없게 해서 모든 일에 아주 무심한 것이 사다카에게 있어서 유일하게 적합한 행동입니다.

예수의 말씀을 담고 있는 성경 구절

"진실로 너희에게 이르노니 천지가 없어지기 전에는 율법의 일점일획이라도 반드시 없어지지 아니하고 다 이루리라."

위의 성경 구절에 대한 바가반의 해석

점점 더 많은 행위가 있는 유해한 바다에 빠져들어, 결국 점점 더 많은 행위를 야기하고, 휴식과 평화를 갈망하는 사람에게는 복종이 적절한 치료법입니다. 행위는 행위로부터의 자유를 가져다줄 수 없습니다. 더 나아가 행하는 것은 그것에 의해 이전에 행한 것의 효과가 개선될 수 있는 치료법이 아닙니다. 행해진 모든 행위는, '나는 행위자이다'라는 생각이 마음에 남아 있는 한 분명히 속박을 야기할 것입니다.

카르트리트바붓디(행위자 의식)와 함께 행해진 행위는 사람을 카르마의 바다에 던져서 더 비슷한 행위가 미래에 수행되도록 하기 위해 씨앗을 심습니다. 행위자 없는 행위만이 적합합니다. "율법의 일점일획이라도 반드시 없어지지 아니하고 다 이루리라."는 개인의 행위의식에 의해 자극된 행위는 그 결과로 더 많은 행위를 야기할 것을 의미합니다. 예수의 이 말은 행위가 더 많은 행위를 야기한다는 카르마의 교리가 꽤 확실하고 예외가 없다는 사실에 대한 증거입니다. 사람을 자유롭게 하는 유일한 방법은 전적으로 복종하는 것입니다.

예수의 말씀을 담고 있는 성경 구절

"...예물을 제단에 드리려다가 거기서 네 형제에게 원망들을 만한 일이 있는 것이 생각나거든, 예물을 제단 앞에 두고 먼저 가서 형제와 화목하고 그 후에 와서 예물을 드리라."

위의 성경 구절에 대한 바가반의 해석

"나는 복종하고, 신을 내 편으로 끌어들인 다음, 신께서 나의 적을 벌하는 것을 의기양양하게 지켜볼 것이다"라고 생각하면서, 복수에 대한 작은 욕망이라도 여전히 당신의 마음을 괴롭히고 있는 동안에는 신에게 복종하려고 하지 마십시오. 동기가 전혀 없는 그런 복종만이 유효합니다. 만약 구원이나 나-깨달음에 대한 욕망 또는 기대를 포함해서, 복종에 대한 어떤 동기라도 여전히 당신에게 남아 있으면, 마음에서 그런 동기들을 깨끗이 없앤 다음 복종하십시오. 왜냐하면 신이나 가슴은 전적으로 동기가 없는 복종만을 받아들이도록 계획할 것이기 때문입니다.

예수의 말씀을 담고 있는 성경 구절

"네 머리를 두고도 맹세하지 말라. 이는 네가 머리카락 한 올도 희거나 검게 할 수 없음이라."

위의 성경 구절에 대한 바가반의 해석

사람은 자신의 재능과 능력에 대해 헛된 추정을 합니다. 상황이 그의 계획대로 되지 않을 때, 그는 낙담하고 실의에 빠져서 그의 어리석은 작은 불행에 대해 신을 탓합니다. 사람은 자신의 능력을 중요시하고, 문제들이 손을 벗어날 때만 신의 도움을 요청하기 때문에 이런 문제들에 직면합니다. "네 머리를 두고도 맹세하지 말라."는 "자신의 능력을 믿지 말고 대신 신에게 의존하라. 왜냐하면 이것이 달콤한 의존이기 때문이다. 그에게 복종하고, 의심할 여지가 없는 수용만이 완전한 복종이기에 당신의 삶에서 뒤따르는 모든 사건들을 그의 불가해하고, 의심할 여지없는 의지라고 무조건적으로 받아들이라."라는 의미입니다.

수용은 자신이 신성하게 영감을 받은 신의 하인이라고 오만하게 상상하고, 그 비뚤어진 상상에 토대해서 마음이 상상의 신의 상상적인 지시에 따라 행동하는 것으로 가장해서 수행할 자격이 있다고 상상하는 어떤 부당한 활동이든 자행하는 것을 의미하는 것은 아닙니다. 그것은 사물들이 현재 그것들의 모습과 다르기를 바라는 것을 포기하는 것을 의미합니다. 삶에서 당신의 유일한 역할은 마음을 항상 그에게 고정시키면서, 세상에서 당신을 위한 그의 계획을 따르는 것입니다.

"네가 머리카락 한 올도 희거나 검게 할 수 없음이라."는 그가 자기 몸에 의해 수행된 행위들의 행위자인 척 하더라도 사실 그의 삶을 구성하는 사건과 상황을 형성하는 프라랍다에 대한 통제권이 없다는 것을 의미합니다. 이렇듯 그는 세 가지 카르마의 고통스럽고 소용돌이치는 회오리바람 앞에서 자신의 무기력함을 제대로 인지하고 그의 개인적 자아를 신에게 맡겨야 합니다. (이 문맥에서 스승은 자신의 개인적 의지를 신에게 복종한 사다카의 행동이 이상적으로 어떠해야 하는지를 보여주기 위해 이야기를 하나 들려주었다.) 슈리 라마크리슈나는 그의 제자들에게 다음의 이야기를 들려주었습니다.

어떤 마을에 아주 경건한 영혼을 가진 직공이 살고 있었습니다. 손님이 그에게 천의 가격에 대해 물으면, 그는 분명하게 비용과 이윤을 나누곤 했습니다. 사람들은 직공에 대한 믿음을 가지고 있어서 그의 손님들은 절대 그와 흥정하려 하지 않았습니다. 어느 늦은 밤 그는 집 앞에 앉아서 라마에 대해 생각하고 있었습니다. 그때 한 무리의 강도들이 그 길을 지나가게 되었습니다. 그들은 훔친 물건들을 나를 사람을 찾고 있었고 직공을 보고는 그의 머리 위에 짐을 올리고는 그에게 그것들을 옮기라고 명령했습니다. 갑자기 경찰이 그 자리에 도착했고, 그들을 보고 강도들은 재빨리 빠져나갔습니다. 훔친 물건들을 머리에 지고 있던 직공은 붙잡혔습니다. 다음 날, 치안판사 앞에 불려갔을 때 그 직공은 말했습니다.

"재판장님, 라마의 의지에 따라 저는 어젯밤 늦게까지 깨어서 집 밖에 앉아 있었습니다. 라마의 의지에 따라 저는 라마에 대해 생각하고 있었습니다. 라마의 의지로 한 무리의 강도들이 그 길을 지나갔습니다. 그들은 라마의 의지로 집에서 강도 짓을 저질렀고 훔친 물건들을 제 머리에 얹었습니다. 바로 그때, 라마의 의지대로, 경찰들이 와서 그들을 보았고, 라마의 의지대로 강도들은 도망갔습니다. 라마의 의지대로 경찰들은 저를 체포했습니다. 오늘 아침, 라마의 의지대로 저는 당신 앞에 불려왔습니다."

치안판사는 그 직공이 경건한 사람이라는 것을 깨닫고 그의 석방을 명했습니다. 돌아오는 길에 직공은 그의 친구들에게 라마의 의지대로 그는 풀려났다고 말했습니다. 이 이야기의 교훈에 대해 묻자, 슈리 바가반은 말했습니다. 슈리 라마크리슈나는 신의 진정한 헌신자는 모든 일에 대해 그에게 의존한다고 말하곤 했습니다. 삶의 모든 순간 그는 일어나는 모든 일은 신의 의지에 따라 일어나고 있다는 것을 알고 있습니다.

예수의 말씀을 담고 있는 성경 구절

"… 왜냐하면 구하기 전에 너희에게 있어야 할 것을 너희 아버지께서는 아시느니라."

위의 성경 구절에 대한 바가반의 해석

신에게 어떤 것을 구할 필요는 없습니다. 무엇을 할지, 어떻게 할지, 언제 할지, 누구를 통해서 할지를 그는 알고 있습니다. 모든 것을 전적으로 그에게 맡기십시오. 당신의 머리에는 어떤 걱정도 가지지 마십시오. "나는 신성하게 영감을 받은 신의 인도 아래에서 행위하고 있고 따라서 평범한 인간이 아니라 오히려 무시될 수 없는 힘이다."라는 그에 상응하는 비뚤어진 생각을 마음속에 만들지 말고, 당신의 몸이 단순히 그의 손의 도구가 되게 하십시오.

만약 자아가 복종 한 후에 통제권을 되찾으려 한다면, "광신적 저항"으로 그 사악한 시도에 맞서십시오. 당신의 개인적 자아가 당신의 생각 안에 자리를 잡지 못하게 하십시오. 그렇게 해야 한다고 생각한다면, 일어나는 모든 생각이 신에 대한 생각이 되게 하십시오. 바깥으로 향하는 자아와 마음이 결정적으로 안으로 향하게 할 수 있도록 꾸준히 그 빛을 비추는 신의 은총 사이에 "Vernichtungskrieg(전멸 전쟁)"가 있게 하십시오. 그것에 참여하지 마십시오. 결국 은총이 승리합니다. 당신은 그에게 깨달음을 요구할 필요가 없습니다. 대신 요구하는 자를 그에게 맡기십시오. 명백하게 그것이 필요하고 그것이면 충분합니다.

예수의 말씀을 담고 있는 성경 구절

"…네 보물이 있는 그곳에 네 가슴도 있느니라."

위의 성경 구절에 대한 바가반의 해석

세상의 일들에 집착하는 사람은 나를 찾을 수 없습니다. 당신이 찾는 보물이 세상적인 재물이고, 당신의 마음이 세상의 부를 축적하는 것에 전념한다면, 당신의 마음은 안으로 향할 수 없습니다. 만약 당신이 찾는 부가 동료와 함께 하는 것이고, 당신의 마음이 다른 사람들과의 교제에 전념한다면, 당신의 마음은 안으로 향할 수 없습니다. 꾸준히 자신의 기원을 찾는 마음만이 안으로 향해서 나를 발견할 수 있습니다.

당신이 찾는 보물이 불멸이고, 소멸할 수 없는 아트만일 경우에만, 당신의 마음은 아트만에게 뛰어들어 그 결과 자신을 잃을 것입니다. 그런 필요성이 정말 일어난다면 재산을 다루거나 사람들과 어울리는 것은 금기가 아닙니다. 오직, 그것들에 대한 갈망이나 애착이 일어나서는 절대 안 됩니다.

세상적인 부, 가족 구성원, 사회적 지위 등에 대한 마음의 애착들을 품고 있으면서 묵티를 위해 신에게 기도하는 사람, 그 자신에 대한 위선자가 아니라면, 우리는 그를 뭐라고 부를 수 있습니까? 그 구절은 "당신의 마음의 애착이 있는 곳, 거기에만 당신의 마음 또한 머무를 것이다."를 의미한다고 이해될 수 있습니다. 이와 같이 그 갈망이 나-깨달음을 위한 것이라면 마음은 자연히 가슴에 끌립니다. 결국 이 마지막 갈망 또한 포기되어야 합니다.

예수의 말씀을 담고 있는 성경 구절

"…그러므로 네 눈이 성하면 single 온몸이 밝을 것이요, 네 눈이 나쁘면 온몸이 어두울 것이니라."

위의 성경 구절에 대한 바가반의 해석

눈은 여기에서 마음의 눈을 가리킵니다. 의식의 입구는 오직 하나입니다. 밖으로 향해지면 그것은 생각과 세상이 됩니다. 안으로 향해지면 그것은 자신이 절대적 나라는 것을 발견합니다. 마음이 단일할 때 즉, 아트마니슈타이에서 하나로 모아지거나 고정될 때 그것은 빛에 잠기거나 빛으로 가득하다고 말해집니다. 아비디야마야(무지의 환영)의 사악한 힘에 복종했다는 사실 때문에, 눈이 나의 존재함Beingness 안에서의 휴식이라는 자연적 상태를 버리고 물체를 볼 때 (즉, 다양성을 자각하게 될 때), 그것은 구분 또는 산만함 또는 망상의 병으로 고통 받는다고 말해집니다. 마음의 눈의 에센스는 오직 삿Sat입니다. 그러나 그것은 아비디야마야의 사악한 영향력에 항복했습니다. 따라서 자신을 덧없고 객관적인 주위의 세상을 목격하는 일시적 주체라고 잘못 가정합니다. 그러므로 그런 마음은 어둠에 잠겨 있거나 어둠으로 가득한 마음이라고 알려져 있습니다. 그런 마음이 바로 창조의 계획이 생각해 낸 가장 큰 악입니다.

예수의 말씀을 담고 있는 성경 구절

"눈은 몸의 등불이다. 그러니 네게 있는 빛이 어두우면 그 어둠이 얼마나 더하겠느냐!"

위의 성경 구절에 대한 바가반의 해석

의식을 몸 안으로 채널화시켜 주는 오직 하나의 근원이 있습니다. 그로 인해 그것은 무지가 번성하게 합니다. 그 근원은 마음의 눈입니다. "몸의 빛은 눈이다."는 "의식이 몸을 통해 확산되어 나오는 근원은 오직 마음이다."라고 읽어야 합니다.

사람에게는 오직 하나의 마음 즉 의식의 입구가 주어집니다. 이 하나이자 유일한 마음이 어둠의 폭주(다양성의 환영)에 빠져 버리면, 그 어둠은 분명 참을 수 없을 정도로 끔찍할 것입니다. (원어) 이 시점에서 스승은 왜 예수는 그것이 그가 정말 의미했던 것이라면 공개적으로 그렇게 말하지(스승이 지금 전달하고 있는 이 모든 것을 말하지) 않았느냐는 질문을 받았다.

스승은 이런 말로 응답했다. 예수는 이미 극단적 견해를 가진 사람으로 여겨졌습니다. 이것이 그가 십자가에 못 박혀 죽은 이유입니다. 만약 그가 당시 이스라엘에 만연했던 문화적 배경 속에서 이런 생각들을 유포했다면, 아마도 그들은 그를 끌고 가서 곧바로 십자가에 처형했을 것입니다.

갸니는 그의 몸에 대해 두려워하지 않습니다. 하지만 그것들이 원래의 아드바이타 용어들로 설명이 되었다면 그 당시에는 이런 생각들을 이해하는 사람이 많지 않았을 것입니다. 이와 같이 그들은 그 말들을 이해하지 못하고 버렸을 것입니다.

예수는 자신의 말이 후세에 남아야 한다는 것을 알았습니다. 그래서 메시지는 우화와 은유로 교묘하게 표현되었습니다. 이것은 그것을 즐기게 만들고, 더 많은 청중에서 닿아서 호소할 것입니다. 그렇게 그 말들은 기억되고, 소중히 여겨지고, 보존될 것입니다. 우화는 그것만의 비결을 가지고 있는 유일한 암호 방법입니다. 그 비결은 경험입니다.

그 우화를 만들었던 사람과 같은 선상에서 올바른 뒷받침하는 경험을 가지고 있는 사람은, 일반적인 보통 사람이 어떤 의미 있는 추론을 확인하지 않고도 엄청나게 재미있다는 것을 알게 될 그 우화에서 완전히 비밀스런 수준의 의미를 발견할 것입니다. "아기들에게는 우유를, 어른에게는 고기를"이라는 말이 있습니다. 오락적 가치를 좋아하는 사람들은 중요한 기능^{function}을 이행합니다. 그들은 글이 살아서 대중적으로 유통되게 하고, 그래서 어디에서 찾아야 할지 알지도 못하면서 그것의 메시지를 찾는 사람은 순전한 우연에 의해 그것을 발견하게 되고 그에 따라 혜택을 받습니다.

이것이 예수가 자신의 메시지를 우화 아래에 묻은 또 하나의 이유입니다.

예수뿐만 아니라 많은 고대의 스승들이 이 정확한 방식으로 영적 조언을 해 주었습니다.

헌: 죄송합니다만 "일반적인 보통 사람"은 예수가 아드바이틴이었다고 암시되는 것을 듣는 것이 다소 신성모독적이라고 생각하지 않을까요?

라: (웃으면서) (원어) (이전에 슈리 바가반이 요가 바시슈타의 판차마르스(불가촉천민들)와 관련된 이야기를 들려주었을 때, 누군가가 온갖 비도덕적이고 하찮은 동기를 이유로 바가반을 비난하면서 그것에 대해 심각한 반대를 했습니다. 그때 바가반은 만약 바가반이 홀에서 공유한 내용이 불쾌하다고 생각한 사람이 그의 손으로 정의를 시행할 용의가 있다면, 그는 바가반의 목을 매달 권리가 있다고 말했었습니다.

   지금 그는 반쯤 농담으로 기독교인들은 예수가 아드바이타에 대해 논의하고 있었다는 견해에 이의를 제기할 수도 있고, 따라서 그는 다시 한 번 그의 목을 끈에 바쳐야 할 수도 있다고 말하고 있었습니다. 바가반은 때때로 그런 자기 비하적인 유머를 즐깁니다. 헌신자들은 그렇지 않습니다. (이제 좀 더 진지한 어조로) 이런 종류의 해석은 아자타 아드바이타 추종자들만을 위한 것입니다. 그것은 "교회에 가는 보통 사람들"을 당황하게 만들 것입니다. 그는 자신의 재치를 좌절시키기 위해 일종의 마법이 행해지고 있다는 결론에 도달할 수도 있습니다.

   평범한 사람은 "할" 것을 원합니다. 그의 전체 삶은 오직 "하는 것"을 위주로 했습니다. 그래서 깨달음에 관해서도, 그는 "네, 아주 흥미로워 보입니다. 저는 그것에 끌립니다. 그러니 말해 주십시오… 깨우치기 위해서 저는 무엇을 해야 합니까?"라고 열심히 질문합니다. 뭐라고 말할 수 있을까요?

   때때로 나는 "아무것도 하지 마십시오."라고 말합니다. 그것은 일반적으로 사람들을 격분하게 만듭니다. 그들은 자신들이 조롱당하고 있다고 생각합니다. 그들은 "당신은 이기적인 악마(원어)입니다. 당신은 깨달음의 열매를 다른 사람들과 나누고 싶어하지 않는군요."라고 말합니다. 내가 무엇을 할 수 있겠습니까?

깨달음은 정지Stillness 안에만 있습니다. 오직 (원어)만이 (그 자체가) 나임을 발견합니다. 마음의 움직임은 나를 이해하는 힘이 없습니다. 그것들은 나를 점점 더 멀리로 데려갑니다. 그러니 그것이 틀림없이 현명하지 못할 것이라고 당신이 생각하는 곳에서, 그런 문제들("예수는 아드바이틴이다.")에 토론의 여지를 주지 마십시오.

예수의 말씀을 담고 있는 성경 구절
 "너희가 하나님과 재물을 겸하여 섬기지 못하느니라."

위의 성경 구절에 대한 바가반의 해석
나-깨달음을 갈망하면서 동시에 몸과 다른 세상의 소유물들의 행복을 바라는 것은 강을 건너는 동안 악어를 뗏목으로 사용하려는 것과 같습니다.

예수의 말씀을 담고 있는 성경 구절
 "목숨을 위하여 무엇을 먹을까 무엇을 마실까, 몸을 위하여 무엇을 입을까 염려하지 말라. … 무엇을 먹을까 무엇을 마실까 무엇을 입을까 염려하지 말라."

위의 성경 구절에 대한 바가반의 해석
사다카의 자기-복종의 범위는 그가 외적 삶에 대해 하는 것, 그가 먹는 것, 그가 마시는 것, 그가 입는 것 등에 무관심할 정도로 전체적이어야 합니다. 이 의견은 분명 몸이 무시되거나 의도적으로 파괴의 대상이 된다는 해석을 하기 위한 것은 아니었지만, 호화로운 편의용품을 이용해서 몸을 애지중지하는 것은 깨달음을 얻기 위한 노력과 확실히 일치하지 않습니다. 카이발야(해방) 상태에 이르기 위해서는 죽어야 하지만, 죽는 것은 몸의 파괴에 있지 않습니다. 진정한 죽음은 "나"와 "나의 것"의 소멸입니다. 몸의 상태가 과도한 고통으로부터 벗어나게 하기 위해 필요한 기본적인 편의용품들을 없앨 필요는 없습니다. 오직 가치-판단, 취향, 그리고 선호도만 포기해야 합니다. 외부 문제들에 대한 무관심의 특성은 신을 발견하고 그에게 합쳐지는 것에 전체 초점이 향해있는 사람에게 자동적으로 생깁니다.

예수의 말씀을 담고 있는 성경 구절

"먼저 그의 나라와 그의 의righteousness를 구하라. 그리하면 이 모든 것을 너희에게 더하시리라."

위의 성경 구절에 대한 바가반의 해석

신은 깨달음을 찾는 사다카를 어떤 피해로부터도 보호합니다. 해야 할 일은 다른 모든 것을 완전히 배제하고 탐구에 마음을 집중하는 것이 전부입니다. 다른 문제들은 사다카가 요구할 필요도 없이 신에 의해 처리될 것입니다. 아직도 (신에게) 무엇인가를 원하거나 요구하는 단계에 있는 사다카, 그는 팍비(pakvi)가 아닙니다. 그는 아직 가야 할 길이 멉니다.

예수의 말씀을 담고 있는 성경 구절

"그러므로 내일 일을 위하여 염려하지 말라. 내일 일은 내일이 염려할 것이요. 한 날의 괴로움은 그 날로 족하니라."

위의 성경 구절에 대한 바가반의 해석

진실한 사다카는 오늘조차도 생각하지 않을 것입니다. 그렇다면 내일에 대해 생각하는 사람을 어떻게 진실한 사다카라고 부를 수 있겠습니까? 신은 무조건적으로 복종한 사람을 절대 버리지 않습니다. 우리의 지각된 필요성들, 결함들, 결핍들에 대해서는 걱정할 필요가 없습니다. 신이 그것들을 처리할 것입니다. 아니면, 만약 그가 하지 않는다면, 그것은 그의 요구가 신에 의해 분명하게 무시된다면, 그것은 사다카의 영적 발전을 가능하게 하기 위한 것일 수도 있습니다. 우리는 마음이 일상적이거나 일시적인 관심사에 대해 깊이 생각하게 해서는 안 되며 그것을 항상 나의 존재에 고정시켜야 합니다.

예수의 말씀을 담고 있는 성경 구절

"거룩한 것을 개에게 주지 말며, 너희 진주를 돼지 앞에 던지지 말라. 그들이 그것을 발로 밟고 돌이켜 너희를 찢어 상하게 할까 염려하라."

위의 성경 구절에 대한 바가반의 해석

모든 행동이 헛되다는 귀중한 이해에 도달하지 않았고 그의 마음이 아직 감각들 가운데서 움직이는 사람과 함께 논의될 때, 아자타 아드바이타는 그런 무지한 자에게 논의의 여지를 주는 사람에게 심각하게 비뚤어지고 유해한 결과를 초래할 것입니다. 그는 심지어 "태양이 열을 뿜어내는가?"라는 의문을 가질 수 있지만 이 (앞에서 말한) 사실에 대해서는 의문이 있을 수 없습니다. 실재에 대한 경험이 없고, 그의 외부의 세상을 그와는 별개로 보는, 깨우치지 못한 사람이 어떻게 비할 데 없는 삿구루의 신성한 가르침의 진정한 의미 뒤에 있는 진리를 이해할 수 있겠습니까?

예수의 말씀을 담고 있는 성경 구절:

"구하라. 그리하면 너희에게 주실 것이요. 찾으라. 그리하면 찾아낼 것이요. 문을 두드리라. 그리하면 너희에게 열릴 것이니, 구하는 이마다 받을 것이요. 찾는 이는 찾아낼 것이요. 두드리는 이에게는 열릴 것이니라."

위의 성경 구절에 대한 바가반의 해석

진정으로 나를 구하면 당신은 그것을 발견할 것입니다. 아니, 만약 당신이 진실하다면 그(브람만)가 당신을 찾아올 것입니다. 진실함은 일단 넥타와 같은 구루의 말씀을 들으면 흔들리지 않는 것입니다. 하늘에 있는 신들이 해방을 주는 그의 힘을 질투해서 딸꾹질을 하게 만드는 구루가 "침묵을 지켜라(Summa Iru)"라는 말씀을 그의 귀에 말하는 것을 듣고서, 만약 그 후에 그가 브릿티들의 세계로 들어가 그의 마음이 계속해서 감각들 가운데서 움직이게 둘 때 우리가 그의 어리석음이 인드라가 마하리쉬 고타마의 아내를 탐했을 때의 어리석음과 비교될 수 있는지 질문을 받는다면, 그것이 더 심하기 때문에 우리는 아니라고 대답합니다.

해로운 마음의 애착의 망상으로부터 자유로운 진실한 사다카에게 있어서 "당신Thou"라는 단어의 토대가 되는 "나"의 관념에 대한 언급에 의해 나타내지는 존재-의식의 진정한 성품에 대한 탐구만으로도 깨달음에는 충분합니다. 그는 다른 두 단어에 대해서는 깊이 생각할 필요가 없습니다.

예수의 말씀을 담고 있는 성경 구절

"좁은 문으로 들어가거라. 멸망에 이르는 문은 크고 또 그 길이 넓어서 그리로 가는 사람이 많지만, 생명에 이르는 문은 좁고 또 그 길이 험해서 그리로 찾아드는 사람이 적다."

위의 성경 구절에 대한 바가반의 해석

좁은 문은 마음을 나로 합하는 길입니다. 많은 사람들이 그것을 찾지는 못합니다. 만약 지나가게 된다면 그것은 불멸, 진정한 생명을 줍니다. 넓은 문은 마음을 증발하게 두어서 생각의 형태들에서 허투루 쓰게 하는 길입니다. 많은 사람들이 그것을 찾고 그 길로 다닙니다. 그것은 전적인 평화의 파괴로 나아가게 하며 나-흡

수Self absorption라는 그의 타고난 행복의 완전한 파멸로 이어질 뿐입니다. 하나이자 유일한 실재는 마음의 움직임을 정지함으로써 평화를 얻는 그런 사람들에 의해서만 경험될 수 있습니다. 그것은 마음이 불안한 사람들이 닿을 수 있는 곳 너머에 있습니다.

헌: 바가반께서는 울라두 나르파두 시의 구절 30에서 실재에 대한 탐구는 마음에서 시작한다고 말씀하십니다. 그렇지만 사람들이 그에게 탐구에 대한 실제적인 지도를 요구할 때면, 그는 가슴에 대해 말합니다. 그것에 대한 설명은 무엇입니까? 가슴은 수행의 마지막 단계입니까, 아니면 목표 그 자체입니까?

라: 사다카는 그를 밤낮으로 괴롭히고 평화를 잃게 하는 맹렬하고 성급한 생각들의 맹공에 대항하기 위해 마음을 안으로 향하게 한 채 수행을 시작합니다. 그 수행 덕분에, 그는 결국 감정-기억feeling-recollection을 통한 "나" 감각을 찾아내게 됩니다. 마음이 마침내 가슴으로 가라앉을 때, 방해받지 않는 희열이 압도적으로 느껴집니다. 그러면 지성과 아무런 관련이 없는 "나"의 느낌이 있는데, 이 지성은 순수한 주관적 의식과 분리된 것이 아닙니다. 그래서 마음은 가슴 안으로 스며들어야 합니다. 가슴은 당신의 수행 대상으로 느껴질 수 없습니다. 마음이 마침내 모든 산만하고 일탈적인 경향에서 벗어나게 됐을 때 비로소 그것의 깨달음이 분명해집니다.

헌: 비베카추다마니의 구절 266에서 슈리 샹카라차리야는 브람만이 미묘한 지성인 붓디에 의해 깨달아질 수 있다고 말하는데, 그것은 지성이 깨달음에 있어 엄청난 도움이 되어야 한다는 것을 의미합니다. 정화된 붓디가 깨달음에 필수적이라는 것이 샹카라의 의견인 것처럼 보이지만, 바가반께서는 깨달음이 분명해지기 전에 그것이 파괴되어야 한다는 의견을 가지고 있습니다. 그렇지 않습니까?

라: 당신은 "붓디"라는 말을 "미묘한 지성"이라고 올바르게 번역했습니다. 그것이 보통의 의미입니다. 하지만 이 구절에서 그것은 또한 구체적으로 가슴의 동굴을 의미할 수 있습니다.

그런 다음 바가반은 홀에 있는 누군가에게 구절 266을 크게 읽어 달라고 부탁했다.

"붓디의 동굴에는 거칠고 미묘한 것과는 구분되는 브람만, 절대적 존재, 지고의 존재, 둘이 없는 하나의 존재가 있습니다. 이 동굴에서 브람만으로 사는 사람에게는, 오 사랑하는 이여, 더 이상 여성의 자궁으로 들어가는 일은 없습니다."

옳고 그름, 선과 악 사이를 구별하는 능력과 관계되는 의미에서, 붓디는 깨달음이 분명해지기에 앞서 확실히 사라져야 합니다. 미묘한 지성과 관계되는 의미에서 붓디는 마음이 끊임없이 자신의 근원을 찾도록 돕고 따라서 사다카를 깨달음으로 이끕니다. 정화된 칫탐 또는 브릿티가 씻겨나간 마음은 자동적으로 나의 깨달음으로 이어집니다.

헌: 만약 옳고 그름, 선과 악을 구분하는 능력을 잃는다면, 그것이 저에게 위험하지 않겠습니까? 저는 그렇게 하고 있다는 것과 그것이 나쁘다는 것을 알지 못한 채 다른 사람들에게 해를 끼칠 수도 있습니다. 제가 해를 입고 있다는 것과 해로부터 자신을 보호하는 것이 좋다는 것을 알지 못한 채, 다른 사람들이 저에게 해를 끼치는 것을 막을 수 없을지도 모릅니다.

라: 수행에서 더 깊이 나아갈수록, 당신은 선, 악, 옳음, 그름, 악함, 도덕 같은 그런 것들이 존재하지 않는다는 것을 발견하게 될 것입니다. 그것이 내가 의미한 것입니다. 세상에서는 보통의 세상적인 행동 기준들이 유지되어야 합니다.

헌: 하지만 그것은 위선을 암시하는 이중 잣대가 되는 것 아닙니까?

라: 아닙니다. 일단 일정 단계의 마음의 내향성에 이르면, 당신은 다른 사람들을 대하는 자신의 자발적 행동이 자신의 마음이 아니라 그들의 마음에 토대한다는 것을 발견하게 될 것입니다.

헌: 얼마 전 슈리 바가반께서는 저의 마음이 존재하는 유일한 마음이라고 말씀하셨습니다.

라: 겉으로 보이는 모습은 똑같은 상상의 수준에서 겉으로 보이는 반응들을 만나야 합니다.

헌: 이해할 수가 없습니다.

라: 아드바이타는 내적, 마음의 적용을 위한 것입니다. 그것은 왜 코끼리는 코끼리를 수용하기 위해 배정된 건물로, 소는 외양간으로, 개는 그 사육장으로 데려가야 하는지 질문을 받은 자나까 왕의 이야기와도 같습니다. 아드바이타를 세상에 적용하고자 한다면, 당신은 심각한 문제에 처하게 될 것입니다.

제11장
1936년 7월 16일

헌: 제가 그것에 토대해서 비차라를 제대로 수행하고 있는지 아닌지를 스스로 알아낼 수 있는 지표는 무엇입니까?

라: 만약 비차라가 그 안에서 순수한 주관적 의식과 동일하게 머무르는 마음 상태를 초래했다면, 당신은 그것을 제대로 한 것입니다. 하지만 무기력한 마놀라얌(잠, 술 등으로 마음이 일시적으로 가라앉은)의 마음의 상태는 종종 순수한 주관적 의식pure Subjective Consciousness의 타부라-라사(외부의 인상들을 받아들이기 전의 빈 상태) 정신 상태로 잘못 여겨지기 때문에, 그의 마음이 현재 순수한 주관적 의식과 동일하게 머무르고 있는지 아닌지를 초보자가 구별하는 것은 쉽지 않습니다. 마음이 순수한 주관적 의식과 동일하게 머무를 때 그것은 틀림없이 "나"-"나"가 반짝이게 합니다. 이와 같이 당신의 질문에 대한 최종적인 답은 비차라가 아함 스푸라나 빛을 발하는 결과를 초래했다면 그것은 제대로 수행되었다는 것입니다.

헌: 아함 스푸라나가 "빛을 발할" 때 어떻게 그것을 인식합니까?

라: 경험이 실제로 일어날 때 그것을 착각할 가능성은 없습니다. 어떤 설명이 주어지든 그것은 쓸모가 없을 뿐만 아니라 역효과를 낳습니다. 왜냐하면 만약 아함 스푸라나의 경험에 대한 설명이 주어진다면, 마음은 현재의 지극히 평범한, 바깥으로 돌출되고 만족감을 갈망하는 마음의 충동들을 주어진 설명과 완벽하게 일치하는 것처럼 보이는 충동으로 일그러뜨리고 왜곡

하기 때문입니다. 이는 그것이 파괴되는 것을 피하고 싶기 때문입니다.

따라서 만약 이 홀에서 제공되는 아함 스푸라나의 경험에 대한 설명을 듣는다고 해도, 그것을 기억하려고 애쓰지 마십시오. 아함 스푸라나가 실제로 빛을 발하면, 당신은 그것을 제대로 알게 될 것입니다. 아함 스푸라나에 대한 인식은 지적 확증에 토대를 두지 않습니다. 그것은 나에 대한 직접 경험으로, 오직 갸니의 사하자스티티보다 열등할 뿐입니다.

헌: 아함 스푸라나는 성숙한 영혼들만 느끼는 것입니까?

라: 그렇습니다.

헌: 그러면 해야 하는 다른 것들은 무엇입니까?

라: (미소를 지으면서) 스스로 성숙하게 하십시오!

헌: 어떻게 말입니까?

라: 비차라 아비야사(수행)가 방법입니다.

헌: 이제 조금은 다르지만 관련 있는 질문을 하려고 합니다. 비차라 아비야사와 관련해서 제가 얼마나 진전을 보이고 있는지 어떻게 알 수 있는지 말씀해 주십시오.

라: 마음을 순수한 주관적 의식과 동일하게 머무르는 그 상태로 유지할 수 있는 시간의 길이가 당신이 얼마나 효과적으로 비차라를 수행하고 있는지 알아낼 수 있는 척도입니다.

하지만 더 실용적으로, 마음의 난폭함(생각; 이런 저런 것을 상상하는 것)과 마음의 둔감함(무기력; 생각이 없지만 잠이 아주 가까운 곳에서 머리를 쑥 내미는 마음의 이완의 기분 좋은 상태에 빠지는 것입니다. 예를 들어, 가장 좋아하는 별미를 다 먹은 오후의 식사 직후에 경험되는 마음의 감각입니다. 특히 그 날 남은 시간 동안 해야 할 것으로 예상되는 일이 많지 않을 때입니다.)은 진전을 측정하는 수단입니다. 그러나 진전에 대한 욕망은 장애물입니다. 그것을 제거하십시오. 진전을 측정하고자 하는 사람이 누구인지 스스로 물어보십시오.

채드윅: (슬퍼하며) 저는 여기에서 몇 달 동안 머무르고 있습니다. 저에게서는 아무런 발전이 보이지 않습니다. 오히려 제 상태는 악화되는 것처럼 보입니다. 제 생각의 점도 viscosity는 커지고

있습니다. 저는 계속해서 바가반의 비차라 방법을 사용하고 있습니다. 그렇지만 제가 매일매일 공격받고 있다는 생각 부대의 힘은 줄어들지 않습니다. 저는 이번 생에서 깨닫기를 간절히 원합니다. 아니면 다시 태어난다면, 제가 다음 생에서 깨닫도록 도와주시기 위해 바가반께서도 다시 태어나는 것에 동의하셔야 합니다. 바가반 없이 제가 무엇을 할 수 있겠습니까?

　홀 뒤에서 누군가 소리쳤다. "그는 지반묵타(살면서 해방된 사람)입니다. 그에게 또 다른 탄생의 가능성이 어디에 있습니까? 그 의견은 말도 안 되는 것 아닙니까?"

　채드윅은 그저 그를 무시했다.

라: 당신이 깨달음을 위해 애쓰고 있다는 생각을 버리십시오.

헌: (아연실색하며) 뭐라구요?! 바가반께서는 제가 탐구를 버리게 하실 겁니까? 제가 깨달을 자격이 없다고 그는 결정했습니까?

라: 당신에게 한 말을 주의 깊게 들었습니까? 당신에게 탐구를 포기하라고 요구한 것이 아닙니다. "super-you"에 합쳐지려고 노력하는 "you"가 있다는 비논리적인 생각을 버리라고 요구한 것입니다.

헌: 네, 지바트만이 파람아트만으로.

라: 오호! (원어!) 그래서 당신 또한 이 용어들을 선택했군요. 지난번에 내가 설명했습니다. 지바트만의 존재를 주장하거나 믿는 사람, 그가 깨달음을 얻겠습니까?

헌: 지바트만이 없다면 누가 사다카이겠습니까?

라: 맞습니다.

헌: (우울하게) 아무것도 이해하지 못하겠습니다.

라: 개인적 자아의 존재에 대한 믿음을 버리십시오. 당신은 지금 그 잘못된 근거에 토대해서만 질문을 하고 있습니다.

헌: 하지만 저는 사다나를 수행하기 위해 남아 있어야 합니다.

라: 사다나의 목적은 무엇입니까?

헌: 자아의 파괴입니다.

라: 아닙니다. 자아의 존재에 대한 생각의 초월입니다.

헌: 그렇다면 만약 제가 개별적 인간으로서 존재한다는 생각으로부터 스스로 벗어난다면, '나는 누구인가?' 방법은 필요하지 않습니까?

라: 먼저 그 잘못된 생각을 버리십시오. 그 생각을 버린 다음에, 아함 브람아스미, 나는 존재-의식이다 등과 같은 다른 어떤 생각들도 그 자리에 불러들이지 마십시오… 모든 생각 즉, 모든 마음의 동일시로부터 자유롭게 있으십시오. 마음이 모든 객관화 또는 동일시로부터 자유로운 순수한 주관적 의식 상태에 머무르게 하십시오. 그런 다음, 생각들이 일어나는 대로, "이 생각은 누구에게 일어났는가?"라는 반대 생각으로 그것에 맞서십시오. 이것은 그 생각이 더 발전하는 것을 저지합니다. 그런 다음에는 마음을 순수한 주관적 의식이라는 그것의 원래 상태로 되돌리십시오. 이것이 방법입니다.

헌: "나는 자아가 아니라 절대적 나이다"라고 반복하는 것은 자아의 지배를 약화시키는 데 도움이 되겠습니까?

라: 아닙니다. 그것은 마음의 활동입니다. 그것은 자아를 강화시키고 그것이 더 정신없이 날뛰게 만듭니다. 이 구절들을 들어 보십시오.

(바가반은 공책에서 타밀 구절을 읽는다.)

오, 마음이여! "나는 지바이다"라고 생각하며 너는 이미 고통 받았다. "나는 브람마이다."라고 믿음으로써 더 심한 망상에 빠지지 말라. 초월적 상태에는 "나"라는 이름에 응답할 이가 없다.

사람은 "나는 바로 이 작은 몸이다."라고 믿으면서도 무모하게 행동합니다. 만약 그가 "나는 지고의 존재이다."라고 생각하기 시작하면, 그가 잘못했다고 생각할 만한 어떤 것이 남아 있겠습니까?

헌: 깨달음을 위해서는 바가반의 작품을 읽는 것으로 충분합니까, 아니면 아디 샹카라, 니슈찰 다스 등과 같은 고대 힌두 아드바이타 책도 읽어야 합니까?

라: (공책의 또 다른 페이지를 읽어주면서)

신기루 물이 갈증을 해소해 주고, 그림의 불이 음식을 조리해 줄 때, 구원은 단지 책의 지식으로도 얻어질 수 있습니다.

머리가 둔한 여성은 결혼 축제 행사가 부부간의 행복이라고 믿을 수도 있는 것처럼, 진리의 경험을 얻지 못한 어리석은 사람은 책의 지식이 그에게 경험을 가져다주었다고 생각합니다.

헌: 기본 개념에서 좋은 기초교육을 얻으면 안 됩니까?

라: 여기에서 이용할 수 있는 책자면 충분할 것입니다. 어떤 것을 읽고 싶다면 그것들을 반복해서 읽으십시오. 넓게 파는 것이 아니라 더 깊이 파고 드십시오.

헌: 지고의 상태는 무엇입니까?

라: 자아 없이 남아 있는 것입니다.

헌: 자아는 무엇입니까?

라: 진정한 "나"를 숨기는 "나" 생각입니다.

헌: 모든 것이 환영이라면, 진짜는 무엇입니까?

라: "나"의 능력이 살아있지 않은 존재-의식입니다.

헌: 그런 경우에는 어떻게 환영이 존재-의식으로부터 일어났습니까?

라: 그것이 일어났는지 아닌지를 보십시오.

헌: 만약 갸나가 단지 순야 즉 공백(텅 빔)이 아닌지를 어떻게 압니까?

라: 오직 직접 경험에 의해서만 압니다.

헌: 비차라를 수행하기에 가장 효과적인 장소는 어디입니까? 티루반나말라이입니까?

라: 당신의 가슴입니다.

헌: 자아는 악마 락타베자처럼 보입니다. 하나의 생각이 끊어지면 천 개의 다른 생각들이 그 자리를 차지합니다. 무엇을 해야 합니까?

라: 실패 가능성에 대해 끊임없이 생각함으로써 자신의 어리석음을 드러내지 마십시오. 그것은 스스로 불리하게 만드는 가장 확실한 방법입니다. 쉬지 않고 비차라에 열중하십시오. 결국

모든 것은 잘 될 것입니다.

　무슬림 신사가 질문했다.

헌: 저는 삼사라의 슬픔으로부터 도망칠 수 있도록 가능한 한 빨리 나-깨달음의 결과를 내고 싶습니다. "나는 누구인가?" 방법, 그것만으로 충분합니까?

라: 그렇습니다.

헌: 제가 깨달으려면 시간이 얼마나 걸릴지 궁금합니다.

라: 시간은 무엇입니까?

헌: 사람은 시계와 달력을 보고 그것을 측정합니다.

라: 그런데 그것은 무엇입니까?

헌: 저는 저를 깨우치기 위해서 전능하신 바가반에게 그것을 맡깁니다.

라: 시간은 단지 마음의 생각일 뿐입니다. 마하바라타에 나오는 다음 이야기를 생각해 보십시오.

　레바티는 대양 저 바닥 아래의 번창하고 발전된 왕국인 쿠사스탈리를 통치했던 강력한 군주 카쿠드미 왕의 하나뿐인 딸이었습니다. 카쿠드미는 세상의 왕국에는 그의 아름다운 딸과 결혼할 만큼 좋은 사람은 아무도 없다고 생각하고, 그녀에게 적합한 남편을 찾는 것에 대해 브람마의 조언을 청하기 위해 레바티를 데리고 브람마로카로 갔습니다. 그들이 도착했을 때 브람마는 음악 공연을 듣고 있어서 그들은 공연이 끝날 때까지 참을성 있게 기다렸습니다. 공연이 끝난 후, 왕과 그의 딸은 공손하게 브람마에게 다가갔습니다. 카쿠드미 왕은 고개를 숙이고 요청을 드렸습니다. "오 브람마시여! 저는 이 딸을 누구와 약혼시켜야 할까요? 이 점에 대해 물어보기 위해 저는 당신에게 왔습니다. 저는 많은 왕자들을 찾아다녔고 또한 많은 훌륭한 왕자들을 봤는데 그들 중 누구도 저의 마음에 들지 않았고 그래서 마음이 안심되지 않습니다." 브람마는 왕의 어리석음을 비웃었습니다.

　"오 왕이여! 딸의 신랑이 될 것이라고 당신이 생각했던 왕자들은 모두 죽었습니다. 그들의 아들과 손자, 그리고 그들의 친구들도 모두 죽었습니다." 브람마는 시간은 각기 다른 존재의 차원에서 다르게 흐른다고 계속 설명합니다. 그들이 그를 보기 위해 브람마로카에서 기다린 그 시간 동안, 지구에서는 27 차투르유가(4유가)가 지났습니다. 카쿠드미가 가졌고 소유했던 모든 것, 그의 친구들과 가족, 그의 아들들과 아내, 그의 군대와 보물은 지나간 시간과 함께 사라졌습니다. 왕과 그의 딸은 그들이 잃은 모든 것에 대한 놀라움과 슬픔에 휩싸였지만, 브람마는 그들을 위로하고 현재 이 땅에 있는 훌륭한 남편, 크리슈나의 쌍둥이 형제 발라라마를 추천했습니다.

오늘날, 우리는 종종 시간이 처음, 중간, 끝을 가진, 한 방향으로 움직이는 화살이라고 생각합니다. 그러나 고대 힌두 철학은 시간은 상대적이라는 관념에 익숙했고, 베다 경전의 많은 구절들은 신들의 우주의 시간은 지구에서의 시간과 다르다고 반복적으로 지적합니다. 카쿠드미와 레바티가 브람마 앞에서 단 몇 분이었다고 생각한 것이 실제로 우리 시간으로는 천 년이었습니다. 이와 같이 집에서는 수백 억 년이 흘렀습니다. 그들이 돌아갔을 때, 그들은 전혀 알지 못하는 완전히 다른 장소로 돌아갔습니다.

헌: 그 이야기의 교훈은 무엇입니까?

라: 시간과 공간은 순전히 임의적인 마음의 개념화들입니다. 그것들은 완전히 비실제적입니다. 아인슈타인의 상대성이론은 절대적 시간과 절대적 공간의 개념을 없앴습니다. 진공에서는 빛의 속도만이 일정하다고 말해집니다. 마찬가지로, 하이젠베르그는 그의 1930년 출판물, "양자 이론의 물리적 원칙"에서 이렇게 씁니다, "...고전적 물리 이론에서는 이 상호작용(관찰하는 자와 대상 사이의 상호작용)은 무시할 정도로 작거나, 아니면 그것의 효과는 "통제" 실험에 기초한 계산에 의해 결과로부터 제거될 수 있다고 가정되었다.

이 가정은 원자 물리학에서는 허용되지 않는다. 관찰하는 자와 대상 사이의 상호작용은 원자적 과정 특유의 불연속적인 변화 때문에, 관찰되고 있는 체계에서 통제할 수 없는 큰 변화를 야기한다. 관찰되는 체계의 통제 불가능한 작은 변화는 이전에 결정된 양의 값을 바꾸기 때문에, 이 상황의 즉각적인 결과는 어떤 수치량을 결정하기 위해 수행되는 일반적인 모든 실험에서, 다른 것들에 대한 지식을 환상에 지나지 않는 것으로 만든다."

그의 이론은 어떤 입자의 위치가 더 정확하게 결정될수록 그것의 운동량은 덜 정확하게 알 수 있고, 그 반대도 마찬가지라는 것을 가정합니다. 이게 다 무슨 뜻입니까? 지금까지 그 물리학자는 "나는 그것에 대해 더 알고 싶다. 그러니 그것에 더 가까이 가서 그것을 측정해서 그것을 연구하도록 하겠다."라고 생각했습니다.

하지만 그가 아원자 수준에서 똑같은 접근법을 적용하려고 할 때, 자연은 선뜻 받아들이지 않습니다. 측정하는 바로 그 행위는, 만약 그것이 생겨나게 하지 않는다면, 측정되는 데이터에 영향을 주는 것 같습니다! 측정 시기 이전의 입자 위치와 관련된 어떤 정보의 추구도 단지 마음의 가설일 뿐입니다. 입자에 대한 정보를 결정하거나 확인하는 유일한 방법은 측정을 수행하는 것입니다. 측정은 그것의 추출이 측정 행위의 목적이었던 동일한 정보의 생성에 기여하는데, 그 경우 우리는 측정하는 것이 아니라 생성하고 있는 것입니다. 측정 (또는 관찰)과 생성은 이렇게 불가분하게 상호 연결되었습니다.

수백억 년 전 우리의 현자들은 이것을 발견하고 그것에게 드리슈티스리슈티바담이라는 이름을 붙였습니다. 물리학자 보어^{Bohr}는, 실험적 관찰은, 그것의 미래 진화에 관해서 우리가 실험적으로 관찰하는 것과 일치하는 그런 방식으로 본래 불확실한 입자 상태를 순간적으로 붕괴시킨다고 느끼는 것처럼 보입니다. 어떤 특정 위치에서 관찰되거나 감지되거나 측정되는 입자를 예로 들어봅시다. 이와 같이 그것이 다른 어떤 장소에서 감지될 확률은 갑자기 0이 됩니다. 그 지점까지 입자의 위치는 본래 불확실하고 예측할 수 없으며, 그것이 관찰되고 측정될 때만 불확실성은 사라집니다. 다면적 잠재력에서 단일의 실상으로의 이 즉각적인 전환은, 보어에 따르면, 그런 붕괴가 발생하는 오직 하나의 정확한 지점이 있어야 한다는 필연적 추론을 반드시 정당화시킬 필요는 없습니다. 이와 같이 보어는 종합과 확률을 지배하는 법칙에 대한 직접 진술을 지지하기 위해 개별 사건을 지배하는 법칙을 버릴 필요가 있다고 주장합니다.

보어의 모델에 의하면, 깊은 양자 실체와 실제적인 입자 세계는 없습니다. 오직 이 용어들로 세상에 대한 설명만 있습니다. 이와 같이 과학은 단지 우리가 사건들과 사물의 특성들을 예측하기 위해 사용할 수 있는 형식주의를 제공해 주는 것으로 강등됩니다. 보어와 하이젠베르그에 의해 발전된 법칙은, 입자는 확실한 위치와 같은 기본적 특성조차 결핍되어 있고, 대신에 모든 곳과 어느 곳에도 동시에 존재하지 않으면서, 모든 가능한 상태의 조합에 동시에 존재한다는 것을 제시하는 것 같습니다. 입자가 측정될 때만 그것은 마치 주사위를 굴림으로써 그 위치를 결정하는 것처럼 보이면서 갑자기 구체화됩니다. 따라서 그들의 해석은 정확히 과학이 의미하는 것이 실제로 중요하지 않다는 것을 효과적으로 말하는 본질적으로 실용적 관점입니다. 중요한 것은 그것이 가능한 모든 실험적 상황에서 실재와 상관관계가 있다는 의미로 "작동한다"는 것입니다.

반면, 아인슈타인은 사람이 그것들을 측정하든지 아니든지 물리적 세계는 실제적인 특성들을 가져야 한다고 계속해서 주장합니다. 그는 특히 관찰 전 입자의 위치는 본질적으로 알 수 없다는 생각은 말도 안 되는 것이며 물리학 전체를 비웃는 것이라고 주장하면서, 실재에 대한 완벽한 이해는 합리적 사고의 능력 너머에 영원히 존재한다는 보어의 주장을 혐오하는 것 같습니다. 그 훌륭한 신사는 분명히 그의 뛰어난 마음에 입자의 위치와 상태는 관찰 전에 이미 확립되었다는 확신을 여전히 갖고 있습니다…

헌: 이 모든 것으로부터 저는 바가반 자신이 세상을 일종의 꿈으로 본다는 생각을 하게 됩니까?

라: 바가반이 보는 세상은 실제로 없습니다. 그는 나로 머무르고 오직 나만을 봅니다.

그런 다음 무슬림은 몇 분 동안 소파 근처에서 명상 자세로 조용히 앉아있었다. 곧 그는 일어서서 스승에게 감사하고, 절을 하고는 떠났다.

제12장
1936년 7월 17일

～

    어두운 색 피부의 청년이 아쉬람에 왔다. 그는 오랫동안 슈리 바가반의 소파 반대편의 창문 밖에 서 있었다. 바가반이 창문을 통해 바라볼 때마다, 그는 눈물을 흘리며 감정으로 뜨거워 져서 찰싹하고 그의 뺨을 때리곤 했는데, 처음에는 각각의 손으로 각 뺨을 몇 번씩 때리고, 그 런 다음에는 교차해서, 그 다음에는 다시 뒤로, 그렇게 계속했다. 바가반은 몇 번 그것을 지켜 보다가 그 소년을 안으로 데리고 오려고 사람을 보냈다. 잠시 후 바가반은 소년이 안으로 들어 오기를 거부하고 있다는 소식을 들었다. 그는 하층민이기 때문에 홀에 참석할 자격이 없다고 느꼈다. 바가반은 전달자에게 아쉬람에서는 그런 구분이 지켜지지 않는다고 소년에게 말해달 라고 했다. 다시 전달자가 돌아와서 소년이 여전히 망설이고 있다고 말했다.

라: 그에게 스스로 들어올 것인지 아니면 바가반이 밖으로 나가서 강제로 그를 여기로 끌고 와 야 하는지 물어보십시오.

    잠시 후 소년은 간청하면서 손바닥을 가슴 앞에서 함께 모으고 조용히 울면서 소파 근처에 서 있었다. 바가반은 말없이 그에게 앉으라고 손짓했다. 잠시 동안 아무도 말을 하지 않았다. 소년은 계속 눈물을 흘렸다. 그러자 바가반이 자진해서 그에게 말했다.

라: (다정하게) 무슨 일이 있었습니까?

헌: 사미, 제 이름은 안토니 파키리사미입니다. 저는 팔라얀고타이 출신입니다.

라: 왜 울고 있습니까?

헌: 세상의 모든 사람은 악합니다. 바가반만이 선합니다. 저는 그 차이를 견딜 수 없습니다.

라: 무슨 일이 있었습니까?

헌: 3년 전, 저의 아버지는 정부 경매에서 집을 샀습니다. 그것은 반니야르 지역에 있었고, 반면 우리는 아룬타티야르스에 있습니다. 모두가 아버지에게 집을 세놓으라고 충고했습니다. 하지만 아버지는 단호하게 그곳으로 들어갔습니다. 그 지역 사람들은 분노했습니다. 그들은 여러 번 경고를 했습니다. 하지만 아버지는 마음을 바꾸려 하지 않았습니다. 그로부터 6개월 후, 누군가 탁 트인 길가에서 쇠지렛대로 아버지의 머리를 갈라서 그 자리에서 죽였습니다. 그들은 아주 강한 사람들이기 때문에, 경찰에 소장을 제출하는 것이 우리 입장에서는 죽음을 불러올 정도의 행위라고 저는 생각했습니다. 하지만 어머니는 고소를 하겠다는 결심이 완강했습니다. 그녀는 저의 간청을 무시했습니다.

보고서가 경찰에 제출되었습니다. 1년 전, 과실 당사자는 법정에서 유죄 판결을 받았습니다. 어머니는 그 소식을 듣고 아주 기뻐하셨지만 저는 그들의 행동을 잘 알고 있었기에 그렇지 않았습니다. 두 달 전, 마드라스 고등 법원은 판결을 뒤집고 그 사람에게 무죄를 선고했습니다. 감옥에서 나오자마자 그는 곧장 우리 집으로 왔습니다. 저는 일하러 나가 있었습니다. 제가 돌아왔을 때 많은 사람들이 우리 집 근처에 서 있었습니다. 집은 보이지 않았고, 타고 있는 폐허만 있었습니다. 어머니가 안에서 잠을 자는 동안 그 악마는 밖에서 양쪽 문, 무거운 나무문을 모두 잠그고 건물에 불을 질렀습니다. 그는 사용하려고 큰 석유통뿐만 아니라 자물쇠도 준비했습니다. 주변 지역의 사람들이 왔을 때 그는 급히 달아났고, 불이 꺼지고 문이 부서졌을 때쯤에는 새카맣게 탄 시체만 안에 남아 있었습니다. 어머니는 제가 불렀을 때 무반응이었던 적이 없었기 때문에, 처음에 저는 그것이 저의 어머니라는 것을 믿기를 거부했습니다…

홀 안에는 먹먹한 침묵이 있었다. 그 젊은이는 이제 울고 있지 않았다. 그는 마치 오래 전에 그의 몸을 뒤로 한 채 아스트랄로 어떤 멀리 떨어진 곳으로 여행을 하는 것처럼 얼굴에는 잃어버린 멍한 표정이 있었다… 한편 바가반은 겉으로 보기에는 완전히 조각상으로 변해버린 것 같았다. 그의 태도는 평소보다 더 굳어있었다. 그는 소년을 보지 않고 눈을 감고 있었다. 보통은 그가 눈꺼풀을 깜빡이는 것조차도 포착할 수 없었기 때문에 이것은 특이한 것이었다. 그는 이마를 찡그리지 않았지만 입술은 하나의 곧은 선으로 팽팽했다. 그는 웃고 있지 않았기 때문에 만약 누군가 계속해서 쳐다봤다면 조금 무서웠을 것이다.

소년 역시 가만히 앉아있었다. 만약 소통의 초능력파를 감지할 능력이 있었다면 나는 소년의 슬픔, 그의 고뇌, 그의 고통, 그의 엄청난 괴로움이 마하리쉬에게 조용히 흡수되는 것을 보았을 것이라고 생각한다. 마침내 스승이 움직여서 그 소년이 등을 벽에 기대고, 머리를 한쪽으로 축 늘어뜨리고는 입을 딱 벌린 채 잠이 든 것을 발견했다. 누군가 그에게 일어나라고 소리치려고 했지만 스승은 조용히 하라고 손짓하셨다. 그는 아쉬람에서 공동 식사를 하는 시간이 되어서야 깨어났고, 식당으로 데려와졌다. 그는 식사를 하는 동안 건물 밖에 앉아있겠다고 고집을 피우려 했다. 필요성을 느낄 때면 실제로 세심할 수 있는 바가반은 그것을 용인하지 않으려 했다. 실제로 소년이 밖에 있는 것을 발견하고는 그의 팔꿈치를 잡고 일으켜 세워서 그에게 들어오라고 했다! 저녁에 소년은 질문할 것이 있었고, 그는 더 쾌활해 보였다.

헌: "다하라비디야(안에 있는 브람만에 대한 지식)"의 열매를 깨달을 수 있도록 사미께서 저를 축복해 주시겠습니까?

라: 왜 그것을 갈망합니까?

헌: 그것을 얻은 사람은 쉬바와의 지속적인 합일에 있다고 합니다. 저는 항상 쉬바와 함께하고 싶습니다. 아버지께서 기독교로 개종하긴 했지만 저는 예수 그리스도에게 애정이 없습니다. 저는 쉬바만을 원합니다.

라: 개인적 자기와의 관련성이 점차적으로 줄어드는 것을 수행하도록 노력하십시오. 그것이 최종적으로 사라질 때, 실재인 것이 잔여물로 남습니다.

헌: 그것을 위한 실용적 방법은 무엇입니까? 그것은 사미께서 개척하신 "나는 누구인가?" 기술입니까?

라: 그렇습니다.

헌: 저는 신에 대한 갈망과 헌신의 길에 기질적으로 더 잘 맞습니다. 저는 갸나마르가가 매력적이지 않다고 생각합니다. 쉬바 신이 제가 사랑하는 이입니다.

라: 그렇다면 무조건적으로 그에게 복종하십시오. 그러면 그가 당신을 돌볼 것입니다. 복종한 후에는 아무 걱정이나 근심을 가질 필요가 없습니다. 그 이후에 당신 삶에 대한 책임은 더 이상 당신에게 있지 않습니다. 그것은 그의 것입니다.

헌: 여기에는 많은 산스크리트 판디트와 학자들이 있습니다. 그들은 산스크리트 만트라를 챈팅함으로써 그를 숭배할 수 있습니다. 저는 판차마르 카스트에 속합니다. 저는 산스크리트는 전혀 모릅니다. 산스크리트로 그에게 만트라를 챈팅해서 사랑하는 이를 칭송할 수 없다는 것이 유감입니다.

라: 그는 산스크리트가 아니라 순수한 사랑을 좋아합니다. 다음의 이야기를 들어보십시오.

구루드루반은 자신이 잡은 동물들의 가죽과 이빨을 팔아서 생계를 유지하는 사냥꾼이었습니다. 그는 낮에는 물건을 팔고, 저녁이나 늦은 밤에는 그의 정확한 청각을 이용해서 사냥을 했습니다. 그와 그의 가족의 유일한 영양 공급원은 그가 사냥한 동물의 고기였습니다.

하루는 그가 화살을 겨냥할 수 있는 목표물을 찾아 숲을 배회하고 있었습니다. 길을 걷고 있을 때 어딘가에서 울려 퍼지는 깊고, 아름다운 챈팅을 들었습니다. 구루드루반은 그 소리 쪽으로 갔습니다. 그는 그것이 숲 한가운데 있는 사원에서 들려오는 것을 알게 되었습니다. 구루드루반은 숲의 이 지역에 사냥하는 것에 익숙했습니다. 그는 매일 사원에서 예배를 위해 따르는 관례를 잘 알았습니다. 보통 사원은 이 시간에는 문이 닫힙니다. 오늘은 분명 사람들이 이 사원에서 숭배하는 신을 위한 특별한 날인 것 같았습니다. 저녁이 늦었지만 사원은 사람들로 넘쳐났습니다. 그것은 리트미컬한 챈팅이었습니다. 구루드루반은 몇초 동안 그 챈팅을 들었습니다.

그런 다음 그는 자신의 일로 돌아갔습니다. 사냥한 동물이 없다면 그의 가족은 먹을 것이 충분하지 않을 것입니다. 구루드루반은 이동했습니다. 구루드루반은 숲 속으로 점점 더 깊이 들어갔지만, 오늘은 운이 없는 날인 것 같았습니다. 그는 자신과 가족들이 먹을 만큼 충분히 사냥을 할 수 없었습니다. 구루드루반은 그렇게 적은 음식을 가지고 집으로 돌아가는 것이 그럴 듯한 선택이 아니라는 것을 알았습니다. 그래서 그는 숲속으로 더 깊이 들어갔습니다. 구루드루반은 평생 이곳에서 사냥꾼이었지만 이렇게 숲 깊숙이 위험을 무릅쓰고 간 적은 없었습니다. 왜 그런지 설명할 수가 없었지만 숲의 이 지역은 달랐습니다. 나무들은 더 조용해 보였고, 하늘은 더 어두워 보였으며, 완전한 침묵이 있었습니다. 구루드루반은 사냥감이 나타날 경우를 대비해서 활을 꺼내고 화살을 준비했습니다.

숲속으로 훨씬 더 깊숙이 걸어 들어갔을 때, 그는 나무들 사이의 빈터 한 가운데에서 작은 연못을 보았습니다. 그 연못은 다양한 색깔의 저녁노을을 반사하는 생기 있고 시원한 물로 반짝였습니다. 태양은 주변 나무들의 굵은 가지들 사이로 살짝 비쳤습니다. 그렇지만 구루드루반은 사냥꾼이기 때문에 그의 앞에 펼쳐진 아름다운 풍경의 그림은 마음에 들어오지 않았습니다. 그 장소를 바라보면서 구루드루반은 미소를 지었습니다. 그것은 사냥하기에 완벽한 장소였습니다.

동물들은 언제나 물을 마시러 연못으로 왔습니다. 저쪽에 있는 나무들은 완벽한 은신처를 제공할 것입니다. 구루드루반은 그곳에 있는 나무들의 거대한 나무 몸통 뒤에 숨거나 그 가지들 중 하나에 걸터앉으려는 계획을 세웠습니다. 거기에서 그는 사냥감을 사냥하려고 했습니다. 구루드루반은 자신의 예리한 사냥 본능을 이용해서 조용히 그 장소를 살펴보았습니다. 근처의 모든 나무들을 살펴보고 나서 그는 연못 가장 가까운 곳에 있는 나무를 선택했는데, 그것이 완벽한 은신처를 제공해 주었고 그곳에서 보는 전망은 그 작은 연못의 모든 둑에 걸쳐 있을 것이기 때문이었습니다.

구루드루반이 나무를 오르고 있었을 때, 그는 허리 쪽에서 들려오는 큰 소리를 들었습니다. 구루드루반은 급히 나뭇가지 위로 올라가서 그의 허리를 보았습니다. 그는 물주머니가 찢어진 것을 보고는 화가 나서 자신의 불운을 저주했습니다. 그는 아래를 내려다보고 한 곳의 나무껍질이 날카로운 것을 보았습니다. 그는 그것을 보지 못했습니다. 거기에서 나무껍질이 그의 물주머니를 긁었습니다. 이제 물이 계속해서 새고 있었습니다. 하지만 구루드루반은 그 사실에 심각하게 동요되지 않았습니다. 마침내 그는 연못가에서 자신을 위한 장소를 발견했습니다. 그는 나뭇가지 위에서 참을성 있게 기다렸고, 그의 주머니에서 물은 꾸준히 새어서 아래로 떨어졌습니다. 기다리면서 그는 갑자기 오늘 사원에서 보았던 장면이 기억났습니다. 오늘 사람들이 그곳에서 했던 말들은 무엇이었을까?

그는 궁금해서 생각해내려고 했지만 기억이 나지 않았습니다. 구루드루반은 평생 책이나 경전을 공부한 적이 없었습니다. 그의 삶의 방식에는 그것이 필요하지 않았습니다. 그러다가 갑자기 그들이 챈팅하던 단어가 "쉬바"였다는 것이 생각났습니다. 구루드루반은 헌신이나 사원 또는 숭배를 전혀 이해하지 못하는 숲의 사람이었습니다. 그가 아는 한 이 사람들은 피와 살의 형태로 볼 수 없는 누군가 또는 어떤 것을 숭배하는 바보들이었습니다. 그들은 우스꽝스럽게도 돌로 된 우상의 귀에 그들의 가슴을 쏟아내고 있었습니다! 그는 사원에서 본 사람들을 비웃으며 혼자 생각했습니다,

"왜 내가 그들처럼 되어야 하지? 나는 그들이 하는 것과 반대로 행동할 것이다. 얼마나 재미있을까!" 그래서 나뭇가지에 앉아서 시간을 보내기 위해, 구루드루반은 "바쉬VASHI"라는 말을 계속해서 중얼거렸는데, 그때 그의 예민한 귀는 갑자기 나뭇잎들이 바스락거리는 소리를 들었습니다. 앞에 있는 빽빽한 나뭇가지들 사이로 살짝 들여다봤을 때, 그는 나뭇잎들이 시야를 막고 있는 것을 발견했습니다. 구루드루반은 방해가 되는 잎들을 조심스럽게 뜯어내어 하나씩 아래로 던졌습니다. 그는 소동을 일으키지 않으려고 조심했습니다. 그렇지 않으면 연못 쪽으로 다가오는 동물들을 겁주어 쫓아내 버릴 수도 있었습니다. 그는 가능한 한 소리를 덜 내면서 나뭇잎들을 하나씩 떨어뜨렸습니다. 그 바스락거리는 소리는 단지 자기 굴로 다시 들어가는 두더지라는 것을 그는 알아차렸습니다.

구루드루반은 저녁 해가 지자 서서히 어둠이 연못 주위로 몰려드는 것을 보았습니다. 쌀쌀한 바람이 그에게 불어왔습니다. 구루드루반은 몸을 떨었지만 나무 위의 그 자리를 포기할 생각은 하지 않았습니다. 그는 별로 타당한 이유도 없이 단순히 그 어구가 그의 혀에 달라붙은 것처럼 보였습니다. "바쉬! 바쉬!"라고 계속해서 반복했습니다. 게다가 그가 그것을 말하기를

멈추면, 그의 마음은 견딜 수 없을 정도로 그의 몸을 얼얼하게 하는 찬바람에 신경을 쓰기 시작했습니다. 그래서 그는 자신이 그렇게 하고 있다는 것을 거의 의식하지도 못한 채 거꾸로 뒤집은 이름을 계속해서 중얼거렸습니다.

밤의 초반부에 구루드루반은 연못 가까이에서 움직임을 들었습니다. 그는 조용히 활을 꺼내어 화살을 고정시켜 쏠 준비를 했습니다. 그는 정확하게 쏘기 위해서는 시각보다 청각에 더 의지해야 한다는 것을 알고 있었습니다. 구루드루반은 연못 가까이로 다가오는 사슴의 희미한 실루엣을 보았습니다. 사슴이 가까이 왔을 때, 구루드루반은 아름다운 암사슴이라고 혼잣말을 했습니다. 사냥을 하는 이 몇 년 동안 그런 생각이 오늘 처음으로 떠올랐기 때문에 구루드루반은 놀랐습니다. 그런 어리석고, 비생산적인 생각을 하는 사냥꾼인 자신을 책망하면서, 구루드루반이 조심스럽게 조준을 하고, 화살을 뒤로 당겨 활시위를 놓으려고 했을 때, 아무것도 없는 데서 어떤 목소리가 말했습니다.

"사냥꾼님! 제발 저를 죽이지 마세요!" 그는 어떤 악령에 사로잡힌 게 아닌지 의아해했고, 화살을 쏘지 못하고 활에 화살을 팽팽하게 끼우고는, 겁에 질려 마비가 된 채 주저앉았습니다. "저에게 자비를 베풀어주세요! 제발 저를 죽이지 마세요, 사냥꾼님!"이라고 그 목소리가 말했고, 사냥꾼은 그 소리가 사슴에게서 나온다는 것을 알았습니다. "왜 너를 놓아주어야 하지? 너는 내가 먹을 음식이야! 너를 놓아주면 나와 내 가족은 배가 고파서 죽을 거야! 안 돼! 너를 죽여야겠어!" 라고 사냥꾼은 대답하고 다시 조준을 했습니다. 사슴은 애원하는 목소리로 말했습니다, "저는 가족을 찾고 있어요. 일단 제 가족과 다시 만나면, 남편에게 상황을 이야기하고 반드시 당신에게 가겠습니다! 약속할게요!"

어떤 이유에서인지 사냥꾼은 평생 처음으로 그의 가슴속에서 이상한 감정의 동요를 느꼈습니다. 그것의 이름이 연민이라는 것을 그는 전혀 몰랐습니다. 그는 말했습니다, "가거라! 얼른 가! 내가 마음을 바꾸기 전에! 가거라!" 사슴이 떠나자, 구루드루반은 그에게 일어났던 일을 의아해하면서 나뭇가지 위에 앉았습니다. 만약 누군가 알게 된다면, 그는 마을의 웃음거리가 될 것입니다! 겉으로 보기에 아무 의미가 없는 말인 "바쉬! 바쉬!"는 조금도 누그러지지 않고 계속 반복되었습니다.

밤의 또 한때가 지났습니다. 이제 구루드루반은 멀리에서 또 다른 사슴을 보았습니다. 그것은 더 크고 위풍당당해 보였습니다. 구루드루반은 그것이 수사슴임을 알 수 있었습니다. 그는 암사슴을 놓아준 것에 대한 보상을 이제 받을 것이라고 스스로에게 약속했습니다. 그 사슴은 불쌍하게도 누군가를 찾고 있는 것처럼 보였습니다. 구루드루반은 이렇게 생각하는 것은 그를 굶어죽게 할 뿐이라고 생각했습니다. "사냥꾼님! 저를 잡으려고 하는 걸 압니다! 하지만 지금은 저를 놓아주세요! 저는 아내와 아이들을 찾고 있습니다. 아내와 아이들을 보면, 돌아오겠다고 약속합니다!"라고 그 사슴은 말했습니다.

사냥꾼은 다시 가엾이 여기며 유감스럽다는 듯이 "가거라!"하고 말했습니다. 그는 이전처럼 그날 주위들에서 우스꽝스럽게 변형한 이상한 말을 중얼거리고, 무심히 나뭇잎을 몇 개 더 뜯어내어 아래로 던지면서 시간을 보냈습니다. 밤의 또 한때가 지났습니다. 그러다가 그는 암사슴이 뒤에 새끼 사슴을 데리고 연못 쪽으로 다가오는 것을 보았습니다. 그는 두 배의 행운에 기운이 났습니다. 어미 사슴은 약속을 지켰고, 거기다가 그에게 추가적인 보상까지 가져다주었습니다!

이 사슴이 말했습니다. "사냥꾼님! 제 오빠와 올케를 보셨습니까? 저는 그들의 아이를 찾아 데리고 있습니다. 아이는 당장 그 부모를 봐야 합니다." 그 사슴은 눈을 크게 뜨고 사냥꾼이 자기를 죽이려 한다는 것을 보았습니다. 그것은 눈물을 글썽이며 말했습니다. "이 어린 아기 사슴을 생각해 보십시오. 사냥꾼님, 제발 지금만 저를 놓아주세요! 가족에게 모든 것을 이야기한 후에 다시 돌아오겠습니다!" 구루드루반은 좌절하며 그의 머리를 세게 때렸습니다. 하지만 그는 사슴을 놓아주는 것만이 유일하게 옳은 일이라는 것을 알았습니다. 그 사슴은 도망갔습니다.

밤의 마지막 때가 거의 끝났을 때, 구루드루반은 아주 큰 충격을 받았습니다. 순종적으로 그의 앞에 서있는 네 마리의 사슴! 구루드루반은 환각을 보고 있는 것이 아닌가 하고 눈을 깜빡거렸습니다. 그 일부가 지금 지평선 가장자리에서 비틀거리고 있는, 태양이 던진 희미한 빛이

네 마리 사슴이 연못 쪽으로 걸어오고 있는 것을 확인해주었습니다. 그는 곧바로 활과 화살을 집어들었습니다.

하지만 네 마리 사슴은 달아나기는커녕 더 가까이 다가왔습니다. 네 마리 사슴이 사냥꾼을 보고는 그에게 절을 했습니다. 구루드루반은 무슨 말을 해야 할지 몰랐습니다. 한 암사슴이 말했습니다. "훌륭한 사냥꾼님! 너무나 감사드립니다! 당신은 저를 믿고 놓아주었습니다! 저는 의무를 마쳤고 지금 여기에 있습니다. 약속을 지키겠습니다! 네, 사냥꾼님! 당신이 저를 놓아주었다는 사실 때문에 저는 아이가 엄마, 아빠를 만나도록 도울 수 있었습니다! 저는 약속을 지키려 왔습니다! 우리는 모두 우리의 의무를 완수했습니다! 이제 당신이 우리에게 원하시는 대로 해도 좋습니다!" 다른 암사슴이 말했습니다. "훌륭하신 사냥꾼님! 저는 여기에 있는 이들 말고는 다른 가족이 없습니다. 제 목숨도 거두십시오! 그들이 가는 곳으로 저도 가고 싶습니다!"

사냥꾼이 말했습니다. "당신은 누구십니까? 당신은 사슴이 아닙니다. 당신은 누구십니까?" 사슴은 곧바로 신들로 변했다.

무리에서 가장 장엄한 신이 말했다. "아들아! 이제 막 끝난 밤 동안의 너의 숭배는 지금까지 내 이름으로 행해졌던 그 어떤 것에도 필적할 수 없다!" 구루드루반은 어리둥절해서 고개를 저을 뿐이었습니다. 신은 미소를 지으며 말했습니다. "이것은 내가 본 가장 완벽한 숭배이다!" 신은 나무 아래에서 빌바 잎 더미를 치우고, 밑에 있는 쉬바-링감을 드러냈습니다. 링감은 젖어 있었고 나뭇잎도 그랬습니다. 구루드루반은 이해가 밀려오는 기분이 들었습니다. "바쉬! 바쉬!"는 계속해서 반복되자 "쉬바! 쉬바!"가 되었습니다. 링감과 나뭇잎에 뿌려진 물은 그의 구멍난 물주머니에서 떨어진 것이었습니다. 그는 지금껏 내내 빌밤(벵갈퀸스) 나무 위에 앉아, 그 잎을 따서 아래로 던지고 있었습니다.

구루드루반은 쉬바 신의 발 앞에 쓰러졌고, 그러자 곧 그가 물었습니다. "아이야, 나에게 원하는 것이 있느냐?" 사냥꾼은 그저 울기만 했습니다. 쉬바 신은 담담하게 미소를 짓고, 그를 축복하고는 다른 신들과 함께 사라졌습니다. 그 후로 사냥꾼은 영구적인 평화가 그에게 찾아왔기 때문에 어떤 것도 원하거나 필요로 하지 않았습니다.(현자는 평소처럼 이야기를 할 뿐만 아니라 그 이야기를 연기한다. 홀 안의 모든 사람들은 특히 그가 목이 쉬고 눈물 섞인 소리로 "당신은 사슴이 아닙니다. 당신은 누구십니까?"라고 물을 때, 다음 순간 순수한 놀라움과 기쁨의 표정이 그의 얼굴에 떠오를 때, 그리고 "... 나에게 원하느냐?"라는 말 후에 그가 눈물의 폭포 속으로 녹아들 때 감명을 받는다.)

헌: 사미는 이야기를 들려주심으로 저를 행복하게 만드셨습니다. 마찬가지로, 그것의 교훈에 대해 저를 깨우쳐주신다면, 저는 훨씬 더 기쁠 것입니다.

라: 빌밤 잎으로 쉬바-링감을 덮고 또 그 위에 물을 뿌리는 것은 쉬바라트리 날의 밤에 많은 사람들이 행하는 것입니다. 모두가 쉬바 신의 다르샨으로 축복을 받습니까? 그렇지 않습니다. 그러면 사냥꾼은 어떤 특별한 훌륭한 것을 수행했습니까?

헌: 저는 알 수가 없습니다. 사미께서 말씀해 주셔야 합니다.

라: 당신이 생각하고 나에게 말해 보십시오.

헌: (잠시 후) 사냥꾼의 숭배는 완전히 우연이었습니다... 하지만 어떻게 그것이 좋은 것이겠습니까? 그렇습니까?

라: (웃으면서) 네, 바로 그것입니다. 의지가 없는 기도가 바로 신께서 진지하게 받아들일 필요가 있다고 느끼는 기도입니다. 사람들은 기도를 할 때, 그들은 이런저런 것을 원합니다. 당신이 어떤 것을 요구하는 순간, 기도의 효력은 완전히 사라집니다. 기도가 조건적일 때, 당신은 더 이상 신을 위해서가 아니라 자신을 위해 기도하고 있는 것입니다. 그것은 물물교환, 주고받는 것(보상으로 주는 것)이 있는 사업상의 거래가 됩니다.

신은 받는 법을 모릅니다. 그는 오직 (그 자신을) 줄 수만 있습니다. 신에게는 그의 안으로 가져와야 하는 그의 것이 아무것도 없습니다. 모든 것은 항상 그의 것이었습니다. 신생아가 세상에 나올 때, "엄마, 마실 우유 좀 주시겠어요?"라고 물어볼 수 있는 언어 능력을 갖추고 나왔습니까? 아닙니다. 그것은 의사소통하는 법을 모릅니다. 그래서 그것의 보호자들은 특히 그것을 보호하는데, 만약 그것이 어떤 것을 필요로 한다고 해도, 그것은 심지어 그 필요성을 인지조차도 할 수 없을 것이기 때문입니다. 그래서 보호자들은 그것의 모든 필요를 예상하고 자진해서 그것을 위해 공급합니다.

마찬가지로 더 높은 힘에게 무조건으로 복종한 덕분에 존재-의식Being-Consciousness 즉 신 외에는 아무것도 모르는 사람은 자동적으로 신의 보살핌을 받습니다. 신에게 이런저런 것을 요구하는 자에게는 그것이 일어날 수 없습니다. 요구하거나 요청할 무엇이 그에게 남겠습니까? 그는 오래전에 자신의 개인적 자아를 잃었습니다. 그렇다면 누구를 위해 요구해야 합니까? 개인적 자아의 상실 후에 남는 것은 오직 신뿐입니다. 그렇다면 누구에게 요구해야 합니까? 누가 누구에게, 무엇을 위해, 왜 요구해야 합니까?

정말로 복종한 사람은 더 없이 행복한 존재의 홍수에 그의 마음을 잠기게 했습니다. 그것은 망각이 아닙니다. "나는 이 필요를 가지고 있다"라는 생각은 제쳐두고 "나" 생각도 그에게 전혀 떠오르지 않을 것입니다. "나"가 없는 것은 필요성이 없고 요구하는 자도 없다는 것을 의미합니다. '나는 이런저런 것을 원한다.'는 기도는 세상의 관심사에 애착을 가진 사람들 사이에서 발견되는 하위 형태의 기도입니다.

신에 대한 갈망의 절정에 도달한 사람은 "오! 신이시여, 당신과의 영원한 합일을 저에게 허락하소서."라고 기도하지도 않을 것입니다. 그는 단순히 명백한 분리의 원인인 "나" 생각을 거저 버릴 것입니다. 이것은 끊임없이 계속되는 기도자 없는 기도입니다. 그것은 기도자의 포기와 같기 때문에 가장 고귀한 기도입니다. "신은 스스로 돕는 자를 돕는다"라고 합니다. 나는 "신은 스스로 도울 수 없는 자들(과 스스로 도울 수 없는 자신의 무능함을 인식하고 무조건적으로 그에게 가슴과 영혼, 마음과 몸을 복종한 자들)을 대신해서 떠맡는다."라고 말합니다.

이야기에서 사냥꾼은 신을 보고 기쁨으로 충만해서 어떤 것을 요구하는 것에는 더 이상 관심이 없었습니다. 순수한 주관적 의식으로서 노력을 하지 않고 의지 없이 머무르는 것이 사다나의 목표입니다. 이것은 "나"가 일어나지 않는 상태입니다. 그 정확한 상태는 당신의 모든 걱정을 전능한 존재에게 순순히 넘겨주어서 그것들을 버림으로써 얻어질 수 있습니다.

사람들은 자신들이 세상을 평정할 수 있게 해 줄 싯디를 탐욕스럽게 갈망하면서 온갖 종류의 금욕의 지배를 받습니다. 이 단순한 사냥꾼은 신의 비전 하나에 만족했습니다. 아니, 압도

당했습니다. 그 후에 그는 아무것도 필요로 하지 않았습니다. 그것은 개별적 자아라는 그의 생각이 그 비전의 순간에, 신만을 잔여물로 남겨둔 채 녹아 없어졌다는 것을 의미합니다.

헌: 이야기에서 이 사냥꾼, 그는 신에 대해서는 들은 적이 없습니다! 심지어 신의 이름들 중 하나를 들을 때도, 그는 그것을 왜곡합니다!

라: 슈리 라마크리슈나는 정직함이 신에게로 가는 방법이라고 말했습니다. 관념과 생각들로 마음이 가득 차 있는 사람은, 먼저 이 쓸모없는 모든 짐을 소각해야 그의 마음이 사다나의 목적을 위해 사용될 만큼 충분히 가벼워질 수 있습니다. 있는 그대로 단순한 사람은 잃을 것이 많지 않습니다. 그는 복종이 학자보다 더 쉽다는 것을 발견하고, 그 때문에, 그렇습니다, 깨달음에 멋들어지게 성공합니다. 당신이 신의 비위를 맞추기 위해 아무 노력을 하지 않는다고 해서 문제가 되지 않습니다. 당신이 자신의 가슴에 진정으로 복종했다면, 그것으로 끝입니다.

헌: 복종의 길은 "나는 누구인가?"와 비교하면 덜 까다로워 보입니다. 제가 제대로 관찰했습니까?

라: 당신은 복종이 자신의 기질에 맞다고 생각한다고 말합니다. 그것을 채택하십시오.

헌: "나는 누구인가?" 길에서, 만약 생각이 일어난다면, 사람은 "누구에게 이 생각이 일어났습니까?"라고 묻습니다. 마찬가지로 복종의 방법에서는?

라: 초기 단계들에서 당신은 "나는 모든 것을 그에게 맡겼기 때문에 이것은 신의 일이다. 스스로 그것에 관여하기 위해 나는 어떤 장소^{locus}의 입장을 가지는가?"라는 반대되는 생각으로 세상의 생각들에 맞설 수 있습니다. 하지만 사람의 마음이 성숙해지면, 다른 생각들을 사용해서 생각에 대한 정복을 성취하려는 필요가 점차적으로 줄어듭니다. 하나의 생각이 일어나자마자, 그것은 바로 억제됩니다. 그것이 샤라나가티(신에게의 완전한 복종, 정지) 혹은 비차라 그 어느 경우든, 아비야사(수행)의 목적은 생각이 더 발전하는 것을 막는 것이고, 마음이 그 상태로부터 벗어나기 시작했다는 것을 사다카가 관찰하자마자 마음은 노력을 하지 않고 의지가 없이 유지되는 순수한 주관적 의식이라는 그것의 원래 상태로 돌아가야 합니다.

헌: 이제 저는 바가반을 포함해서 홀 안에 있는 사람들에게 충격적으로 보일 수도 있는 질문을

하려고 합니다. 우리는 우리에게 해를 끼친 사람들에게 복수할 권리가 있습니까?

라: "이 사람 또는 저 사람이 나에게 해를 끼쳤다."라고 생각할 권리조차도 없습니다. 생각은 자아로부터 일어나는데, 그 자아는 사생아로 태어나고, 잘 알려져 있지 않으며, 거짓된 나의 자식입니다. 자아는 나로부터 떨어져 있을 권리가 없습니다. 이 훔친 물건을 계속 가지고 있지 말고, 그것의 정당한 주인인 나에게 돌려주십시오. 만약 당신이 "나"라고 불리는 아무것도 가지고 있지 않다면, 해를 입거나 파괴되어 남아 있을 가능성이 있는 것이 있습니까?

헌: 그렇다면 깨끗이 잊어버리는 것이 가장 좋은 방책입니까?

라: 마음 상하지도 말고 기억하지도(가슴에 새기지도) 마십시오. 그러면 그 질문은 일어나지 않습니다.

헌: 카스트 차이를 따르는 것은 어떻습니까? 그것은 유해한 것이 아닙니까? 사미께서는 이것에 대해 뭐라고 말씀하십니까?

라: 그러면 왜 당신은 이 홀과 식당에 들어가지 않았습니까?

헌: 저는 사미께서 카스트, 인종 등에 대한 어떤 개념도 품고 있지 않다는 것을 압니다... 하지만 여기의 브람민들은 제가 있는 것을 혐오스럽게 볼지도 모릅니다. 저는 누구에게도 불편을 끼치고 싶지 않습니다.

라: 당신의 마음이 차이에 의해 더럽혀지지 않는다면 어디에도 차이는 없을 것입니다.

헌: 만약 판차마반담에 속하는 사람이면서 이 아쉬람에 영원히 살려고 한다면, 사미께서는 개의치 않을 수도 있지만, 운영진은 저를 만류하려고 하지 않을까요?

라: 그럴 계획이 마음속에 있습니까?

헌: 아닙니다, 이론적으로 묻고 있는 것인데, 그만두도록 설득당하지 않겠습니까?

라: 우리는 여기에서 이론을 논하지 않습니다.

헌: 제가 이곳을 떠난 후에도 그의 은총이 저와 함께 남아 있도록 사미께서 저를 축복해 주실 수 있습니까?

라: 당신이 사미를 본다면 그도 당신을 봅니다.

몇 분 후, 젊은이는 소파 앞에 엎드려 바가반에게 깊은 감사를 표하고 홀을 떠났다.

헌: 제가 이 몸이 아니라는 것이 정말 사실입니까?

라: 그렇습니다.

헌: 만약 그렇다면, 몸이 어떤 손상을 입을 때 왜 제가 고통을 느낍니까? 가령 말하자면, 타고 있는 석탄 조각이 제 근처의 누군가에게 떨어질 때, 저는 아무것도 느끼지 못하고 그 사람만 고통을 느낍니다. 마찬가지로 가시가 제 발을 찌르면, 저만 고통을 느끼고 제 옆에서 걷는 사람은 그렇지 않습니다.

라: 몸이 "나는 고통을 느끼고 있다!"라고 말하면서 소리칩니까? 당신은 자신을 당신의 몸과 연관시키고 그것에 대해 당신의 "나"라고 말합니다. 몸은 오직 마음에만 있습니다. 겉으로 보기에 몸이 겪는 모든 고통은 몸 그 자체만큼이나 상상에 불과한 것입니다. 몸은 아무것도 알 수 없습니다. 그것은 지각이 없는 살과 뼈입니다. 고통에 대한 개념은 오직 우리 자신의 상상으로부터 일어납니다. 따라서 깊은 잠에서는 마음이 활동적이지 않기 때문에 고통이 없습니다.

헌: 제 손에 금속 전선 조각이 있다고 생각해 보십시오. 그것을 잘라도 그 금속은 지각이 없기 때문에 잘리고 있다는 것을 의식할 수 없습니다. 반면, 살아있는 몸이 긁히기만 해도, 그것은 극도의 고통으로 폭발합니다. 그러므로 바가반은 어떤 의미에서 몸이 지각이 없다고 하시는 겁니까?

라: 사실입니다. 몸은 상처를 입으면 물리적 고통의 자극을 경험합니다. 하지만 왜 그 사실이 마음속에서 "나는 고통을 느끼고 있다."라는 생각을 만들어내야 합니까? 물리적 고통은 다음의 이유 때문에 마음의 고통을 만들어냅니다. 마음은 그 자신을 몸이라고 가정하고 몸의 정체성("나는 몸이다"라는 확신)을 자신에게 부과하는데, 이는 그런 잘못된 자기-객관화가 없으면 그것은 살아남거나 번성할 수 없기 때문입니다. "나는 몸이다"라는 생각을 버리면, 고통을 포함해서 몸이 겪는 모든 것은 오직 희열일 뿐입니다.

헌: 하지만 저는 몸이 상처를 입으면 고통을 자각합니다!

라: 몸이 상처를 입을 때, 깨우치지 못한 사람의 경우 다음과 같은 일이 일어납니다. 그의 몸은 물리적 고통의 자극을 느끼고, 그의 마음은 자연스럽게 "나는 상처를 입었다."라는 생각을 드러내어 그가 마음을 흔들리게 만듭니다. 그런 생각이 나타나는 원인은 "나는 몸이다"라는 근본적인 그릇된 생각입니다.

몸을 나로 받아들이는 잘못된 생각으로부터 자유로운 사람에게 있어서, 몸의 부상은 그의 축복받은 지고의 평화 상태에 아무런 방해가 되지 않습니다. 각각은 실제로 나이지만, 자신을 터무니없이 비나로 혼동하고, 그래서 그런 데하트마붓디(자신을 몸과 동일시하는 지성)로 인해 불필요하게 고통받습니다.

헌: 그 질문이 아직 대답되지 않은 채로 있어서 저는 끈질기게 계속 질문합니다. 만약 슈리 바가반이 가정하신 것처럼 몸이 지각이 없다면 어떻게 그것이 고통을 느낄 수 있고 도대체 왜 고통을 느낍니까?

라: "고통"이라는 말은 마음속에 그런 자극에 대한 편견이 있기 때문에 사용되는 것입니다. "마음"이라는 용어로 알려진 객관화의 능력(세상을 객관적으로 실제인 개체라고 간주하는 마음의 습관)과 동일시(자신을 지적인 정체성에 의해 구성되고, 형태를 차지하며, 객관적으로 실제인 세계를 인식하는 주체라고 간주하는 마음의 습관)가 순수한 주관적 의식 속에서 용해되고 사라질 때, 그렇게 함으로써 그것과 하나가 되어 그것의 편견 또한 사라집니다.

마음이 죽은 갸니의 경우, 고통과 쾌락은 대등한 위치에 있는 물리적 자극입니다. 그는 어떤 것은 좋아하고 다른 것은 싫어하지 않습니다. 또한 그는 어떤 것은 싫어하고 다른 것은 좋아하지도 않습니다. 마음이 사라지면 어떤 감각이 고통으로 간주되고 또 어떤 것이 쾌락으로 간주될지에 대한 기준이 남지 않게 됩니다.

헌: 슈리 바가반은 진심으로, 벌레가 그의 다리를 물 때와 누군가 다리를 마사지할 때 따라오는 감각의 차이를 그가 구별할 수 없다고 말씀하시는 겁니까?

라: 그것들이 다른 감각이라는 것은 자명합니다. 하나는 혐오스럽고 다른 것은 호의적이라는

것은 단지 마음의 판단일 뿐이고 갸니는 그것으로부터 아주 자유롭습니다. 그 자신은 고통이나 쾌락을 찾지 않고, 그에게 닥치는 것을 저항하지 않고 받아들입니다. 갸나에는 자동적인 수용만 남습니다.

헌: 갸니에게 그것은 다릅니다. 보통 사람은 어떻습니까?

라: 당신도 갸니입니다. 오직 당신이 다르게 생각할 뿐입니다!

헌: 어떻게 그럴 수 있습니까?

라: 안으로 향해서 조용히 마음이 나의 존재함 the Beingness of the Self 안으로 뛰어들어 녹아들 수 있도록 하는 선택권은 모든 사람에게 똑같이 가능합니다. 그것은 선택된 소수의 절대적 지반 fiefdom이 아닙니다. 모두가 바로 오직 나입니다.

헌: 그것은 저를 만족시키지 못합니다. 저는 스스로 그것을 깨달을 수 없습니다.

라: 세상에 대한 애착이 존재하는 한 마음은 성공적으로 안으로 향해질 수 없습니다.

헌: 세상에 대한 애착을 어떻게 없앨 수 있습니까?

라: 마음을 안으로 향하게 함으로써 입니다.

헌: 정말로 스승님, 당신이 하시는 말씀은 얼마나 비현실적인지!

라: 나의 존재를 고수하거나 노력을 하지 않고 의지 없이 유지되는 그것의 원래 순수한 주관적 의식 상태에 마음을 유지할수록, 마음의 성향과 세상에 대한 애착은 시듭니다. 마음의 성향과 세상에 대한 애착이 더 줄어들수록, 노력을 하지 않고 의지 없이 유지되는 그것의 원래 순수한 주관적 의식 상태에 마음을 유지하는 것이 더 쉬워집니다.

헌: 어느 것이 먼저입니까?

라: 사다카는 객관적 세계의 덧없는 성품과 그 자신의 몸의 일시적인 성품을 인식하고 깊이 생각합니다. 그는 물질적 쾌락들에 신물이 나는데, 왜냐하면 그것들의 즐거움이 어떤 이유에서건 현재 그리고 예견되는 미래에 불가능해질 때, 그것들은 결국 슬픔이 되기 때문입니다. 그는 더 영구적인 삶의 경험이 가능하지 않을지 스스로에게 물어봅니다.

그런 다음 그는 아자타 아드바이타 교리를 발견합니다. 처음에 그는 확신하지 못하고, 만약 그것이 꿈이라면 확증의 가능성이 없을 것이지만, 여기에서 그의 친척들과 친구들이 그의 감각들에 의해 제공되는 증거를 보여줄 수 있다고 주장합니다. 그는 또한 그것이 모두 단지 꿈이라면 왜 똑같은 꿈이 매일 반복되어야 하는지를 묻습니다. 그에 따르면, 여기에서 그는 매일 똑같은 태양, 달, 지구를 보는 반면, 그의 꿈에서 그는 매 순간 새로운 세계에 있는 자신을 발견합니다.

결국 자신이 살고 있다고 믿고 있는 세상의 외견상의 영원성에 대한 이해를 포함해서 자신이 알고 있다고 생각하는 모든 것이 단지 생각 또는 상상이라는 것을 그는 깨닫습니다. 그런 다음 지적 수준에서 그는 진리 즉 세상을 구성하는 이름과 형상은 허구라는 것을 이해합니다.

이것은 그것들의 기초를 이루고 있다고 말해지는 바탕에 대한 탐구를 유발하는데, 현명한 자들은 그것만이 진짜라고 말합니다. 그는 마음의 근원이며 바탕인 노력을 하지 않고 의지 없이 유지되는 순수한 주관적 의식이 그의 진정한 나로 가는 관문이라는 가르침을 듣습니다. 그런 다음 그는 비차라 또는 다른 방법을 통해 마음을 고요하게 하고, 다양한 산만함들이 일어날 때 그것들로부터 주의를 거두어들여 나의 존재함the Beingness of the Self에 그것을 고정시킴으로서 그 산만함들을 해결하는 수행을 시작합니다. 그 시작은 단지 세상의 덧없는 성품과 그것이 제공해야 하는 손에 잡히지 않는 매력에 지겨워지는 것입니다.

허: 바가반께서 언급했던 의문들은 또한 저의 의문이기도 합니다. 왜 모든 사람은 똑같은 꿈을 목격하고 있습니까? 모두가 태양, 달 등을 봅니다.

라: 결국 그 "모두"는 당신에 의해서만 보입니다. 깊은 잠에서 마음이 없을 때, 아무것도 보일 수 없지만 당신의 존재는 변함이 없습니다.

허: 왜 저는 매일 똑같은 꿈을 꿉니까? 예를 들어 어제 저는 아쉬람에 와서 바가반의 다르샨을 받았습니다. 그는 같은 소파에 완전히 똑같은 식으로 앉아있었습니다. 오늘 저는 바가반을 보고 있고 내일도 같은 바가반일 것입니다.

라: 미래는 단순한 마음의 투사입니다. 과거는 단지 기억입니다. 당신은 자신이 방문하는 장소가 아주 익숙해 보이는 꿈을 꾸지 않았습니까?

헌: 적어도 현재는 진짜입니까?

라: 보이는 어떤 것도 진짜일 수는 없습니다. 보이는 것은 프라티약샤(직접적인 지각)가 아닙니다. 주체-대상의 관계가 수반되기 때문에 그것은 증명할 필요가 없는 것이 아닙니다. 그것은 아비디야마야(무지의 환영)라는 그 자신의 사악한 능력의 힘에 의해 마음에 반사되는 감각 정보일 뿐입니다. 그것^{That}만이 스스로의 빛에 의해 빛나는 진짜입니다.

당신은 세상의 대상들에 대해 묻고 있습니다. 그런 대상들이 지각하는 자인 당신 없이 존재할 수 있습니까? 기절하거나 깊은 잠에서처럼 지각하는 자가 없을 때, 지각되는 것이 있습니까? 아닙니다.

추론은 무엇입니까? 그 대상들의 겉으로 보이는 존재의 모습은 오직 당신 덕분입니다. 그것들은 단지 마음의 창조물입니다. 당신 주위의 이 거대한 우주의 모습은 단지… 마음의 정보입니다. 마음은 허구입니다. 그러므로 그것에 의해 만들어진 "대상들" 또한 허구입니다. 그것에 대해서는 조금도 의심할 필요가 없습니다.

헌: 만약 모든 것이 진짜가 아니라면, 속박과 해방 또한 진짜가 아니라는 결론을 내릴 수 있습니까?

라: 그렇습니다.

헌: 그렇다면 왜 저는 구원을 얻으려고 애써야 합니까? 저는 저의 모습 이대로 있겠습니다.

라: 맞습니다!

헌: 이해하지 못하겠습니다.

라: 당신의 모습 그대로 남는 것이 가장 고귀한 사다나입니다.

헌: 무지 속에 있는 것이 어떻게 사다나일 수 있습니까?

라: 당신은 자신이 무지 속에 있다고 생각합니다. 당신이 전혀 생각하지 않을 때, 남는 것은 오직 지혜입니다. 생각의 장막을 제거하는 것이 실재가 드러나기 위해 필요한 전부입니다. 당신은 이 생각이 없는 상태에 이를 수 있는 사다나를 원하기 때문에 비차라를 권합니다.

사실 그의 모습 그대로 남아 있거나 존재하는 기술 즉 노력을 하지 않고 의지 없이 유지되는 순수한 주관적 의식과 구별이 안 되고 마음으로 남아 있는 기술을 습득한 사람에게는 어떤 사다나도 필요하지 않습니다. 그것이 숨마 이루 즉 침묵으로 있으라는 조언의 의미입니다.

사람들은 보통 그것을 오해합니다. 그것은 몸을 게으르게 두는 것을 의미하는 것이 아닙니다. 그것은 마음을 고요하게 하거나 생각으로부터 자유롭게 하는 것을 의미합니다. 생각이 없는 "나"-흐름에 끊임없이 몰두해 있으십시오.

오랜 시간 동안 끊임없이 유지되면, "나"-흐름에 대한 몰두는 더 이상의 노력을 필요로 하지 않고 자동적으로 당신을 사하자스티티로 이끌 것입니다. "나"-흐름은 "나"-생각 아래에서 기다리고 있습니다. 실체가 아니라 단지 신기루 같은 모습인 "나"-생각이 겉으로 보이는 자기 존재의 허무하고 환영적인 성품을 깨달고 낙담해서 고개를 숙이는 순간, "나"-흐름은 빛을 발합니다.

헌: 깨달음에 대한 욕망조차도 깨달음에 대한 장애물입니까?

라: 그렇습니다.

헌: 아유르베다에 대한 많은 책들에서 규정된 것처럼 레기얌(허브 약)을 하는 것이 깨달음을 앞당깁니까?

라: 비차라만이 필요한 유일한 레기얌입니다.

제13장
1936년 7월 18일

～

한 나이 많은 판디트가 아쉬람에 도착했다. 그는 산스크리트로 적힌 시들이 들어있는 얇은 공책을 스승에게 건네주었다. 그는 샹카라의 아파록샤누부티에 대한 강연을 바가반으로부터 듣기를 바라는 것처럼 보였다. 그가 도착했을 때 스승은 어디에서 왔는지 등을 물어보면서 그에게 아주 친절했다. 그가 앞서 말한 강연을 듣고 싶다는 바람을 드러내자 스승은 잠자코 있었다. 그는 스승이 강연을 하는 사람이 아니라는 말을 들었다. 만약 어떤 구체적 해명이 필요했다면, 그는 물어볼 수 있었다. 하지만 그 판디트는 자신이 나이가 들었고, 다음 달에 베나레스에 죽으러 갈 것이기 때문에 이것이 그의 삶에서 마지막 바람이라고 여겨질 수도 있다고 말하면서 슬픔에 가득 차서 요지부동이었다. 그는 바가반에게 애원하고 간청했다. 바가반이 이미 그에게 친절함을 보여줬기 때문에, 그 판디트는 스승을 회유해서 그의 변덕에 항복하게 할 권리가 있다고 생각하는 것 같았다.

그런 다음 그는 울음을 터뜨렸고 스승의 발을 붙잡으려고 했다. 수행원은 이것을 허락하지 않았다. 그래서 그는 소파를 붙잡고는, "바가와네! 바가와네! 인다 캇타이 베가 바엔둠, 바가와네..."라고 쩌렁쩌렁한 소리로 간청하며 소파에 머리를 부딪치기 시작했다. 결국 스승은 어쩔 수 없이 동의했다. 바가반이 강의를 끝냈을 때는 밤이 늦었다. 평소처럼 식당에 가기 위해 잠시 쉬는 것과 늘 하는 언덕으로의 산책을 제외하고, 바가반은 늘 소파에서 움직이지 않았다. 또한 다른 일에도 참여하지 않았다. 판디트는 그가 하는 모든 말을 열심히 들었다. 마지막에 그는 아주 감동한 것처럼 보였고, "오늘 제 삶의 목적이 그 완성에 이르렀습니다. 이번 생과 이전 생들에서 제가 행한 모든 푼야(공덕)의 절정을 오늘 저는 성공적으로 거두었습니다." 라고 말하면서 울었다. 바가반은 엄숙하고 깊은 생각에 잠긴 그의 태도를 단지 바라보기만 했다. 스승이 말할 때, 그의 얼굴은 생동감과 활기로 반짝이곤 했고, 사람은 그의 헤아릴 수 없는 그의 사랑이 그 사람에게로 쏟아져 나오는 것을 느꼈다. 그의 관심이 특별한 누군가를 향하지 않았을 때, 그의 얼굴에 있는 완전한 초연함의 표정은 보고 있는 자들로부터, 자연스럽게 끌어내는 것까지는 아니라고 하더라도, 말할 수 없는 경외감과 표현할 수 없는 과찬의 느낌을 종종 유도했다. 뚜렷한 갸나-광선의 홍수가 허세 부리지 않고 가식이 없이 소파에 앉아있는 수척한 모습으로부터 폭발하는 것처럼 보이는 때가 있었다. 아마도 그것은 언제나 거기에 있었을 것이고, 그의 마음은 목적에 맞는 특정 경우에만 그것에 참여할 수 있을 만큼 기민하거나 민감했다.

판디트는 눈물 흘리는 것을 끝내자, 손바닥을 합장한 채 그의 앞으로 손을 뻗어서 바닥에 엎드려 그렇게 15분 동안 있었다. 그의 몸의 유일한 움직임은 머리가 이쪽에서 저쪽으로 빠르게 반쯤 회전하는 것이었다. 그는 오른쪽 귀와 왼쪽 귀를 번갈아 바닥에 대고 누르고 있었다. 마침내 그가 일어나서, 땅과 평행이 될 때까지 상체를 굽혔고, 여전히 가슴 앞에서 꽉 움켜쥔 손바닥을 누르며, 몇 마디 알아들을 수 없는 눈물 섞인 말들을 중얼거렸다. 바가반은 그를 쳐다보고 환하게 미소 지었다. 그 남자는 마지못해 문 쪽으로 물러나서, 바가반이 그의 시선을 헤쳐 나갈 때까지 그에게서 눈을 떼지 못했다.

아파록샤누부티(나의 직접적인 경험)에 대한 바가반의 설명

    1. 최고의 희열이시고, 첫 번째 스승이시고, 이슈와라(통제자)이시고, 모든 곳에 만연해 계시면서 온 우주의 원인이신 하리 신(무지의 파괴자)께 절합니다.

2. 이제, 나 깨달음을 얻기 위한 방법들이 설명된다. 가슴이 순수한 사람들은 여기에서 가르치는 것을 계속해서 그리고 모든 노력을 다해서 따라야 한다.

라: 언제나 존재하는 나를 되찾는 기본적인 수단으로 직접적 경험이 권장된다는 것에 유의하십시오. 여기에서 언급되는 직접적 경험은, 존재에 대한 노력을 하지 않고 의지가 없는 자각이라는 그것의 본래 상태에 마음이 끊임없이 잠겨있을 때 만연하는 고요함 혹은 침묵의 경험입니다.

3. 자신의 의무들을 하고 있을 때도 타파스를 하거나, 신을 기쁘게 하거나 하면서, 포기(바이라기야)부터 시작하는 네 개의 사다나들은 할 수 있다.

4. 포기는 브람마로부터 시작하여 무생물에 이르기까지 모든 대상들(그것들은 사라질 수 있는 것들이다)이 주는 즐거움들을 까마귀의 배설물을 대하듯 하는 것이다. (그와 같은 포기에 있어야 하지 그것들을 경멸해서는 안 된다는 것에 유의하라. 경멸은 마음에 편견이 있다는 것이다. 편견은 마음의 브릿티(동요)이기 때문에 마음이 가슴으로 가라앉는 것을 방해할 것이다.)

5. 아트만(나, 보는 자)은 영원하고, 대상들은 일시적이다. 이것을 확실히 알고 그것에 자리를 잡는 것이 식별이다.

6. 마음 내에 무의식적으로 자리를 잡고 있는 잠재적 경향성들과 인상들을 버리는 것이 샤마shama이다. 그것은 평안, 고요 등을 의미한다. 감각기관들을 통제하는 것이 다마dama이다.

7. 감각 대상들에 완전히 등을 돌리는 것이 우파라티(감각의 즐거움에 관계하지 않는 것이 자연스러운)이다. (샤마와 다마에서는 마음의 바깥으로 나가는 경향성들을 통제하기 위한 노력이 있다. 그러나 우파라티에서는 마음의 균형이 자연스러워, 그것을 얻기 위한 더 이상의 노력이 없다) 모든 슬픔과 고통을 끈기 있게 견디는 것이 티틱샤(Titiksha)이다. (그것은 행복을 오게 한다)

8. 경전들과 그것들을 가르치는 구루들에 대한 믿음이 슈랏다이다. 목표(삿, 브람만)에 마음을 집중하는 것이 명상(사마다나)이다.

9. 오, 신이시여! 저는 언제 어떻게 마침내 삼사라(세상)의 속박으로부터 자유로워지겠습니까? 이런 불타는 열망이 무묵슈타(mumukshuta, 해방을 갈망)이다.

라: 해방을 향한 이러한 열망 혹은 갈망은 의심의 여지없이 마음의 변화입니다. 그렇지만 이것이 아주 강하게 된다면 그것은 다른 모든 마음의 변화들을 잘라내는 것으로 작용합니다.

10. 지식을 얻기 위한 위에서 설명한 자질들을 갖춘 사람들만이 자기에 대한 지식을 오게 하는 나 탐구를 하기 적합하다.

라: 바이라기야 등은 분명 비차라에 디딤돌이 될 수도 있습니다. 그렇지만 구도자가 성실하다면, 비차라 수행을 시작하는 것만으로도 그러한 내용들이 올 것입니다.

11. 물체들은 빛이 없으면 지각되지 않듯이, 높은 지식은 다른 방법들로는 생겨나지 않는다.

라: 비차라는 갸나싯디를 가져오게 하기 위한 유일한 수단입니다.

12. 나는 누구인가? 세상은 어떻게 생겨났는가? 세상의 창조주는 누구인가? 이 세상은 무엇으로 만들어져 있는가? 이것이 비차라(탐구)이다.

라: 첫 번째 질문이 실제로 필요한 유일한 질문입니다. 다른 질문들은 단지 첫 번째 질문으로 이어지게 됩니다.

13. 나는 다섯 원소들로 된 몸이 아니다. 나는 다섯 감각 기관들의 조합이 아니다. 나는 이것들과는 다른 어떤 것이다. 이것이 그것에 대한 비차라이다.

라: "나는 이것 또는 저것이 아니라 그것THAT이다."라는 생각들은 비차라로 가는 첫 디딤돌이 될 수는 있습니다. 그것들이 비차라 그 자체일 수는 없습니다.

14. 이 세상은 무지 때문에 생겨났다. 지식이 밝아오면 사라진다. 다양한 유형의 생각들이 무지의 원천이다. 이것이 그것에 대한 비차라이다.

15. 흙이 항아리와 같은 것들의 물질적 원인이듯이, 무지와 생각의 물질적 원인은 하나, 감각들로는 지각이 되지 않는, 변하지 않는 존재 삿이다.

16. 나는 하나이고, 미묘하고, 아는 자이고, 목격자이고, 쇠퇴하지 않는 존재 진리이다. 나는 의심의 여지없이 그것 브람만이다. 이것이 비차라이다.

라: 이 슬로카의 의미는 쉽게 오해될 수 있기 때문에 신중하게 고려해야 합니다. 그것은 개별

적 자아가 파라브람만을 아는 자가 될 수 있다는 의미는 아닙니다. 그것은 그 하나의 존재와 관련해서 "나는 하나의 존재이다"라고 말하는 하나의 존재와 별개인 하나가 있다는 의미는 아닙니다.

'갸타(Jnatha, 아는 자)'와 '삭쉬(목격자)' 같은 단어들은 이원을 암시하는 것처럼 보일 수도 있습니다. 일단 아는 자가 그 자신을 알면 그가 사라진다는 것이 그것에 대한 설명입니다. 마찬가지로 목격자가 자신을 목격하면 그는 사라집니다. 그것이 갸나입니다. 그렇지 않다면 그것은 아트만을 알거나 목격하는 자가 있다는 것을 의미할 것인데, 그것은 말도 안 되고 슈리 샹카라의 의도였을 리가 없습니다.

17. 나(아트만)는 나누어지지 않는, 부분들이 없는 하나이다. 반면에 몸은 많은 부분들로 되어 있다. 만약 이 둘을 동일하다고 본다면 이보다 더 큰 무지가 어디에 있겠는가?

18. 아트만(나)은 안에 있는 통제자이다. 몸은 바깥에 있고 통제되고 있다. 만약 이 둘을 동일하다고 본다면, 이보다 더 큰 무지가 어디에 있겠는가?

라: 이것은 오직 사다카의 관점에서입니다. 아트만 안에서 자신을 잃는 사람은 어떤 것도 외적인 것이나 내적인 것으로 보지 않습니다. 그의 마음을 계속해서 안으로 잠기게 하고 나의 존재와 하나이며 동일하게 유지함으로써 개인성personalityhood의 개별적 감각이 파괴된 그런 사람의 경우, 내적이나 외적인 그 어떤 분류에 대한 기초로서 작용할 수 있는 것이 없습니다.

19. 아트만(나)은 신성한(순수한) 의식(갸나, 지식)이다. 몸은 살로 이루어져 있고 불순하다. 만약 이둘을 동일하다고 본다면 이보다 더 큰 무지가 어디에 있겠는가?

라: 다시 말하지만 이것은 오직 사다카의 관점에서입니다. 현자는 실재이기 때문에 실재 이외의 것의 존재를 인정할 수 없습니다. 그에 관한 한 어디에도 아슈치(순수하지 못한 것)는 없습니다. 모든 것은 아난다일 뿐입니다.

  그의 눈은 거친 대상들을 전혀 보지 않습니다. 현자의 마음의 눈은 그 자체로 절대적 자각이기 때문에 절대적 자각에 대해서만 깨어있거나 열려 있습니다. 그래서 현자는 푼야(punya, 덕, 신성함)와 아슈치(ashyuchi, 순수하지 않음) 사이에서 어떤 차이도 알거나 이해할 수 없습니다. 그러므로 그의 무지는 최고입니다!

20. 아트만은 밝게 빛나고, 투명하며, 순수한 발광체이다. 몸은 빛을 받고 있다. 만약 그것들을 동일하다고 본다면 이보다 더 큰 무지가 어디에 있겠는가?

라: 다시 말하지만 이 설명은 찾는 자에게만 적용됩니다. 현자가 그의 빛을 비출 "다른 것"은 없으며 지각이 없음이나 활력이 없음 같은 것은 없습니다. 모든 것은 오직 아난다일 뿐입니다.

21. 아트만은 영원한 실재(존재)이다. 몸은 실재(존재)가 아니며 무상하다. 만약 그것들을 동일하다고 본다면 이보다 더 큰 무지가 어디에 있겠는가?

라: 그것만이 스스로의 빛에 의해 빛나는 실재적인 것입니다. 몸은 아트만의 반사된 빛에 의해 빛납니다. 따라서 그것은 실제적이지 않습니다.

22. 아트만의 빛은 다른 빛들과는 다르다. 보통의 빛들은 사물들을 빛나게 하는 능력들에서 제한적이다. 그러나 아트만의 빛은 모든 곳들에 늘 있다.

라: 태양이 하늘의 절정에 있을 때도, 그 빛이 침투하지 못하는 곳들이 있습니다. 반면 아트만은 모든 것을 비춥니다. 이 설명은 사다카를 위해서 제공되었고 그는 아자타 아드바이타에 대한 그의 예비적 호기심을 만족시키기 위해 아트만이 무엇인지 지적으로 이해할 수 있게 되었습니다.

사실 아트만은 그 자신 외에는 어떤 것도 발견할 수 없습니다. 그러므로 그것의 빛은 그 빛을 비출 대상을 찾지 못하기 때문에 아무것도 비출 수 없습니다. 사하자스티티에서 갸니는 어디를 가든 그가 아닌 어떤 것도 찾을 수 없습니다.

23. 사람이 항아리를 보고는 "이것은 무엇을 담을 수 있는 항아리이다."라는 것을 안다. 아, 무지한 사람들은 이상하게도 몸을 보고는 몸은 무엇을 담고 있다고 생각하지 않고 "나는 이 몸이다."라고 주장한다.

라: "나의 몸"이라는 표현은 모두가 알고 있습니다... 그렇지만 그들은 "지각이 없는 이 살이 그의 몸이라고 말하는 이 "나"는 누구인가? 만약 몸이 나의 것이라면 그것의 주인인 "나"는 누구인가? 몸은 단지 나의 소유물이기에 그것은 나일 리가 없다. 그렇다면 "나는 누구인가?"라는 질문을 스스로 하지 않습니다. 그 질문이 일어나지 않는 이유는 아비디야마야(무지라는 환영)의 사악한 영향력이 방해하기 때문입니다. 비차라만이 이 무지의 장막을 들어 올릴 수 있습니다.

24. 나는 차분하고(중립적이고, equanimous), 고요하고(평화롭고), (절대적) 존재-(절대적) 의식-(절대적) 희열의 성품을 가지고 있는 브람만이다. 나는 아무런 존재가 없는(비존재인) 이 몸이 아니다. 직접 경험을 통해 이 말의 진리를 깨달은 사람이 갸니(현자)이다.

라: 사람이 몸이 아니라 브람만이라는 것은 지적 이해가 아니라 직접 경험의 문제여야 합니다. 이것이 이 작품의 제목의 의미입니다.

> 25. 나는 불멸이며, 변하지 않으며, 형체가 없으며, 홈이 없다. 나는 환영인 (비존재인. 아무 존재가 아닌) 몸이 결코 아니다. 현명한 자들은 이것을 참된 지식(갸나) 이라고 부른다.

라: 비존재가 어떻게 존재할 수 있습니까? 그것이 존재할 수 있습니까? 아닙니다. 그것이 비존재라고 불리는 것이 이 때문입니다. 하지만 이 슬로카에서는 몸이 존재하지 않는다고 말합니다. 그 말은 사다카를 혼란스럽게 할 수도 있습니다. 왜냐하면 그는 "가르침은 몸이 존재하지 않는다고 말한다. 하지만 나는 나의 몸을 볼 수 있을 뿐만 아니라 열, 잡는 것, 고통, 가려움, 피곤 등과 같은 그것의 감각들을 느낀다. 명백한 갈등을 해결할 수 있는 설명은 무엇인가?"라고 궁금해 할 수도 있기 때문입니다.

그 설명은 다음과 같습니다. 몸과 이 몸이 경험하는 세상을 투사하는 가상의 "나"가 있습니다. 몸과 세상은 둘 다 마음으로부터 나와서 동시에 투사됩니다. 잠에서는 마음이 없기 때문에 어떤 투사도 일어나지 않습니다. 이와 같이 잠에서는 몸이 없고 몸이나 세상은 둘 다 보이지 않으므로 사람은 희열 안에 있습니다. 오직, 이 희열은 무의식의 희열입니다.

사하자스티티에서 남는 것은 오직 희열 그 자체이기 때문에 희열을 느끼는 사람은 없습니다. 그것이 최고의 희열입니다. 보이는 것은 진짜일 수가 없습니다. 몸, 세상, 마음, 그것의 습관과 생각들, 그리고 이슈와라의 명백한 존재는 나의 실제 존재와 혼동되어서는 안 됩니다. 전자는 무지하거나 허구이거나 환상의 지바트만에게 존재하는 것처럼 보입니다. 후자는 실제로 존재합니다. 실제로 존재할 수 있는 것은 실재뿐입니다. 비실재는 단지 허구일 뿐입니다. 그 자신의 빛으로 빛나는 그것만이 시각, 지각, 지성, 추론, 이해 등을 필요로 하지 않는 하나의 완벽한 실재입니다. 그것만이 프라티약샤(직접적인 지각)이고, 노력이 없는 홀로있음^{soitude}의 상태만이 깨달음입니다. 그것에 의해 지각되는 몸과 세상은 그것들을 자각하게 되고 그렇게 남기 위해 마음을 필요로 하기 때문에, 그것들은 진정으로 존재할 수 없습니다.

26. 나는 질병의 대상이 아니며, 모든 이해(주체와 대상) 너머에 있으며, 변하지 않으며, 어디에나 있다. 나는 환영인 이 몸이 결코 아니다. 현명한 자들은 이것을 참된 지식(갸나)이라고 부른다.

라: 그가 스며들어야 할 것은 그 외에는 아무것도 없습니다. 그만이 바로 모든 것입니다. 슬로카는 사다카들에게 예비적인 지도를 하기 위한 것으로 이 구절들에 대해 생각하면 그들은 결국 "나는 누구인가?"라는 질문에 이르게 될 것입니다. 이런 생각들은 "몸이 나다"라는 생각을 근절시키려는 목적에는 유용하지만, 그것들 자체는 깨달음 이전에 사라져야 합니다. 그 생각들이 아무리 고결하다고 해도 깨달음은 생각들에 의해서는 얻어질 수 없습니다. 생각과 깨달음은 전혀 다른 것입니다.

생각의 영원한 정지는 실제적인 것을 드러냅니다. 사람들은 나에 도달하려고 노력합니다. 그것은 어리석고도 가치가 없는 노력입니다. 자아는 그 자체가 실제적이지 않기 때문에 실재적인 것에 도달할 능력이 전혀 없습니다.

그것이 해야 할 일은 실재적인 것에 복종하는 것이 전부이고 거기에 비통한 이야기의 끝이 있습니다. 자신들이 나를 '깨달을' 수 있다고 생각하는 대신, 애석한 일이다! 해야 할 가능한 일은 오직 실재가 아닌 것을 깨닫지 않는 것뿐입니다. 그러면 항상 그랬던 것처럼 나만이 남습니다.

이런 이유로 나는 말합니다. 목표를 찾지 말고, 찾는 자를 찾으십시오. 그러면 그는 사라질 것이고 그것이 목표입니다.

27. 나는 속성이나 활동이 없다. 나는 영원하며, 늘 자유로우며, 불멸이다.

나는 아무 존재가 없는 이 몸이 결코 아니다. 현명한 자들은 이것을 참된 지식(갸나) 이라고 부른다.

라: 나는 이 모든 것을 말하지 않습니다. 그는 단지 진리 또는 실재로서 머무릅니다. 이 말들은 사다나의 초기 단계에서, 사다카가 자아, 비차라의 파괴를 위해 브람마스트라(초자연적인 무기) 를 시작하도록 유도하면서 묵티에 대한 그의 욕망이 점점 더 커져서 그가 깊이 생각하도록 하 기 위한 것입니다.

28. 나는 불순함이 전혀 없다. 나는 움직임이 없다. 나는 한계가 없다. 나는 신성하다. 나는 부패가 없다. 나는 죽음이 없다. 나는 진정 비존재 그 자체인 이 몸이 결코 아니다. 직접 경험을 통한 이 말의 진리에 대한 깨달음을 현명한 자들은 갸나라 고 한다.

라: 이 말들에서 "나"는 나 또는 파라브람만을 가리키지만, 그는 이런 주장을 하지 않습니다. 주장을 만들어내는 실체는 자아입니다. 그것이 사라지면 희열만이 남습니다. 자신을 브람만 또는 나라고 상상하면서 이런 주장을 하는 자아는 말도 안 됩니다.

그것은 다 허물어진 야자나무 잎 오두막 입구 위에 "총독 사무실"이라는 간판을 걸어놓고, 멋 부리는 태도로 그 안으로 들어가, 안에 깔려 있는 썩은 대나무 매트 위에 앉아, 목청껏 소리 치는 것과도 같습니다. "선생님들, 내가 누군지 압니까? 나는 당신들의 스승인 린리트고우(스 코틀랜드의 도시이름) 신입니다! 나에게 고개를 숙이십시오, 환심을 사려하고, 아첨하는 사람들 이여! 고개를 숙이세요!" 잘 조준한 바위 몇 개가 오두막으로 돌진해 올 수도 있지만 다른 어떤 생산적인 결과가 있겠습니까? 없습니다.

따라서 자아가 브람만의 특성을 자신의 것으로 만들려고 할 때 그것은 고통을 초래할 뿐입 니다. 자아가 할 수 있는 유일한 유용한 일은 "나는 의식이다.", "나는 브람만이다." 등이라고 생각하지 않고 완전히 사라지는 것입니다. 그러면 궁극적으로 네 가지 마하바키야의 가치는 무엇입니까? 나는 그것들에게 말하거나 그것들을 믿지 않습니다. 만약 자아가 그것들이 그 자신에게 적용 가능한 것이라고 믿기 시작하면, 그것은 심각한 어려움에 처하게 됩니다.

그렇다면 마하바키야들이 무슨 소용이 있습니까? 분명 그것들은 무슨 목적이 있어야 합니까? 수행자가 아자타 아드바이타 이론을 배울 때 그것들은 사다나의 시작에서 묵상 연습의 역할을 합니다. 그것들의 기능은 그 정도까지로만 제한됩니다. 그것들의 의미 또는 요지가 실제적으로 이행되지 않으면 마하바키야들에 대한 명상은 나 깨달음으로 이어질 수 없습니다. 이 실제적 이행을 어떻게 해야 합니까? 생각의 파도들을 완전히 고요하게 함으로써만 가능합니다. 그것은 어떻게 이루어집니까? 브람마스트라인 아트마비차라에 의해서입니다.

29. 오, 존경스러운 바보여! 당신의 몸 안에, 몸 너머에, 아트만(도시에 사는 사람의 의미인 푸루샤, 구원자)이라고 알려진 상서로운 이가 아름답게 살고 있다. 왜 그를 완고하게 부인하는가?

라: 그란티(매듭)가 영원히 떨어져 나갈 때까지, 몸과의 동일시의 감각은 남아있어야 합니다. 이렇게 아트만은 몸 안에도 있고 몸 너머에도 있다고 말해집니다. 구원의 순간까지 주관적 의식은 시간적으로 또 공간적으로 국한됩니다. 구원의 때에 이 국한된 주관적 의식은 사라지고 그 자신이 모든 것이라는 점이 밝혀집니다.

주관적 의식은 몸에 매여 있는 것처럼 보이지만 사실 그것은 그 너머의 영역에 속합니다. 그것은 우리가 절대적 자각 안으로 흡수되는 지점에 몸-의식을 집중시킴으로써 입니다. 이렇듯 주관적 의식은 주관적 의식이 그란티나삼(매듭의 파괴)에 의해 아직 파괴되지 않는 한 사람의 몸 안에 살고 있는 것처럼 보이지만, 그란티나삼 이후에는 주관적 의식의 파괴를 초래함으로써 해방을 주고, 몸은 나에게 있어서 겉모습인 것으로 밝혀집니다.

30. 오 무지한 자여! 경전들이나 구루의 도움을 받아라. 몸과는 다른 그대의 아트만을 알려고 노력하라. 그것은 경험으로부터 온다. 당신 같은 이기적인 사람들이 깨닫기에는 아주 어렵다.

라: 그러므로 깨달은 스승 또는 구루의 도움을 받으십시오. 사람들은 내가 구루의 도움은 필요 없다고 말한다고 주장합니다. 그것은 말도 안 되는 소리입니다. 구루는 절대적으로 필요합니다.

31. 몸 너머에는 "나(자아)"라는 단어로 표현되고 있는 나(푸루샤)가 있다. 나는 하나다. 다양한 형태들을 취하는 거친 몸을 어떻게 나(푸루샤)라 불릴 수 있는가?

라: (그렇다면) 몸을 입은 존재는 어떻게 지고의 나가 될 수 있습니까? 깨어 있거나 꿈을 꾸는 상태에서 눈에 의해 보이는 거친 모습들과 형태들의 겉모습은 "나는 누구인가?"라는 탐구의 실패에 그 원인이 있습니다. 세상과 몸이, 그 자체가 단지 나의 거짓된 파생물일 뿐인 마음에만 있을 때, 어떻게 몸을 지닌 마음이 언제나 찬란한 나와 같다고 말해질 수 있습니까?

실재의 "나"는 오직 하나입니다. 앞에서 말한 상태들에서 보이는 거친 세상은 마음을 괴롭히는 아비디야마야(무지의 환영)의 사악한 힘의 소행입니다. 마음을 구성하는 반사된 의식의 가닥은 나로부터만 나옵니다. 그래서 몸을 포함한 세상은 나 안에 포함됩니다. 이런 이유로, 나가 몸이나 그것의 어느 부위에 국한될 수 있다는 것을 스스로 이해하는 것은 완전히 어리석은 일입니다.

많은 사람들은 나가 가슴의 오른쪽에 살고 있다고 생각하고, 따라서 그들은 몸의 그 부분에 집중해야 한다고 생각합니다. 그것은 말이 안 됩니다. 그 길에서 성숙한 사람은 몸의 그 부분에서 뚜렷하고 끌어당기는 신체적 감각을 느낄 수도 있습니다. 그것은 나가 특별히 거기에 있다는 것을 의미하지는 않습니다.

그것은 어디에나 있습니다. 아니 오히려, 모든 것이 그것에 의해, 그것에게 속해, 그것으로부터 존재합니다. 몸의 특정한 부분에 집중하는 것은 일시적인 희열로 이어질 수는 있지만 묵티를 가져올 수는 없습니다.

구원을 위해서는 "나는 누구인가?"가 유일한 방법입니다. 만약 (비차라를 수행한 결과로) 앞에서 말한 (가슴의 오른쪽에서 느껴지는 진동)을 포함해서 어떤 감각들이 초래된다면, 마음은 그것들이 있는 방향으로 가거나 그것들 안에 머물도록 허용되어서는 안 됩니다. 스스로에게 "누가 이 감각을 느끼거나 목격했는가?"라고 물어보고 모든 이원들이 완전히 소멸될 때까지 비차라를 계속하십시오.

32. '나'(자아)는 지각하는 주체이다. 몸은 지각의 대상으로 있다. 우리가 몸을 말할 때 "이것은 나의 것이다."라고 말하기에 이것은 분명하다. 그렇다면 어떻게 몸이 아트만일 수 있는가?

라: 몸은 "나"라고 말할 수 없습니다. 우리가 몸에 대해 "이것은 나다."라고 말합니다. 이 잘못된 동일시가 완전히 포기되면, 영원만이 남습니다.

33. 아트만은 변화가 없이 있다. 그러나 몸은 계속해서 변하고 있다. 이것은 일반적으로 경험하는 사실이다. 우리가 몸에 대해서 말할 때 우리는 "이것은 나의 것이다."라고 말하기에 이것은 분명하다. 그렇다면 어떻게 이 몸이 아트만일 수 있는가?

라: 그런 슬로카들에서 말하는 나는 지성(마음)도 아니고, 아트만도 아니라, 시간적, 공간적으로 국한된 의식 또는 몸-의식을 가리킵니다. 그런 말들 이면의 목적은 지적 수준에서 그것을

실제가 아닌 진리에 대해 반복적으로 노출시키고, 그렇게 해서 끈질긴 자기-조사의 결과로 그것이 사라지게 함으로써 "몸이 나다."라는 생각을 파괴하는 것입니다.

34. "그(아트만, 푸루샤)보다 더 뛰어난 것은 없다." 것을 경전들을 통해 확인했는데, 어떻게 실수로라도 몸을 나라고 가정할 수 있겠는가?

라: 슈루티들을 듣는 것은 스라바나입니다. 사다카는 그가 몸이 아니라는 진리에 대해 계속해서 깊이 묵상해야 하고 그런 묵상에는 마나나라는 이름이 붙여집니다. 비차라는 바로 니디디야사나(깊은 명상)입니다.

35. "이 우주에 있는 모든 것은 정말이지 푸루샤(신의 우주적 모습)이다(생물과 무생물은 신의 현현이다.)"라고 푸루샤숙타(베다의 카르마 칸다의 부분)에서도 이렇게 선언한다. 그렇다면 어떻게 몸이 푸루샤(아트만)와 동일할 수 있겠는가?(자아의 희생이 완성에 가까워질수록 불멸의 신이 더욱 빛난다)

36. 브리하다란야카 우파니샤드에서도, 푸루샤(나)는 전혀 애착이 없이 있다고 선언한다. 그러므로 어떻게 수많은 불순물로 이루어진 몸이 푸루샤(아트만)일 수 있겠는가?

라: 앞에서 말한 우파니샤드는, 갸나삭샤트카라 이후에도 감각-인상들이 물리적으로 계속 나타난다는 사실에도 불구하고 감각-인상들에 의해 더럽혀지지 않고 완전히 무관하게 남아 있다고 말합니다.

37. 또 다시 같은 우파니샤드에서, 푸루샤는 스스로 빛난다고 분명히 말한다. 반면에 이 몸은 다른 것들에 의하여 빛난다. 그러므로 온갖 불순물로 더럽혀진 몸을 푸루샤(아트만)이라고 주장하는 것에 어떤 정당성이 있을 수 있는가?

라: 몸과 세상은 그것들의 추론된 개념적 존재를 마음으로부터 끌어냅니다. 마음은 나로부터 생겨납니다. 그러므로 마음, 몸, 세상에게는 나만이 원인입니다. 그래서 나는 깊은 잠에서 몸과 세상이 없이 존재할 수 있습니다. 하지만 마음, 몸, 세상은 나가 존재하기 때문에만 겉으로 보기에 존재할 수 있습니다.

나에게서 빌린 빛을 이용하여 빛나는 마음에 대한 문제는 마음 같은 것이 거짓되게 계속되기 때문에 제기됩니다. 빛의 원천을 향해 안으로 향하게 되면, 마음이라 불리는 것은 발견되지 않습니다. 그러면 오직 나가 남고, 나의 빛을 "빌리는" 사람은 발견되지 않습니다.

사하자스티티에서는 지각이 없음이나 반사된 의식 또는 빌린 빛이라 불리는 것은 없습니다. 그곳에는 오직 실재만 남습니다.

38. 더구나 카르마 칸다(행위와 관련된 부분, 즉 행위들을 즉 의식들을 다루는 베다 경전의 장)에서도 아트만은 몸과 완전히 다르다고 선언한다. 아트만은 영원하고, 몸이 쓰러진 후에 행위의 결실들을 거두어들인다고 한다.

라: 아트만은 카르마에 의해 영향 받을 수 없습니다. 이 슬로카는 몸의 절멸 후에도 자아가 살아남는다는 가르침을 전달하기 위한 보조적 주장을 상정합니다. 따라서 몸 너머에는 자아가 있고 자아 너머에는 실재적인 것이 있습니다. 사람은 나가 그 위에 바사나들이 놓이고, 그것으로부터 바사나들이 구성되는 바탕으로서의 역할을 한다고 말할 수도 있습니다.

그래서 개인의 바사나들의 집합에 불과한 카르마는 나에 대한 부착물일 뿐입니다. 그림자와도 같은 마음의 존재를 가능하게 만드는 것이 바사나(마음에 있는 과거의 인상들)입니다.

몸은 마음으로부터 투사되고 마음에서만 유지됩니다. 이와 같이 개인의 기억 속에 잠재되어 있는 바사나들 때문에 몸들은 생겨나고 사라집니다. 그래서 카르마 즉 바사나는 몸의 죽음에도 살아남습니다. 그런 이유로 그것은 몸과 다르다고 말해집니다.

내가 보기에, 슈리 샹카라가 이 슬로카에서 의도한 의미는 오직 이것입니다. 몸보다 오래 살아남는 (안타카라남 즉 개인의 마음의 성향의 집합체라고 알려진) 어떤 것이 있기 때문에, 사람은 자신을 몸이라고 오해해서는 안 됩니다.

안타카라남은 또한 단지 일시적인 국면일 뿐이고 "나는 누구인가?"의 탐구의 결과로 언젠가는 파괴되어, 지바트만이 나 안으로 합일되는 결과를 낳습니다. 카르마가 나를 구속한다는 해로운 해석은 받아들여질 수 없습니다.

39. 미세한 몸 또한 많은 부분들로 되어 있으며 불안정하다. 그것은 지각의 대상이고, 불안정하고, 제한적(시간과 공간으로)이고, 비존재의 성품(물질이 없는)을 가지고 있다고 말해진다. 따라서 이것조차도 푸루샤(나)라고 주장하는 것에 어떤 정당성이 있을 수 있는가?

라: 미세한 몸은 비갸나마야코샤 즉 지성의 층을 가리킵니다.

40. 자아의 토대인 불변의 아트만은 이 두 몸들과는 다르다. 그것은 푸루샤이고 모든 것들의 주인인 이슈와라이고, 모두의 아트만이다. 아트만은 모든 형태 내에 있지만 그것들 모두를 초월하여 있다(모든 것의 기초가 되는 초월적 실재이다).

라: 나는 분명한apparent 보는 자와 겉으로 분명히 보이는 것, 이 두 가지 모두의 기초가 되는 바탕입니다. 일단 마음이 파괴되면, 보는 자도 없고 보이는 것도 없으며 단지 절대적 자각만 있습니다. 보이는 대상들이 있는 한, 이렇듯 오랜 무지는 남게 됩니다.

41. 아트만과 몸 사이에 차이가 있음에도 불구하고, 이 세상은 있는 그대로 있다고 주장된다. 이런 논쟁들이 실재를 획득하는 데 어떤 도움을 주는가?

라: 아트만이 실재이고(아트만은 지각의 주제subject-matter를 형성하는 것이 아니라 일단 마음이 파괴되면 직접적으로 경험되기 때문에), 몸은 실재가 아니며(그것은 세 개의 상태들 중 하나에만 존재하기 때문에), 세상은 실제가 아닌 몸에서 이용 가능한 다섯 가지 감각 기관들에게 주어진 정보일 뿐이라는 것을 지적으로 이해할 때, 실제가 아닌 실체unreal entity에게 생기는 실체가 없는unsubstantial 인상들은 실제일 수가 없기 때문에, 그는 세상 또한 실제가 아니라는 것을 자동적으로 이해합니다. 하지만 만약 세상이 실제가 아니라는 지식이 깨달음을 얻는 것을 위해 사용되지 않는다면 그런 지식이 무슨 소용이 있습니까? 그것은 정신이상이나 마음의 불안정을 초래할 뿐입니다.

42. 이와 같이, 아트만과 몸 사이의 차이를 설명함으로써, 몸이 아트만이라는 생각은 버려질 만하다는 것이 증명되었다. 이제, 우리는 아트만이 없는 몸은 본질적으로 존재하지 않는다는 것을 분명하게 설명할 것이다.

라: 몸은 나가 아니다. 그것은 나의 겉모습이다.

43. 의식은 항상 하나이며 같기 때문에, 그 안에 구분들이 있을 수 없다. 따라서 지바라는 개인적 존재는 밧줄에서 뱀을 가정하는 것과 마찬가지로 잘못된 것이다.

라: 보는 자는 뱀이 없다는 것을 깨달으면 밧줄을 봅니다. 지바(지바트바와 같음)는 세상이 없다는 것을 깨달으면 자신의 나를 봅니다.
마음-몸-세상 복합체는 단지 오해의 소지가 있는 겉모습이라는 지적 깨달음은 여기에서

언급되고 있는 깨달음이 아닙니다. 마음-몸-세상 복합체의 그릇된 성품에 대한 지적 깨달음은 사다나(사마디를 얻기 위한 수행, 훈련)의 시작일 뿐입니다.

진실한 구도자에게서의 그런 지적 깨달음은 비차라로 이어지고, 따라서 실제적 깨달음으로 이어집니다.

44. 밧줄을 제대로 보지 못하여 밧줄이 일시적으로 뱀으로 보인다. 그와 마찬가지로 순수한 의식이 이 세상의 모습으로 나타나고 있다. 하지만, 의식은 변할 수 없다. 실제로는 세상이 아니라 의식만이 존재한다.

라: 어떻게 그 오류를 없앱니까? 자세히 보면 그것은 뱀이 아니라 밧줄이라는 것을 알게 될 것입니다. 마찬가지로 마음을 계속해서 자세히 보면 마음 스스로가 나라는 것을 발견한다는 것을 알게 될 것입니다.

45. 이 현현의 우주의 바탕은 다름 아닌 브람만이 그 원인이다. 그러므로 보이는 이 전체 세상은 오직 브람만이지 다른 것이 아니다.

라: 세상의 이름들과 형태들은 실제가 아니고, 그것의 바탕인 나는 실제입니다. 금 세공사는 금으로 만들어진 다양한 보석들을 감정할 때, 오직 금만을 봅니다.

46. "이 모든 것은 아트만이다(모든 것은 최고의 실재의 현현일 뿐이다)."라고 베단타 경전들은 말한다. 그것들에 따르면 퍼지는 것과 퍼져지는 개념은 잘못된 것(환영)이다. 이 지고의 진리가 깨달아지면 그 같은 구분의 여지(원인과 결과)가 어떻게 일어나겠는가?

라: 브람만 그것만이 있기ⁱˢ 때문에 어떤 것에도 널리 퍼질 수 없습니다.

47. 경전들은 순수한 의식(브람만, 아트만)에 있어서 다양성의 개념을 확실하게 부정한다. 비이원의 원인이 확실한 사실일 때, 어떻게 현상적 우주가 그것과 다를 수 있겠는가?

라: 현자는 다른 사람들처럼 세상에 살고 있으면서 대상들을 처리합니다. 하지만 보는 사람의 관점에서만 그것들은 대상입니다. 현자 자신은 어떤 대상의 존재를 등록할register 수 없습니다.

48. 또한 경전들은 이원의 관념(환영, 마야, 프라크리티에 있는)을 받아들이는 것의 잘못을 아래의 말로 지적하였다. "마야(자연)에 속은 사람(브람만에서 다양성을 보는 사람)은 죽음에서 죽음으로 간다."

라: "브람만에게서 다양성을 본다."라는 구절은 브람만이 다양성을 가지고 있다는 의미는 아닙니다. 그것은 개인이 다양한 바사나의 격양된 흥분으로 인해 그의 마음이 그 근원에서 벗어나는 것을 막지 못하는 마음의 외향적인 상태에 대한 언급입니다. 마음의 외향성은 주관적 의식subjective consciousness이 생각의 영역으로 흘러넘치는 불운한 정신 상태입니다. 그런 실수 때문에, 존재하지 않는 세상이 겉으로 보기에 만들어지고 나가 빛을 발하는 것이 방해받습니다.

49. 브람만으로부터 모든 존재들이 태어난다. 따라서 그것들이 정말이지 브람만이라고 이해해야만 한다.

라: 이 설명은 지바만을 위한 것입니다. 그렇지 않다면 브람만은 그 자신 안에 여러 지바를 가지게 될 것입니다. 그것은 말도 안 되는데, 브람만은 구성요소들로 이루어지지 않고 나눌 수도 없기 때문입니다.

> 50. 경전들은 다음과 같이 선언한다. "브람만만이 세상의 모든 다양한 이름들과 형태들과 세상의 행위들의 바탕이다."

라: 그 의미는 나와 별개인 것은 있을 수 없다는 것입니다.

> 51. 금으로 만들어진 것은 늘 금의 성품을 지니고 있다. 이와 마찬가지로 브람만에게서 나온 모든 것들과 존재들은 브람만의 성품을 항상 지니고 있다.

라: 그 의미는 어떤 것도 나와는 별개로 정체성을 가질 수 없다는 것입니다. 이것은 있는 것(WHAT-IS)은 오직 나뿐이기 때문입니다. 브람만이 다양성을 일으키거나 만들 수 있다고 가정해서는 안 됩니다.

> 52. 개인적 자아와 절대적 나 사이에 아주 작은 차이(구분)라도 만드는 무지한 사람에게 (마음속에 아자타 아드바이타에 대한) 두려움이 있을 것이라고 경전은 말한다.

라: 개별적 자아와 절대적 나를 구분하는 사람은 그로 인해 개별적 자아의 존재를 필연적으로 인정합니다. 따라서 그는 절대 깨닫지 못할 것입니다. 이것은 호랑이 등에서 검은 줄무늬를 보고는 벌겋게 달군 쇠막대기 위를 굴러서 스스로 검은 줄무늬를 만들려고 했던 고양이처럼, 자아가 스스로 나라고 가정할 자격이 있다는 것을 의미하지는 않습니다.

라: 이 슬로카의 요점은 지바트만과 그것 너머의 파람아트만이라는 두 개의 자아가 존재한다는 관념적 틀을 버리라는 진실한 사다카에 대한 권고입니다. 깨달음이 분명해지기 위해서 그의 자아가 파괴되어야 한다는 글에 대해 깊이 생각할 때, 그는 자신의 개인적 자아의 상실을 두려워하게 될 것입니다. 이 두려움은 그가 자신의 마음을 가슴의 빛에 담그지 못하게 합니다.

그것에 대해서는 어떻게 해야 합니까? 개인적 자아의 존재를 받아들이기를 거부하십시오. 이것은 "개인적 자아는 존재하지 않는다."라는 글에 대해 깊이 생각해야 한다는 의미는 아닙니다. 단순히 개인적 자아라고 불리는 것이 존재한다는 생각을 버리십시오.

이것은 모든 생각을 버리라는 제안의 특화된 particularized 설명입니다. 생각들의 부재만이 그것들이 속해 있는 바탕을 드러냅니다. 개인적 자아를 완전히 복종한 사람은 그 사실 때문에 깨달음을 얻습니다. 복종은 신에 대한 생각들을 포함해서, 모든 생각들을 버리는 것입니다.

53. 무지의 결과로 이원이 나타날 때, 그때 그는 다른 것을 본다. 모든 것이 아트만으로 보일 때, 그는 정말이지 다른 것을 전혀 보지 않는다.

라: 사하자스티티에서 갸니는 그의 몸이 그를 어디로 데리고 가든지 또는 그의 몸이 어떤 일에 관여하든지 오직 그 자신만을 봅니다. 그는 바람으로부터 보호받는 등불과도 같습니다. 그에게서는 조금의 움직임도 없습니다.

54. 모든 존재들이 다름 아닌 아트만이라는 것을 깨달은 사람에게는 아무런 망상 delusion 이, 아무런 고통이 없다. 왜냐하면 이원이 없기 때문이다.

55. 브리하다란야카 우파니샤드는 다음과 같이 분명히 선언한다. "모든 존재의 나인 아트만이 진정 브람만이다."

56. 비록 이 세상이 실제인 것으로 경험되고, 그리고 여러 목적들을 이루어 주고 있다. 그러나 이 세상의 삶은 공(무존재)이다. 그것은 꿈과 같다. 잠에서 깨어날 때, 꿈은 존재하지 않는다.

라: 세상의 존재는 역설입니다. 세상이 경험될 때는 진짜인 것처럼 보입니다, 그러나 세상은 나의 빌린 빛에 의해서만 빛납니다. 세상은 스스로의 의식이 없습니다. 그러므로 세상은 환영입니다. 그 역설은 마음의 수준에서만 있는 것입니다. 실재의 수준에서는 오직 실재만이 남아 있습니다. 그러므로 불확실성, 의문 또는 의심의 여지는 없습니다.

57. 깨어있음의 상태는 꿈의 상태에서는 실제가 아니다. 꿈의 상태에서는 깨어있음의 내용(경험)은 없다. 마음의 일시적 정지 상태(잠, 기절 등)에서는 깨어있음과 꿈의 상태들은 없다. 깊은 수면에서는 깨어있음의 경험과 꿈의 경험 둘 다는 경험되지 않는다.

58. 그러므로 세 상태들은 비실제적인 것들이다. 그것들은 세 구나들에 의하여 만들어졌다. 세 상태들의 관찰자(목격자)는 세 가지 구나들을 초월하여 있다. 그것은 영원하며, 하나로 있으며, 의식이다.

59. 제대로 본 이후에는 흙에서 항아리의 환영을 보거나, 진주층에서 은의 환영을 보는 것은 불가능하다. 이와 마찬가지로 탐구 후에 깨달은 사람은 브람만에게서 지바를 보는 것은 불가능하다.

60. 흙을 항아리라 하고, 금을 귀걸이라 하고, 진주층을 은이라 한다. 마찬가지로 브람만을 지바라 한다.

61. 하늘에서 푸른색이, 신기루에서 물이, 기둥에서 사람을 보는 것처럼, 순수한 의식인 아트만에게서 우주를 보는 것은 환영이다.

라: 이와 같이 아트만, 아디슈타남 또는 사드바스투는 유일한 실재이지만, 반면 그 위에 형성된 이름과 모양의 겉모습은 실제가 아니고 기만적입니다. 어떻게 환영을 근절시킵니까? 그가 사라질 때까지 그것에 영향을 받은 것으로 추정되는 사람을 계속해서 찾음으로써 입니다.

62. 빈 공간에서 유령을 보거나, 공중에서 성을 보거나, 하늘에서 두 개의 달을 보는 것은 환영이다. 이와 마찬가지로, 브람만(아트만)에서 이 우주를 보는 것은 환영이다.

63. 잔물결들과 파도들이 오직 물인 것처럼, 구리 그릇들이 오직 구리인 것처럼, 온 우주는 오직 아트만이다.

64. 흙이 그릇들로 나타나는 것처럼, 실이 여러 천들로 나타나는 것처럼, 우주로 나타나는 것이 아트만이다. 이름들을 무시함으로써 아트만이 알려진다.

라: 일단 이름과 형체의 세계가 사라지면 즉, 일단 지성 또는 마음의 창의력이 영원히 파괴된다면, 브람만은 원인이 없고, 부패하지 않고, 기초가 되는 바탕으로 홀로 남습니다.

65. 모든 행위들은 브람만을 통해 이루어진다. 무지 때문에 사람들은 그릇들이 흙으로 만들어졌다는 것을 알지 못한다. 실제로 더 높은 힘이 모든 것을 한다. 사람은 자신이 행위자라고 상상할 뿐이다.

헌: 우리는 이 더 높은 힘이 정확히 무엇인지 설명해주시기를 바가반께 요청합니다. 그것은 이슈와라입니까?

라: 원하는 어떤 이름이든 그것에게 붙여도 좋습니다. 일단 오랫동안의 성실한 비차라 수행의 결과로 마음의 동요의 특성이 대체로 약해지면, 어떤 힘이나 흐름, 또는 당신이 부르고 싶은 어떤 것이든, 그것은 몸의 세상의 행위들을 넘겨받아 마치 시계장치처럼 그것을 작동시킵니다.

이 힘을 불러오기 위해서는 무조건적인 복종이 필요합니다. 깨달음에 대한 기대와 예상을 가지고 이루어지는 복종은 무조건적 복종일 수가 없습니다. 무조건적 복종은 전혀 동기가 없습니다. 그것에 관련된 지불해야 할 대가 quid pro quo 는 없습니다.

66. 흙과 그릇들 사이에 원인과 결과가 항상 존재하는 것처럼, 브람만과 우주 사이에도 마찬가지로 존재합니다.

라: 슬로카는 사다카에게 도움이 되기 위해 이 메시지를 말합니다. 사실 그것은, 현상적이고 거친 세상은 브람만의 현현이라는 것이 아닙니다. 그것은 나 또는 브람만으로부터 차례로 일어나는 마음의 현현이라는 것입니다.

사하자스티티에서는 어떤 세상도 남아 있지 않습니다. 따라서 "세상은 브람만의 현현입니까?", "세상은 객관적으로 그 자체로 실제입니까? 그렇지 않다면, 그것의 바탕은 무엇입니까?" 등을 묻는 것은 아무 의미가 없습니다. 세상이 보기 위해 남겨질 때만 그런 질문들이 일어날 수 있습니다.

갸니는 어떤 세상에 대해서도 완전히 무지합니다. 그가 아는 모든 것은 나뿐입니다. 여기에서도, 전적으로 안다는 것은 존재의 의미에서 아는 것 또는 그것으로서 머무르는 것을 의미합니다. 갸니의 사하자스티티에는 어떤 것을 알 수 있는 사람이 남아 있지 않습니다.

존재하는 것That-which-IS은 남아 있습니다. 존재하지 않는 것That-which-is-NOT은 어디에서도 찾을 수 없습니다. 따라서 슈리 크리슈나는 말합니다. "Nasatho vidyathey bhavo nabhavo vidyathey sathaha."

67. 그릇들을 볼 때 흙으로 빚어진 것이라는 지식이 마음에 자동적으로 들어온다. 이와 마찬가지로, 갸나싯다는 현상 세계가 보일 때도, 안과 밖으로 찬란히 빛나는 브람만이 홀로 그곳에서 빛나고 있다는 것을 안다.

68. 밧줄이 현명한 사람에게는 밧줄로 보이고, 무지한 사람에게는 뱀으로 보인다. 이와 마찬가지로 아트만은 순수한 사람에게는 언제나 순수하게 보이지만 무지한 사람에게는 언제나 불순하게 보인다.

라: 이 슬로카는 생각이 만들어지는 수단에 대해 언급합니다. 의식은 모두에게 똑같을지라도, 아갸니의 경우 반사를 위한 매개체, 최초의 암흑primogenitalis tenebra 또는 원죄를 발견하는데, 그것은 오직 "나" 생각 또는 개념일 뿐입니다.

이와 같이 아갸니의 경우, 의식은 그것을 모호하게 하는 뿌연 생각의 거미줄에 의해 계속해서 흐려지기 때문에 분명하게 빛날 수 없고, 그것의 처음 선행사건은 "나" 생각입니다. 세상의 관심사에 에워싸인 사람의 가슴은 비샤야바사나(감각들의 대상에 대한 갈망의 흔적들), 푸르바삼스카라, 이슈타산칼파, 그리고 다른 브릿티들의 짙은 안개로 덮여 있지만, 가슴 그 자체의 관점에서 이것은 거짓입니다. 그 자체로는 지각이 없지만 기능하기 위해 나로부터만 빛을 끌어내는 이 부정하고 조밀한 덩어리의 중심에는 최초의 암흑이 있습니다.

나로부터 일어나는 의식의 빛은 최초의 암흑에 떨어지고, 결과적으로 치다바사(반사된 의식의 흐름)가 됩니다. 치다바사가 일어난 후에, 생각들이 만들어집니다. 그 생각들이 무엇인지는 특정 시간에 비활동 상태에서 방출되는 바사나에 달려 있습니다. 붓디는 얼마동안은 생각을 가지고 놀다가, 성공적으로 자신을 속여서 그것이("내"가) 능숙하게 문제를 해결했다거나 결정을 했다고 믿게 만듭니다. 사실 그때 모든 것은 프라랍다에 따라서만 일어날 것이고, 브릿티는 가슴으로 다시 내려와 다른 때에 회수되고, 또 다른 브릿티가 일어나 그 자리를 차지합니다. 그래서 사람은 생각 또는 마음이라고 알려진 깊이를 알 수 없는 불행의 바다에 빠져듭니다.

아갸니에게는 아트만이 불순하게 보인다고 슈리 샹카라가 말할 때, 그것이 의미하는 것은 아갸니의 의식의 경험은 위에서 설명한 "마음"이라고 불리는 이것에 대해서만 한정된다는 것입니다. 하나는 순수하고 다른 하나는 불순한 두 개의 아트만이 있다고 슬로카가 잘못 해석되어서는 안 됩니다. 존재하는 것은 오직 하나이고, 그것THAT이고, 아트만입니다.

아갸니가 경험하는 것은 빛나는 가슴의 형편없는 반사입니다. 그는 마음이 그의 실제의 영역이라는 것을 경험하는데 그 마음은 본질적으로 오직 아트만입니다. 그렇지만, 그것은 진흙 투성이의 부패한 물로 가득 찬 버려진 코코넛 껍질에서 태양의 반사를 보는 것과도 같습니다.

반면 갸니는 태양 그 자체로 합쳐졌습니다. 그래서 그의 선천적인 성품에 의해 나 또는 아트만은 순수하지만, 아갸니는 그의 진정한 나인 아트만 그 자체에 절대 주의를 기울이지 않고 대신에 그것의 빈곤한 반사만을 봅니다. 그가 보는 것이 마음일 뿐이고, 마음은 아트만의 칫chit으로부터 만들어지지만, 쇠공이 뜨거운 불길에 달궈지면 밝게 빛나는 것처럼, 그것은 나로부터 그것에게 떨어지는 빛 때문에 분명한 생명으로 빛나는 지각이 없는 생각 덩어리일 뿐이며, 빛의 근원 그 자체와 비교해 볼 때 어디에도 있지 않습니다.

그러므로 아갸니는 결코 직접적으로 아트만을 경험한 적이 없습니다. 그는 자신이 존재가 아니라 개념이나 생각과 관련되어 있다는 것을 알고, 그래서 그의 관점에서 그가 보는 것은 "불순하게 보이는 아트만"입니다. 아트만이 불순함의 우파디로 더럽혀진다는 것이 아니라 그의 마음의 구조가 실재 위로 장막을 던졌고, 이로 인해 그의 흠이 없는 아트만의 비전을 불순하게 만든다는 것입니다.

그러므로 "불순하게 보이는 아트만"은 아트만 그 자체에 있는 어떤 결함이 아니라, 아갸니의 현혹된 비전을 가리키는 것으로 올바르게 이해되어야 합니다. 태양에 대해 눈을 감고 어둠에 대해 불평을 한다면, 그것이 태양 탓입니까?

현명한 사다카는 밧줄을 밧줄로 봅니다. 그는 마음의 근원에 거하는데, 그것은 노력을 하지 않고 의지 없이 유지되는 순수한 주관적 의식과 같습니다. 바보는 아무것도 없는 곳에서 뱀을 봅니다.

그는 세상을 창조한 신이 있고, 세상에는 사람들이 있으며, 이 사람들은 태어나서 죽고, 그 자신은 이 사람들 중의 한 명이라고 상상합니다. 도저히 구제불능의 어떤 바보들은 작은 밧줄에서 아주 커다란 산뱀을 보는 정도에까지 이릅니다.

그들은 스스로 그리고 주위 사람들에게, "나는 브람만이다!", "나는 의식이다!", "나는 그것 THAT이다!" 등등을 말합니다. 마하바키야로 나타나는 그런 말들 뒤에 숨겨진 생각 또는 목적은 사람이 "몸이 나다"라는 생각을 없애도록 돕기 위한 것이지, 그 이상은 아닙니다. 실제로 자신이 브람만이라고 믿는 사람의 어리석음을 상상해 보십시오!

69. 도자기들은 오로지 흙인 것처럼 몸은 오로지 의식이다. 무지한 사람들은 헛되이 나와 비나를 구분한다.

라: 세상의 애착들을 가진 사람들은 실제인 것과 실제가 아닌 것을 잘 구분할 수 없습니다. 그들은 세상이 객관적으로 실제라는 굳은 확신을 가지고 있습니다. 그들의 수슙티(깊은 수면) 동안에도 이것이 계속된다고 주장합니다.

그들은 자신들이 잠들어있는 동안에, 다른 사람들이 자고 있는 몸에 대한 관찰을 포함해서 세상을 지켜봤다고 주장합니다. 그 주장의 결함은 이 확증은 이른바 깨어있는 상태라는 기간에만 가능하다는 것입니다!

70. 밧줄이 뱀으로, 진주층이 은으로 상상되는 것처럼, 무지한 사람들은 아트만을 몸이라고 생각한다.

71. 흙을 그릇이라고 잘못 생각하는 것처럼, 실들을 천이라고 잘못 생각하는 것처럼, 무지한 사람들은 편재하고 있는 아트만을 몸이라 잘못 결정한다.

72. 금을 귀걸이라고 잘못 생각하고, 물을 파도들이라고 잘못 생각하는 것처럼, 무지한 사람들은 아트만을 몸이라고 잘못 생각한다.

73. 기둥을 사람으로 착각하고, 사막의 모래를 신기루의 물이라 착각하는 것처럼, 무지한 사람들은 편재하고 있는 아트만을 몸이라 착각한다.

74. 나무 더미를 집으로 착각하고, 쇠 조각을 검으로 착각하는 것처럼, 무지한 사람들은 편재하고 있는 나를 몸이라 착각한다.

75. 물에서 거꾸로 된 나무의 이미지를 보는 것처럼, 무지한 사람들은 아트만을 몸으로 본다.

76. 배를 타고 가고 있는 사람은 모든 것들이 움직이는 것으로 보는 것처럼, 무지한 사람들은 아트만을 몸으로 본다.

77. 황달에 걸린 사람들은 흰 물체를 노란색으로 보는 것처럼, 무지한 사람들은 자신을 몸으로 본다.

78. 눈에 결함이 있는 사람은 자신이 보는 모든 것이 결함이 있어 보이는 것처럼, 무지한 사람들은 아트만을 몸으로 본다.

79. 불타는 막대기를 회전시키면 원형으로 보이는 것처럼, 사람은 무지 때문에 아트만을 몸으로 본다.

80. 큰 물체들이 멀리 있으면 작게 보이는 것처럼, 사람은 무지 때문에 아트만을 몸으로 본다.

81. 작은 물체들은 렌즈를 통해 보면 크게 보이는 것처럼, 사람은 무지 때문에 아트만을 몸으로 본다.

82. 유리 표면을 물로 착각하는 것처럼, 사람은 무지 때문에 아트만을 몸으로 본다.

83. 사람이 불 속에서 보석을 상상하는 것처럼, 그 반대도 마찬가지로, 무지한 사람들은 몸을 아트만으로 본다.

84. 구름이 움직일 때 달이 움직이는 것으로 보는 것처럼, 무지한 사람들은 몸을 아트만으로 본다.

85. 혼란스러울 때 방향들을 구분할 수 없는 것처럼, 무지한 사람들은 몸을 아트만으로 본다.

86. 달이 물에 비칠 때 물이 움직이면 달이 부서지는 모습으로 보이는 것처럼, 무지한 사람들은 몸을 아트만으로 본다.

87. 나가 알려지지 않으면, "나는 몸이다."라는 생각이 지속된다. 나가 알려질 때, 몸은 브람만안으로 용해된다.

라: 왜 망상이 일어난 다음에야 가라앉아야 하는지에 대한 질문이 사다카에게 생길 수도 있습니다. '왜 망상은 일어나지 않고 그대로 있으면 안 되는가?'라고 묻는 것이 합당합니다. 그 질문은 다음과 같은 잘못된 교훈들에 근거하고 있기 때문에 그 질문에 대한 답은 있을 수 없습니다.

1. 망상으로 고통 받고 있거나 망상이 생겨난 개별적인 "나"가 존재한다.

2. (이 "나"에 영향을 미칠 수 있는) 망상이라 불리는 어떤 것이 존재한다.

이 두 가지 생각들은 완전히 잘못된 것입니다. 개별적인 "나"는 존재하지 않습니다. 어떤 망상도 일어나지 않았습니다. 이 진리에 대한 실용적 경험은 속박의 매듭이 잘려나간 사람들에게만 가능합니다. 나에 대한 실제적 깨달음이 없이, 속박은 없고 모든 사람은 이미 해방의 상태에 있다고 주장하는 사람들은 그의 아이를 갖기를 바라면서 사랑하는 사람의 그림을 껴안는 처녀들과도 같습니다.

속박의 비실재성은 깨달음의 실재성의 반대입니다. 절대적 존재를 깨달은 사람들만이 속박이 존재하지 않는다고 단언할 때 진리를 말하고 있는 것입니다. 하지만 속박이 궁극적으로 실제가 아니라는 것이 증명된다면, 위의 슬로카를 쓴 슈리 샹카라의 의도는 무엇이었습니까?

그 슬로카는 단순히 수행자에게서 무묵샤트바(해방을 간절히 바람)와 바이라기야(포기 혹은 초연)를 증가시키기 위한 것입니다. 절대적 나 수준에서는 어떤 망상이나 속박도 없었습니다. 있을 수가 없습니다.

88. 움직일 수 있거나 움직일 수 없는 온 우주가 아트만이라는 것이 알려질 때, 모든 존재들이 사라진다. 그렇다면 어떻게 몸을 아트만이라고 생각할 수 있겠는가?

라: "이것은 삿이다", "이것은 아삿이다" 등으로 식별하는 것은 단지 예비적인 수행일 뿐입니다. 최종적 구원을 위해서는 비차라가 필수적입니다.

89. 오, 깨달은 이여! 그대의 시간을 항상 아트만을 명상하는 것으로 보내면서 시간이 지남에 따라 오는 모든 프라랍다(현재의 몸의 경험을 있게 한 과거의 카르마의 일부분)를 경험하라. 걱정하는 것은 당신에게 맞지 않다.

라: 갸니의 절대적 자각의 경험은 어떤 우파디로도 더럽혀지거나 오염되지 않습니다. 그래서 그는 언제나 몸이 없습니다. 구경하는 자들은 갸니가 "그의 몸"이라고 생각합니다. 갸니 스스로는 그런 실수를 하지 않습니다. "갸니의 몸"은 프라랍다에 묶여 있지만, 그는 자신을 그 몸 또는 어떤 몸과도 동일시하지 않습니다. 그러므로 그에게는 프라랍다가 없습니다.

90. "아트만 지식이 솟아난 후에도 프라랍다는 떠나지 않는다."고 경전들에서 말한다. 이 진술은 이제 반박된다.

91. 깨어나면 꿈이 어디에도 존재하지 않는 것처럼, 아트만 지식이 생겨나면 몸과 같은 것들은 어디에도 존재하지 않는다.

라: 갸나싯다는 심지어 몸을 보지 않습니다. 그는 몸에서 나만을 봅니다. 몸의 파괴는 아트만에게 아무 차이가 없습니다. 아트만은 결코 몸을 입지 않습니다. 그래서 그것의 몸이 사라지

는 문제는 절대 일어나지 않습니다.

> **92.** 이전 생애들에서 한 행위들의 결과(프라랍다 카르마)는 이번 생애에서 나타난다. 그것을 운명이라 한다. 하지만 깨달은 사람에게는 어떤 탄생들도 존재하지 않기에 운명은 존재하지 않는다(프라랍다는 어느 때에도 존재하지 않는다).

라: 자아를 죽임으로써 탄생의 가능성을 파괴한 사람은 두려워할 어떤 프라랍다도 없고 다른 어떤 카르마도 없습니다. 카르마는 행위하는 자를 필요로 합니다. 행위하는 자가 없으면 카르마가 누구에게 영향을 줄 수 있습니까?

신이나 나에 맞서서 오만하게 일어나 "나"를 단언하는 거짓된 자아를 죽인 갸니는 행위하는 자의 삶을 끝냅니다. 행위하는 자는 죽었기에, 셋 카르마가 소동을 벌일 여지는 없습니다.

> **93.** 꿈에서의 몸이 환영(첨가)인 것처럼, 깨어 있을 때의 몸 또한 환영이다. 환영인 것에서 어떻게 탄생이 가능한가? 탄생이 없는데 어떻게 운명(프라랍다의 여지) 이 있을 수 있겠는가?

라: 첨가의 성품은, 마음이 물리적 몸 안에 살고 있고, 그 몸은 다시 물리적 세계 안에 산다고 가정하게 만드는 무지의 태도입니다. 이 단순한 지각의 오류 즉 밧줄에서 뱀, 수정에서 불, 사막에서 물을 보는 것 등과 같은 예들이 종종 주어지는데, 이것들은 사람의 마음을 바깥으로 향하게 하고 그에게 더없이 행복한 깨달음의 상태를 오지 못하게 합니다.

한편 순수한 주관적 의식은 그 자체로 비실제적이거나 환영적인 반면, 생각들은 이 비실제적 바탕 위의 허구의 중첩들입니다. 오직 절대적 자각만이 실재입니다. 그것은 그란티나삼(매듭이 잘린)의 수여에 의해 순수한 주관적 의식이 파괴된 후에야 드러납니다. 생각-제조 능력의 비참한 첨가는 순수한 주관적 의식의 바탕이 변형 없이 있는 그대로 남아있는 것을 숨깁니다.

성실하고 오랜 비차라 수행에 의해 일단 이 성가신 능력이 없어지면, 순수한 주관적 의식이 남겨지고, 그것의 고요함을 방해하는 어떤 생각도 일어나지 않습니다.

마침내 깨달음이 일어나는 것은 마노니브릿티 상태인 이 상태에서입니다. 마음이 사라져서 이렇게 실제적 나 안으로 조용히 흡수되는 것을 막지 않는 대신 개별적 존재로서 번성하도록 부추기는 "나는 이러이러하다"라는 그릇된 생각은 아비디야마야에 의해 야기되는 잘못된 첨가입니다. 어떻게 아비디야마야의 유해한 손아귀에서 벗어날 수 있습니까? 단순히 끊임없이 마음으로 마음을 조사하십시오. 마음이 스스로를 끊임없이 조사할 때, (마음 같은) 그런 것은 없다는 것이 밝혀집니다.

94. 베단타 책들은, 흙에서 질그릇이 생긴 것처럼, 현상 세계를 있게 한 원인이 무지라고 선언한다. 아트만에 대한 지식으로 무지가 파괴되면, 어떻게 현상 세계가 있을 수 있는가?

라: 이름과 형체의 세계에 대해서는 무지가 그 원인입니다. 이름과 형체가 파괴되면, 우주는 다름 아닌 브람만이라는 것을 알게 됩니다. 이름과 형체의 망토는 브람만이라고 불리는 바탕을 숨깁니다. 일단 이 망토가 갸나의 불에 타서 재가 되면, 오직 브람만이 남습니다. 이 망토는 다름 아닌 마음 또는 자아입니다.

95. 망상 때문에 무지한 사람들은 밧줄을 제쳐두고 뱀만을 본다. 이와 마찬가지로 무지한 사람들은 실재(세상의 기초가 되는 바탕, 진리)를 망각하고, 현상 세계만을 본다.

96. 밧줄의 실제 성품이 알려지면, 뱀의 겉모습(환영)은 사라진다(더 이상 지속되지 않는다). 이와 마찬가지로, 세상의 바탕이 알려지면, 현상 세계는 완전히 사라

진다(무가 된다).

라: 브람만을 깨달으면, 이름들과 형체들의 세상은 의미가 없어지고 효력을 잃습니다. 일단 깨달음에 이르면 세상으로서의 세상은 사라지거나 무효가 됩니다. 갸니의 사하자스티티에서는 "세상"이라고 불리는 것이 나타나든 나타나지 않든 관계없이 오직 브람만 또는 실재가 남습니다.

> 97. 몸 또한 세상에 속하는데, 어떻게 운명(프라랍다)이 (몸이 없는 지반묵타에게) 존재할 수 있겠는가? 경전들은 단지 무지한 사람들의 이해를 위해서 운명을 설명했다.

라: 그는 이미 모든 비실재를 완전히 초월했는데, 그렇다면 지반묵타에게 영향을 미치는 프라랍다의 문제는 어디에서 일어납니까? 프라랍다는 오직 어리석은 사람들의 마음의 호기심을 충족시키기 위한 목적으로만 슈루티에 의해 논의됩니다.

> 98. 높은 것과 낮은 것이라는 둘인 그것(아트만)을 깨달을 때, 그의 모든 행위들은 파괴된다. 슈루티들은 위의 문장에서 복수를 사용하는데, 이것은 프라랍다 또한 부정하기 위한 것이다.

라: 깨닫게 되면 세 겹의 카르마는 완전히 파괴됩니다. "자아가 소멸된 사람의 모든 행위들은 완전히 파괴된다."라는 말의 의미는 단지 이것입니다.

> 99. 무지한 사람들이 지반묵타에게 프라랍다가 존재한다고 여전히 고집한다면, 그들은 두 가지 어리석음들을 가지게 될 것이다. (프라랍다 그리고 아트만의 지식

을 얻은 이후에 조차도 프라랍다의 행위의 가능성. 지식 이후에는 세상은 전혀 경험될 수 없다.) 그러고 나면 그들은 아트만이 파라브람만과 동일하다는 베단타의 결론을 버리게 될 것입니다. 그러므로 진정한 지식으로 나아가게 하는 베단타 경전의 결론을 받아들여야 할 것이다.

라: "세상은 전혀 경험될 수 없다"라는 말이 전달하려고 하는 의미는 무엇입니까? 세상은 감각 지각의 외부 기관들을 사용해서 보고 느낄 수 있습니다. 그것이 전부입니다. 하지만 진정한 경험은 보는 것seeing이나 감각 지각을 가리키는 것이 아닙니다. 존재Being만이 진정한 경험Real Experience이 될 수 있습니다.

"아파록샤 아누부티"는 봄이 아니라 존재를 의미합니다. 세상은 직접적으로 존재로서 경험되지 않고 감각적, 지적 지각을 통해 간접적으로만 경험되기 때문에, 세상은 결코 경험되지 않고 단지 지각됩니다. 오직 하트를 제외하고는 어느 것에 관해서도 존재에 대한 친밀하고 직접적인 경험을 가질 수 없습니다.

100. 이제 앞에서 말한 나 지식을 획득하기 위한 열다섯 단계들을 나는 설명한다. 그 열다섯들의 도움을 받으면서, 깊은 명상(니디댜야사나)을 해야 한다.

101. 절대적 존재와 지식인 아트만은 항상 수행하지 않으면 깨달아지지 않는다. 그러므로 지식을 구하는 사람은 바라는 목표를 얻기 위하여 브람만에 대한 명상을 오랜 기간 동안 해야 한다.

102-103. 열다섯 단계들을 이제 순서대로 설명한다. 감각들의 통제(야마), 마음의 통제(니야마), 포기(티야가), 침묵(모우나), 공간(데샤, 평화), 시간(칼라), 자세(아

사나), 뿌리(기반)의 억제(물라반다), 몸의 균형(데하 삼야, equipoise), 확고한 비전(눈의 상태, steadiness of gaze, 드릭 스티티), 생명의 힘들(프라나)의 통제(프라나-삼야마나), (외적 대상들로부터) 마음의 철회(프라티야하라), 집중(다라나), 나에 대한 명상(디야남)과 완전한 흡수(absorption, 사마디, 황홀경).

104. "이 모든 것은 브람만이다." 라는 지식을 가지고 모든 감각 기관들을 통제하는 것이 야마다. 이것은 계속해서 수행되어야 한다.

105. 모든 다른 생각들을 배제하고 오직 한 종류의 생각(아트만이 브람만이다. 혹은 나는 브람만이다)만이 계속 흐르게 하는 것이 니야마이다. 이것은 정말이지 지고한 희열의 경험이다. 현명한 자들은 이것을 규칙적으로 수행한다.

106. 우주는 다름이 아닌 순수한 의식인 아트만의 가공의 나타남이라는 것을 이해하는 것이 진정한 포기(티야가)이다. 이것은 즉각적인 해방을 가져다주기에, 현자들은 이 포기를 존중한다.

라: 일단 몸을 포함한 우주는 객관적으로 그 자체가 실제라는 그 생각을 완전히 버리면, 가슴의 빛 속에 마음을 유지하는 것이 따분하지 않을 것입니다. 왜냐하면 마음은 더 이상 상상적이고 환영적인 망상을 쫓아가는 것에 관심이 없기 때문입니다. 그것은 스스로 실재적인 것에 들러붙기를 원합니다. 그러므로 그것은 가슴을 떠나기를 주저합니다.

"몸을 포함한 우주는 환영이다."라고 항상 생각하는 것은 아무 소용이 없습니다. 오히려, 깨달음을 위해 노력하고 있고 그것을 얻으려 하는 진실한 사다카는, 인식될 수 있는 어떤 것에 대한 실체가 있다는 생각을 포기하고, 나의 존재 Beingness of the Self 와 구별할 수 없는 그 마음의 상태에 조용히 머물러야 합니다.

107. 말들과 마음은 침묵(브람만)의 상태에 이르지 못하고 되돌아온다. 이 침묵의 상태를 요기들은 명상으로 이를 수 있다. 늘 그 상태에 이르도록 노력해야 한다.

라: 마음은 브람만에게 도달할 수 없다는 말의 의미는 생각이나 지성은 그를 발견할 수 없지만, 죽은 마음은 브람만에게 흡수된다는 것입니다.

  죽은 마음이란 무엇입니까? 브릿티들이 영구적으로 파괴된 마음이 죽은 마음이라고 불립니다. 그것은 불활성이나 무력함의 상태가 아니라 파괴할 수 없는 샨티(평화)의 상태입니다.

108-109. 말들이 되돌아오는 그것(브람만)을 누가 기술할 수 있는가? 그러므로 침묵이 브람만을 기술하는데 침묵은 피할 수 없다. 현상 세계를 기술하려는 데도 말들로 개술할 수 없는 경우가 종종 있다. 실재에 대한 침묵(무한한 의식의 공간에 확고하게 자리 잡은 사람들의 침묵)은 모든 현자들에게 자연스럽다. 브람만의 스승들은 무지한 사람들에게는 말의 침묵을 권장한다.

라: 현상 세계의 성품에 대한 탐구는 결국에는 비차라로 이어집니다. 비차라는 마음의 침묵으로만 이어집니다. 말의 침묵은 영적 길에 독불장군이 미숙한 자들에게 권장됩니다.

  현자들은 말을 할 수 있지만 그의 마음은 움직이지 않습니다. 이와 같이 그의 입이 움직이든 그렇지 않든, 현자는 항상 침묵 속에 있습니다. 침묵 서약을 한 사다카는 발팜(석필)과 슬레이트(석판)를 손에 들고 돌아다닐 수 있습니다. 하지만 그의 마음이 나의 존재와 하나가 되고 구분될 수 없이 남아있도록 끊임없이 지시하는, 그의 안에서 활동하는 꾸준한 내향성의 흐름이 없다면, 영원히 그는 아무것도 이루지 못한 것입니다.

110. 홀로의 상태(브람만은 늘 홀로 있다)는 (의식의) 공간이라고 알려져 있다. 그것의 중간, 처음 또는 끝에 어떤 물질도 존재하지 않지만, 그것은 우주 전체에 늘

퍼져 있다.

111. 나눌 수 없고, 더없이 행복하고, 비이원인 브람만은 브람마를 포함한 모든 존재들을 한순간에 창조하고, 유지하고, 파괴하기 때문에 '시간'(즉 칼라)이라는 단어로 묘사된다.

라: 창조는 브람만의 오직 마음을 통해서만 가능합니다. 마음이 나와의 동일성을 버리고 그것으로부터 벗어나면, 온갖 종류의 세상들이 즉시 만들어집니다. 그렇지만 브람만은 그것들 모두의 바탕입니다. 온갖 종류의 세상들은 다른 실제적인 정체성actual identity이 없는, 정말이지 브람만일 뿐입니다.

112. 자세란 브람만에 대한 명상이 자연스럽고 끊임없이 가능해지는 곳이지 행복의 파괴를 초래하는 어떤 것이 아니다. 그 자세만이 알아야 할 필요가 있는 것이다.

라: 브람만에 대한 효과적인 명상을 가능하게 만드는 그 자세는 몸의 어떤 아사나가 아니라, 오직 가슴의 빛에 마음을 완전히 담그는 것입니다. 이 올바른 마음의 자세만이 이름과 형체, 거친 물질과 살이라는 환영의 세상에 그를 묶어두는 무지의 매듭을 잘라내기를 원하는 사람에게 쓸모가 있습니다. 브람만에 대한 명상은 브람만에 대해 생각하는 것을 의미하지 않습니다. 그것은 마음을 나의 존재Beingness of the Self에 합치는 것을 의미합니다.

113. 모든 존재들의 기원, 우주의 바탕, 그리고 불변하는 하나로 자리를 잡고 있는 그것, 깨달음을 얻은 사람들이 완전히 그 안으로 합쳐지는 그것, 그것만이 싯다사나(영원한 브람만)이다.

114. 모든 존재의 뿌리인 브람만, 그것 안으로 들어감으로 마음이 정말로 통제된다. 그것이 물라반다(뿌리의 통제)를 항상 수행해야 한다. 이 통제는 라자 요기들에게 적합하기 때문이다.

115. 항상 고요한uniform, 한결 같이 있는 브람만 안에 잠기게 하는 것이 몸의 균형equipoise, dehasamya이라는 것을 알라. 그렇지 않고 시든 나무처럼 몸을 곧게 유지하는 것은 진정 균형이 될 수는 없다.

116. 보통의 비전을 지식의 비전으로 바꾸어, 이 세상을 브람만으로 가득 차 있다고 보아야 한다. 그것이 가장 고귀한 비전이다. 코끝을 바라보는 것이 아니다.

117. 또는, 보는 자, 보는 과정, 보이는 대상 사이의 구분이 존재하지 않는 곳으로 시각을 향해야 한다. 코끝이 아니라 그곳에 그의 시각이 고정되어야 한다(시각을 끌어당겨야 한다).

라: 이 시에서, 슈리 샹카라는 바가바드 기타 VI-XIII 시들의 의미를 명확하게 합니다. 그 슬로카의 의미는 마음의 집중 능력은 마음의 내향성을 향해야 한다는 것입니다. 마음을 조사하는 도구로 마음을 사용하십시오. 이것이 비차라를 올바로 수행하는 방법입니다.

118. 순수한 주관적 의식에 기원을 두고 있는 모든 마음의 양상들이 진정 기억의 능력의 도움을 받아 자신이 브람만임을 정말로 알고 마음의 모든 브릿티들의 억제를 수행하는 것이 프라나야마이다.

라: 브릿티 또는 칫타브릿티 니로담의 억제는 무지라는 병에 대한 어떤 영구적인 치료법도 가져다주지 않습니다. 깊은 잠의 상태에서, 생각은 사람을 동요시키지 않습니다. 그렇지만 깨어나면, 문제가 저절로 다시 시작됩니다. 비차라만이 계속된 탄생을 야기하는 짙고 어두운 무지 덩어리를 완전히 파괴할 수 있습니다.

여기에서 슈리 샹카라는 초보자들에게 칫타브릿티 니로담을 추천했습니다.

변함없는 바이라기야를 가진 사람은 어떤 종류의 예비적인 수행의 용도도 찾지 않습니다. 그는 깨닫기를 간절히 원합니다. 그는 비차라에 대해 듣자마자 끊임없이 그것을 수행하기 시작합니다.

119. 세상에 대한 생각들을 버리는 것이 내쉬는 것(레차카)이다. 내가 브람만이라는 생각을 받아들이는 것이 들이쉬는 것(푸라카)이다.

라: '브람마이바함(많은 것으로 보이는 것은 나다)' 또는 '아함브람마스미(나는 브람만이다)'의 생각을 고수하는 것은 아직 팍쿠 밤(준비, 성숙)이 없는 사람들이 비차라 아비야사를 시작하는 것입니다.

120. 브람만에 대한 생각의 한결같음이 호흡의 통제(쿰바카, 호흡의 정지)이다. 이것이 현명한 자들이 수행하는 호흡 통제(프라나야마)이다. 들이쉬는 것, 내쉬는 것, 그것의 중지 같은 활동들은 단지 코의 통증일 뿐이다(무지한 사람들은 코를 누르는 것으로만 안다).

121. 모든 감각의 대상들이 신(아트만, 실재)의 표현이라는 것(스며들어 있음)을 알고, 마음을 절대적 의식 안으로 잠기게 하는 것이 프라티야하라(마음의 철회)이다. 해방되기를 바라는 사람들은 이것을 부지런히 수행해야 한다.

라: 다시, 스스로에게 마음속으로 "몸의 감각적 정보 입력 통로를 통해 지각되는 모든 것은 브람만에 불과하고, 그것의 진리는 그것이 나 자신의 나Self라는 것이다."라고 되풀이하는 것은 아직 팍쿠밤이 없는 사람들이 비차라 아비야사를 시작하는 것이다.

122. 마음이 (그것의 근원을 떠나) 가는 곳이 어디든지, 바로 그 돌아다니는 행위에서, 마음과 더불어 브람만을 보는 것이 지고의 다라나(집중)이다.

라: 슬로카의 의미는 이렇습니다. 마음이 그것의 근원을 떠나 자신의 창조적 구성의 상상 영역으로 헤매기 시작할 때마다, 그것을 나의 존재Beingness of the Self로 가져와 그곳에 가라앉히십시오.

123. "나는 오로지 브람만이다." 이 상서로운 브릿티의 도움으로 어떤 것에도 의존하지 않는 최고의 희열을 낳는 상태에 내재하는 것이 디야나(명상)이다.

라: 이것은 다시 말하면, 그 하나의 생각 또한 사라져서 마노니브릿티(마음이 없는) 상태가 될 때까지 '브람마이바함' 또는 '아함브람마스미'라는 하나의 생각을 끊임없이 고수하는 수행에 대한 언급입니다.

124. 브릿티들의 불변함을 통해, 그 후에 그것은 브람만으로 변형된다. 변형을 통한 완전한 브릿티비스마라남(브릿티의 죽음)의 성취는 사마디이다. 이것은 지식(갸나)의 절정이다.

라: 여기에서 언급되는 사마디는 케발라(홀로의 상태) 니르비칼파 사마디인데, 그것은 브릿티비스마라남(브릿티의 잊혀짐)의 결과로 얻어질 수 있습니다. 그러나 이 사마디는 갸니의 사하자스

티티 상태보다 못합니다.

갸니의 사하자 니르비칼파 사마디는 브릿티나샴(브릿티의 전멸) 이후에만 가능해집니다. 잊혀진 것은 다시 기억될 수 있습니다. 전멸된 것은 다시 되살아나지 않습니다.

125. 수행자는 앞서 언급한 원인 없는 희열의 진정한 성품을 드러내는 사마디를 주의 깊게(제대로) 수행해야 한다. 그것은 그의 완전한 통제 아래로 떨어져야 한다.

라: 이 슬로카는 수행의 초기 단계에 대해 논의합니다. 수행이 강렬해지면, 힘이 들지 않는 생각이 없는 상태를 떠나려고 하지 않습니다. 생각하는 것의 가능성은 그를 몸서리치게 만듭니다. 그런 다음 그는 단순한 의식이라는 그의 원래 상태로 줄어드는데, 생각은 그 의식에 대해 근본적으로 그리고 완전히 이질적입니다.

그 이후에야 그는 그 너머의 것에 흡수됩니다. 그러면 사마디로 들어가거나 그것에서 나오는 문제는 있을 수 없습니다. 남는 것은 오직 사마디입니다. 사마디가 그의 통제 아래에 있기보다는 그것이 다시 일어나지 않게 하려고 그가 그것에 빠집니다. 몸의 기능은 이전처럼 계속될 수 있지만 그는 여기에 있지 않습니다...

126. 의지대로 자신의 마음을 사마디의 황홀경에 녹이는 법을 배운 그런 사람이 요기들의 왕이다. 그들은 사다나가 전혀 필요 없는 싯다가 된다. 그의 진정한 성품은 사람의 마음이나 말로는 알 수 없다.

라: 사마디는 처음에 의지의 노력에 의해 생겨납니다. 나중에 그것은 어떤 변동도 불가능한 자연스러운 상태가 됩니다. 그런 다음에는 그의 의지나 자유의지는 완전히 사라지고, 오직 사마디만 남습니다.

127-128. 사마디를 얻으려고 노력하는 동안, 언제나 많은 장애물들이 발생할 것이다. 이 장애물들은 수행의 부족, 게으름, 감각대상들에 대한 욕망, 잠, 둔감함, 산만함, 수행의 쾌락을 즐기는 것(기쁨의 감정), 허무함 sense of blankness이다. 실재(브람만)를 알고자 하는 구도자는 그런 다양한 장애물들을 천천히 버려야 한다.

129. 대상을 생각하면, 마음은 정말이지 그 대상과 동일시된다. 허무를 생각하면 실제로 허무해진다. 브람만을 생각하면 마음은 완성을 얻는다. 그러므로 브람만을 생각해야 한다.

130. 최고로 정화시키는 브람만에 대한 생각을 포기한 사람들은 헛되게 살고 있다. 그들은 동물들과 같은 수준에 살고 있다.

131. 브람만의 의식을 가지고 있고 그 다음에 그것을 더욱 더 발달시키려는 사람들은 정말로 복을 받았다. 그들은 모든 곳(세 세상들)에서 존경을 받는다.

132. (브람만의) 이 의식 consciousness이 늘 있어서 그것이 성숙으로 커진 사람은 늘 존재하는 브람만의 상태에 도달한다. 단지 말들만 하는 사람들은 그 상태를 얻지 못한다.

라: 깨달음의 방법은 오직 "나는 누구인가?" 탐구입니다. 아자타 아드바이타에 대해 끝없이 계속되는 논의나 논쟁에 참여하는 것은 쓸모없는 마음의 활동입니다. 그것은 해방으로 이어지지 않을 것입니다.

그것은 마케도니아 왕 시쉬보르의 이야기와도 같은데, 그는 거대하고 가파른 언덕 꼭대기까지 계속해서 엄청나게 큰 바위를 굴렸고 꼭대기에 이르렀을 때 그것이 다시 굴러 내려가는 것을 절망적으로 지켜보며, 그런 다음에는 다시 그것을 굴리고 계속 그렇게 해야만 했습니다. 그는 아무런 결실이 없이 자신의 팔 힘으로 굴리고 또 굴리면서 여전히 그곳 지하 세계에 있을 것입니다.

마찬가지로 지바들은 지구상에 태어나지만 "나는 누구인가, 그가 태어났다는 것을 누가 믿는가?"를 탐구하지 않고, 자신들을 몸으로 여기고, 몸 안에 있는 생명을 지키며, 그것의 존재를 영속화하기 위해 온갖 종류의 일 즉 교육, 사회생활, 취업, 연금이나 다른 재정적 계약에 대한 투자 등등을 합니다.

그들은 심지어 "나는 이 지구에서 유일무이하다. 나는 언젠가 죽을 것이다. 적어도 나의 생물학적 자취를 이 지구에 남겨야 한다. 이렇게 나의 혈통의 연속성이 보장된다."라고 생각하면서 아이들을 만듭니다. 결국 그들은 죽고 여기에서 행해진 모든 것은 순식간에 낭비되고 파괴됩니다.

이와 같이, 그들은 활력이 없는 몸을 스스로 빛나는 나라고 착각해서, 계속해서, 무의미하게, 무거운 바위를 계속해서 굴리는 왕처럼, 끝도 없이 탄생과 죽음을 계속해서 겪고 있습니다.

그 모든 것의 완전한 무의미함을 일단 깨달으면, 마음은 자동적으로 객관적 세계가 가치가 없다는 것으로 거부하고, 갸나비차라의 길로 돌아섭니다. 세상의 즐거움에 대한 욕망은 "나는 즐기고 있다"라는 생각이 가능해야만 그리고 가능하기 때문에 일어나는데, 그 생각은 다시 "나는 이 인격이다."라는 생각이 됩니다.

이 잘못된 동일시가 버려지면, 대상들과 감각-쾌락에 대한 욕망은 더 이상 괴롭힘을 초래하지 않을 것입니다. 이렇게 해서 마음은 산만함에 의해 방해받지 않고 안으로 향할 수 있습니다. 이것이 바로 바이라기야가 깨달음에 대한 필수조건이라고 말해지는 이유입니다.

133. 또한, 브람만에 대해 토론에는 능숙하지만 브람만을 깨닫지 못한 사람들 그리고 세상적 쾌락들에 집착하는 사람들은 그들의 무지의 결과로 계속해서 태어

나고 죽고 한다.

134. 브람만을 찾는 구도자들은 브람마, 사나카, 수카 등과 마찬가지로 브람만에 대한 생각이 없이 한 순간도 있어서는 안 된다.

135. 원인의 내용은 결과에 내재하고 있다. 그 반대는 아니다. 그러므로 추론(reasoning, 탐구)을 하여, 결과가 없으면 원인 같은 것들은 사라진다. (원인과 결과는 상호의존하고 있다)

136. 그러면 말 너머에 있는 순수한 실재(브람만)만이 남는다. 흙과 그릇의 비유로 이것을 계속해서 이해해야 한다.

137. 이런 식으로 만이 순수한 마음에 브람만에 대한 자각의 상태(이원을 투사하던 미혹된 마음이 사라지고, 브람만만이 있고, 다른 것은 아무 것도 없다는)가 일어난다. 그런 후 그것은 브람만 안에 잠긴다(합병한다. 합쳐진다. 하나가 된다).

라: 브릿티갸남은 벌거벗은 마음이 나의 존재Beingness of the Self로 완전히 가라앉는 경험입니다. 그러나 실제적인 해방은 마노나삼에만 있습니다. 경험이 아무리 크게 행복하다 할지라도, 수행자는 거기에서 멈추어서는 안 되고, 모든 이원을 완전히 초월할 때까지 "이 행복한 경험은 누구에게 생기거나 주어졌습니까?"를 끈질기게 물어봐야 합니다.

138. 처음에는 제거(부정, negative)의 방법으로 원인을 찾아야 한다. 그리고 난 다음에는 긍정적인 방법으로 결과에 늘 내재하고 있는 그것을 찾아야 한다(그것의 원인에 스며든 결과를 보아야 한다).

139. 결과에서 원인을 보아야 한다. 그리고 난 뒤에 결과를 완전히 버린다. 그때 남아 있는 것이 현자 그 자신이 된다(현자만이 관찰자로서 남는다).

라: 다시 말해서 – 원인 요소를 원인 요소라고 간주하는 마음속에 있는 생각들은 이에 원인 요소라고 생각되었던 것을 남긴 채 제거되지만, 지금은 유일하게 가능한 하나의 존재라고 밝혀집니다.) 그 결과 현자는 잔여물로서 머무릅니다.

 슬로카의 의미는 현상적, 이원적, 또는 눈에 보이는 실제의 수준에서, 브람만이 원인이고 세상은 결과라는 것입니다. 그러나 (브람만이 원인이고 세상이 결과라는) 이 단언의 진리는 사다카의 객관적 관점의 진리와 똑같습니다. 갸나의 사하자스티티에서 실제에 대한 객관적 기준이 전혀 없을 때, 브람만은 어떤 것의 원인도 절대 될 수 없는 비현현의 나로 남아 있습니다. 그리고 일어나는 원인을 추적하는 문제에 있어서, 갸니가 아무리 부지런히 그것을 찾는다고 해도 찾을 수 있는 세상은 없습니다. 베단타 판디트들이 "이 모든 것(즉, 모든 현현)이 브람만이다."라고 말할 때, 초보자는 그것을 믿을 수도 있습니다.

 하지만 브람만은 그 안에 어떤 것도 없다는 것을 깨달았습니다. 그러면 "모든 것"의 문제는 어디에서 일어납니까? 그래서 브람만이 현현의 원인이라는 생각을 다룰 때, 사다카는 조심해야 합니다. 브람만과 사다카가 겪는 세상 사이의 관계에 대한 그의 이해에 있어서 성숙의 단계들은 다음과 같습니다.

  1. 브람만은 이름과 형체의 세상의 기초가 되는 불변의 바탕이라고 이해되는 반면, 감각과 지적 지각을 통해 인지되는 대상들은 묵상(contemplation)할 가치가 없는 것으로서 버려져야 할 필요가 있다고 이해됩니다.

  2. 다음으로, 세상은 마음이 하나의 상태(자그라트 즉 깨어있거나 스와프나 즉 꿈꿀 때)에 몰두할 때는 존재하지만 그 다음의 상태(수슙티 즉 꿈이 없는 잠)에서는 사용

할 수 없는 것으로 보이는 환영의 겉모습이라는 확고한 확신이 생기면 마음의 관심의 대상이 되지 않습니다.

3. 다음으로, 브람만이 우주를 지탱하는 (자립적이고 스스로 빛나는 실재의 바탕에 있는) 사드바스투라는 이해를 구성하는 마음의 변형과 다른 모든 브릿티들(마음의 변형들)은 파괴할 수 없는 평화라는 자연스러운 상태에 대한 장애물로서 완전히 버려집니다.

4. 사다카는 무조건적으로 아함브릿티, 최초의 암흑 또는 무지의 원죄를 포기하는데, 그것은 자신이 세상과 구별된다고 생각하게 만들고 자신의 성격과 관련해서 독특하게 "나"라고 부르게 만듭니다. 완벽한 복종 후에 남는 것이 실재입니다. 그것이 갸니입니다. 이 상태에서는 브람만 또는 세상에 대한 질문을 제기할 수 있는 것이 아무것도 남지 않습니다.

140. 어떤 것을 아주 강렬하게, 그리고 확신을 가지고 명상하는 사람은 순식간에 바로 그것이 된다. 말벌과 벌레의 예로 이것을 이해해야 한다.

141. 현명한 이들은 눈에 보이지 않는 것, 보이는 것, 그리고 모든 것들을 의식인 그 자신의 나로 항상 생각해야 한다.

헌: 이것이 제가 바가반에게 질문하려고 했던 요점입니다. 베단타 학파 사람들은 모든 것이 브람만이며, 그것이 바로 "나 자신의 나"라고 말합니다.

그러나 슈리 바가반은 지각되는 모든 것은 실재일 수 없으며 환영임에 틀림없다고 주장합니다.

베단타 학파의 사람들은 그들이 옳다는 것을 증명하려는 시도로 슈루티들의 설득력 있는 주장을 제시합니다. 그 문제에 대한 올바른 이해를 형성하는 데는 상당한 어려움이 있는 것 같습니다.

라: 이 당혹스러운 세상에 사악한 흉악범들(원어)이 아주 많다는 것에는 의심의 여지가 없는데, 그들의 유일한 일은 잘 믿는 사람들과 부주의한 사람들로 하여금 어떤 믿음에 빠지는 것이 아자타 아드바이타의 수행을 구성한다고 믿도록 함정에 빠트리는 것입니다.

아자타 아드바이타의 수행은 주관적 경험의 영역에 있습니다. 그것에 대해 믿음을 품게 된 사람은 자신이 그것을 깨달을 수도 있는 기회를 스스로 우아하게 망치는 것입니다. 필요한 생각을 하게 만드는 능력을 근절시키는 것이 아자타 아드바이타의 목표입니다.

이런 경우라면 어떤 믿음 또는 생각–합성synthesisation을 위한 다른 어떤 체계가 당신을 아자타 아드바이타의 목표로 이끌어줄 수 있겠습니까? 문제는 아주 오랫동안 우리가 마음을 사용해서 즉, 생각에 의해서 우리는 원하는 어떤 것이든 얻는 것에 적응했다는 것입니다.

이제 마음은 스스로 존재하지 않기를 원하며, 또한 이 목표를 얻기 위한 헛된 시도로 똑같은 욕구 충족의 방법, 즉 생각을 사용하고 있습니다.

하지만 생각은 당신이 생각이 없는 상태에 도달하도록 해 줄 수 없습니다. 마음은 마음이 없는 상태를 만들 수 없습니다.

마음을 없애는 유일한 방법은 항상 그것을 찾는 것입니다. 대신에 만약 당신의 생각이 당신을 이끄는 것을 더 선호하는 방식을 취한다면, 당신은 그것들에게 완전히 이끌려서 끝없는 미로에 있는 자신을 발견하게 될 것입니다. 그를 가르칠 사람이 없는, 그런 깨달음을 얻는 사람만이 (아자타 아드바이타)를 가르칠 자격이 있으며, 산스크리트와 여러 우파니샤드 문헌들에 대한 능수능란한 구사력을 가진 똑똑한 학자도, "당신은 마음이 아니다. 당신은 몸이 아니다. 당신은 의식이다. 당신은 그것이다"라고 말하는 영어에 아주 유창한 뛰어난 연설가도, 온갖 마술을 부릴 수 있는 마법사도, 마음을 읽는 것을 전문으로 하는 오컬리스트도, 마음대로 시체가 될 수 있는 요기도 그럴 자격이 없습니다.

보통 사람은 슬로카를 읽으면 "슈리 샹카라는 '나는 보이는 것이고, 보이지 않는 것이며, 다른 모든 것이다'라는 의견을 가지고 있는 것처럼 보인다. 오늘 나에게 얼마나 놀라운 진리가 드러났는가!"라고 스스로 생각할 것입니다. 신랄하게 스스로 "구루"라고 부르는 사기꾼들 또한 그런 단순한 사람들을 쉽게 속입니다. 그래서 그 사람은 자신을 브람만이라고 믿고 흥분하여 펄쩍펄쩍 뜁니다. 애석한 일입니다! 슬로카가 "… 모든 것은 오직 그 자신의 나라는 경험…", 이라고 말할 때, 그것은 "슈리 샹카라는 모든 것이 나 자신의 나라고 믿도록 나에게 요구하고 있다."라고 이해되는 것은 아닙니다.

그 슬로카는 사하자스티티에 대한 설명입니다. '갸니는 대상들을 자각할 수 없다.'는 암시입니다. 그의 자아가 이 상태에 있다고 생각하거나 믿거나 상상하는 사람은 새빨갛게 달군 쇠막대로 스스로 등에 줄무늬의 낙인을 찍은 고양이의 경우와 비슷합니다. 그것은 호랑이가 되고 싶었던 것입니다. (원어)

142. 보이는 것은 보이지 않는 것으로 축소되어야 하고 그런 다음에는 우주가 브람만과 하나라고 생각해야 한다. 이런 식으로 그는 의식과 희열로 가득한 마음으로 영원한 희열에 있을 것이다.

라: 깨달음의 상태에 머물면서, 갸니는 이름과 형체의 거친 세상이 또한 오직 브람만임을 발견합니다. 그러므로 보이는 것은 미묘한 보이지 않는 의식의 공간으로 바뀌었습니다.

143. 이렇게 라자요가를 단계들을 설명했다. 세상의 욕망이 아직 완전히 근절되지 않은 사람들의 경우에는 이것에 하타요가를 결합시킬 수 있다.

144. 마음이 완전히 정화된 사람에게는 여기에 설명된 라자요가의 방법만으로도 완성을 가져다줄 수 있다. 마음의 성숙은 구루와 신에게 헌신하는 사람들의

경우에는 빠르게 얻어질 수 있다.

라: 슈리 샹카라는 그 자신의 라자요가 체계에 대해 말하고 있다는 것을 여기에서 주목할 수 있습니다. 스와미 비베카난다가 설명한 같은 이름을 가진 체계와 혼동해서는 안 됩니다.

제14장
1936년 7월 19일

무슬림 신사가 오늘 아침 일찍 홀로 급히 들어왔다. 그는 무언가에 놀란 것 같았다. 그는 전날 꿈을 꾸었고, 그 꿈속에서 라마나와 자신 사이에 다음의 교환이 일어났다고 흥분해서 털어놓았다.

(그 사람의 믿을 수 없는 이야기에 따르면, 그의 꿈속에서, 그의 마음은 무슬림들이 신의 거처라고 믿는 검고 광택이 나는 건물 외부로부터 불과 몇 인치 떨어져 있는 대리석 벽으로 둘러싸인 방 안에 라마나와 무슬림 신사가 카바(메카에 있는 이슬람 교도가 가장 존경하는 신전)를 마주하고 위치해 있는 장면을 만들어냈다.

라: 왜 불필요한 질문으로 나를 괴롭히는 것입니까? 당신이 이곳을 계속해서 방문하는 목적이 무엇인지 밝히면, 아마도 내가 도움을 줄 수 있을 것입니다.

헌: 바가반처럼, 저도 브람먀갸니가 되고 싶습니다.

라: 내가 브람먀갸나를 주면, 당신은 답례로 나에게 무엇을 줄 것입니까?

헌: 당신이 요구하시는 무엇이든 드리겠습니다.

라: 당신의 목숨을 주시겠습니까?

헌: 틀림없이, 당신의 손에 죽음으로써, 저는 불멸을 얻을 것입니다.

라: 당신의 마음을 주시겠습니까?

헌: 그러겠습니다.

라: 그럼 주십시오.

헌: 어떻게 줍니까?

라: "나는 누구인가?" 탐구를 계속하십시오.

헌: 언제까지 해야 합니까?

라: 그 질문이 일어나는 것이 불가능해질 때까지입니다.

헌: 당신의 자비에 복종하는 것을 거부한다면, 저에게 어떤 일이 일어납니까?

이때 꿈속에서 바가반은 평소에 있는 소파에서 일어나 무서운 소리를 내며 그 불쌍한 남자를 덮쳤다. 공중에서 그는 호랑이로 변했다. 그 라마나-호랑이는 그의 앞발 사이로 겁에 질린 무슬림을 잡고 괴성을 지른다.

라마나-호랑이: 어리석은 아이야! 너는 이미 나의 것이다! 어떻게 감히 네가 다른 것인 척 하느냐? 나에게 복종하라! 알라와 떨어져 있는 고통을 얼마나 오래 참을 수 있겠느냐? 집으로 돌아가고 싶지 않느냐?

헌: 그렇습니다. 당신의 가슴이 나의 진정한 집임을 저는 압니다. 하지만 저는 너무나 나약합니다. 저의 비샤야바사나(나쁜 인상)들이 제가 당신의 가슴 안에 있는 것을 방해하고 있습니다. 저의 마음은 너무 강합니다... 그것은 제가 깨닫는 것을 허락하지 않습니다!

라마나-호랑이: 너는 알라가 절대 너를 버리지 않을 것을 안다. 너는 그가 자신의 아이처럼 너를 사랑한다는 것을 안다. 너의 삶의 유일한 의미 있는 목적은 너의 가슴속에서 그분을 향해 간직한 사랑이 그의 무리로의 재수용^{reacceptance}으로 구현되는 것을 보는 것임을 너는 안다. 그러므로 너의 마음이 아무리 강하고 그것의 바사나가 나타나는 것처럼 보여도, 그것들이 너무나 어리석게도 대항하고 있는 적은 절대 이길 수 없는 무한한 사랑의 지고의 힘이기 때문에 그것들은 지는 싸움을 하고 있는 것이다. 마음이 어떤 교묘한 속임수를 사용한다고 해도, 그것이 이것을 기억하게 하라. 그것은 알라의 신하인 나와 싸우고 있다! 나를 공격하는 자는 누구든, 그는 분명 알라를 공격하는 것이다! 심지어 마음에서조차 애정어리게 나를 사랑하는 사람은 누구나 분명 알라를 사랑하는 것이다! 이른바 네가 마음에 품고 있는 보물인 "나", 그는 전혀 너의 것이 아니다. 그는 알라에게 속한다. 그는 나의 것이다. 어떻게 감히 나에게서 훔쳐가는가! 어떻게 감히 훔친 재산을 자기 것으로 만들고, 그것을 너의 것이라고 잘못 생각하고 그것으로부터 즐거움을 얻는가? (원어) 이것을 알라. 네가 "나"의 형상으로 마음에서 일어났던 바로 그 순간, 너는 결국 패할 운명에 처해 있었다! 이 사실을 더 빨리 받아들일수록, 그것은 너에게 더 좋다. 왜냐하면 너의 궁극적 전멸이 확실하다는 것을 알면, 왜 너는 지금 여기에서 나에게 복종하려 하지 않겠는가? 왜 그리고 얼마나 오래 너는 이 가망 없는 싸움을 계속할 것인가? 지금 당장 그만두고 영원히 평화롭게 있는 것이 어떤가? 내 말을 따르지 않을 것인가? 나의 것은 무한한 사랑의 정복이기에, 내가 너를 정복하는 것에 실패할 수 없다는 것을 너는 알지 못하는가? 나의 자비로운 사랑으로 너의 마음을 끌어당기고, 네가 전투의 내 편에서 기꺼이 그리고 애정을 가지고 싸우도록 설득하고, 너 자신의 근본적 자기 자각과는 다른 모든 것들에 대한 애착을 버리도록 점차 너를 납득시키고, 나의 루스^{Ruth}의 얼굴을 너에게 보여주고, 내면으로부터 인내심을 가지고 나의 자비로운 사랑을 너에게 주고, 내가 너를 위해 준비해놓은 실제 너 자신, 즉 무조건적인 자기 자각이라는 상을 네가 사랑하게 만듦으로써 나는 지금 가능한 아주 부드러운 방식으로 너를 구슬리고 있다. 하지만 너는 이미 내가 잡았으니, 나는 그렇게 친절할 필요는 없다. 나는 이미 나의 은총의 그물에 너를 가두었다. 나는 이제 너에게 내가 하고 싶은 대로 할 수 있다. 나는 아트만이다. 나는 너의 영혼을 집어삼키기를 갈망하기 때문에 이런 모습으로 왔다. 나에게 지금 복종하겠는가? 아니면 내가 가진 다른 얼굴, 무자비함^{Ruthlessness}의 얼굴을 보여주어야 하는가? 나의 아름다운 무자비의 얼굴을 보는 것에 싫증이 났는가? 점점 더 많은 사랑을 보여주면 네가 스스로 돌아올 거라 생각한 것이 나의 실수였는가? 나의 접근법을 변경하기 위해 내 결정을 재고해야 하는가? 내가 정말 아주 드물게 취하는 형상인 나의 무자비함의 얼굴을 보고 싶은가? 아니면 지금 당장 나에게 복종 할 것인가?

헌: (공포에 떨며) 저는 복종합니다.

라마나-호랑이: 가까이 오라!

헌: 저는 너무나 두렵습니다.

라마나-호랑이: (무섭게 고함치며) 시키는 대로 하라, 그렇지 않으면 나의 엄청난 분노의 먹잇감이 될 것이다.

　무슬림 신사가 가까이 다가간다.

라마나-호랑이: 네 머리를 내 입속에 넣어라!

　무슬림 신사는 너무나 놀라서 알라에게 도움을 청하는 소리를 지르며 카바로 뛰어간다. 하지만 안에는 바로 그 호랑이가 있다!

라마나-호랑이: 이제 너는 알라로부터 도망치려고 하는 것이 무의미하다는 것을 안다! 바로 내가 알라이다! 너는 너의 창조자를 마주하고 있다! 이제라도 복종하지 않을 것인가?

헌: 네, 신이시여.

라마나-호랑이: 그럼 내 입속에 너의 머리를 넣어라.

헌: 그것은 고통스러울까요, 신이시여?

라마나-호랑이: 네가 고통을 느낄 자격이 있다고 생각하는가?

헌: (그저 두려움으로 몸을 떤다)

라마나-호랑이: 나는 네가 그럴 자격이 있다고 생각한다. 너는 어떻게 생각하는가?

헌: 동의합니다, 신이시여.

라마나-호랑이: 동의했으니 너는 고통을 면할 것이다. 네 머리를 내 입속에 넣어라!

　무슬림 신사는 시키는 대로 하고 라마나 호랑이에게 산 채로 삼켜진다. 바로 그 순간, 그는 식은땀에 흠뻑 젖은 것을 느끼며 깨어나고, 더 나아가 아마도 두려움 때문에 스스로 젖고 더럽혀졌음에도 불구하고, 자신의 침대에서 움직이지 않은 것을 발견한다. 그는 티루반나말라이로 가는 데 이용할 수 있는 다음 교통편을 탔고, 지금은 바가반 앞에 겸손하게 앉아 있다.

헌: (쉰 목소리로) 스승님, 저에게 진리를 전해주기 위해 그렇게 가혹한 방법이 필요합니까?

　바가반은 웃었고, 잠시 동안 아무 말도 하지 않았다. 그리고 나서

라: (낮고 달콤한 어조로) Corvus oculum corvi non eruit.

헌: 네, 이제는 이해합니다. 그렇습니다. 그렇지 않았다면 저는 스스로를 고치지 못했을 것입니다. 하지만 다시는 그러지 마십시오. 저는 제 가슴과 영혼을 당신께 바쳤습니다. 저는 더 이상 요구할 것이 없습니다.

이제 바가반은 기이한 이야기 내내 그랬던 것처럼 단지 미소를 지으며 조용히 있었다. 얼마 후 그 남자는 홀 바닥에 일곱 번 입을 맞춘 다음, 똑같은 횟수로 바가반에게 절을 한 뒤 떠났다. 그가 여전히 불안해 보인다는 것이 내 인상이었다.

헌: 바가반께서 저에게도 비슷한 경험을 주시지 않을까요? 그것을 얻게 된다면 저는 기쁠 것입니다.

라: (웃으면서) 그의 위엄 있는 존재함의 은총으로 바가반 라마나를 축복하기 위해 트리치노폴리에서부터 먼 길을 왔던 어린 종은 라틴어 표현을 즐기지 않았습니까? 진정, 의심의 여지없이 학문의 화신이었습니다!

라: 당신은 라틴어에 능숙하다는 것을 자랑스러워했습니다. 그렇지 않습니까?

헌: 네 – 네, 맞습니다. 죄송합니다... 앞으로는 저의 학식에 자만하지 않겠습니다... 하지만 제가 간청하려 했던 것은 이것입니다. 저는 무슬림 신사가 받은 축복과 비슷한 경험을 받을 자격이 있습니까?

라: Vincit qui patitur. Veritatem dies aperit. 사람에게 발생하는 영적 경험은 그가 그것들을 얻기에 충분한 영적 성숙을 얻었기 때문에 그렇게 하는 것입니다. 필요한 노력을 쏟으려는 의지가 부족한 개인이 단지 그가 그것을 바란다는 것 때문에 영적 자각 (말하자면, 영구적 깨달음을 얻으려는 결심을 그에게 불어넣는 나에 대한 일시적 짧은 경험)을 얻을 수 있습니까? 아닙니다. 충분한 성숙함으로, 진지한 수행자가 지나갈 수 있도록 올바른 문이 자동적으로 열리고, 올바른 길이 자동적으로 그의 발에 분명하게 보이게 됩니다.

헌: 바가반은 "올바른 길이 자동적으로 그의 눈에 분명하게 보이게 된다."라고 말하려고 했을 것입니다.

라: 바가반이 말하는 것이 정확하게 그가 의미하는 바입니다. 당신은 경전이 말해야만 했던 것을 잊었습니까? "말Word은 내 발에 등불이고, 내 길에 빛이다." "…우리는 보이는 것이 아니라 믿음에 의해 걷는 것이다…" 그러므로 발이 기계적으로 빛을 따라감으로써 보는 일을 하는 것입니다. 눈에 관해서, 그것은 안으로 향해지고 보는 일은 하지 않습니다.

헌: 요점은 사다나는 이성이 아니라 느낌에 근거한다는 것입니까?

라: 네, 바로 그것입니다. 사다카는 그의 목숨에 대해 생각하면 안 된다고 예수는 말했습니다.

헌: 하지만 만약 해악으로부터 자신을 보호하는 데 신경 쓰지 않는다면, 그것 때문에 저는 다른 사람들에 의해 해를 입기에 취약하고 상처 입기 쉽게 되지 않겠습니까?

라: "그는 당신의 발이 흔들리게 하지 않을 것입니다. 당신을 지키는 그는 잠을 자지 않을 것입니다." "그는 당신을 모든 면에서 지키기 위해, 천사들이 당신을 담당하게 할 것입니다. 그들은 당신이 돌에 발을 부딪치지 않도록, 그들의 손에 당신을 들어 올릴 것입니다."

헌: 천사나 악마 같은 것들이 실제로 있습니까?

라: 그들의 존재를 믿으려 하지 않는 자들은, 천사들은 우연한 상황과 사건을 말하고, 악마들은 필요한 변경을 가하여(mutatis mutandis) 말한다고 생각할지도 모릅니다.

헌: 하지만 그런 것들은 실제로 존재합니까, 존재하지 않습니까?

라: 사실 존재하는 것은 아무것도 없습니다.

헌: 악마들이 산다고 추정되는 곳인 파탈라불라감은 힌두교의 많은 경전에서 언급됩니다. 그것이 실제로 존재합니까? 지구 표면 아래를 충분히 깊이 파내면, 우리는 지하 세계에 살고 있는 악마들을 발견할 수 있습니까? 만약 그렇다면, 왜 과학은 그것에 대한 아무 증거도 찾지 못했습니까?

라: 유럽-아시아-아프리카 대륙을 제외하고, 육지에 있는 나머지 지구 표면은 타밀어로 파탈라불라감이라고 불립니다. 그곳에 살고 있는 자들 또한 인간입니다. 그렇지 않다면, (홀의 저쪽 구석에서 수행의 의식절차로 또는 어쩌면 강렬한 희열로, 눈을 감은 채 명상을 하고 있는 백인 신사를 웃으면서

가리키며) 이 멋진 사람을 악마라고 부를 것입니까?

헌: 책은 악마들이 그 파탈라불라감에 산다고 말합니다. 저는 바가반의 해명을 원합니다.

라: 먼저 당신에게서 자신을 사로잡은 ("나"라고 불리는) 악마를 몰아내십시오.

헌: 그것이 무엇입니까?! 바가반께서는 제가 악마에게 사로잡혀 있다고 말씀하시는 겁니까?!

라: 이 악마는 당신뿐 아니라 아주 많은 사람들을 괴롭히고 있습니다.

헌: 그 악마의 이름은 무엇입니까? 그는 어디에서 왔으며 어떻게 제 안으로 들어왔습니까? 어떻게 저는 그를 떨쳐냅니까?

라: 그의 이름은 무지(아비디야마야) 혹은 자아(아함카라)입니다. 그가 어떻게 어디에서 왔는지는 아무도 알지 못합니다. 계속해서 그를 찾으십시오. 그러면 그는 달아날 것입니다.

헌: (안도하여 웃으면서) 오! 그것이 바가반의 평소의 가르침입니다! 잠시 동안 저는 공포로 망연 자실했습니다!

슈리 바가반은 질문으로 가득한 종이 한 장을 받았다. 그는 통역사에게 그것들을 읽어달라고 했다.

1. 샴발라의 천국은 티베트 어딘가에 있다고 합니다. 단지 그곳에 한 번만 방문한 사람도 영원히 희열에 빠진다고 합니다. 정말 그렇습니까? 평범한 사람들이 그 장소를 찾아 그곳에 들어가기를 열망하는 것이 허용됩니까? 그 장소는 실제로 존재합니까, 아니면 단지 신화적 생각입니까? 만약 그것이 거기에 있다면, 티베트의 산악 지역은 여전히 대부분 지도에도 없는데, 어떻게 그것을 찾을 수 있습니까?

2. 카일라쉬 산의 비밀은 무엇입니까? 쉬바 신은 산꼭대기에 살고 있습니까?

3. 만약 죄인이 산을 만지면, 그는 2분 만에 갑자기 20년의 나이가 든다고 합니다. 이것이 사실입니까?

4. 카일라쉬 산은 지구의 축입니까? 그것은 힌두 경전에서 자주 언급되는 숨겨진 천국에 접근하게 해 줍니까?

이때 바가반게서는 통역사에게 그만 읽으라고 했고, 질문을 한 젊은이에게 말했다.

라: 보십시오, 나는 그런 것들은 전혀 알지 못합니다.

헌: 하지만 바가반께서는 과거, 현재, 미래를 아는 사람(사르바그나르)라고 널리 평가되고 있습니다.

라: 사람들은 자신들이 좋아하는 것을 억지로 나에게 떠맡깁니다. 내가 무엇을 해야 합니까? 당신이 찾고 있는 하늘의 왕국은 안에 있습니다. 그것은 온갖 불가능한 곳을 돌아다니는 것이 아니라 마음을 안으로 돌려야 찾을 수 있는 것입니다.

헌: 모든 곳이 똑같다면, 바가반께서는 왜 마두라이를 떠나 티루반나말라이로 왔습니까?

라: 어떻게든 똑같은 질문이 튀어나옵니다! 당신은 모든 종류의 이국적인 장소에 가기를 원합니다. 나는 (개인적으로) 어디로도 가고 싶지 않았습니다. 오히려 나는 여기로 끌려왔습니다.

헌: 당신이 아루나찰라 산에 대해 가졌던 똑같은 매력을, 저는 카일라쉬 산에 대해 가졌습니다. 그것이 무엇이 잘못입니까? 둘 다 쉬바의 거주지입니다.

라: 맞습니다. 당신 마음대로 해도 좋습니다. 왜 나의 의견을 구합니까?

헌: 산에 도달하는 것은 어렵습니다. 성공한 사람은 많지 않습니다. 제가 그곳에 무사히 도착할 수 있도록 바가반의 축복을 바랍니다. 제가 일단 산에 대한 다르샨을 가지고 있다면, 그것이 도움이 될 것입니다. 설령 제가 다음 순간 죽는다고 해도, 그것은 아무 문제가 안 됩니다. 바가반께서 저의 시도를 축복해 주시겠습니까? 저는 2주 후에 시작할 계획입니다.

라: (웃는다)

헌: 저의 여정에 대한 바가반의 축복이 저에게 내려졌다고 받아들여도 되겠습니까?

라: (아무 응답이 없다)

쾌활한 중년의 백인이 물었다.

헌: 바가반에 따르면, 실재는 생각에 의해 더럽혀지지 않는 의식을 가리킨다는 것으로 저는 이해합니다.

라: 당신이 이해하는 것, 또는 당신이 이해할 수 있다고 생각하는 것은 결코 실재가 될 수 없습니다. 지금 당신이 자신이라고 잘못 상상하고 있는 이 무상한 당신이 사라지고, 아래에 놓여 있는 절대적 자각으로서 영원한 당신을 드러내는 그 미묘한 공간이 실재입니다.

헌: 이 아루나찰라 산은 강한 영적 에너지를 가지고 있다고 합니다. 제가 산에서 돌들을 집으로 가지고 오면, 산의 힘이 저를 따라오겠습니까? 최대의 유익한 효과를 위해서는 언덕의 어느 부분에서 돌들을 모아야 합니까? 슈리 바가반께서 시에서 했던 것처럼 이 언덕을 지고의 신으로 숭배하는 것은 저에게 최고선을 가져다주겠습니까?

라: 돌을 구하는 여행을 떠나는 것이 무슨 소용이 있습니까? 반항적인 마음은 안으로 향해져야 하고 파괴되어야 합니다. 그것(나타나지 않고 있는 나의 자연적인 상태를 얻는 것)이 인생에서 해야 할 가치가 있는 유일한 것이고 그것이 인생의 최고선입니다.

헌: 저는 대체 의학 형태로 실험하는 것에 관심이 있습니다. 하네만의 '독은 독으로 치료한다'는 체계에 대한 바가반의 의견은 무엇입니까? 물질을 희석하면 어떻게 그것이 환자에게 미치는 영향이 더 강력해질 수 있습니까? 그리고 물, 에탄올, 또는 다른 액체가 그것이 접촉한 물질에 대한 기억을 유지합니까?

라: (아무 응답이 없다)

헌: 현재 독일 수상에 대한 바가반의 의견은 무엇입니까? 오늘 아침 저는 이곳에서 한 브람민을 만났는데, 그는 자신이 신성한 화신 또는 신의 손에 있는 비천한 도구라고 자신만만하게 주장하는 사람으로, 그것이 독일에서 시작되어 세상 어디에서 일어나든 가차 없이 불의를 내려놓을 생각이 있었습니다. 불의를 뿌리 뽑기 위해 폭력의 전개가 정당화됩니까? Mr. 간디는 평화주의를 옹호하지 않았습니까? 비록 그가……그 순간, 부자연스러운 영어의 흥분된 목소리가 갑자기 홀 뒤쪽으로부터 들려왔다. "나는 슈리 히틀러와 슈리 바가반이 똑같은 최고의 브람마갸나 상태에 있다고 확신합니다. 하지만 어쩌면 히틀러는 브람마락샤샤일 수도 있습니다. 그럼에도 불구하고 그 또한 갸니이고 그보다 덜하지 않습니다… 그의 대리인이 "마음으로 히틀러를 찾지 말라. 당신은 가슴을 통해 그를 찾을 수 있을 것이다."라고 말하지 않았습니

까? 이것은 사람들이 신을 찾는 것에 대해 그에게 질문할 때 바가반의 축어적 가르침 아닙니까? 히틀러는 그것이 그의 정해진 작용 방식이기 때문에 폭력적인 방법을 사용할지도 모릅니다. 그럼에도 불구하고 그는 아바타입니다. 저는 압니다… 그의 고무적인 말들을 생각해 보십시오. "개인은 공공의 복지를 위해 희생정신으로 가득 채워져야 하고, 그는 자연보다 더 잘 아는 척하고 그 자연의 법령을 비판하는 무례함을 가지고 있는 그런 정직하지 못한 자들의 병적인 관념에 영향 받아서는 안 된다는 것이 인간 진화의 필수적인 것이다.", "강한 자는 홀로 가장 강력하다.", "사람은 끊임없는 투쟁을 통해 위대해졌다. 끊임없이 계속되는 평화 속에서 그의 위대함은 줄어들어야 한다." "살고자 하는 자는 싸워야 한다. 끊임없는 투쟁이 유일하게 영원한 삶의 법칙인 이 세상에서 싸우기를 원하지 않는 자는 존재할 권리가 없다." "너무나 쉽게 사람을 내리치는 운명의 망치는 강철이 다른 것을 칠 때 그것의 반작용 충격을 갑자기 발견한다." 그리고 많은 것들이 더 있습니다. 이것들은 갸니의 말이 아닙니까? 그것이 반드시 그렇게 되어야 한다는 것은 자명하지 않습니까? 만약 바가반께서 허락해 주신다면, 모든 사람들이 위대한 갸니가 한 이 성스러운 말들로 혜택을 받을 수 있도록 저는 좀 더 읽고 싶습니다."

바가반으로부터 아무 대답이 없었다. 브람민은 침묵 속으로 물러났다.

헌: 네, 이것이 사람입니다. 그의 이상한 주장을 어떻게 합니까? 히틀러 선생은 정말 신의 손의 신성한 도구입니까?

라: (원어) (지각이 sentient 있는 모든 존재들은 바로 지고의 신(파라메스와라)의 손에 있는 신성한 도구입니다.)

헌: 슈리 바가반은 허리 가리게(코페남)만을 입습니다. 언덕에 사는 동안은 완전히 나체였다고 저는 들었습니다. 그 이면에 있는 철학은 무엇입니까? 사치에 대한 혐오입니까? 나체로 있는 것이 나를 깨닫는 것에 도움이 됩니까?

라: 마음의 벌거벗음이 나로 가는 길입니다.

헌: 그러면 그것은 무엇입니까?

라: 브릿티들의 벌거벗은 마음입니다.

헌: 브릿티들은 무엇입니까?

라: 순수한 주관적 의식 pure Subjective Consciousness에 대한 변형의 가닥입니다.

헌: 그럼에도, 바가반이 옷을 입지 않는 이유는 무엇입니까?

라: 이 질문을 하려고 필라델피아에서 그 먼 길을 온 것입니까?

헌: 갸니는 절대 잠을 자지 않는다고 합니다. 그것이 사실입니까? 당신은 잠을 자지 않습니까?

라: 그와 반대로, 나는 항상 잠들어 있습니다. 나는 깨어나는 것이 절대 가능하지 않은 영원한 잠에 나 자신을 영구히 밀어 넣었습니다.

헌: 바가반께서는 지금 저에게 말을 하고 있습니다. 어떻게 그가 잠들어 있을 수 있습니까? 그러면 그는 잠을 자면서 말을 하고 있습니까?

라: 그렇습니다.

헌: 선생님, 저는 당신의 모든 대답에 숨겨져 있는 의미의 층이 있다고 추측하기 시작하고 있습니다.

라: 갸니의 마음은 브람만에게서 잠들어 있습니다. 그것은 브람만에 대해 깨어있지만 다른 어떤 것도 의식하지 않습니다. 오히려, 그에게는 브람만이 아닌 의식해야 하는 '다른 어떤 것'은 없습니다. "나"는 "당신"에게 말을 하고 있습니다. 이것들은 브람만으로부터 분리할 수 없는 겉모습입니다. 그것들의 바탕 또는 바스투는 브람만뿐입니다. 브람만이 아닌 어떤 것도 있을 수 없습니다. 존재하는 것은 오직 브람만입니다. 존재하지 않는 것은 있을 수 없습니다. 이와 같이 지혜롭게 밝힌 슈리 크리슈나의 말의 의미는 이러합니다. Nasatho vidyathey bhavo nabhavo vidyathey sathaha.

헌: 요기는 화장터의 재를 그의 몸에 모두 바릅니다. 그 목적은 무엇입니까?

라: 기억해야 할 것은 이것입니다. "언젠가 이 몸도 마찬가지로 재가 될 것이다."

헌: 왜 그런 끔찍한 진리에 대해 계속 생각해야 합니까?

라: "나는 이 몸이다."라는 생각을 제거하기 위해서입니다. 그런 생각, 또는 다른 브릿티가 남

아 있는 한, 꿈에서도 깨달음은 얻어질 수 없습니다.

헌: 절대적 나 혹은 "브람만"은 어떻게, 그리고 왜 그의 높은 신성의 상태로부터 떨어져서 마음이 되었습니까?

라: 그는 결코 떨어지지 않았습니다.

헌: 그렇다면 마음의 존재에 대한 설명은 무엇입니까?

라: 그 자신의 무지입니다.

문 : 어떻게 그 무지가 일어났습니까?

라: '나는 무지하다' 또는 '나는 깨달았다'라고 무의미하게 주장하는 사람의 그릇된 힘에서 일어났습니다.

헌: 만약 이 두 가지 주장이 모두 그릇된 것이라면, 저는 무지한 것입니까, 깨달은 것입니까?

라: 둘 다 아닙니다. 당신은 단지 있는 그대로의 당신입니다.

헌: 이해가 안 됩니다.

라: 깊은 잠의 상태를 생각해 보십시오. 그때 당신은 무엇을 알았습니까?

헌: 아무것도 몰랐습니다.

라: 마음이 "아무것도 아님"이라고 부르는 마음 없음 상태가 바로 모든 것입니다. 마음이 없는 상태만이 자연스럽고 바람직한 상태입니다.

헌: 만약 마음이 단지 제거될 수 있는 겹침 superimposition일 뿐이라면, 바로 모두가 잠재적 갸니들입니다.

라: 정말 그렇습니다.

헌: 그러면 저 또한 바가반 같은 갸니입니까? 저는 단순한 인간이 아닙니까?

라: 마음을 잃으면 모두가 오직 갸니입니다. 적어도 갸니의 시각에서는 그렇습니다. 다르게 느끼는 사람은 "그 자신의 무지에 대한 명백한 진리를 인정하는 것에 제한을 느끼는 사람은 누구인가?"라고 스스로 물어야 합니다.

헌: 우리가 "나는 누구인가?"로 다시 돌아가는 것을 저는 봅니다.

라: 그것이 해야 하는 유일하게 유용한 일입니다.

헌: 이 탐구의 목적은 무엇입니까? 제 말은 그것이 도달하려는 목표는 무엇입니까?

라: 의지와 노력 없이 유지되는 순수한 주관적 의식이 비차라의 목표입니다.

헌: 만약 모든 것이 꿈이라면, 바로 지금 그 위치는 무엇입니까? 제가 말하는 것은 바가반은 제 꿈에서 나타나고 있습니까? 아니면 제가 바가반의 꿈 안에서 나타나고 있습니까?

라: 바가반은 꿈을 꾸지 않습니다. 그는 실재인 그것(That)입니다.

헌: 그래서 위대한 마하리쉬를 생각하고, 이렇게 해서 그가 생겨나게 하는 것이 바로 저입니다! 이 우주 전체뿐 아니라 마하리쉬 자신도 만들어낸 저는 얼마나 위대한지!

라: (웃는다)

헌: 세상이 꿈이라는 명제의 황당무계함을, 용서하십시오, 당신은 아십니까?

라: 이름과 형체의 세계는 환영에 불과합니다. 그것의 토대가 되는 바탕만이 실재이고 사실입니다. 올바른 경험에 의해서만 이것을 정확하게 이해할 수 있습니다.

헌: 저에게 "삭티파다"를 주실 수 있습니까? 그것은 스승으로부터 제자에게 전해지는 영적 에너지라고 합니다.

라: 누가 스승이고 누가 제자입니까? 누구의 관점에서 그것들은 나타납니까?

헌: 저의 요청이 긍정적으로 검토되기를 간곡히 바랍니다.

라: "나" 흐름을 붙잡고 가만히 있으십시오. 그것이 당신이 필요로 하는 모든 것을 줄 것입니다.

헌: 이 영적 흐름을 어떻게 발견합니까?

라: 모든 생각이 가라앉으면, 순수한 주관적 의식의 꾸준한 흐름이 잔재로 남게 됩니다. 끊임없는 수행의 결과로 당신은 노력이나 의지 없이 그것을 붙잡거나, 아니면 구별할 수 없도록 그것에 합쳐질 수 있습니다. 그러면 그것은 저절로 당신을 가차 없이 목표로 이끌 것입니다.

헌: 남인도에는 "사다시바 브람멘드랄"이라고 불리는 성자가 살았다고 합니다. 그는 똑같은 측정 시간에 다양한 다른 위치에서 완벽하게 동시에 몸으로 나타났다고 말해집니다! 게다가,

같은 전설 또는 이야기에 따르면, 예전에 어떤 이유로 땅의 왕이 그에게 화가 나서 그의 팔을 잘라내라고 명령했습니다. 이 일이 행해졌습니다. 성자는 그저 잘린 팔을 입으로 주워, 이빨 사이로 그 피부를 잡고는, 피를 흘리며 점잖게 그곳을 걸어서 떠났습니다. 그에게서는 조금의 고통스러운 느낌도 보이지 않았습니다. 그러자 왕은 용서를 빌었습니다. 성자는 아무 말도 하지 않았습니다. 그는 자신의 주변은 의식하지 않는 것 같았습니다. 그는 누군가를 쳐다보는 것에 신경조차 쓰지 않았습니다. 바로 그때, 딱정벌레 한 마리가 땅에 놓인 피 웅덩이에 빠져 들고 있었습니다. 그 성자는 불운한 생명체에 대한 연민에 마음이 움직여서 그의 잘린 팔을 입에서 떨어뜨렸습니다. 팔은 땅에 떨어지지 않고 마법처럼 원래 위치에 붙어서 정상적으로 작동했습니다! 성자는 다른 모든 사람이 이제야 알아차린 딱정벌레를 구해내고는 아무 일도 없었던 것처럼 자신의 길을 갔습니다. 이 이야기에서 우리는 무엇을 생각해야 합니까? 다른 많은 보통 사람들은 그것을 믿는 것 같습니다!

라: 세상은 당신이 이해할 수 있는 범위 안에 있는 그런 사건들만을 만들어낼 의무는 없습니다.

헌: 그래서 초자연적인 것은… 실제입니까?

라: 당신이 실제인 것만큼만 실제입니다. 당신은 몸–세계관–인격 복합체입니다.

헌: 저도 만약 다른 사람들의 생각을 읽고, 마음을 사용해서 물리적인 물체들을 옮기고, 물건들을 보여주고 그것들이 사라지게 만들고, 미래를 예측하고, 멀리서 일어나고 있는 일들을 자기도 모르게 알게 되고, 비금속을 금 등으로 만드는 것 같은 오컬트 또는 기적적인 힘을 얻으려고 노력한다면, 그것들은 저를 브람만에 대한 깨달음을 향하게 하겠습니까, 아니면 그것으로부터 멀어지게 하겠습니까?

라: 후자입니다.

헌: 왜 그런지 제가 알 수 있습니까?

라: 그 힘들은 마음을 사용해서 행사되기 때문입니다. 파탄잘리는 이렇게 말합니다, "Bahirakalpita vrittir mahavideha tataha prakashavaranakshayaha". 이것으로부터 사람이 마음을

완전히 초월하지 않는 한, 그리고 초월할 때까지, 아트만은 결코 스스로를 드러내지 않을 것임이 명확합니다. 1902년 혹은 1903년 내가 비루팍샤 동굴에 사는 동안, 한 사람이 와서 당신이 언급하는 그런 종류의 많은 속임수를 나에게 보여주었습니다. 그런 다음 그는 팔라니스와미를 쫓아내고 나에게 수탉이 우는 행위를 보여주었습니다. 이 최고의 행위가 무엇인지 당신은 알고 있습니까?

헌: 너무나 듣고 싶습니다.

라: (영어로) 그는 상체를 기울여 머리를 앞으로 내밀었습니다. 아래턱은 목 위에 남아 있었습니다. 머리의 나머지 부분은 굴러 떨어졌지만 피가 쏟아지지는 않았습니다. 나는 그것을 주워 들어서 깔끔하게 가르마를 탔습니다. 내 손에 있는 반쪽의 입이 약간 삐걱거리며 영어로 "고맙습니다!"라고 말했습니다. 나는 그것에게 미소를 짓고 다시 그것을 맞추었습니다.

나와 영어를 이해할 수 있는 홀 안의 있는 다른 사람은 소름이 끼쳤습니다. 미국인 신사가 침착하게 말했습니다.

헌: 오! 정말! 바가반께서는 그것이 그저 꿈이 아니었다는 것을 확신합니까?

라: (소파 앞의 텅 빈 공간을 향해 태연하게 손을 흔들면서) 이 모든 것이 그런 것처럼요.

헌: 전능하신 바가반께서는 제가 납득할 수 있도록 지금 똑같은 마술을 부려 저에게 보여주실 수 있습니까?

라: 당신이 납득해야 할 것은 이것입니다. 그런 능력들은 가치가 없다. 그것들은 당신을 평화로부터 멀어지게 합니다. 그 마술사는 그의 머리가 안전하게 도로 붙자, 내 앞에서 계속 울었습니다. 그는 30년 동안 개처럼 섬기면서 한 오컬리스트로부터 이런 마술들을 배웠습니다. 이제야 그는 그 모든 것의 무의미함, 허무함, 해로운 영향을 보았습니다. 이제 그는 어디에서나 이런 공연을 하고 싶은 유혹을 느꼈습니다. 정신을 다른 데 쏟은 결과, 그는 진정한 영적 추구를 할 시간을 찾을 수 없었습니다. 그의 마음의 평화는 이제 완전히 사라졌습니다. 그는 나에게 그 힘을 가져가 달라고 간청했습니다. 그것을 위해 나는 그날 밤 언덕을 걸어서 돌아다니라고 몸짓으로 나타냈습니다. 그는 그날 밤은 암마바사이(달이 없는)여서 길을 볼 수 없을 것이라

고 대답했습니다. 나는 그가 자신의 믿을 수 없는 감각들이 아니라 오히려 신의 은총에 의해 인도되는 것이 더 좋다는 것을 암시했습니다. 그는 나에게 감사하며 떠났습니다. 그 후로 나는 그를 보지 못했습니다. 며칠 뒤 팔라니스와미가 소나 티루탐 근처에서 우연히 그를 만났던 것 같습니다. 그는 나의 충고를 따랐고, 지금은 초능력을 잃었습니다. 그는 팔라니스와미를 통해 나에게 많은 감사를 전했습니다. 나는 전에는 그에 대해 들어본 적이 없습니다. 그래서 관찰에 따른 의견은 무엇입니까? 그런 발전된 능력을 가진 사람도 그것들이 골칫거리라는 것을 알게 됩니다. 따라서 당신은 깨달음만을 목표로 해야 합니다.

헌: 하지만 그것은 모두 사전에 결정된 것이라고 합니다. "사람은 운명이 그것을 허락할 때만 깨달을 수 있을 것이다." 운명이 무엇을 허락하는지 누가 압니까? 바가반께서는 결정론자가 아니라 절대적인 숙명론자라고 저는 들었습니다. 제 말이 맞습니까?

라: 운명은 내향적인 마음에 파문을 일으킬 수조차 없습니다. 그것이 몸에 대해 할 일을 하게 두십시오. 당신은 나의 존재 안에 합쳐집니다.

헌: "운명은 내향적인 마음을 방해하기에는 무력하다." 아주 좋습니다. 이제 그것은 스스로 내성적으로 만들려고 노력하는 마음을 좌절시킬 힘이 있습니까? 만약 그렇다면, 영적 수행을 하는 것이 무슨 소용이 있습니까?

라: 내향성이 점점 강해질수록 그 힘은 줄어듭니다.

헌: 이제 질문을 조금 다른 식으로 표현해 보겠습니다. 만약 모든 것이 미리 정해진다면, 저의 생각들 또한 미리 정해집니까?

라: 당신은 나의 존재를 버리고 생각하는 것을 택합니까, 아니면 가슴의 빛 속에 있기를 택합니까? 이것은 어떤 주어진 시점에서 당신에게 주어지는 유일한 선택입니다. 당신에게 주어지는 유일한 자유는 안으로 향해서 가슴이 빛 속에 스스로 잠기는 것입니다. 이것이 사람에게 허락되는 유일한 자유 의지입니다.

헌: 저는 요즘 종종 기억력이 나빠지는 것을 발견합니다. 치료법은 무엇입니까?

라: 당신의 망각(의 사실 또한) 잊어버리는 것입니다.

헌: 인도 반도 지역 출신 사람들에게는, 적절한 훈육으로 인해 생겨나는, 도움이 되는 마음의 구조 때문에 지구의 다른 문화들보다 상대적으로 쉽게 깨달음이 온다는 것이 사실입니까?

라: 사람들은 온갖 종류의 시시한 이론들을 즐기며 그것들의 정확성을 보강하는 증거를 찾으러 다닙니다. 그것에 대해서는 뭐라고 말해야 합니까?

헌: 하지만 이 이론이 사실인 경우에, 그러면 어떻게 됩니까? 단지 저의 생물학적 기원이 이 지역 출신이 아니라는 이유로 저는 비난받아야 합니까?

라: 깨달음은 성실한 수행자들을 차별하지 않습니다. 그러나 물질주의적 길들임의 환경에서 자란 사람들은 세상이 그 자체로 객관적으로 실제가 아니라 오히려 지각 행위에 의해 만들어지고 지각하는 자의 마음의 성향의 잠재적 인상들에 의해 만들어내는 겉모습이라는 견해를 받아들이는 것이 어려울 수 있습니다. 반면 그 올바른 견해에 도달하는 것은 갸니의 사하자스티티(자연스럽게 확고하게 서는)를 진지하게 열망하는 사람이 밟아야 하는 첫 단계입니다. 하지만 당신은 자신의 출생지에 도움을 줄 수 있습니까? 그것을 소급해 변경할 수 있습니까? 아닙니다. 그래서 우세한 상황을 최대한 활용하고 지금 여기에서 마음이 가슴을 향하게 노력하십시오. 다른 모든 추구들은 결국 헛된 것으로 판명됩니다.

헌: 저는 나를 깨달아야 할 도덕적 의무가 있습니까? 그것이 저의 정당한 의무입니까? 아니면 제가 그러기를 원한다면 무지한 사람으로 남아 있을 선택권이 있습니까? 깨닫지 않는 것은 도덕적으로 잘못된 것입니까?

라: 당신이 실제적으로 개인적 자아를 환영(또는 망상)으로 이해한다면, 피할 수 없는 (깨닫기 위한) 의무는 언제나 그리고 자동적으로 당신에게 전가됩니다.

헌: 바가반에 따르면 절대적 존재를 되찾기 위한 유일한 직접적 방법은 "나는 누구인가?" 탐구입니다, 그렇지 않습니까?

라: 그렇습니다.

헌: 왜 그렇습니까?

이때 바가반은 수행원에게 뭔가를 말했고, 이에 수행원은 홀의 책장에서 무거워 보이는 책한 권을 꺼냈다. 그 책은 바가반에게 건네졌다. 그는 그것을 한 번 펼쳤는데 바로 그가 의도했던 그 페이지가 열렸다. 이 기이한 재주를 나는 이미 스승에게서 여러 번 보았다. 그는 펼쳐진 책을 통역사에게 건네주었고, 그에게 몇 가지 지시를 내렸다. 곧 통역사가 다음과 같이 읽었다.

다음은 티베트 요기 밀라레파의 말씀들이다.

오! 무지한 인간이여! 그대가 자신의 생각을 좇아갈 때, 그대는 바로 막대기를 쫓는 개와 같다. 막대기가 던져질 때마다 그대는 그것을 쫓아간다. 그 대신 사자처럼 행동하라. 사자는 막대기를 쫓아가지 않고 던진 자를 마주하려고 몸을 돌린다. 사람은 사자에게 한 번만 막대기를 던진다.

오! 무지한 인간이여! 이것을 확실히 알라. 모든 세상적 추구는 단 하나의 어쩔 수 없고 피할 수 없는 결말을 가지고 있는데, 그것은 슬픔이다. 획득은 흩어지는 것으로 끝나고, 만들어지는 것은 파괴로, 만나는 것은 헤어지는 것으로, 탄생은 죽음으로 끝난다. 사람은 이것을 알고 처음부터 획득, 축적 같은 것을 포기해야 한다.

오! 무지한 인간이여! 탄생과 죽음의 이 끔찍한 늪에서 썩어가면서 얼마나 오래 계속해서 꿈을 꿀 것인가? 달콤하고도 취하게 하는 불멸의 넥타를 맛보고 싶지 않은가?

이것을 위해 그대의 "나"를 탐구하라. 깨달음을 위한 희망이나 야망을 품지 말고 평생 동안 진심으로 수행하라.

그러므로 비차라가 깨달음을 위한 유일한 효과적인 수단인 이유는 비차라가 그의 모든 마음의 성향과 함께 사다카를 죽이기 때문입니다. 다른 사다나에는 사다카가 항상 존재하는데, 그에 대해서는 어떻게 해야 합니까?

헌: 그러면, 사다카의 존재가 사다나에 대한 장애물입니까?

라: 사다카의 분명한 존재의 파괴가 사다나의 목적입니다.

헌: 탐구의 길을 따르기를 원하는 자에게 필요한 전제 조건이나 자질이 있습니까?

라: 오직 한 가지, 객관적으로 실제이고, 자립적이거나 self supporting, 계속적 실체로서의 세상에

대한 완벽한 믿음의 부재입니다.

팔라니스와미는 슈리 바가반이 언덕에 머물러있는 동안 그의 수행원이었다. 그는 더 이상 없다. 나는 사람이 죽을 때, 마하리쉬가 그의 손을 죽어가는 사람의 머리에 얹음으로써 그에게 하스타–딕샤(손으로 하는 입문)를 주었다는 말을 들었다. 이것은 아주 드문 일이다. 내가 알기로 스승은 요구를 받을 때 하스타–딕샤에 대한 요청을 호의적으로 들어주지 않는다. 그가 이 은총을 부여한 것으로 보이는 유일한 다른 경우는 그의 어머니에게였는데, 마찬가지로 그녀의 죽음 직전이었다.

그 사람이 떠난 후 홀에서의 대화는 사다시바 브람멘드랄에 대한 것으로 바뀌었다.
라: 네, 그는 진정 완벽한 존재입니다. 의심의 여지가 없습니다. 그의 "아트마 비디야 빌라삼"은 아주 뛰어난 작품입니다. 그것을 본 적이 있습니까?
자신도 모르게 한 이 발언 후에 바가반은 결국 성공적으로 설득되어 이 작품에 대해 논의하게 되었다. 그는 그것에서 선택된 구절들만 읽었다.

바야 나무 아래 살고 있고, 그의 연꽃 손으로 상서로운 무드라 동작을 한 채 갸나의 진리를 드러내며, 브람마갸나의 찬란한 희열로 빛나고 있는 태고의 구루의 발 앞에 나는 엎드립니다.
승객들을 이쪽 해안에서 저쪽으로 건너가도록 도와주는 배처럼, 무한한 세상(삼사라)의 바다에 빠진 자들을 구원하고, 불모의 철학의 여러 혼란스러운 학파들을 찢어놓는 그의 샌달sandal들에게 나는 경배드립니다.
나는 애착이 전혀 없습니다. 그것은 나누어지지 않고, 마야, 구나, 그리고 다른 결함들로부터 자유롭고, 오직 그 자신의 나–밝기의 찬란한 빛에 의해서만 빛납니다. 세상의 활동에 의해 혼란에 빠지고 나 자신의 무지의 사악한 주문에 걸려버린 나는 그의 은총으로 나에 대한 지식을 깨달았습니다. 이렇게 나는 나의 족쇄를 끊어냈고 이제 영원한 진리의 빛으로 빛납니다.

나는 일찍이 마야의 사악한 영향력으로 깊이 잠들어 있었습니다. 나는 수천 가지 꿈을 경험하면서 불행 속에서 꿈틀거리고 있었습니다. 이제, 나의 구루의 영향력을 통해, 나는 영원히 깨어있고, 헤아릴 수 없는 희열의 바다에 빠져 있습니다.

감각-쾌락의 대상들을 향한 나의 오래된 마음의 성향을 던져 버렸기에, 나는 지금 갸나 안에서 영원히 기뻐합니다. 나는 타파스를 행함으로써가 아니라 단지 그 자신의 죽음이 없는 존재 의식 희열(삿칫아난다) 성품을 나에게 선물로 주신 나의 구루의 은혜로운 눈길을 받음으로써 이것을 성취했습니다.

나는 나의 자아를 포기했습니다. 그러므로 나는 말로 표현할 수 없는 나의 자비로운 구루의 삿칫아난다스와루파의 희열에 영원히 기뻐하고 있습니다. 나는 갸나라고 알려진 침묵의 바다에 돌이킬 수 없도록 빠져 있습니다.

비할 데 없는 나의 구루로부터 뿜어져 나오는 고요하고, 상쾌하게 시원한 은총의 떨림에 내가 마음으로 가까이 있다는 이유로, 비교할 수 없을 정도로 행복한 나의 확장은 이후로 나의 것입니다.

전 우주가 실제가 아니고 마야의 사악한 힘의 창조물이라는 것을 깨달으면, 현명한 자는 마치 미치광이처럼 땅 위를 정처 없이 떠돌아다니고, 시기심이 파괴되고, 욕망이 으스러지고, 자만심이 집어 삼켜지고, 모든 것을 태워버리는 갸나의 불에 자존심이 불태워집니다.

흠이 없는 나에게는 마야도 없고 그것의 사악한 능력도 없다는 것을 그는 확실히 자각합니다. 그러므로 그는 순수한 희열 안에서만 기뻐합니다.

"나"와 "당신"이라는 감각을 잃고, 무한하고 순수한 희열의 바다에 잠겨 있는 현명한 자는 그의 주변에 있는 사람들이 보여주는 다양한 행동들에 즐거워하면서, 마치 어린아이처럼 즐겁게 놉니다.

감각-쾌락의 혼란스러운 세상의 매혹적 매력을 영원히 포기한 현명한 사람은 카르마나 삼사라의 신성하지 못한 그물에 갇힐 가능성 없이 나 안에 아주 행복하게 빠져 아바두타 상태에서 끊임없이 삽니다. 그는 무고한 나뭇잎 뒤에 숨어 있는 야수에 의해 제기되는 위험을 의식하지 못하고 관심도 가지지 않은 채 숲의 변두리를 배회하는 눈 멀고, 귀먹은 미치광이와 같습니다.

일단 나의 희열의 먹잇감이 되면 그는 다른 모든 감각들을 잃게 됩니다. 그 후에 그는 영원히 나의 평화로운 포옹 속에 남아 있습니다.

금욕주의자들 가운데 왕인 그는 더없이 행복하고 궁핍함이 없는 자신의 나 왕국의 대권을 장악합니다. 오래전 그는 욕망이라는 이름으로 통하는 자신의 적을 바이라기야(포기)라고 알려진 무기를 던져서 격파했습니다.

만약 갑자기 어느 날 태양이 차가운 광선을 내보내고 달이 맹렬한 열기를 내보낸다면, 지반묵타는 그것이 마야의 작용임을 알아차리고 그것에 놀라지 않습니다.

그는 전적으로 그Him와 함께 있고 그에게만 있는 희열의 세상에 기뻐해야 한다는 주장에 항상 빠져 있습니다. 그는 자신의 상상에 따라 점령당합니다. 그는 어디서든 노래하고 춤추거나 조용히 묵상하며 앉아 있을 수 있습니다.

그는 죄를 모릅니다. 그는 생각(상칼파)들의 사악한 힘이 만들어낸 모든 환영들을 초월했습니다. 그는 자신의 몸이 행동에 참여하든 그렇지 않든 전혀 관심이 없습니다. 따라서 그는 완벽한 지혜의 영역에 자신을 위한 장소를 확보했습니다.

가만히 있지 못하고 사춘기 영양처럼 도망치려고 하는 마음을 샷과 아샷의 분별력의 그물에 단단히 붙들었고, 끝없는 베다들의 숲을 가로질러 가려는 노력에 기진맥진하게 된 특별한 요기는 마침내 자신의 나 안에서 조용히 휴식을 취합니다.

그는 뾰족하고 예리한 용기 있는 마음의 칼로 사악하고, 호랑이와 같은 그의 마음의 성향들을 잘라내고, 마침내 그의 목표에서 승리를 거두었습니다. 이제 그는 그 자신의 나라는 두려움 없는 숲에서 재미있게 거닐고 있는 것이 보입니다.

그는 흠이 없는 절대적 자각의 하늘에서만 돌아다닙니다. 그는 자신의 달콤한 마음의 향기로 인해 고귀한 사람들의 연꽃 같은 가슴이 꽃을 피우게 합니다.

달이 백합꽃을 피우는 것과 마찬가지로, 깨달음을 얻은 사람은 무지의 어둠을 몰아내고 그의 빛을 그의 주변 전체에, 비슈누로캄(비슈누 영역)의 가장 깊은 곳까지 비춥니다.

그는 형태가 없는 절대적 자각의 진리로서 빛납니다. 그는 마치 움직이지 않고 있는 구름이 빗방울을 퍼붓는 것처럼 자신의 희열로부터 넥타의 방울을 퍼부어줍니다. 그는 자기 주위의 마음들에서 맹위를 떨치는 공격적인 고통의 폭풍을 식혀줍니다. 꽃밭의 부드러운 산들바람은 활짝 핀 꽃향기를 머금어 공기 냄새를 맡는 사람들의 마음을 상쾌하게 해줍니다.

마찬가지로 깨달은 사람은 갸나의 꽃밭에서 이리저리 거닐고 그의 독특한 희열의 향기를 이용해서 그의 주위에 있는 사람들의 마음의 피로를 없앱니다.

갸니는 이 세상이 모든 것을 태워버릴 듯이 덥고, 가치가 없는 사막이라고 여기고 그것을 영원히 버렸습니다.

그는 이 세상에서는 더 이상 찾아볼 수가 없습니다. 그가 어디에 있는지 압니까? 그는 비할 데 없는 갸나의 호수에서 백조처럼 헤엄치고 있습니다.

현명한 사람은 무지라고 불리는 취한 코끼리를 갈기갈기 찢어놓았습니다. 그는 죄악이라고 불리는 사나운 호랑이를 몰아냈습니다. 이제 그는 그 자신의 고요한 희열의 숲에서 사자처럼 으르렁거리면서, 아무런 제지도 받지 않고 돌아다닙니다.

무지한 사자는 그곳으로 기어 올라갈 수 없다는 것을 아는 갸니는 행복하게 취한 코끼리처럼, 하루 종일 태양에 노출된 벌거벗은 몸 위에 쏟아 부어지는 시원한 물과 같이 편안하게 해주는 지고한 존재에 대한 상쾌할 정도로 시원한 명상의 밧줄을 사용해서 갸나의 정상에 올랐습니다.

그는 귀중한 무애착의 보석으로 치장됩니다. 항상 침묵에 있는 언제나 고요한 마음이 그의 것입니다. 공간은 그의 옷입니다. 그의 오그라든 손바닥은 그의 구걸 그릇입니다. 나무 그늘은 그의 침대입니다.

그는 자신의 지루한 생활 패턴에 싫증나지 않습니다. 그는 가시덤불 더미 위에, 또는 고운 모래로 만들어진 침대 위에 눕습니다. 그는 인적이 드문 강둑 옆에서 발견될 수도 있습니다.

비록 그가 침대 위가 아니라 맨땅에서 쉬고 있다고 해도 그의 빛은 모두를 비춥니다. 남쪽의 바람에 실려 온 시원한 미풍은 그의 차마람chamaram입니다. 포우르나미닐라부(만월)는 그의 밤의 등불입니다.

그는 강물이 시끄럽게 그의 주위로 쏟아져 나와도 거대한 바위의 판 위에서 깊이 잡니다. 시원한 바람이 그의 얼굴을 다정하게 어루만집니다.

그는 마치 생명이 없는 비활성 물질 덩어리처럼 마을 거리를 배회합니다.

그는 마하모우니mahamouni입니다. 그의 조용하고 지속적인 명상은 어떤 상황에서도 결코 방해받을 수 없습니다. 그는 자신의 손바닥에 음식 공물을 받습니다.

전 우주를 허구라고 거부하고 남은 아트만에게 마음이 사로잡힌 그는 사람들이 자선으로 제공한 나머지 음식을 자신의 프라랍다로 순순히 받아들이면서 그것을 그의 입에 넣습니다.

심지어 그의 마음속에서도, 그는 비판하지도 않고 칭찬하지도 않습니다. 그는 넘쳐나는 희열에 사로잡혀 있습니다. 그의 마음은 백단향 연고처럼 언제나 시원합니다.

그는 니슈캄파프라디파nishkampapradipa 불꽃처럼 완전히 움직임이 없는 상태로 고정되어 있습니다. 그는 모든 사스트라들을 버렸습니다. 그는 자신을 포함한 모든 것을 희생했습니다. 그에게는 더 이상 의무가 없습니다.

진흙과 지푸라기로 얼룩져 있을지도 모를 그의 몸은 어느 외딴 숲의 외곽에서 눈에 띄지 않게 살고 있는 것이 발견될 수도 있습니다. 그에게, 우주 전체는 마른 풀잎 하나보다 더 중요하지 않습니다. 그는 희열에 대한 영원한 묵상에 즐겁게 몰두하고 있습니다. 그의 영역은 죽음이나 노화를 모릅니다.

그는 형태를 보지 않습니다. 그는 말을 듣지 않습니다. 그는 영원한 희열의 상태에서 움직이지 않고 있습니다. 그의 몸은 마치 움직일 수 없는 통나무처럼, 세상의 자극에 대해 잠들어 있습니다.

그는 진정 아가마의 본질이 바로 그 자신이라는 것을 알고 있습니다. 그에게는 출생이나 신분에 대한 자만이 없습니다. 그는 자신을 숲의 동물들과 하나라고 여깁니다. 그는 바보처럼, 실재인 것이 아닌 어떤 것도 알지 못하고 돌아다닙니다.

그는 무애착이라고 알려진 아름다움을 끌어안은 채 잠을 잡니다. 그의 손이 그의 베개입니다. 하늘은 그의 이불입니다. 딱딱한 땅이 그의 침대입니다.

그는 그들 내면의 방에 있는 마음이라고 알려진 차이의 벽을 허물었기 때문에 갸나라고 알려진 여인과 영원히 함께 있는 것을 즐깁니다.

그는 갸나의 눈부신 불꽃에 의해 비추어지는 바이라기야라고 알려진 넓은 길을 따라 여행함으로써 진리라고 알려져 있는 하렘릭^{haremlik}에 도달했습니다. 이렇게 그는 이제 묵티라고 알려진 아가씨와 함께 있는 것을 영원히 즐깁니다.

그에게 있어 외딴곳에서 자라나는 꽃의 다발은 묵주이고, 성적 욕망이 없는 것은 팅크^{tincture}이며, 다른 사람들이 그에게 던지는 모욕은 신성한 감로입니다.

그는 우주와 무지가 동의어라는 것을 깨닫습니다. 그는 어떤 것을 거부하지도 않고, 어떤 것이 마음에 든다고 여기지도 않습니다. 그에게는 언제나 어느 것에도 소속되지 않습니다.

그는 동일한 방식으로 모든 것에 스며듭니다. 그는 과거나 미래에 대한 걱정이 없습니다. 그는 심지어 그의 앞에 있는 것도 의식하지 않습니다.

그는 그에게 오는 것에 대한 혐오감이 없습니다. 그는 그에게 오지 않는 것에 대한 욕망이 없습니다. 그는 단지 나의 상태에 행복하게 뿌리내리고 있습니다.

최고의 갸니는 욕망이라는 병으로부터 자유로워져서 이 불모의 우주를 품고 있는 미친 환영 너머에 있는 그것^{THAT} 안에서 사라집니다.

그의 구루의 은총으로, 그는 사람들 사이에서 파라마함사로서 빛납니다. 왜냐하면 그는 자신의 갸나의 힘으로, 이름과 형체가 희열과 별개가 아닌 이 원래 비어있고 궁핍한 세상을 흐리게 만드는 이원과 차이를 뿌리 뽑았기 때문입니다. 그에게는 카스트와 관련되는 명령이 없습니다. 그는 희열이 아닌 것은 알지 못합니다.

그는 지금 있는 몸에서 그의 프라랍다 카르마를 소진함으로써 모든 카르마를 파괴합니다. 그런 다음 그는 몸-의식을 포기합니다. 이렇게 해서 그는 파라브람만과 하나가 됩니다.

삿은 평온하고, 변함이 없고, 시작이나 끝이 없고, 절대적 의식의 행복한 충만함으로 흘러넘치는 원래의 존재로서 항상 빛납니다. 그것은 태어나지 않고, 나이가 들거나 죽지 않으며, 모든 불행이 전혀 없고, 순수하게 스스로 눈부시게 빛나는, 파괴할 수 없는 진리입니다.

영원히 끝나지 않는 행복의 비밀은 불멸이고, 절대 멀리 있지 않으며, 삶의 바다의 다른 편 해안이고, 지각되는 모든 것의 토대가 되는 두려움 없는 본질인 그것THAT이라는 진리입니다.

그는 맛이 없고, 냄새가 없고, 형체가 없고, 세 가지 구나들로 인해 야기되는 해악으로부터 자유롭습니다. 그는 이름과 형체가 결코 이해할 수 없는, 비교할 수 없고, 두려움이 없고, 영속하는 실재로서 빛나는 영원한 진리이기 때문에 그것THAT입니다.

이 "아트마 비디야 빌라샴"에 대해 매일 묵상하는 사람은 아트마갸니로 성숙해지고 흔들리지 않는 나에 대한 깨달음을 얻을 것입니다.

헌: 이 말씀들을 듣고 나니 저는 세상의 삶을 포기하고, 브람마갸나가 저에게 분명해질 수 있도록 사람들이 자주 다니지 않는 숲으로 물러나고 싶은 욕망을 느낍니다.

라: 그렇게 한다면 당신의 산만함은 더 심해질 수 있습니다.

헌: 왜 그래야 하는지 알 수 있을까요?

라: 일어서서 싸우십시오. 겁쟁이처럼 도망쳐봤자 무슨 소용이 있습니까? 숲은 고역들로부터 자유롭다고 생각합니까? 당신은 쉭쉭 소리내며 끓는 프라이팬에서 타오르는 불 속으로 뛰어드는 것일 수도 있습니다.

헌: 그렇다면 왜 브람멘드랄은 그것을 추천합니까?

라: 그는 "숲으로 들어가서 금욕주의자의 삶을 살아봅시다."라고 생각하면서 당신에게 숲으로 들어가라고 요구하고 있는 것이 아닙니다. 슬로카는 브람마갸니의 상태를 묘사합니다. 만약 깨달은 후에 숲이나 사막 또는 산으로 들어갈 필요를 느낀다면, 그때 그렇게 해도 좋습니다. 지금은 아닙니다.

헌: 하지만 홀로 있음solitude은 깨달음에 도움이 됩니다. 원로elder들도 그렇게 말합니다.

라: 홀로 있음은 무엇입니까?

헌: 다른 사람들과 어울리지 않는 것입니다.

라: 다른 사람들을 보지 않는 것이 진정한 홀로 있음입니다.

헌: 그렇다면 바가반의 처방이 한 수 위이군요. 다른 사람들을 보는 것을 피할 수 있도록 명상을 위해 특별히 고립된 장소를 선택하겠습니다.

라: 나는 단순히 다른 사람들을 보지 않는 것이 아니라 그들을 보는 것이 불가능함을 말하는 것입니다.

헌: 오! 그런 경우에는 저는 무엇을 해야 합니까? 드리드라슈트라의 아내처럼 눈에 눈가리개를 묶어야 합니까? 아니면 칸나판처럼 눈을 도려내야 합니까?

라: (웃으면서) 마음이 세상을 보지 못하게 하십시오, 그것으로 충분할 것입니다.

헌: 어떻게 합니까?

라: 그것을 가슴의 빛 속에 밀어 넣어 영원히 그곳에 두십시오.

헌: 어떻게 합니까?

라: 생각의 근원을 찾으십시오. 그것을 발견하고, 그곳에 영원히 머무르십시오.

헌: 그러면 몸으로의 홀로 있음을 갈망해서는 안 됩니까?

라: 당신의 몸이 홀로 있는지 아닌지 당신은 결정할 수 없습니다. 당신은 몸의 프라랍다에 대해서는 할 말이 없습니다. 당신의 마음을 세상, 그리고 몸을 포함한 그것의 대상들과의 연관성으로부터 멀리 하십시오. 이 마음의 홀로 있음이 당신의 통제권에 있어서 유일한 요소입니다. 마음으로 혼자 있는 이 자유를 최대한 행사하고, 몸이 사람들에 의해 둘러싸이는지 아닌지 등과 같은 다른 모든 것은 무시하십시오.

저녁 늦게 한 어린아이가 할아버지와 함께 도착했다. 노래를 불러도 되는지 바가반의 허락이 간청되었다. 그의 미소는 동의로 받아들여졌다. 소녀는 Oothukkadu Venkatasubbaier의 "Kuzhaloodhi Manamellam"과 "Venugana Ramana"를 불렀다. 바가반은 곡에 맞춰 리드미컬하게 머리와 어깨를 흔들었고, 가끔씩 공감의 표시로 손을 올렸다. 한 번은 그의 눈이 약간 촉촉해진 것을 보았다고 생각했고, 숨이 목구멍에 걸렸다. 공연의 마지막 즈음에, 그때 그 임무를 맡은 수행원이 갑자기 어디에도 보이지 않았기 때문에 바가반은 그날 누군가 가지고 온 솜털같이 푹신한 "sohnpappudi"를 직접 나누어주었다. 그는 아이의 입에 직접 그것을 조금 넣어주었다. 바가반으로부터의 이 상서롭고도 직접적인 축복 때문에 나는 그녀가 언젠가는 훌륭한 가수가 될 거라고 속으로 생각했다… 할아버지는 기뻐했고 바가반에게 여러 번 절하고 경배한 후에 아이를 데리고 떠났다.

제15장
1936년 7월 20일

필라델피아에서 온 백인 신사가 다시 바가반에게 질문하기 위해 아침 일찍 돌아왔다.

헌: 갸니는 감각-지각이 없습니까? 예를 들어, 만약 슈리 바가반께서 부주의해서 벽돌에 발가락을 부딪쳤을 때, 아무 감각이 없습니까?

라: 감각은 있지만, "나는 이 감각을 느끼고 있다"라는 생각은 없습니다. 갸니의 상태는 오직 갸니에 의해서만 정확하게 이해될 수 있습니다. 다른 사람들은 실제로는 알지 못한 채 복잡하게 들리는 단어들만 지껄일 뿐입니다. 갸니 즉 지반묵타는 문과 창문이 활짝 열린 집 안에서 깊이 잠들어 있는 사람과 같다고 합니다.

헌: 그 예를 이해하지 못하겠습니다.

라: 그의 감각은 완전히 깨어있고 기민하지만, 완전히 비활동적입니다.

헌: 그것은 역설적인 것 같습니다.

라: 그의 감각 기관들은 인식합니다. 하지만, 마음이 죽었기 때문에 그것들이 인식하는 것은 아무것도 없습니다. 갓 태어난 아기는 아주 잘 보고 듣지만, 실제로 어떤 것을 이해하는 것은 아닙니다. 사람들이 그에게 잔인하게 대해도, 아기는 오직 기쁨만을 압니다. 갸니도 마찬가지입니다. 그는 (파라브람만이 아닌) 어떤 것도 알지 못합니다.

헌: 바가반께서는 저희에게 다양한 철학적 문헌의 복잡한 사항을 전문적 방식으로 설명합니

다. 지성이 없으면 어떻게 그것이 가능합니까? 만약 더 이상 마음이 없다면, 그것의 요소인 지성이 어떻게 그것으로부터 고립되어 살아남을 수 있습니까?

라: 그것은 그림자 인형극과 같습니다. 다른 누군가가 줄을 움직이고 있습니다. 갸니의 행동과 관련해서 어딘가에서 해야 할 역할을 가지고 있는 "나"라고 불리는 그런 것은 없습니다.

헌: 이 신비로운 "다른 누군가"는 누구입니까?

라: 어떤 이들은 그를 신이라 부르고, 어떤 이들은 임의성, 어떤 이들은 운명, 어떤 이들은 인과관계라 부릅니다. 사건, 행동, 상황을 보는 사람은 그것에 대한 이유를 묻습니다. 보는 자는 자신은 보지 않습니다. 따라서 그 자신의 명백한 별개의 존재는 설명할 수 없는 미스터리입니다. 하지만 그의 자아가 무엇인지에 대한 이 기본적 질문은 무시하고, 그는 다른 모든 것에 질문을 던집니다.

그래서 그의 호기심을 충족시키기 위해, 온갖 종류의 우스꽝스러운 이론들이 철학자들과 베단타 판디트들에 의해 제시됩니다. 어떤 것을 보는 사람은 없기 때문에, 보는 것이란 없다는 것이 진리입니다. 세상의 사건들에 대한 통제권을 가지고 있는 신, 섭리 등에 대한 설명은 유치원 수준의 영적 조언입니다. 아무것도 보지 않는 갸니는 질문이 없습니다. 그는 아무것도 창조되지 않았다는 진리를 압니다.

헌: 하지만 저는 제 주위에서 견고한 세상을 봅니다! 그것이 거기에 없다고 바가반께서 말씀하시는 것은 무엇을 의미합니까? 예를 들어, 바가반은 소파에 앉아 있습니다. 소파가 그의 눈에는 보이지 않습니까? 그러면 그는 무엇 위에 앉아 있는 것입니까? 공중에 떠 있습니까?

라: 잠에서는 보이는 것이 이루어집니까 Is there any seeing to be done in sleep?

헌: 먼저 자그라트 상태에 대해 논의하는 것을 끝마칩시다.

라: 이 육체는 소파 위에 앉아 있다고 당신은 말합니다. 하지만 소파, 이 육체, 이 홀, 저기에 있는 언덕, 그리고 다른 모든 것은 추론된 존재 inferred existence 입니다. 따라서 그것은 전혀 존재가 아니라, '신터클라스(서양 대중들의 집합적 공상에서 인기 있는, 신화적으로 해석된 성 니콜라스의 캐리커처)는 금으로 된 코안경을 걸치고 있습니다. 교정 렌즈 강도는 몇 디옵터인지 내가 알 수 있을

까요?' 라고 질문을 하는 것처럼 허구입니다. 그 질문에 대한 답이 있을 수 있습니까? 기껏해야 당신은 '신터클라스는 없기 때문에, 그 질문은 절대 일어나지 않습니다.'라고 말할 수 있습니다. 실제적 존재actual existence는 보일 수가 없습니다. 그것은 존재입니다. 당신은 그것으로 항상 있습니다. 그것에 대해 생각하지 말고, 그것이 되십시오. 이것이 깨달음의 성취를 위한 방법입니다.

헌: 어떻게 나가 될 수 있습니까? 그것이 문제입니다. 나는 멍청한 노새 앞에 매달려 있는 당근과 같아 보입니다. 아주 가깝지만 완전히 도달 불가능합니다.

라: (개인적 자아로서의) 당신은 (실재의) 나 위에 앉아 있습니다. 일어나서 가십시오. 그것으로 충분할 것입니다.

헌: 어떻게 그것을 해야 합니까?

라: 개인적 자아의 존재를 믿는 것을 영구히 그만두십시오. 그러면 마법은 저절로 풀릴 것입니다.

헌: 저의 개인적 자아가 실제가 아니고 존재하지 않는다는 것을 제가 이해해야 합니까? 이것은 제가 항상 알고 있던 자아입니다. 저는 지금 그것이 존재하지 않는다는 말을 듣고 있습니다. 저는 비인격적 절대자, 브람만을 알지도 못했고 심지어 본 적도 없습니다. 하지만 저는 제가 그것이고 사실은 그것만이 존재한다고 믿을 것을 요구받습니다.

라: 당신은 어떤 것을 믿으라는 요구를 받는 것이 아닙니다. 모든 믿음을 버리라는 요구를 받으면, 당신은 대신에 어떤 믿음을 받아들여야 하는지 묻습니다. 나는 말했습니다. 개인적 자아의 존재를 믿는 것을 영구히 그만두십시오. 당신은 그것이 "개인적 자아의 존재하지 않음을 믿으십시오."를 의미하는 것으로 잘못 해석했습니다.

헌: 언어적 차이는 단지 문장-구조와 문법적 형성의 변형 때문입니다.

라: 아닙니다. 모든 믿음을 버리십시오. 오직 나만이 남습니다. 믿음의 포기는 그런 포기가 일어나야만 한다는 뜻의 다른 믿음에 의해 유발될 수는 없습니다. 그것은 당신이 안다고 생각하는 모든 것과 당신이 소중하게 여기는 모든 것을 버리는 것에 의해서만 유발될 수 있습니다.

헌: J.K.(크리슈나무르티)는 말했습니다. "완전한 부정은 긍정의 본질essence of the positive이다."

라: 맞습니다.

헌: 신지론자들이 우리에게 믿게 만드는 것처럼 J.K.는 마이트레야 신의 화신입니까?

라: 당신의 믿음이 그렇다면, 그는 그렇습니다.

채드윅: 리드비터의 판단은 옳은 것으로 증명되었습니다. 그는 세상의 스승입니다. 그것이 그가 체제를 없앤 이유입니다. 사람들은 무지해서 그를 비판합니다. 저는 얼마 전에 그의 시 중 하나를 읽고 있었습니다… (얇은 잡지 또는 소식지에서 읽는다.)

나는 이름이 없다.

나는 산의 신선한 바람과 같다.

나는 피난처가 없다.

나는 이리저리 다니는 물과 같다.

나는 어둠의 신들처럼 안식처sanctuuary가 없다.

또한 나는 깊은 사원의 그늘에도 있지 않다.

나는 신성한 책들이 없다.

또한 나는 전통에 익숙하지 않다.

나는 높은 제단에서 타고 있는 향에 있지 않고,

거창한 의식에도 있지 않다.

나는 조각한 형상 안에 있지 않고,

듣기 좋은 목소리의 다채로운 챈트에도 있지 않다.

나는 이론들에 얽매이지 않고,

믿음들에 의해 오염되지도 않는다.

나는 종교의 속박을 받지 않고,

종교 사제들의 경건한 고통 속에도 있지 않다.

나는 철학들에게 사로잡히지도 않고,
그 분파의 힘의 속박도 받지 않는다.
나는 낮지도 않고 높지도 않으며,
나는 숭배하는 자이면서 숭배받는 자이다.
나는 자유롭다.
나의 노래는
망망대해를 찾아
헤매며 돌아다니는 강의 노래이다.
나는 생명이다.

슈리 바가반은 그 시들의 고매한 영적 자질에 대해 칭찬했다.

헌: "나는 누구인가?"라는 탐구가 유익한 결과를 가져오기 시작했다는 것을 언제 합법적으로 판단할 수 있습니까?

라: 지금은 비차라를 수행하려고 노력하고 있는 "당신"이 있습니다. 당신의 희박화와 궁극적으로 당신의 전멸이 비차라의 목표입니다. 만약 당신이 마음을 나의 존재함the Beingness of Self에 끊임없이 합치는 수행을 끝없이 계속해서 고수한다면, 마음이 "나는 누구인가?"라고 묻기보다는 마음 전체가 "나는 누구인가?"라는 탐구로 변화하는 단계가 올 것이고, 그러면 마음이 다른 관심사에 매달릴 만한 가능한 여지는 남지 않을 것입니다.

마음이 가슴으로 가라앉기 시작하는 것은 이 단계에서입니다. 생각이 없고 무기력함이 없는 상태에서 노력을 하지 않고 자유 의지가 없는 마음의 고유성은 비차라가 제대로 수행되었다는 표시입니다.

헌: 하지만 사다나는 노력의 필요성을 수반합니다. 저는 순수한 주관적 의식의 상태에 끊임없이 머무르려고 노력해서는 안 됩니까?

라: 순수한 주관적 의식은 그 자체로서 그리고 그 자체로만 항상 남아 있습니다. 그것이 순수한 주관적 의식으로 남아야 한다는 주장을 하는 "당신"이라고 알려진 그 실체는 무엇입니까? 순수한 주관적 의식에 대한 탐구는 있을 수 없습니다.

왜냐하면 그것은 단순한 존재하는 것 Be-ing이고, "순수한 주관적 의식으로 머물기를 원하는 순수한 주관적 의식 외에 명백한 두 번째 실체는 무엇인가?" 가 단지 질문입니다. 노력하는 것에 관해서는, 그렇습니다. 마음이 자발적으로 순수한 주관적 의식에 합쳐지는 것을 배울 때까지 노력은 필요합니다. 노력의 필요성이 완전히 소진될 때까지 노력을 계속하십시오. 노력을 할 수 있는 사람이 남아 있는 한, 그만큼 오랫동안의 노력이 필요합니다.

노력을 하는 사람의 파멸이 노력의 목표입니다. 노력을 하지 않고 자유 의지가 없는 가슴의 빛 속에 가라앉는 것이 마음의 자연스러운 상태가 되었을 때, 노력과 자유 의지는 저절로 약해졌다는 것을 (발견하게 됩니다). 또한 당신의 해방에 책임이 있는 것이 당신이라는 거짓된 생각을 버리는 것이 필수적입니다.

헌: 그렇다면 누가 책임이 있습니까?

라: "나"가 있고, 이 "나"를 없애기 위해 행해져야 하는 어떤 것이 있으며, "나"의 전멸의 임무의 성공적 수행에 대한 책임을 져야 하는 누군가가 있어야 한다는 마음의 관념으로 우리 자신에게 부담을 줄 필요는 없습니다. 그것들이 남아 있는 한 깨달음은 불가능하기 때문에 모든 마음의 관념으로부터 자유롭게 있으십시오.

사다나는 이상적으로 관념의 틀에서 벗어나서는 안 되며, 생각들의 모음에 대한 믿음의 결과로서 일어나서도 안 됩니다. 그것이 깨달음이라고 불리는 어떤 것으로 당신을 데려갈 것이라고 믿기 때문이 아니라 아트마지그나사 Athmajignasa를 위해 "나는 누구인가?"를 탐구하십시오. 당신의 마음의 생각들 즉 당신이 "깨달음"이라고 상상하는 것과 관련된 것들이든 아니면 다른 것이든 간에 그것들은 깨달음에 대한 분명한 장애물입니다. 그것들에게서 벗어나서 그것들로부터 자유롭게 남아 있으십시오.

헌: 하지만 어떻게 해야 합니까?

라: 그것들에게 관심을 주는 것을 거부함으로써입니다. 당신에게 매달리는 것에 의해 자아가 생겨나고 생각, 개념, 환상이 생깁니다. 자신에게 매달리십시오, 그러면 자아는 생겨나지 않을 것입니다.

헌: 슈리 바가반은 창조를 부인합니다. 반면 스와미 비베카난다는 말했습니다.
"창조는 시작이나 끝이 없다. 창조가 없었던 때는 없었다." 이 견해들을 어떻게 조화시킵니까? 바가반과 동등한 갸니인 비베카난다는 어떻게 바가반의 견해와 비교해서 창조와 관련하여 같지 않은 태도를 가질 수 있습니까? 바가반은 마야가 존재하지 않는다고 말하는 아자타바다를 지지하지 않습니까? 그러면 왜 비베카난다는 객관적 세계의 명백한 실제를 단언하는 견해를 지지합니까? 왜 그는 창조가 계속해서 일어나고 있다고 말합니까? 그것은 마야 존재의 인정이 아닙니까? 스와미 비베카난다의 명성을 가진 갸니에 의한 마야 존재의 인정은 아자타바다의 신뢰성을 손상시키지 않겠습니까?

라: 비베카난다가 마야를 인정했습니까? 나는 그렇게 생각하지 않습니다. 이것을 생각해 보십시오.

바가반은 통역사에게 홀의 책장에서 어떤 파일을 가져오라고 지시했다. 그 파일은 그에게 건네졌다. 스승은 평소처럼 손목을 한 번 빠르게 돌려 필요한 페이지를 펼쳐서, 통역사에게 그 부피가 큰 책을 건네주었고, 그에게 거기에서 특정 문단을 읽어달라고 부탁했다. 곧 통역사는 영어로 읽었고, 홀에 있는 사람들 중 타밀어에만 익숙한 자들의 편의를 위해 바가반이 타밀어로 다음과 같이 구두로 번역했다.

인과관계, 시간, 또는 공간의 법칙들을 풀기 위한 모든 시도는 헛된 것이 틀림없다. 왜냐하면 그 시도는 이 세 가지의 존재를 당연하게 받아들임으로써 만들어져야 하기 때문이다. 그러면 세상의 존재에 대한 진술은 무엇을 의미하는가? "이 세상은 존재가 없다." 그것은 무슨 의미인가? 그것은 세상이 절대적 존재를 가지지 않는다는 것을 의미한다. 그것은 나의 마음, 당신의 마음, 그리고 다른 모든 사람의 마음과 관련해서만 존재한다. 우리는 이 세상을 다섯 가지 감각들로 보지만, 만약 다른 감각을 가지고 있다면, 우리는 그 안에서 더 많은 것을 볼 것이다. 만약 이미 또 다른 감각을 가지고 있다면, 그것은 여전히 다른 것으로 보일 것이다.

그러므로 그것은 실제적인 존재가 없다. 그것은 불변하고, 움직이지 않고, 무한한 존재를 가지고 있지 않다. 또한 그것은 겉보기에 존재하는 것으로 보이고, 우리가 그것 안에서 또 그것을 통해 노예처럼 일하는 것으로 보이기에 비존재라고 불릴 수도 없다. 그것은 존재와 비존재의 혼합이다. 이렇게 사람은 그의 전체 삶이 존재와 비존재의 혼합인 모순이라는 것을 발견하게 된다.

지식에는 이런 모순이 있다. 사람은 만약 그가 알기를 원하기만 하면 모든 것을 알 수 있는 것처럼 보인다. 하지만 몇 걸음도 가기 전에, 그는 통과할 수 없는 견고한 벽을 발견한다. 그의 모든 일은 원 안에 있고, 그는 그 원을 넘어서 갈 수가 없다. 그에게 가장 가깝고 가장 소중한 문제들은 계속해서 그를 충동질하고 밤낮으로 그에게 해결을 요구하고 있지만, 그는 자신의 지성을 넘어서지 못하기 때문에 그것들을 해결할 수 없다. 또한, 감각-쾌락들에 대한 욕망이라는 유해한 잡초가 그에게는 강하게 뿌리내려 있다. 우리는 유일한 선이 반항적 마음을 통제하고 억제함으로써 얻어진다는 것을 안다. 숨을 쉴 때마다, 우리 가슴의 모든 충동은 우리에게 이기적이 되라고 요구한다. 동시에, 이기심이 없는 것만이 선한 것이라고 말하는 어떤 힘이 우리 너머에 있다.

모든 아이는 선천적인 낙관론자이다. 그는 황금빛 꿈을 꾼다. 젊을 때 그는 훨씬 더 낙관적으로 된다. 젊은 사람이 죽음 같은 것, 패배나 타락 같은 것이 존재한다고 믿기란 어렵다. 노년이 다가오고, 삶은 파멸 덩어리이다. 꿈은 공중으로 사라졌고, 사람은 비관론자가 된다.

이렇게 우리는, 어디로 가는지도 모른 채, 자연에 의해 뒤흔들려서 한 극단에서 다른 극단으로 간다. 우리는 멈추거나 쉴 가능성이 없이 계속해서 변화하고 있는 삶의 강을 끊임없이 떠내려가고 있다. 모든 사람은 우리의 삶이 멈추거나 쉬는 것을 알지 못하고 계속된다는 것에 동의

한다.

　모든 사람은 평화, 희열, 휴식을 갈망한다. 모두가 그것에 도달하는가? 우리는 무엇을 해야 하는가? 먹고 마시는 것이 충분한 사람은 낙관론자이고, 그는 불행에 대한 모든 언급을 피하는데, 그것은 그를 두렵게 하기 때문이다. 그에게 세상의 슬픔과 괴로움에 대해 말하지 말라. 그에게 가서 그것이 모두 좋다고 말하라. "네, 나는 안전합니다." 그는 말한다. "나를 보세요! 나는 살기에 좋은 집이 있습니다. 나는 추위와 배고픔이 두렵지 않습니다. 그러니 이런 끔찍한 사진들을 내 앞에 가져오지 마십시오." 하지만, 한편으로는 추위와 배고픔으로 죽어가는 다른 사람들이 있다. 만약 당신이 가서 그들에게 모든 것이 좋다고 가르친다면, 그들은 당신 말을 듣지 않을 것이다. 어떻게 그들은 자신들이 불행한데 다른 사람들이 행복하기를 바랄 수 있겠는가?

　이렇게 우리는 낙관주의와 비관주의 사이를 계속 오가고 있다. 그 다음에는 죽음에 대한 엄청난 사실이 있다. 전체 세상은 죽음을 향해 가고 있다. 모든 것은 죽는다. 우리의 모든 진전, 우리의 허영심, 우리의 개혁, 우리의 호화로움, 우리의 부, 우리의 지식은 그 하나의 끝인 죽음을 가지고 있다. 그것이 확실한 전부이다.

　도시들은 생겨나서 사라지고, 제국들은 일어나서 쇠락하고, 행성들은 산산 조각나고 부스러져 먼지가 되어 다른 행성들의 대기에 의해 흩날려진다. 이와 같이 그것은 시작이 없던 때부터 계속되어 왔다. 죽음은 모든 것의 끝이다. 죽음은 삶, 아름다움, 부, 힘, 미덕의 끝이다. 성자들은 죽고 죄인들도 죽고, 왕들도 죽고, 거지들도 죽는다. 그들은 모두 죽을 것이지만, 삶에 대한 이 엄청난 집착은 존재한다. 어찌된 일인지 우리는 왜 우리가 삶에 매달리는지를 알지 못한다. 우리는 그것을 포기할 수 없다. 죽음은 밤낮으로 우리의 이 지구를 쫓아다니며 괴롭히지만, 동시에 우리는 우리가 영원히 살 것이라고 생각한다.

　언젠가 유디슈티라 왕은 "이 지구에서 가장 멋진 일은 무엇입니까?"라는 질문을 받았다. 그리고 왕은 대답했다, "매일 사람들이 우리 주위에서 죽어가고 있지만, 사람들은 그들이 절대 죽지 않을 것이라고 생각합니다." 이것이 마야이다.

부정할 수 없이, 우리의 지성, 우리의 지식, 그렇다, 우리가 도처에서 직면하고 있는 우리 삶의 모든 사실 안에는 엄청난 모순이 존재한다. 개혁가는 일어나서 특정 국가에 존재하고 있는 악들을 바로잡기를 원한다. 그리고 그것들이 바로잡아지기 전에 천 개의 다른 악들이 또 다른 장소에서 생겨난다. 그것은 무너지고 있는 오래된 집과도 같다. 어느 한 곳에서 그것을 수선하면, 붕괴는 다른 곳으로 확장된다. 그것은 만성 류머티즘과 같다. 머리에서 몰아내면, 그것은 몸으로 간다. 그곳에서 몰아내면, 그것은 발로 간다.

개혁가들은 일어나서 학문, 부, 문화가 선택된 소수의 손에 맡겨져서는 안 된다고 설교한다. 그리고 그들은 모든 사람이 그것들에게 접근할 수 있도록 최선을 다한다. 이것들은 어떤 사람들에게는 더 많은 행복을 가져다줄지도 모르지만, 어쩌면 문화가 생겨나면서 물리적 행복은 줄어들 수도 있다. 행복에 대한 지식은 불행에 대한 지식을 가져온다.

그렇다면 우리는 어느 쪽으로 가야 하는가? 우리가 누리는 최소한의 물질적 번영이 다른 어딘가에서는 똑같은 양의 불행을 야기하고 있다. 이것이 법칙이다. 아마도 젊은 사람들은 그것을 정확하게 보지 못할 테지만, 충분히 오래 산 사람들과 충분히 힘겹게 싸운 사람들은 그것을 이해할 것이다. 이것이 마야이다.

우리는 용감해져야 한다. 사실을 숨기는 것은 치료법을 찾는 방법이 아니다. 개에게 쫓기는 토끼는 머리를 숙이고는 자신이 안전하다고 생각한다. 우리가 낙관론을 만날 때도 그렇다. 우리는 토끼처럼 행동하지만 그것은 해결책이 아니다. 이것에 대한 반대의견들이 있지만, 당신은 그것들이 일반적으로 삶의 많은 좋은 것들을 소유하고 있는 사람들로부터 온 것이라고 말할 수 있다.

유럽에서는 비관론자를 만나는 것이 매우 어렵다는 것을 나는 알게 된다. 모든 사람은 세상이 얼마나 멋지게 돌아가고 있고, 얼마나 진보적인지 나에게 말한다. 하지만 그 자신이 무엇인가 하는 것은 단순히 그 자신의 세계일 뿐이다. 이것이 마야이다.   우리는 종종 악을 제거하는 것이 진화의 특징 중 하나이며, 이 악이 세상에서 계속해서 제거되어 결국에는 선만이 남을 것이라는 말을 듣는다. 그것은 듣기에 아주 좋고, 이 세상의 물건들을 충분히 가진 사람들,

매일 마주해야 하는 힘든 투쟁이 없고, 이른바 이 진화라는 바퀴 아래에서 으스러지지 않는 자들의 허영심을 이용한다. 그것은 운이 좋은 사람들에게 정말 아주 좋은 것이고 위안이 된다. 일반 대중은 고통받을 수도 있지만, 그들은 신경 쓰지 않는다. 그들을 죽게 내버려 두라, 그들은 아무 영향력이 없다. 아주 좋다, 그렇지만 이 논쟁은 처음부터 끝까지 잘못되었다.

우선, 이 세상에서 나타나는 선과 악이 두 개의 절대적 실제라는 것은 당연하다. 두 번째로, 그것은 선의 양은 증가하는 양이고, 악의 양은 감소하는 양이라는 훨씬 더 나쁜 가정을 만든다. 그래서 만약 그들이 진화라고 부르는 것에 의해 악이 제거되고 있다면, 이 모든 악이 제거되고 남는 것은 모두 선이 되는 그런 때가 올 것이다. 말하기에는 쉽지만, 악이 줄어드는 양이라는 것이 증명될 수 있는가? 예를 들어, 숲에 살면서, 마음을 일구는 법을 모르고, 책을 읽을 줄도 모르며, 글 쓰는 것 같은 것에 대해서는 들어본 적도 없는 사람의 예를 들어보자. 만약 그가 심하게 다치면, 그는 곧 다시 괜찮아진다. 반면 우리가 긁히게 되면 겁에 질려 죽는다. 기계는 진보와 진화에 기여해서 물건들을 싸게 만들고 있지만, 수백만 명은 짓밟히고 한 명은 부유해질 수 있다. 한 명은 부유해지는 동안, 동시에 수천 명은 더욱더 가난해지고, 인간 전체는 노예가 된다. 인간이 진보하자마자, 그리고 그의 행복의 지평선이 높아지자마자 불행의 지평선 또한 그에 비례해서 높아진다. 숲에 있는 사람은 질투하는 것, 법정에 있는 것, 세금을 내는 것, 사회에 의해 부당하게 비난받는 것, 그리고 인간의 악마주의가 만들어낸 가장 엄청난 폭정, 즉 자유 시장 자본주의에 밤낮으로 지배당하는 것이 무엇인지 모른다.

그는 어떻게 사람이 헛된 지식과 자만심으로 다른 어떤 동물들보다 천 배나 더 사악하게 되는지 알지 못한다. 이와 같이 우리가 감각에서 벗어날 때, 우리는 더 높은 즐거움의 힘을 발달시키고, 동시에 더 큰 괴로움의 힘도 발달시켜야 한다는 것이다. 신경은 더 섬세해지고 더 악화될 수 있다. 모든 사회에서, 우리는 무지한 보통 사람이 학대를 받을 때 많은 것을 느끼지 않는다고 종종 생각하지만, 그는 심한 매질을 느낀다. 하지만 신사는 모욕적인 한 마디도 참을 수 없다. 그는 신경이 아주 예민해졌다. 불행은 행복에 대한 그의 민감성과 함께 증가했다. 이것은 진화론자의 경우를 증명하는 데 크게 도움이 되지 않는다. 행복해지는 힘을 증가시킬 때, 우리는 고통받는 힘 또한 증가시키고, 가끔씩 나는, 우리가 산술급수적으로 행복해지는 힘을 증가시키면, 반대로 기하급수적으로 불행해지는 힘을 증가시킬 것이라고 때때로 생각하고 싶어진다.

진보하고 있는 우리는, 우리가 진보할수록 쾌락의 길뿐 아니라 더 많은 고통의 길이 열린다는 것을 알게 된다. 이것이 마야이다.

그러므로 우리는 마야는 세상을 설명하기 위한 이론이 아니고, 오히려 단순히 우리 존재의 바로 그 토대가 모순이고, 이 엄청난 모순을 통해서 우리는 모든 곳으로 나아가야 하며, 선이 있는 곳에 분명 악이 있고, 악이 있는 곳에 분명 선도 있으며, 삶이 있는 곳에는 죽음이 그림자처럼 분명 뒤따르고, 웃는 모든 사람은 울어야만 할 것이고, 그 반대도 마찬가지라는 사실들에 대한 진술이라는 것을 알게 된다.

이런 상황은 바로 잡아질 수도 없다. 우리는 오직 선만 있고 악이 없으며, 우리가 웃기만 하고 절대 울지 않는 그런 곳이 있을 거라고 상상할 수도 없다. 이것은 사물의 본질^{nature}에서는 불가능하다. 왜냐하면 그 모순은 그대로 남아있을 것이기 때문이다. 우리 안에서 웃음을 만들어내는 힘이 있는 곳이면 눈물을 만들어내는 힘도 도사리고 있다. 행복을 만들어내는 힘이 있는 곳이면, 어딘가에는 우리를 불행하게 만드는 힘도 도사리고 있다. 이것이 마야이다.

이와 같이 비이원에 대한 고대의 가르침은 비관적이지도 않고 낙관적이지도 않다. 그것은 이 두 관점을 모두 나타내고 사물들을 있는 그대로 받아들인다. 그것은 이 세상이 선과 악, 행복과 불행의 혼합이라는 것과, 하나를 증가시키기 위해서는 하나가 필연적으로 다른 하나를 증가시켜야 한다는 것을 인정한다. 완벽하게 선하거나 나쁜 세상은 결코 존재하지 않을 것이다. 왜냐하면 바로 그 생각이 용어상 모순이기 때문이다. 이 분석에 의해 드러난 큰 비밀은 선과 악이 두 개의 변경 불가능한 별개의 존재가 아니라는 것이다. 좋은 것이라고만 꼬리표를 붙일 수 있는 하나의 것은 우리의 이 세상에 없고, 나쁜 것이라고만 꼬리표를 붙일 수 있는 하나의 것이 우주에는 없다. 지금 좋은 것으로 보이는 똑같은 현상이 내일은 나쁜 것으로 보일 수도 있다. 한 사람에게 불행을 만들어내고 있는 똑같은 것이 다른 사람에게는 행복을 만들 수도 있다. 아이를 태우는 불이 굶어 죽어가고 있는 사람을 위해서는 훌륭한 음식을 조리할 수도 있다. 불행의 감각을 전달하는 똑같은 신경이 또한 행복의 감각을 전달한다.

그러므로 악을 멈추는 유일한 방법은 선 또한 멈추는 것이다. 다른 방법은 없다. 죽음을 멈추기 위해서는 삶 또한 멈춰야 할 것이다. 죽음이 없는 삶, 불행이 없는 행복은 모순적이고, 그 각각은 단지 같은 것의 다른 표현일 뿐이기 때문에, 그 둘 다 하나만 발견될 수는 없다. 어제 내가 좋은 것이라고 생각했던 것을 지금은 좋은 것이라고 생각하지 않는다. 나의 삶을 되돌아보고, 다른 시기에 나의 이상이 무엇이었는지를 볼 때, 나는 이렇게 결론을 내린다. 한때 나의 이상은 강한 말 한 쌍을 모으는 것이었다. 다른 때에 나는 어떤 종류의 사탕을 만들 수 있다면 완벽하게 행복할 것이라고 생각했다. 나중에는 내가 아내와 아이들, 그리고 많은 돈이 있으면 전적으로 만족할 것이라고 생각했다. 오늘날 나는 이 모든 생각들이 단지 유치한 헛소리라고 비웃는다. 이것이 마야이다.

베단타는 우리가 되돌아보고 우리가 우리의 개별성을 포기하는 것을 두려워하게 만드는 이상들을 비웃는 때가 분명 온다고 말한다. 우리 각자는 우리가 행복할 것이라고 생각하면서 이 육체를 언제까지나 유지하기를 원하지만, 우리가 이 생각을 비웃게 될 때가 올 것이다. 이제, 그것이 사실이라면, 우리는 가망이 없는 모순 상태에 있다. 존재도 비존재도 아니고, 불행도 행복도 아닌, 그것들의 혼합이다. 그렇다면 베단타와 다른 모든 철학과 종교들이 무슨 소용이 있는가? 그리고 무엇보다도 좋은 일을 하는 것이 무슨 소용인가? 이것은 마음에게 생기는 의문이다. 만약 당신이 악을 행하지 않고는 선을 행할 수 없고, 행복을 만들어내려고 할 때마다 항상 불행이 있는 것이 사실이라면, 사람들은 당신에게 "선을 행하는 것이 무슨 소용인가?"라고 물을 것이다.

첫째, 그 대답은 우리는 불행을 줄이기 위한 일을 해야 한다는 것이다. 왜냐하면 그것이 우리 자신을 행복하게 만드는 유일한 방법이기 때문이다. 우리 모두는 우리 삶에서 언젠가는 그것을 알게 된다. 똑똑한 사람들은 조금 더 일찍 그것을 알아내고, 둔한 사람들은 조금 더 늦게 알아낸다. 둔한 사람들은 그 발견에 대해 아주 비싼 대가를 치르고 똑똑한 사람들은 대가를 덜

치른다.

둘째, 우리는 그것이 이 모순의 삶으로부터 벗어나는 유일한 방법이기 때문에 우리의 역할을 해야 한다. 우리가 꿈에서 깨어나 이 무너지고 있는 축축한 진흙 벽돌 건물을 포기할 때까지, 선과 악의 힘은 둘 다 우리를 위해 우주를 살아있게 할 것이다. 그 교훈은 우리는 배워야 할 것이고, 그것을 배우는 데는 아주 오랜 시간이 걸릴 것이다. 무한한 존재가 유한한 존재가 되었다는 토대 위에 철학 체계를 세우려는 시도가 있었다. 이런 철학자들의 입장에 대한 분석은, 무한한 존재는 이 우주에서 자신을 나타내기 위해 노력하고 있고, 무한한 존재가 그렇게 하는 것에 성공하게 될 날이 올 것이라는 것이다. 모두 아주 좋다, 그리고 우리는 무한, 현현, 표현 등의 말들을 사용해왔지만 철학자들은 당연히 유한한 존재가 무한한 존재를 충분히 표현할 수 있다는 진술에 대한 논리적 근본 근거를 요구한다. 절대적 존재와 무한한 존재는 오직 제한에 의해서만 이 우주가 될 수 있다. 감각을 통해, 또는 마음을 통해, 또는 지성을 통해 생겨나는 모든 것은 제한되어야 한다. 그리고 제한된 것이 제한되지 않은 것이 되는 것은 단지 터무니없는 것이며 결코 그럴 수 없다.

반면, 베단타는 절대적 존재 또는 무한한 존재가 유한한 존재 안에서 자신을 표현하려고 하는 것은 사실이지만, 그것이 불가능하다는 것을 알게 될 날이 올 것이고, 그러면 그것은 물러나야만 할 것이고 이 물러남은 종교의 진정한 시작인 포기를 의미한다고 말한다.

요즘은 포기에 대해 말하는 것조차 매우 어렵다. 나에 대해서는 죽어서 5000년 동안 묻혀 있던 땅에서 나온 사람이고 그래서 당연히 포기에 대해 이야기한다고 사람들은 말하고 있다. 나는 완전한 포기는 모든 종교의 진정한 의미에 대한 유일한 길이라고 변함없이 계속해서 주장한다고 선언한다. 포기하고 버려라. 그리스도는 뭐라고 말했는가? "나를 위해 그의 목숨을 버리는 자는 그것을 찾을 것이다." 그는 완성에 대한 유일한 방법으로 거듭해서 포기를 설파했다.

마음이 이 길고 따분한 꿈에서 깨어나는 때가 온다. 아이는 그 놀이를 포기하고 엄마에게 돌아가기를 원한다. 그것은 "욕망은 결코 욕망을 누리는 것에 의해 만족하지 않으며, 불이 그러는 것처럼 그 위에 기름을 부으면 더욱 커질 뿐이다."라는 말의 진리를 발견한다. 이것은 모든 감각-즐거움, 모든 지적 즐거움, 인간의 마음이 가질 수 있는 모든 즐거움에 있어서도 사실이다. 그것들은 아무것도 아니다. 그것들은 마야 안에 있고, 우리가 그 너머로 갈 수 없는 이 네트워크 안에 있다. 우리는 그 안에서 무한한 시간을 달려 끝을 찾지 못할 수도 있고, 우리가 작은 즐거움을 얻기 위해 발버둥칠 때마다 불행의 덩어리가 우리를 덮칠 수도 있다. 이 얼마나 끔찍한가! 그리고 그것을 생각할 때마다 나는 마야에 대한 이 이론, 그것이 모두 마야라는 이 말이 최고이자 유일한 설명이라고 생각하지 않을 수 없다.

　이 세상에는 얼마나 많은 불행이 있는가? 그리고 여러 나라들을 여행하면 당신은 한 나라는 어떤 하나의 방법으로, 그리고 다른 나라는 다른 방법으로 그 나라의 악을 치료하려고 하는 것을 발견할 것이다. 그 똑같은 악이 다양한 인종들에 의해 계속되어 왔고, 그것을 억제하기 위한 시도들이 다양한 방법으로 행해졌지만 성공한 나라는 없다. 만약 그것이 어느 한 곳에서 최소화되었다면, 악의 덩어리는 다른 곳을 가득 메운다. 이렇게 그것은 이어진다.

　따라서 불행은 여기, 저기, 어디에나 있다. 그것은 무엇을 보여주는가? 결국, 우리의 큰 이상에 의해 그리 많은 행복이 얻어지지 않았다는 것이다. 우리는 모두 행복을 위해 고군분투하고, 한쪽에서 작은 행복을 얻자마자 다른 쪽에서 불행이 찾아온다. 하지만 그러면 우리는 선을 행하기 위해 일하지 않을 것인가? 그렇다. 그 어느 때보다 더 열정적으로, 하지만 이 지식이 우리를 위해 할 것은 우리의 광신을 깨부수는 것이다. 광신도들은 일을 할 수 없고, 자기 에너지의 3/4을 낭비한다. 일을 하는 것은 분별 있고, 침착하고, 실용적인 사람이다. 그래서 일을 하는 능력은, 욕망은 불행으로 이어질 뿐이라는 생각으로부터 증가할 것이다. 상황이 이렇다는 것을 알면, 더 많은 인내심이 있을 것이다. 불행이나 악을 보는 것은 우리가 균형을 떨쳐버리고 그림자를 쫓아가게 만들 수 없을 것이다. 그러므로 세상은 그 자신의 길을 계속해서 가야 한다는 것을 알면 인내심은 우리에게 올 것이다. 예를 들어, 만약 모든 사람이 선하게 되었다면, 동물들은 그러는 동안 인간으로 진화했을 것이고, 같은 상태를 거쳐야 할 것이며, 식물들도 그럴 것이다.

오직 한 가지만 확실하다. 장대한 강이 바다를 향해 돌진하고 있고, 그 물살을 이루는 모든 물방울들은 시간이 지나면 무한한 바다 안으로 끌려 들어갈 것이다. 그래서 그 모든 불행과 슬픔, 기쁨과 미소와 눈물을 가진 이 삶에서, 모든 것은 그 자신의 목표를 향해 돌진하고 있다는 한 가지만은 확실하다.

당신과 나, 식물과 동물, 그리고 모든 생명의 입자들이 언제 무한한 완벽의 바다에 도달해야 하고, 자유, 신을 얻어야 하는지는 시간의 문제이다. 이것이 마야이다. 되풀이해서 말하자면 베단타는 비관주의도 아니고 낙관주의도 아니다. 그것은 이 세상이 완전히 악하거나 완전히 선하다고 말하지 않는다. 그것은 우리의 악이 우리의 선 못지않게 가치가 있고, 우리의 선이 우리의 악 못지않게 가치 있다고 말한다. 그것들은 서로 묶여 있다. 이것이 세상이고, 당신은 이것을 알고서 인내심을 갖고 일을 한다. 어째서 그러한가? 왜 우리는 일을 해야 하는가? 만약 상황이 이렇다면, 우리는 무엇을 해야 할 것인가? 왜 불가지론자가 되면 안 되는가? 현대의 불가지론자들은 우리나라에서 말하는 것처럼, 이 문제에 대한 답이 없고, 이 마야의 악으로부터 벗어날 수 없다는 것을 또한 안다. 그러므로 그들은 우리에게 만족하고 삶을 즐기라고 말한다. 여기에 다시 엄청나게 큰 실수, 아주 비논리적인 오류가 있다. 그리고 그것은 바로 이것이다.

당신이 말하는 인생이란 무엇을 의미하는가? 단지 감각의 삶만을 의미하는가? 이것에 있어서, 우리 모두는 짐승들과 약간 다를 뿐이다. 이 현재의 삶은 그것 이상의 어떤 것을 의미하지 않는가? 우리의 느낌, 생각, 열망은 모두 우리 삶의 중요한 부분이다. 그리고 무대, 이상, 완성의 상태를 향한 투쟁은 우리가 삶이라고 부르는 것의 가장 중요한 구성 요소들 중의 하나가 아닌가? 불가지론자들에 따르면, 우리는 삶을 있는 그대로 즐겨야 한다. 하지만 이 삶은, 무엇보다도, 이상을 좇는 이 추구를 의미한다. 삶의 본질은 완성을 향한 진보를 의미한다. 우리는 그것을 가져야 하고, 따라서 우리는 불가지론자들일 수 없고 또는 세상을 그것이 보이는 대로 받아들일 수 없다. 불가지론적인 입장은 이상적 요소를 제외한 이 삶을 존재하는 모든 것으로 여긴다. 그리고 불가지론자는 이 이상에는 도달할 수 없다고 자신 있게 주장한다. 그러므로 그는 그 탐색을 포기해야 한다. 이것이 마야이다.

모든 종교는 정도의 차이는 있어도 현세와 신, 천사나 악마에 대한 이야기인 신화나 상징을 통해, 또는 성자들이나 보는 자들, 위대한 사람들이나 예언자들의 이야기를 통해, 또는 철학 관념들을 통해 표현되는 가장 원형 그대로의 것 또는 가장 발전된 것을 넘어서려는 시도이고, 모두 그 하나의 목표를 가지고 있으며, 모두 이 한계를 넘어서려고 노력하고 있다. 한 마디로, 그것들은 모두 자유를 향해 힘겹게 나아가고 있다. 사람은 의식적으로든 무의식적으로든 자신이 구속되어 있다고 느낀다. 그는 자신이 되고 싶은 사람이 아니다. 그가 주위를 둘러보기 시작한 순간 그것이 그에게 가르쳐졌다. 바로 그 순간 그는 자신이 묶여 있다는 것을 배웠고, 또한 그는 자신 안에는 육체가 따라갈 수 없는 너머로 날아가고 싶어 하지만 이 한계에 의해 아직 묶여 있는 어떤 것이 있다는 것을 알게 되었다. 심지어 죽은 조상들과 다른 영들을 숭배하는 가장 낮은 종교 사상의 경우에도, 우리는 자유에 대한 갈망이라는 하나의 공통된 요소를 발견한다. 신들을 숭배하기 원하는 사람은 그들 안에서 자신 안에서보다 더 큰 자유를 본다. 만약 문이 닫혀 있으며, 그는 신들이 그것을 통과할 수 있고, 벽은 그들에게 제한이 되지 않는다고 생각한다. 자유에 대한 이 생각은 그것이 인격적 신의 이상에 이를 때까지 커지는데, 그것의 중심 개념은 그가 자연의 한계를 넘어서서 존재하는 것이다. 이것이 마야이다.

이 마야는 어디에나 있다. 그것은 끔찍하다. 그렇지만 우리는 그것을 해내야 한다. 세상이 완전히 선하게 되었을 때 그는 일을 할 것이고 그러면 그는 희열을 누릴 것이라고 말하는 사람은 강가 옆에 앉아서 "모든 물이 바다로 다 흘러 들어가면 나는 강을 건널 것이다"라고 말하는 사람만큼의 성공 가능성이 있다. 그 방법은 마야와 함께 하는 것이 아니라, 그것에 대항하는 것이다. 이것이 배워야 할 또 하나의 사실이다. 우리는 자연의 조력자로서가 아니라 자연의 경쟁자로서 태어난다. 우리는 그것의 주인이지만, 우리는 스스로를 구속한다. 왜 이 집이 여기에 있는가? 자연은 그것을 만들지 않았다. 자연은 숲에 가서 살라고 말한다. 사람은 말하기를, '나는 집을 짓고 자연과 싸울 것이다'라고 하고, 그는 그렇게 한다.

인류의 모든 역사는 소위 자연법칙에 대항한 지속적인 싸움이며, 결국 인간은 무엇을 얻는가? 오직 괴로움뿐이다. 내면세계에 관해서, 거기에서도 똑같은 싸움, 동물적 인간과 영적인 인간 사이, 빛과 어둠 사이의 이 싸움이 진행되고 있다. 하지만 여기에서 인간은 승리를 거두도록 허락된다. 그는 자연에서 벗어나 영원한 자유로 간다. 그러면 우리는 이 마야 너머에서 베단타 철학자들이 마야에 의해 구속되지 않는 어떤 것을 발견하는 것을 보게 된다. 그리고 그곳에 도달할 수 있다면, 우리는 마야에 의해 구속되지 않을 것이다.

이 생각은 어떤 식으로든 모든 종교의 공통된 속성이다. 하지만, 베단타에 있어서, 그것은 종교의 시작일 뿐 끝은 아니다. 그는 마야 또는 자연의 지배자로 불려왔기 때문에, 이 우주의 지배자이자 창조자인 인격적 신에 대한 생각은 이 베단타 사상의 끝이 아니다. 그것은 단지 시작일 뿐이다. 그 생각은 그가 밖에 서 있었다고 생각하던 사람이 바로 안에서 실재로서 빛나는 그 자신이라는 것을 그 베단티스트가 알게 될 때까지 점점 더 커진다. 그는 영원히 자유로운 사람이지만, 제한을 통해 자신이 구속되어 있다고 생각한 사람이다. 이것이 마야이다.

헌: 네, 이제 명확합니다. 하지만 제 질문은 아직 끝나지 않았습니다. 완전한 비전문가인 저는 바가반이나 스와미 비베카난다와 같은 갸니가 되고 싶습니다. 어떻게 해야 합니까?
라: 태양처럼 빛나고 싶다면, 먼저 그것처럼 불타야 합니다! 수행, 더 많은 수행, 계속적인 수행, 훨씬 더 많은 수행… 만이 진리를 드러낼 것입니다.
헌: 무엇을 수행해야 합니까?
라: 갸나를 얻기 위해 필요한 것은 나의 존재와 하나가 되어 끊임없이 머무르는 것이 전부입니다.
헌: 갸니는 더 많은 사람들이 세상에서 갸나로 꽃을 피우게 하기 위해 무언가를 합니까? 그는 생전에 자신을 제외한 적어도 한 명에게 실재에 대한 깨달음을 일깨워야 하는 의제agenda를 가지고 있습니까?
라: (웃음을 터뜨리며) 얼마나 많은 사람들이 그들의 진정한 성품을 깨닫는 것에 성공하는지 아니면 그렇게 하는 것에 실패하는지가 갸니에게 무슨 상관입니까? 그리고 왜 그는 가르침을 전

파하기 위해 어떤 것을 해야만 합니까? 왜 그는 어떤 것을 해야 할 필요성을 느껴야 합니까?

'하는 것'은 갸니의 특성이 아닙니다. 세상의 사람은 그가 한 행위에 의해 판단됩니다. 갸니는 아무것도 하지 않습니다. 그는 아무것도 할 수 없습니다. 이와 같이 그를 판단하는 것은 불가능합니다. 그래서 그리스도는 "나의 왕국은 이 세상의 것이 아니다."라고 말한 것입니다. 당신은 갸니를 이해하는 것보다 하늘을 측정하는 것이 더 성공적일 것입니다. 또한 갸니에게는 "그 자신을 제외하고"는 없습니다. 모든 것이 그입니다.

헌: 저는 어떻게 하면 스스로 이 상태를 얻을 수 있습니까?

라: 숨마 이루. 그것이 수행입니다.

헌: 저는 항상 빈둥거려야 합니까? 돈벌이가 되거나 생산적인 일에 관여하는 것은 죄악입니까?

라: 숨마 이루의 의미는 "나의 존재 안에서 자신의 마음이 빈둥거리거나 잠들어 있게 하라."입니다. 육체에 관해서, 그것은 처리해야 할 프라랍다를 가지고 있습니다. 당신은 육체에 대해 말할 권리가 없습니다. 당신은 육체가 일을 해야 하는지 한가롭게 있어야 하는지 결정할 수 없습니다. 일어나야만 할 일은 일어날 것입니다.

만약 육체가 일하지 않고 있어야 할 운명이라면 당신이 아무리 그것을 찾는다고 해도 일을 찾을 수 없습니다. 만약 육체가 일을 할 운명이라면 육체는 그것에 관여하도록 강요당할 것이기 때문에, 당신은 그 운명을 바꿀 수 없습니다. 그러니 그것은 더 높은 힘에게 맡겨 두십시오. 당신은 당신이 선택하는 대로 육체를 위한 일을 피하거나 얻을 수 없습니다. 신이 그 자유를 허락하지 않았습니다. 사람에게는 오직 하나의 자유만이 허락됩니다. 그리고 그것은 그 자신의 불멸의 나 안에서 사라질 자유입니다. 이것은 또한 유일한 자유-의지입니다.

헌: 명상이나 비차라는 세상적 활동을 하는 중에도 수행될 수 있습니까?

라: "나는 일하고 있다"라는 느낌은 방해물입니다. "누가 일하는가?"를 물어보십시오. 행위자에 대한 그런 잘못된 관념이 당신을 괴롭힐 때마다 "나는 누구인가"라고 스스로에게 묻는 것을 기억하십시오. 그러면 어떤 일도 당신을 구속할 수 없습니다. 그것은 모두 자동적으로 계속될

것입니다. 일을 하거나 일을 포기하려고 노력하지 마십시오.

당신의 노력은 속박입니다. 나의 존재로부터 구별될 수 없도록 마음을 그 근원에 합친 채 단순히 영구히 당신이 지금 있는 그대로 남아 있고, 육체가 일을 해야 하는지 빈둥거리며 놀고 있어야 하는지에 대한 문제는 신경 쓰지 마십시오. 만약 당신이 집착하지 않고(집착하지도 않고 초연하지도 않고, 왜냐하면 둘 다 자유의지이기 때문에) 남아있다면, 육체의 프라랍다는 이 생에서 그것에게 의도된 어떤 활동이든지 노력을 하지 않고 그것을 행할 것입니다. 당신은 나에게 복종한 채로 있습니다. 다른 모든 것은 사라집니다. 더 이상의 질문, 의문 또는 의혹은 일어나지 않습니다. 이것이 흔들리지 않는 샨티를 위한 방법입니다.

헌: 집으로 돌아와, 그들은 저녁 기도 예배 후에 우리 지역 교회에 다음과 같은 새로운 기도를 소개했습니다.

"신이시여, 바꾸어야 할 필요가 있는 것을 바꿀 용기, 어쩔 수 없는 것은 받아들이는 평온함, 그리고 하나를 다른 것으로부터 구분할 수 있는 통찰력을 저에게 주십시오."

이것은 바가반께서 "삶에 대한 책임을 신에게 넘겨주는 것"이라고 부르는 것이 아닙니까?

라: 당신이 설명한 것은 무조건적 복종을 향한 작은 발걸음으로, 그것은 아주 명백하게 절대적이며 이런저런 것을 묻지 않습니다. 모든 것을 놓아주는 것은 복종이라 불립니다. 마음이 완전히 복종한 사람은 질문할 것이 없습니다. 그는 일단은 단순히 "나는 놓아준다."라고 생각할 수도 있고, 그 이후에는 자아가 그 근원에 영구히 합쳐진 영원히 조용한 사람으로 삽니다. 당신이 설명하는 그 기도는 부분적 복종입니다. 만약 사다카의 바이라기야 힘이 깨어있는 시간과 꿈꾸는 시간 내내, 모든 것을 사로잡는 강도의 수준으로 유지된다면, 그 부분적 복종은 절대적 복종으로 이어집니다. 절대적 복종은 모든 영적 수행의 목표입니다.

헌: 완전히 복종한 사람에게는 비차라가 불필요합니까?

라: 무조건적으로 복종 했는데, 비차라를 할 누가 남겠습니까?

헌: 이 언덕을 반복적으로 돌면, 상대적으로 짧은 시간 안에 깨달음이 얻어질 수 있다는 것이

사실입니까?

라: 언덕에 자신을 무조건적으로 맡기기만 한다면요.

헌: 바가반께서 저를 위한 작별의 당부 말씀이 있습니까?

라: 평소와 다름없습니다.

헌: 어떤 것입니까?

라: (원어)의 상태, 즉 자아가 그 근원에 합쳐지는 상태에 영구히 머무르십시오.

헌: 우파니샤드 같은 신성한 책들을 읽으면 제가 브람마갸나를 얻을 수 있습니까?

라: 아닙니다. 비샤야 바사나들vishayavasanas이 잠재되어 있는 한, 깨달음은 있을 수 없습니다. 경전을 읽는 것 또한 바사나입니다. 깨달음은 마음의 니브릿티 상태를 통해서만 가능합니다.

헌: 그 상태는 무엇이며 어떻게 그것을 성취할 수 있습니까?

라: 마음의 모든 브릿티가 죽으면, 육체에 그 자신을 제한시키는 남아 있는 국지적localized 의식 또한 브람만에 합쳐집니다. 브릿티가 제거된 마음이 나로 가는 방법입니다. 그런 벌거벗은 마음만이 바로 사마디 안에 있습니다. 육체를 송장으로 만들고 다시 그것을 깨우는 것은 단지 (박수나 돈을 얻기를 바라는 악당들에 의해 사용될 수 있는) 쓸데없는 술책입니다. 깨달음은 이 모우나 사마디에 의해 그리고 그 안에서만 가능해집니다.

헌: 하지만 어떻게 그것에 도달합니까?

라: "나는 누구인가?"라는 갸나비차라를 끈질기게 추구함으로써입니다.

헌: 저는 그것을 하고 있습니다. 그런데 결과가 보이지 않습니다.

라: 스스로에게 "누가 결과를 기대하는가?"라고 물어보십시오.

헌: 이 모우나는 무엇입니까?

라: 모우나는 입을 닫고 있는 것이 아닙니다. 그것은 영원한 웅변의 아름다움입니다.

헌: 이해하지 못하겠습니다.

라: 말과 생각을 초월하는 그것이 모우나입니다.

헌: 어떻게 그것을 성취합니까? 비차라는 저에게 너무 추상적입니다.

라: 비차라를 단단히 붙들고 생각의 근원에까지 그것을 거슬러 추적하십시오. 끊임없이 추구하면, 그런 내향성의 결과는 마음의 침묵이 결국 자유의지가 없고 힘들이지 않게 된다는 것입니다. 모우나의 수행이 마음의 자연스러운 상태가 될 때만 생각하는 마음은 순수한 주관적 의식과 완전히 동일한 마음으로 변화될 것입니다.

나 깨달음에 대한 유일한 길은 영원하고, 자유의지가 없고, 노력을 하지 않고 나의 존재 안에 그리고 그것으로서 머무르는 것입니다. 마음의 활동의 부재는 갸나의 자연스러운 침묵입니다.

반면에 마음의 강제적 지배는 명상이라고 불립니다. 디야나는 마음을 고요하게 하거나 잠들게 하는 반면 비차라는 마음이 완전히 죽을 때까지 쉬지 않기 때문에 비차라가 디야나보다 더 이롭습니다. 마노나삼 이후에는 모우나만이 가슴 안에서 의기양양하게 울려 퍼집니다. 그래서 모우나는 진정 영원한 연설입니다.

헌: 사람이 모든 생각을 포기한다면 어떻게 세상적 활동들이 계속됩니까?

라: 여인들이 머리에 물항아리를 이고 동료들과 줄곧 수다를 떨면서 오르막을 오를 때, 그들은 조심스러움을 유지합니다. 그들의 생각은 머리에 지고 있는 짐에 집중됩니다. 대화는 단지 농담일 뿐입니다. 마찬가지로 진정한 사다카가 세상적 활동을 할 때, 그의 마음은 나의 존재함Beingness과 하나이자 동일한 채로 머물기 때문에 이것들은 그를 방해하지 않습니다.

헌: 갸니의 마음은 이미 죽었는데, 누가 그의 세상적 행위들을 수행하고 있습니까?

라: 그는 아무것도 하고 있지 않습니다. 어떤 힘이 그를 통해 작용합니다. 따라서 그의 행위는 결코 잘못될 수 없습니다. 아니 오히려, 육체의 행위나 하지 않는 것에 대해 스스로 문제를 일으킬 수 있는 것이 그에게는 아무것도 남아 있지 않습니다.

헌: 깨달은 영혼에 대해서는 괜찮습니다. 저는 어떻습니까? 저의 행위들은 종종 비참한 결과

를 초래합니다. 일단 갸나를 얻으면, 저는 주어진 상황이나 사건의 절차와 관련하여 옳은 일을 했는지에 대해 걱정하는 고통으로부터 자유로울 수 있습니까?

라: 그 상태에 도달해서 스스로 보십시오. 왜 쓸데없는 추측에만 빠져 있습니까?

헌: 라마 나마 자팜(Ramanamajapam)의 의미는 무엇입니까?

라: '라'는 실재입니다. '마'는 마음입니다. 그것들의 결합은 라마 나마 자팜의 결실입니다. 단순히 단어를 말로 하는 것만으로는 충분하지 않습니다. 마음이 헌신적 열정의 결과로 무(nothing) 안으로 녹아들도록 만들어져야 합니다. 그런 강력한 헌신은 생각을 저지합니다. 지혜는 생각의 완전한 근절에 있습니다. 생각-제조 능력의 완전한 근절이 절대적 자각의 깨달음으로 가는 길을 가리킵니다.

헌: 오늘 제가 안나말라이야르 사원에 갔을 때, 한 무리의 브람민들이 어떤 것에 대해 토론하고 있었습니다. 저는 그들이 베단타에 대해 토론하고 있을지도 모른다고 생각하고 가까이 갔습니다. 그들이 바가반에 대해 비하적인 태도로 이야기하고 있는 것을 알고 저는 소름이 끼쳤습니다. 저는 그들을 힐책하고 싶었지만 바로 그 순간 한 사람이 말을 했습니다, '(원어)' 저는 울음을 터뜨리며 그곳에서 달아났습니다. 한동안 저는 과격주의자들 앞에서 바가반을 옹호하지 못한 것 때문에 사원 저수지에 몸을 던질 생각을 했습니다. 그러다가 저는 바가반께서 그런 행위들에 대해 말씀하신 것을 기억하고는 그 반대의 결정을 했습니다. 그래서 저는 브람민으로 가장해서 왔던 그런 락샤샤들 사이에서 그의 이름을 옹호하는 것에 실패한 이 굴욕스러운 실패에 대해 제가 어떤 벌을 받아야 할지 바가반께 묻기 위해 직접 여기에 왔습니다.

라: (계속해서 눈에 보일 정도로 즐거워하며 웃고 있었다) 내가 당신에게 어떤 벌을 내릴까요? 오직 이것입니다. 나는 당신이 냉정함과 관용, 더욱더 많은 냉정함과 관용을 기를 것을 제안합니다.

헌: 왜 사람은 태어나서 결국에 죽습니까? 왜 신은 창조하고 결국엔 파괴합니까? 부조리하지

않습니까? 만약 언젠가 죽을 거라면 왜 그는 태어납니까? 언젠가는 모든 것이 파괴될 거라면, 왜 어떤 것을 창조합니까?

라: 모든 창조는 마음의 환영 또는 망상입니다. 실재에는 창조자도 창조도 없습니다.

헌: 제가 주변에서 보는 세상의 존재에 대한 이유를 알고 싶습니다.

라: 겉으로 보이는 지각하는 자가 겉으로 보이는 지각의 이유입니다.

헌: 이해하지 못하겠습니다.

라: 지각하는 자, 지각되는 것, 지각은 모두 완전히 허구입니다.

헌: 바가반께서는 그럴 수 있습니다. 저는 주변에서 견고한 세상을 봅니다. 저는 그것에 대한 설명을 원합니다.

라: 이 소멸하는 육체의 형상을 하고 있는 당신 자신의 겉으로 보이는 존재는 어떻습니까? 그것에 대해서는 설명을 원하지 않습니까?

헌: 네, 그것 또한 마찬가지입니다.

라: 지성의 갈망을 충족시키기 위해서는 얼마 동안은 이론적 설명을 얼마든지 할 수 있습니다. 하지만 당신의 만족에는 영속성이 없을 것입니다. 곧 새로운 의문이 일어날 것이고 당신의 오래된 지적 관점이나 믿음은 무너질 것입니다. 그러면 당신은 새로운 설명을 찾는 것에 착수할 것입니다.

이것은 마음이 전체적으로 시공간적 삶에 혐오감을 느낄 때까지 계속해서 일어납니다. 그런 다음에는, 그것이 가슴 안으로 곤두박질쳐서 그곳에서 스스로를 잃습니다. 그것이 지혜의 마지막 여명입니다.

헌: 그렇다면, 세상은 단지 제가 지각하는 것에 참여하거나 관여하기 때문에 존재하는 것처럼 보이는 어떤 것입니까?

라: 그렇습니다.

헌: 그러면 이제, 만약 제가 2분 동안 눈을 감으면, 그 2분 동안 바가반, 그가 앉아있는 소파, 이 홀, 그리고 티루반나말라이, 이 모든 것은 공기 중으로 완전히 사라지거나 없어집니까? (잠

시 동안 진지하게 눈을 감는다) 이제 바가반께서는 그곳이 아닌 이 홀에 있었습니다. 이 홀의 다른 사람들은 제가 눈을 감고 있는 동안에 존재하지 않았습니까? 만약 제가 누군가에게, "실례합니다, 당신은 제가 눈을 감고 있는 동안에 존재했습니까, 존재하지 않았습니까?"라고 묻는다면, 그들은 제가 미쳤다고 생각하지 않을까요? 그것에 대한 설명은 무엇입니까?

라: 당신은 내재된implicit 존재와 암시된implied 존재를 혼동하고 있습니다. 바가반을 포함해서 이 홀에 앉아있는 "다른 사람들"로부터 의심의 여지없이 확증이 가능하지만, 당연히 꿈에서는 모든 것이 자발적으로 동시 발생합니다. (당신의) 하나의 마음이 바로 이 모든 것이 되었습니다. 따라서 자연스럽게 확인이 가능합니다.

그것에 있어서 놀라울 것이 무엇입니까? 당신은 자신이 다른 사람들로부터 확증을 얻고 있다고 생각하고, 따라서 이 질문을 하고 있습니다. (또한) 오직 당신 자신의 마음에게만 질문이 제기됩니다. 물론 그는 확증할 것입니다. 사물들이 존재하고, 그런 다음 당신이 그것들을 지각한다는 생각은 암시된 존재입니다. 그것은 지성의 원칙으로부터, 그 지성의 원칙은 붓디(추리 능력)로부터, 붓디는 마음으로부터 힘을 얻습니다. 내재된 존재는 스와얌프라티약샴swayampratyaksham입니다. 그것은 어떤 빌려온 빛이 아니라 그 자신의 빛에 의해 빛납니다. 그러므로 그것은 실재적인 것에 대한 깨달음을 가능하게 하는 하나의 것입니다.

헌: 라마 나마 스마라남Ramanamasmaranam은 제가 깨닫는 데 도움이 될까요?

라: 강렬한 헌신을 수반할 경우에만 그렇습니다. 그 헌신은 분명 너무나 강렬해서 "나는 라마 나마 스마라남에 참여하고 있다."라는 생각조차도 일어나는 것이 가능하지 않을 것입니다.

헌: J.K.가 얼마 전 홀에서 논의되고 있었습니다. 제가 묻고 싶은 것은 이것입니다. J.K.는 정말 신지론자들이 기다리던 마이트레야 신의 환생입니까? 그는 실제로 세상의 스승입니까? 저는 바가반께서 전에 이 질문에 대해 모호하고 회피하는 답변을 했던 것을 기억합니다. 이번에는 구체적인 답변을 부탁드립니다.

라: 나는 반복할 수밖에 없습니다. 만약 그 사람이 그가 그렇다고 믿는다면, 그는 정말 그렇습니다.

헌: 만약 그가 세상의 스승이라면 왜 그는 그것을 부인합니까?

라: 그는 그것을 부인하지도 않고 받아들이지도 않습니다.

헌: 만약 그가 정말 세상의 스승이라면 왜 그는 단체를 해체했습니까?

라: 그 단체의 목적은 세상의 스승이 도착했다는 점에서 완성에 이르렀습니다. 그래서 그것이 해체된 것입니다.

헌: 먹으면 불멸의 상태에 이르게 되는 전설적인 산제바니 약초가 이 아루나찰라 언덕 어딘가에 있다고 합니다. 그것이 언덕 어디에 있는지 바가반께서 알려주시겠습니까?

라: 언덕 그 자체가 불멸을 수여합니다.

헌: 어떻게 그렇습니까?

라: 아루나찰라의 (원어)에 대한 끊임없는 기억은 한결같게 그리고 확실하게 마음을 내향적으로 만듭니다. 그런 다음 마음은 안으로 뛰어들 힘을 얻거나, 아니면 오히려 생각들을 향해 밖으로 나가는 힘을 잃습니다. 생각들은 1. 마음이 어떤 종류의 경험은 고통스러운 것이라 여기고 다른 종류의 경험은 즐거운 것이라 여기게 만드는 임의의 마음의 또는 지적 개념화 2. 자신과 인격의 잘못된 동일시에 기초한 세상적 걱정과 염려 3. 물리적 대상들에 대한 이전의 지각과 즐거움 때문에 마음에 남겨진 성향의 잠재적 인상들을 포함합니다. 결국 생각들은 완전히 고요해집니다. 그런 다음에는 안에서 아루나찰라가 생각들을 자신에게로 끌어당겨서 완전히 파괴합니다. 이것이 당신이 물어보고 있는 아루나찰라의 산제바니 샥티입니다.

헌: 그것은 약초가 아닙니까?

라: 나는 내가 아는 것을 말했습니다.

헌: 영적 수행의 궁극적 목적은 오직 마음의 파괴입니까?

라: 예.

헌: 마음이 죽은 사람은 아마도 육체 안에 생명이 있겠지만, 그는 돌과 같고, 느끼지 못하는 식물처럼, 아무것도 이해하지 못하는 혼수상태에 있을 것입니다. 그것이 모든 영적 수행자들을 끌어당기고 있는 심술궂은 운명입니까?

라: 마음의 부재는 순수한 희열입니다. 세상에서 마음이 없이 정상적으로 기능하는 것은 가능합니다.

헌: 오! 어떻게 그렇게 합니까?

라: 어떤 힘이 그의 육체를 지배하고, 그가 모르게 그것에게 생명을 줍니다.

헌: 그것은 신입니까?

라: 당신이 원하는 어떤 이름, 신, 섭리, 운명, 카르마 등이든 그것에 붙이십시오. 이름은 중요하지 않습니다.

헌: 그렇다면 어떤 상황에서 이름은 중요하지 않습니까? 어떤 사람이 이름이 없으면 그를 어떻게 불러야 합니까?

라: 그 자신의 파멸을 피하기 위해 마음이 아트만이라는 순수한 기초(바스투) 위에 이름과 형체의 세계를 창조한다는 것이 사실입니다. 그것은 혼돈과 임의성을 싫어하고 질서와 체계화를 선호합니다. 그것은 원인-결과 관계를 만들고 그것의 환경에 대한 생각을 스스로 이해하는데, 그것은 사실 단지 그 자신의 투사입니다. 그것은 육체의 물리적 환경의 내용을 연구하려고 하고 그것에 의해 그런 환경들이 기능하기를 기대하는 그런 법칙들을 만들어냅니다. 기존 법칙으로부터의 일탈은 새로운 법칙의 탄생을 야기합니다! 그것은 "나의 자아는 무엇인가?"라고 절대 궁금해 하지 않습니다.

환경을 정복하려고 생각하면서 그것은 어리석게 감각-지각, 생각, 지적 가설에 몰두합니다. 이와 같이 그것은 계속해서 다시 태어나고 불필요하게 온갖 고난을 겪습니다. 그런 다음 그것은 묻습니다. "아! 어찌하여 신은 나를 경계가 없는 삼사라의 바다에 던져 버리셨는가?" 우리 자신이 아니라면, 누가 우리의 실수에 대해서 비난받아야 합니까?

헌: 마음이 없는 상태는 갸나라고 불립니다. 그렇습니까?

라: 그렇습니다.

헌: 그러면 갸니는 무엇 또는 누구입니까?

라: 아무것도 모르고 아무것도 하지 않는 기술을 완전히 익힌 사람입니다.

헌: 저는 바가반의 불가사의한 말씀의 기저가 되는 설명을 알 수가 없습니다.

라: 갸니는 실제로 그의 주변의 세상에 전적으로 달려 있지 않습니다. 그는 나 안으로 가라앉아 그곳에서 돌이킬 수 없도록 사라집니다.

헌: 그는 보통 사람과 어떻게 다릅니까?

라: 보통 사람이 사용하는 실제의 기준은 깨어있는 상태 등등입니다. 갸니에게 실제의 기준은 실재 그 자체입니다.

헌: 이 실재는 무엇입니까?

라: 사람의 진정한 나입니다.

헌: 이 진정한 나를 어떻게 제가 깨달을 수 있습니까?

라: "그것의 진정한 나가 무엇인지 알아내기를 원하는 이 '나'는 무엇인가?"를 탐구함으로써입니다.

헌: 하지만 저는 실제로 누구 또는 무엇입니까?

라: 네. 다른 모든 질문은 이 지고의 질문에 이릅니다.

헌: 그 질문에 대한 답은 무엇입니까?

라: 발견을 하는 사람을 포함해서 개인적 자아는 결코 존재하지 않았다는 발견입니다.

헌: 그 후에는 무엇이 남습니까?

라: 오직 진리만 남습니다. 그것은 말, 이름, 형체의 세상이 없고 침묵만이 만연한 상태입니다.

헌: 말의 도움 없이 어떻게 다른 사람들에게 생각을 전달할 수 있습니까?

라: 그것은 이원이 마음에 여전히 지속되는 한에만 필요합니다.

헌: 지속적인 평화(샨티)는 어떻게 얻을 수 있습니까?

라: 평화는 자연적인 상태입니다. 마음은 사람의 선천적 평화를 방해합니다. 비차라는 오직 마음 안에 있습니다. 그것은 나에 영향을 주지 않습니다. 마음을 탐구하십시오. 그것은 사라질 것입니다.

마음이라는 이름의 실체는 없습니다. 생각들의 출현으로 인해, 우리는 그 생각들이 기원해야 하는 어떤 것의 분명한 존재를 추측합니다. 우리는 이것에 '마음'이라는 이름을 부여합니다. 이 '마음'이 무엇인지 보기 위해 안을 살필 때, 진정한 나 외에는 발견되는 것이 없습니다. 거짓된 마음이 사라지고 난 후에는, 평화가 영원하다는 것을 알게 될 것입니다.

헌: 그러면 붓디는 무엇입니까?

라: 생각하거나 분별하는 능력입니다. 이것들은 단지 이름일 뿐입니다. 그것을 자아, 마음, 또는 지성이라 부르십시오. 그것은 모두 똑같습니다. 누구의 마음입니까? 누구의 지성입니까? 자아의 것입니다. 자아는 실제입니까? 아닙니다.

우리는 자신을 자아와 혼동하고 그것을 지성 또는 마음이라고 부릅니다. 이것은 항상 존재하는 바탕 위에 이 일시적이고, 환영이며, 황량한 이름과 형체의 세상을 중첩시켰습니다. 다름 아닌 실재이고 지고의 평화의 성품을 가지고 있는 것에 아비디야마야의 사악한 영향력 때문에 생긴 것입니다. 이 환영으로부터 어떻게 벗어날 수 있습니까? 마음을 탐구하고, 그 발견하는 자를 포함해서 마음이 존재하지 않고, 항상 존재하지 않았으며, 사실 존재가 불가능하다는 것을 발견함으로써입니다.

헌: 에머슨은 말합니다, "영혼은 설명이나 말에 의해서가 아니라 그 스스로 영혼에게 답한다."

라: 정말 그렇습니다. 당신이 아무리 많이 배운다고 해도 객관적 지식에는 끝이 있을 수 없습니다. 당신은 의심하는 사람을 무시하지만 그 의심을 풀려고 노력합니다. 반면, 의심하는 사람을 찾으면, 의심하는 자와 그의 의심은 둘 다 사라질 것입니다.

헌: 그러므로, 그 질문은 결국 그 자신을 찾는 사람에게 귀착됩니다.

라: 정말 그렇습니다.

헌: 제가 진정 무엇인지를 어떻게 제가 이해해야겠습니까?

라: 당신의 자아가 무엇인지를 탐구하십시오. 당신이 지금 자신의 자아라고 생각하는 것은 실제로는 마음 또는 지성입니다. 이 둘은 모두 "나" 생각의 표현 방식일 뿐입니다. 다른 생각들은 "나" 생각이 일어난 후에만 일어날 수 있습니다. 그러니 끊임없이 "나" 생각을 붙드십시오. 끊임없이 수행하면 "나" 생각을 붙드는 이 사다나는 당신을 모든 생각이 사라진 마음의 상태로 이끌 것입니다.

그러면 노력을 하지 않고 자유의지 없이 유지되는 순수한 주관적 의식만 남습니다. 결국 이것 또한 그란티나삼이 수여될 때 파괴되고 깨달음의 상태가 잔여물로 남습니다.

헌: 나에 대한 예비 경험조차도 얻기에는 어려움이 있습니다.

라: 나는 지금 여기에 항상 존재하기 때문에 나를 얻는 그런 것은 없습니다. 만약 나가 새롭게 얻어져야 하는 것이라면, 그것은 영원하지 않을 것입니다. 영원하지 않은 것은 그것을 위해 애쓸 가치가 없습니다.

헌: 마음의 균형은 어떻게 얻을 수 있습니까? 가장 좋은 방법은 무엇입니까?

라: 당신은 방금 마음을 탐구하라는 말을 들었습니다. 끊임없는 수행의 결과로, 마음이라 불리는 어떤 것이 있다는 환영은 제거되고 진정한 당신이 남게 됩니다. 깨달음을 얻으면, 당신의 관점은 갸나의 관점이 되고, 그러면 세상은 나와 별개가 아니라는 것을 알게 될 것입니다.

Drishtin jnanamayim kritva pashyaet Brahmamayam jagat.

가장 중요한 것은 세상과 관련해서 잘못된 객관적 관점을 버리는 것입니다. 왜 당신은 당신의 밖에 있는 세상의 객관적 존재를 계속 믿습니까? 만약 세상이 실제라면, 그것은 깊은 잠에서도 당신과 함께 있어야 합니다. 게다가, 그것은 그 자신의 빛으로 빛날 수 있어야 하고, 그것의 명백한 존재의 입증을 위해 지각에 의존해서는 안 됩니다. 세상은 단지 마음일 뿐입니다. 당신은 이제 자신의 나를 붙드는 것을 잃고 계속해서 다른 것들에 대해 의심합니다. 당신의 진정한 나를 깨달으면 모든 문제와 의심은 사라질 것입니다.

헌: 하지만 어떻게 이 진정한 나를 깨달을 수 있습니까?

라: 같은 사람에게는 두 개의 "나"가 있어서, 그것들이 서로 깨닫습니까? 당신은 지금 어떻게 자신의 존재를 의식합니까? 당신의 눈으로 자신을 볼 수 있기 때문입니까? 당신의 자아가 무엇인지를 탐구하십시오. "나는 누구인가?"라는 질문은 어떻게 일어납니까? "나"는 그것을 질문하기 위해 남습니까, 아니면 남지 않습니까? 거울에서 나의 육체를 보는 것과 유사한 방식으로 나 자신을 발견할 수 있습니까? 당신의 관점은 해로운 무지의 망상 때문에 바깥을 향해졌기 때문에, 그것은 실제 나를 보지 못하게 되었고 당신의 시야는 외면화됩니다.

나는 외부 대상에서는 찾을 수 없습니다. 시선을 안으로 돌려 가슴 안으로 뛰어드십시오. 수행(아비야사)의 목적은 자아-자아가 어떤 전능한 힘으로 변하는 것이 아니라 당신이 나의 존재 안에서 돌이킬 수 없을 정도로 자신을 잃는 것입니다.

헌: 알 수 없는 존재는 알 수 없는 존재의 은총에 의해서만 얻을 수 있다고 합니다.

라: 그렇습니다. 그는 당신이 말, 이름, 형체의 외적인 세상을 포기하기만 한다면 깨달을 수 있도록 도와줍니다. 그의 자비로운 은총은 다른 모든 것을 배제하는 데 필요한 유일한 것입니다.

헌: 마음의 죽음은 쉽게 깨달음을 가져다준다고 하는데 어떻게 마음을 죽입니까?

라: 도둑이 자신을 배신하겠습니까? 마음이 그 자신을 발견하겠습니까? 마음은 마음을 죽일 수 없습니다. 당신은 실제인 것을 버리고, 실제가 아닌 마음을 붙들고 있으며, 이 비실제적인 마음이 무엇인지를 찾으려고 애쓰고 있습니다. 당신의 잠에서는 마음이 있었습니까? 아닙니다. 마음은 지금 여기에 있습니다. 그러므로 마음은 영원하지 않습니다. 마음이 대상으로서 발견될 수 있습니까? 아닙니다, 왜냐하면 그가 지각하는 주체이기 때문입니다. 당신은 어떻게 마음을 살펴볼 수 있는지를 묻습니다. 만약 그것이 거기에 있다면 그것은 살펴볼 수 있습니다. 하지만 그것은 전혀 존재하지 않습니다. 부지런히 그리고 끊임없이 마음을 찾음으로써 마음이 존재하지 않는다는 진리를 깨달으십시오.

헌: 신에 대한 탐구는 저의 진정한 나를 드러내는 결과를 가져오겠습니까?

라: 신은 외적이고 알 수가 없는 것이기 때문에, 아직 나를 알지 못하면서 신을 찾는 것은 무의미합니다. 그러므로 우선 멀리 있고 알려지지 않은 것보다는 가까이 있고 알려진 것을 알아내려고 하십시오. 나를 깨달으면, 그가 그것이기 때문에 별개의 신은 어디에서도 찾을 수 없습니다. 그러므로 마음으로 마음에 대한 집요하고 끊임없는 탐구를 함으로써, 실재 즉, 나에 대한 깨달음을 얻으십시오. 그 후에 우리는 신, 기원, 우주의 궁극적 운명 같은 것들에 대해 걱정할 수 있습니다. 마음으로 마음을 찾는 것은 마음을 파멸시키는 하나의 확실한 방법입니다. 나에 대한 탐구는 객관적으로 실제인 우주에 대한 생각을 버리는 것과 관련됩니다. 다양성을 수용하는 실재에 대한 객관적 기준이 있다는 생각은 깨달음을 위한 탐구와 맞지 않습니다. 그것을 상상할 수 있는 가장 치명적인 독으로 여기고 물리치십시오. 나 외에 어떻게 나타날 수 있는 것이 있겠습니까? 오직 한 가지의 실재인 것이 있으며, 그것이 당신 자신의 나와 동일한 실재입니다.

헌: 사람의 진정한 나의 내용은 무엇입니까? 그것은 항상 행복합니까?

라: 그것만이 존재하는 것 what IS입니다. "다른 요소들"은 단지 겉모습입니다. 다양성은 실재인 것의 내용이 아닙니다. 우리는 신문에서 인쇄된 활자를 읽지만 그 배경인 종이는 무시합니다. 마찬가지로 당신은 마음의 변형들에 사로잡혀서 항상 존재하는 순수한 주관적 의식이라는 배경은 무시합니다. 그것은 누구의 잘못입니까?

헌: 실재인 나에 한계가 있습니까?

라: 실재인 나는 무엇입니까?

헌: 개별적 영혼은 제가 아는 유일한 자아입니다. 바가반에 따르면 그것은 실제적이지 않습니다.

라: 개별적 영혼은 무엇입니까? 우주적 영혼은 무엇입니까? 둘 사이에 차이가 있습니까, 아니면 그것들은 동일합니까?

헌: 하나의 질문은 천 개의 다른 질문들로 이어지는 것 같습니다.

라: 그렇습니다. 하나 즉 "나는 누구인가?"를 제외한 모든 질문을 버리십시오.

헌: 저는 바가반의 solipsism(나가 존재하는 모든 것이다) 생각들이 다소 우울하다고 생각합니다. 물론 그것이 그 생각들이 잘못되었다고 말하는 것은 아닙니다.

라: 왜 당신은 세상이 당신에게 보여줘야 하는 지각에 신경을 씁니까? 겉모습은 사라지게 마련입니다. 창조된 것은 분명 파괴될 것입니다. 영원한 것은 태어나지 않습니다. 결과적으로, 그것은 죽을 수도 없습니다. 우리는 지금 실재에 대한 겉모습을 실재 그 자체와 혼동하고 있습니다. 모든 겉모습은 그 안에 그 자신의 끝을 지니고 있습니다. 새롭게 나타나는 어떤 것이 있을 수 있습니까? 만약 비차라의 길이 당신에게 너무 어렵거나 다른 어떤 이유로 적합하지 않다고 생각한다면, 겉모습의 바탕에 전적으로 복종하십시오. 그러면 사실상의 실재가 잔여물로 남게 될 것입니다.

헌: 죽은 후에 사람에게는 어떤 일이 일어납니까?

라: 살아있는 현재에 몰두하십시오. 미래는 알아서 할 것입니다. 미래에 대해 걱정할 필요는 없습니다. 창조 이전의 상태, 창조의 과정 등은 당신이 결국에는 현재를 알기 위해 노력할 수 있도록 모두 경전에서 다루어집니다. 당신은 자신이 태어난다고 말하기 때문에, 경전들은 그렇다고 말하고 신이 당신을 만들었다고 덧붙입니다. 하지만 당신은 깊은 잠에서 신이나 다른 어떤 것을 봅니까? 만약 신이 실제라면 왜 당신의 잠 속에서도 빛나지 않습니까? 당신은 항상 당신입니다. 현재 상태는 당신이 잠들어 있을 때 만연해 있던 상태와 다르지 않습니다. 지금 당신은 잠들어 있는 당신과 다르지 않습니다. 이와 같이, 어째서 두 상태를 지배하는 경험이나 특징짓는 경험에 차이가 있어야 합니까? 당신은 잠들어 있는 동안 자신의 탄생과 관련해서 질문을 했습니까? 그런 다음에는 죽은 후에 내가 어디로 가는지 질문을 했습니까? 왜 지금 깨어있는 상태에서 이 모든 것에 대해 생각합니까? 그것의 탄생, 치료법, 원인, 궁극적 결과에 대해서는 태어난 것이 생각하게 하십시오. 탄생이란 무엇입니까? 그것은 "나" 생각 또는 육체를 가지고 있습니까? "나"는 육체와 독립적입니까, 그것과 동일합니까 아니면 그 안에 포함되어 있습니까? 이 "나" 생각은 어떻게 일어났습니까? "나" 생각은 당신의 참된 성품입니까, 아

니면 당신의 참된 성품인 "나" 생각에 의해 가려지거나 방해받은 그 이면에 있는 어떤 것입니까? 만약 "나" 생각이 환영이라면 당신의 실제 성품은 무엇입니까?

헌: 누구에게 이런 질문을 합니까?

라: 바로 그것입니다. 이런 질문에는 끝이 없습니다.

헌: 그러면 우리는 그냥 조용히 있어야 합니까?

라: 당신의 명백한 무지를 넘어설 때 의심은 끝납니다.

헌: 이런 무지가 원래 어떻게 생겨났습니까?

라: 무지가 당신에게 "나는 왜 일어났습니까?"라고 묻고 있습니까? 그 질문을 하고 있는 것은 당신입니다. 그러니 당신이 누구인지를 알아내십시오. 그러면 다른 것들은 알아서 할 것입니다.

헌: 다시 비차라입니다! 왜 저는 이 아트마비차라를 해야 합니까?

라: 만약 아트마비차라를 하지 않으면, 로카비차라가 슬금슬금 다가오기 때문입니다. 자아 탐구에 몰두하십시오. 그렇게 함으로써 자아가 아닌 것은 사라집니다. 참된 나가 남겨집니다. 이것이 나에 대한 깨달음의 결과를 초래하는 자아–탐구입니다. 하나의 단어 "(원어)"는 마음, 육체, 사람, 개인, 지고의 존재, 그리고 다른 모든 것을 나타냅니다. 왜냐하면 그의 나와 별개인 어떤 것도 나타날 수 없기 때문입니다.

헌: 어떤 사람들은 전적으로 선의에서 신에게 기도하는 경우가 있습니다. 하지만 그들의 기도는 명백하게 거부됩니다. 이유가 무엇입니까?

라: 당신은 자신에게 가장 좋은 것이 무엇인지 안다고 믿을 수 있습니까?

헌: 그러기를 바랍니다.

라: 그것은 당신의 의견입니다.

헌: 그러면 슈리 바가반의 의견은 어떻습니까?

라: "오, 신이시여, 당신은 저를 찾았고 저를 아셨습니다. 당신은 제가 앉는 것과 일어나는 것

을 아시고, 멀리에서도 저의 생각을 이해하십니다. 당신은 저의 길과 제가 눕는 것을 이해하시고, 저의 모든 길을 잘 아십니다."

헌: 그것이 나타내는 것은 무엇입니까?

라: 그는 당신에게 가장 좋은 것을 압니다. 당신이 아는 것이 아닙니다. 그러므로 그에게 무조건적으로 복종하고 당신의 운명을 그의 손에 맡기십시오. 그것이 해야 할 유일한 일입니다. 기도는 단지 복종의 낮은 형태일 뿐입니다. 만약 요구되는 것이 깨달음에 도움이 되지 않을 경우에는, 당신이 요구하고 있는 것이 깨달음에 도움이 될 것이라고(기여할 것이라고) 생각하고 있을지라도 그것이 받아들여지지 않을 수도 있기 때문에 그것은 실패할 가능성이 높습니다. 아니면 당신의 카르마가 요구하는 것이 받아들여지는 것을 허락하지 않을 수도 있습니다.

헌: 영적인 성향의 사람들은 마음을 내면화하는 힘을 위해 기도합니다. 또는 나-깨달음을 위해 기도합니다. 어떻게 그것이 깨달음에 도움이 되지 않을 수 있습니까?

라: 그것은 깨달음이라고 불리는 상태를 자신을 위해 갈망하는 (개별적) "나"가 존재한다는 위험한 개념을 상정하기 때문입니다. 그런 기도들은 불필요합니다. Mam Aekam Sharanam Vraja. "오직 나에게 복종하라."

헌: 왜 신은 깨닫기 위해 노력하는 진지한 수행자들의 노력에도 카르마가 관여하도록 허용합니까?

라: 카르마의 처리 방식은 -(왜냐하면 카르마 그 자체는) 피할 수 없기 때문에- 실제로 마음에서 모든 브릿티를 완전히 제거할 수 있는 최대한 가능한 기회를 사다카에게 주기 위해 그런 식으로 교묘하게 행해집니다. 그래서 만약 당신이 이번 생에서 깨달을 운명이라면, 당신의 카르마가 당신을 깨달음의 목표로 데려갈 수 있도록 하는 그런 방식으로 절묘하게 준비되어 있으니 안심하십시오.

헌: 그리고 만약 제가 그렇지 않을 운명이라면요?

라: 아마도 당신은 오늘 여기에 없을 것입니다.

헌: 그렇게 주의해서 카르마를 다루는 그 똑같은 빈틈없는 신 - 왜 그는 나가 무지의 속박에

빠지는 것으로부터 보호할 만큼 충분히 주의하지 않았습니까?

라: 그렇게 빠져든 것에 대해 나가 불평을 합니까?

헌: 아닙니다. 하지만 저는 그렇습니다.

라: 당신은 나와 별개입니까?

헌: 마하바키야들은 제가 브람만과 하나가 되어야 한다고 말합니다.

라: 그리고 당신의 실제적pragmatic 경험은 이 베단타 가르침을 입증합니까?

헌: 아! 아닙니다. 제가 느끼는 모든 것은 불행한 자아입니다.

라: 그렇습니다. 불행은 자아와 하나입니다. 자아를 죽이십시오.

헌: 그것은 영적 분야에서 수십 년의 체계적인 훈련을 받은 사람에게도 불가능한 성취인 것처럼 보입니다.

라: 가능한 성취accomplishment possible는 없습니다. 가깝고 선천적인 것은 얻어질 수 없습니다. 해야 할 일은 모든 골칫거리를 야기하는 쓸모없는 부착물들을 파괴하는 것뿐입니다. 우리는 어떤 것을 얻으려고 노력하고 있지 않습니다. 그와 반대로 우리는 모든 것을 포기하려고 노력하고 있습니다.

헌: 나에 대한 깨달음을 얻으려고 노력해서는 안 됩니까?

라: 안 됩니다. 모든 것을 버리십시오. 오직 나만이 남습니다.

헌: 그것은 충분히 간단한 것처럼 들립니다. 그렇지만 슈리 크리슈나에 따르면, 백만 명 중의 한 명만 가까스로 최고의 브람먀냐 상태에 이릅니다. 그것은 세상에서 어느 시점이든 살아 있는 갸니의 수가 정확히 말하면 전체 인구의 0.0001%가 되어야 한다는 것을 의미합니까?

라: 그런 계산으로는 목적을 달성할 수 없습니다. 슈리 크리슈나가 그렇게 말한 의도는 갸니가 아주 희귀하다는 요점을 납득시키기 위한 것이 틀림없습니다.

헌: 제 생각에는 백만분의 1 추정은 이상한 추정 같습니다. 그렇다면 1931년 인구조사로 알 수 있는 수와 관련해서 현재 인도에는 대략 269명의 갸니가 살고 있습니까?

라: (다소 신랄하지만 그의 쾌활함은 벗어나지 않고) 왜 아니겠습니까? 모든 갸니가 이렇게 우리에 갇

혀서 "공개 조사"를 위해 내놓아질 만큼 충분히 불행하다고 당신은 생각합니까? (영어로) 신사 숙녀 여러분, 소개합니다.. 기괴한 쇼! 전시품(1) 샤르지sharji, 호텐토트의 비너스, 전시품(2) 코끼리 인간, 메릭! 전시품 (3) "바가반", 라마나! (원어). 아닙니다. 프라랍다가 극도로 불행한 운명에 처한 사람들만 이처럼 고통받습니다! 슈리 간디지는 이렇게 적었습니다, "마하트마들의 비애는 오직 마하트마들만이 안다." (활짝 웃는다)

헌: 바가반에 따르면 다른 갸니들은 더 나은 프라랍다를 누립니다. 그들은 접근하기 어려운 정글이나 동굴 같이, 제가 추측하기에 인간의 주거 지역에서 상당히 떨어진 한적한 곳에서 명상을 할 것입니다.

라: 우리는 의심의 여지없이, 우리가 원하는 대로 추측할 수 있습니다.

헌: 그러면 제가 틀렸습니까?

라: 프라랍다에 따라 다릅니다. 갸니는 육체에 일어나는 일에 동요하지 않습니다. 그는 그것과 관련이 없습니다. 그는 그 안에서 작용하는 국지적인 의식이 없습니다. 그것을 죽이는 것이 그를 해칠 수 없습니다. 그것을 고문하는 것이 그에게 영향을 줄 수 없습니다. 그는 그 너머의 것에 흡수되어 그곳에서 사라졌습니다. 영원히. 그는 4명의 아내와 32명의 아이들이 있을 수도 있습니다. 그는 부양해야 할 12명의 식솔이 있는 바쁜 가정을 꾸리고 있을 수도 있습니다. 그는 밤낮 교대로 근무를 할 수도 있습니다. 아니면, 그는 감각 기관들이 활동하지 않는 상태에 있고 몸이 썩은 채로 접근하기 힘든 동굴 안에 앉아있을 수도 있습니다. 그 어느 쪽일 수도 있지만, 이 모든 것은 구경꾼의 관점에서만 그럴 수 있습니다. 왜냐하면 행위는 갸니에게는 완전히 이질적이기 때문입니다.

그 자신은 아무것도 모르고, 아무것도 보지 않고, 아무것도 하지 않습니다. 그는 완전히 죽었습니다. 오직 갸니만이 누가 갸니인지 말해줄 수 있습니다. 어떤 사람은 어수룩한 사람처럼 보일 수도 있지만, 그는 자신을 불멸의 나로 알 수도 있습니다. 또 어떤 사람은 영원한 베단타 가르침의 싹을 내보일 수도 있지만, 그의 마음은 조금도 가라앉지 않았을 수도 있습니다.

항상 "하는 것"이라는 관습적인 척도에 의해 판단해야 하는 이렇게 뒤죽박죽인 세상에서, 일반적으로 진짜 경우라고 극찬 받는 사람은 후자입니다. 결과는? 지적인 베단타 공부와 갸나를 구별할 수 없는 자들에게는 불행이 뒤따릅니다. 사람들은 그들이 위대한 마하트마 가까이에 있다고 믿도록 스스로를 속입니다. 아주 많은 사람들이 밤낮으로 그를 칭송하기 때문에, 그 가식적인 사람은 결국엔 어리석게도 자신이 분명 진정 위대한 갸니라고 믿게 됩니다. 그래서 그의 자아는 부풀게 됩니다. 그 결과 그는 온갖 종류의 불쾌한 상황에 놓입니다. 그래서 갸나가 부족한 사람의 경우에 베단타 배움을 오만하게 과시하는 것은 관련된 모든 사람들에게 아주 많은 문제를 일으킬 수 있습니다. 조용히 있는 것이 최선입니다.

헌: 바가반은 갸니가 많은 아내를 가질 수도 있다고 말씀하셨습니다. 일부다처제는 힌두 다르마에 따르면 죄입니다. 그러면 갸니가 죄를 지을 수 있습니까? 제가 아는 한, 마누스므리티는 현재의 아내 또는 아내들이 마음으로 아프거나, 불임이거나, 세상을 떠난 선조들에 대한 의식에 참여할 수 없는 경우에만 다음 아내를 취하는 것을 허용합니다.

라: 갸니가 하는 것은 항상 옳습니다. 이것은 어떤 사람이 갸니인 척하고 편하게 온갖 죄를 저지르는 것이 도덕적으로 용서받는다는 것을 의미하는 것은 아닙니다.

헌: 하지만 누가 진짜 갸니인지 어떻게 구분합니까?

라: 오직 당신 자신이 갸나 안에서 사라짐에 의해서입니다. 그러나 아주 드문 예외가 하나 있습니다. 만약 특별한 갸니가 당신의 갸나구루가 될 운명이라면, 당신이 그를 만날 때 설명할 수 없는 상호 간의 열정적 사랑의 분출이 있습니다. 여기에 언급된 사랑은 육체적 몸짓이나 행동으로 확인될 수 없습니다. 억제되지 않고, 동기가 없고, 신중함의 결과가 아닌 그런 사랑의 완성은 오로지 그런 사랑의 대상에 대한 사다카 측에서의 무조건적인 복종의 결과로서만 가능해집니다.

헌: 그 대상은 무엇입니까? 구루라는 물리적 형체입니까, 아니면 그를 통해 통로화되는, 비현현의 나라는 영적 힘입니까?

라: 사다카가 전적으로 복종하는 대상은 그가 자신의 구루라고 생각하는 그 어떤 것이든 그것의 마음의 개념화일 뿐입니다. 각기 다른 추구자들은 서로 다른 영적 발전의 단계의 특징을 갖

습니다. 꾸준히 그리고 서서히 생각을 약화시켜서 마침내 영구적인 마음의 활동의 중단을 가져올 이상적 수단을 찾는 초보자들이 있습니다.

그다음에는 파리팍비paripakvi들이 있습니다. 그들은 감각 즐거움을 위한 욕정이 오래전에 사라졌고, 최후의 멍함besottedness 즉, 벌거벗은 마음 상태를 가진 그것조차도 사라진 사람들입니다. 이런 후자의 다양한 사다카들은 복종할 대상을 필요로 하지 않을 것입니다. 그들의 바이라기야가 절정에 도달하면, 그들은 단순히 놓아주거나 개별적 인격 상태가 합법적으로 존재하는 실체라고 생각하는 것을 그만둡니다.

이렇게 버려지면 마음은 가슴의 빛 속으로 뛰어들어 목이 부러진 수탉처럼 구별할 수 없을 정도로 그 안에 합쳐집니다. 그런 바이라기야를 부여받는 사람에게 있어서, 신은 구루의 모습으로 와서 사다카의 마음이 스스로 달라붙을 표적을 제공해서 그것이 에카그라타ekagrata를 얻을 수 있게 합니다. 다시 그 후에 그 마음이 적절한 한 점으로 모인 마음을 획득한 결과로 충분히 내면화되면, 구루는 사다카의 마음이 복종할 표적을 제공합니다(사다카들 가운데서 가장 진보된 자들만 복종할 대상을 필요로 하지 않고 복종할 수 있기 때문입니다).

그러나 사다카는 그의 복종이 완전하다고 생각할 수도 있지만 구루는 그렇지 않다는 것을 아는데, 이것은 복종을 해야 할 대상인 구루와 관련되는 단 하나의 임의적인 마음의 개념화가 여전히 사다카의 마음 안에 살아있고 완전히 벌거벗은 마음만이 근절의 대상 즉, 갸나이기 때문입니다. 그의 무한한 자비로 인해, 구루는 사다카의 마음 안에 있는 이 마지막 브릿티를 죽여서 그가 갸나를 깨달을 수 있게 합니다. 이것이 바로 일부 무묵슈mumukshu들이 깨닫기 위해 인간 구루를 필요로 하고 다른 이들은 그렇지 않은 이유입니다.

헌: 인간 구루의 도움 없이도 마음이 그것을 파괴하도록 허용할 능력이 있는 사람들에게 삶은 정말 간단합니다. 하지만 그렇게 운이 좋지 않은 나머지 사람들은 어떻습니까? 그들은 갸니의 손발 노릇을 해서 그의 호의를 얻어야만 깨달음을 얻을 수 있습니다.

라: 당신은 갸니들이 당신이 생각하는 것처럼 순진하고, 잘 속고, 잘 믿는다고 생각합니까? 그들은 행동하는 것이 어린아이 같을 수도 있지만, 그런 이유로 그들이 쉽게 속을 수 있을 거라

고 생각합니까? 갸니는 겉으로 내보이는 애정과 존경의 표시에 속을 수 있습니까? 그는 수행자가 진심으로 복종했는지 아닌지 한 번 보고 구별할 수 없습니까? 그는 자신에게 비싼 선물을 가져오는 사람들에게는 은총을 보여주고 나머지는 물리칩니까? 그는 헌신자들이 그의 개인적 행복에 얼마나 기여했는지에 근거해서 그들을 편애합니까? 깨달음에 대해 누구에게 도움을 주는 것은 실제로 갸니의 선택이 아닙니다. 갸니 스스로는 결코 좋아하거나 미워하지 않습니다. 오직 그가 깨달음의 수여를 위한 그의 관심을 받을 운명에 놓인 사람을 만났을 때만 그는 그 사람에게 관심을 돌립니다.

그것은 자유의지에 의한 것이 아니라 오히려 자동적인 신성한 행위입니다. 그에게는 선택할 것이 없습니다. 팍쿠밤을 가진 사람에게, 은총 또는 사랑이 저절로 흐르기 시작합니다. 갸나구루는 성숙한 헌신자를 쳐다보거나 그와 말을 주고받지 않을 수도 있습니다. 하지만 깨달음을 위한 준비가 되어 있는 사람은 갸나구루가 있는 곳에서, 더없이 행복한 신성한 사랑의 형상을 하고 있는 피할 수 없고, 절정인 마음의 내향성의 저항할 수 없는 맹공격을 느낍니다.

이런 식으로 그가 있는 곳에서 당신이 그런 경험을 하는 그 사람이 당신의 갸나구루라고 말할 수 있습니다. 다시 말하지만, 이것은 모든 수행자들의 경우에 일어나지 않을 수도 있습니다. 또한 당신의 마음은 당신이 그런 경험을 하고 있다고 믿도록 당신을 속일 수도 있습니다.

헌: 저는 지금까지 바가반에 대해서 그런 신기한 경험을 한 적이 없습니다. 그래도 제가 이 생에서 깨달을 수 있을까요?

라: 결국 모든 것은 잘 될 것입니다. 오직 무조건적으로 복종하십시오.

헌: 가끔 바가반께서는 방문객들을 쳐다보지 않습니다. 그는 그들의 질문에 대답하지도 않습니다. 그는 그들에게 그의 공정한 은총을 거부하는 것입니까?

라: 그들이 여기에서 곡식과 겨를 어떻게 분리하는지를 본 적이 있습니까? 그들은 (원어) 위에 씨앗을 붓고, 그런 다음 빠르게 위아래로 움직여 그것을 격하게 흔듭니다. 그 행위의 저변에 있는 과학적 원리를 알아맞힐 수 있습니까?

헌: 쓸모없고 가벼운 것은 바람에 날려갑니다. 귀중하고 무거운 것은 그 움직임에 영향받지

않습니다. 네, 그것은 명확합니다.

라: (원어)

헌: 사람은 마음의 시나리오들을 상상하고 자신의 상상력 덕분에 그것을 공상하고 즐깁니다. 그런 마음의 창조의 거친 현현은 창조자 브람마에게 가능하다고 합니다. 그의 창조물인 인간은 그 똑같은 힘을 이용할 수 없습니까?

라: 왜 끝까지 가서 브람마를 토론에 끌어들입니까? 당신이 주변에서 보고 있는 모든 것은 당신의 마음 안에만 그 기원을 가지고 있습니다.

헌: 저는 마음대로 창조할 수 없습니다.

라: 생각하거나 상상한 것을 자발적으로 또는 즉각적으로 나타내는 능력은 오직 브람마에게만 가능합니다. 그러나 인간의 경우에도, 당신이 주변에서 보는 모든 것은 자발적 영역에만 그 기원을 두고 있습니다. 당신이 보는 세상은 과거 어느 시점에서 당신의 마음이 원했던 대상들에 의해 구성됩니다.

헌: 사람은 "나"를 알아내려고 노력해야 한다고 J.K.는 말합니다. 그러면 "나"는 오직 생각과 기억의 다발로 사라집니다. 그는 "나" 이면에는 중요한 것이 아무것도 없다고 말합니다. 그의 가르침은 붓다의 가르침과 표면적으로 닮은 것 같습니다.

라: 그렇습니다. 진리는 개념적 표현이나 설명의 가능성을 훨씬 넘어섭니다. 그것은 경험하는 자가 없기 때문에 단지 순수한 경험입니다. 마침내 나에 도달했을 때, 당신은 자신이 어리석게도 항상 당신 코앞에, 아니, 훨씬 더 가까이, 왜냐하면 코앞의 물체는 그것의 명백한 존재에 대한 지적 확인을 하기 위해 눈으로 보아야 하는 반면, 나는 그것의 실제 존재를 뒷받침하기 위해 지각을 필요로 하지 않기 때문입니다. 있던 것을 정신없이 찾고 있었다는 것을 발견하고 충격을 받을 것입니다. 나는 그 사람의 nithyapratyaksha-sakshathswayamprakasha swaroopam 입니다.

모든 것은 그 빛으로 빛나지만, 그것은 자신 외에는 아무것도 알지 못합니다. 그것은 그 자신의 빛에 의해서만 빛납니다. 그것의 광채가 나는 아름다움은 결코 사라지지 않습니다. 그것은 진정 불변하고, 파괴할 수 없으며, 불멸입니다. 그 안에서 자신을 잃는 사람은 더 이상 아무 걱정이나 불안이 없습니다. 그것은 사람의 인생에서 하나의 진정한 목표이지만 지금 여기에 있습니다. 그것은 엄청난 미스터리입니다.

제16장
1936년 7월 21일

~

두 명의 벵갈인 신사, 즉 아버지와 아들이 아쉬람에 도착했다. 마하리쉬의 정중한 요청으로 아들은 스승과 그 신사들 중 나이 든 사람 사이의 벵갈어로 된 대화에 대해서 (홀에 앉아 있는 우리에게) 통역사 역할을 했는데, 그 신사는 바가반과 활기차게 나눌 많은 질문들을 가지고 왔다.

헌: 창조는 고통으로 가득 차 있습니다. 창조자는 왜 창조했습니까?
라: 이 모든 것은 오직 당신의 마음의 개념들일 뿐입니다. 창조자는 결코 와서 누구에게도 "나는 우주를 창조했다."라고 말하지 않았습니다. 이 모든 것은 오직 당신의 원치 않는 마음의 개념들일 뿐입니다.
헌: 그러면 제 주위에서 보는 세상에 대한 설명은 무엇입니까?
라: 분명히 보는 사람이 그가 분명히 보는 것에 대한 설명입니다.
헌: 저의 변변찮은 두뇌는 그런 수준 높은 철학을 이해할 수 없습니다.
라: (원어)
헌: 그래도 저는 신을 보기를 원합니다.

바가반은 수행원에게 책장에서 노란색 책을 가져와달라고 부탁했다. 곧 바가반은 슈리 라마크리슈나 카탐리타 중의 한 권에서 다음과 같이 읽었고, 젊은 신사는 벵갈 원문을 이해하지 못하는 홀에 있는 사람들을 위해 영어로 번역했는데, 물론 그것은 바가반과 바르다만에서 온 그의 방문객 일행을 제외한 모든 사람들이었다.

라: "당신은 신을 보고 싶다고 말한다. 그것은 가슴의 순수함 없이 가능한가? 그러므로 나는 당신에게 묻는다, 신을 갈망하며 울고 또 울 것인가? 가슴의 강박적인 그리움으로 울 것인가? 그에 대한 사랑에 빠져들 것인가? 아내를 위해, 자녀를 위해, 세상적 부를 위해, 당신은 하루에 가마솥을 가득 채울 만큼의 눈물을 흘렸다. 말해보라, 친절한 사람이여, 당신은 신을 위해 우는가? 아이가 장난감에 몰두하는 한, 엄마는 요리와 다른 집안일을 한다. 결국 아이는 생명이 없는 장난감에 짜증이 나게 된다. 그는 그것들을 즐기는 것을 그만둔다. 그런 다음 그는 그것들을 던져 버리고, 엄마에게 사납게 소리를 지른다. 그러면 엄마는 곧바로 밥솥을 불에서 들어낸다. 그녀는 급히 아이에게 달려가서 팔로 아이를 안는다."

헌: 함축적 의미는 무엇입니까?

라: 세상의 헛된 극적인 일을 버리십시오. 그러면 당신은 분명 신을 찾을 것입니다. 신은 세상에 대한 욕망과 걱정을 버린 사람들의 순수하고 더럽혀지지 않은 마음들을 삼키려는 유혹을 뿌리칠 수 없습니다. 그는 곧 그런 마음들을 집어삼킵니다.

헌: 마음, 육체, 세상의 분명히 보이는 실체는 단지 거대한 환영입니까?

라: 정말 그렇습니다. (책을 읽으면서) "'나'를 탐구하라. 그러면 당신은 그런 것은 없다는 것을 발견할 것이다. 양파의 예를 보자. 먼저 사람은 빨간 바깥 껍질을 벗긴다. 이것을 하고 나면 그는 두껍고 약간 하얀 껍질을 발견한다. 이것들도 하나씩 벗겨내라. 마침내 안에서 무엇을 발견하는가? 아무것도 없다.

마찬가지로, 아트만의 발견은 세상에 있는 모든 것을 실제가 아닌 것으로 거부함으로써 이루어진다. 그 상태에서 사람은 어디에서도 자신의 자아를 찾을 수 없다. 그것은 달아났다. 그것에 대한 탐색을 할 누가 남아 있는가? 누가 파라브람만의 진정한 성품인 절대적 자각의 경험을 묘사할 수 있는가?

소금인형은 해저 깊이에 대한 질문에 관해 호기심을 가지게 되었다. 그것은 측정을 하기 위해 뛰어들었다. 물에 닿는 순간, 그것은 바다에 녹아버렸다. 이제 누가 그 깊이가 얼마인지 말할 수 있는가? 그것이 이러이러한 특징을 가지고 있다는 것을 보고하기 위해 누가 파라브람만으로부터 돌아왔는가? 그것에 충분히 가까이 가기 전에는, 그것은 모호하게 남아있기 때문에 그것에 대해 아무것도 말할 수 없다. 그것에 충분히 가까이 다가가는 순간, 사람은 그 안으로 빨려 들어가 파괴된다. 그렇다면 어떻게 그것에 대해 말할 수 있는가?

　이것이 바로 아트만을 얻으면 사람이 침묵하게 되는 이유이다. 그러면 파라브람만과 구별될 가능성은 전혀 남지 않는다. 이 자기 탐구가 불완전한 채로 있는 한, 사람은 열정과 싸운다. 그것을 완성하면 그는 영원한 침묵이라는 최고의 희열 안으로 영원히 가라앉는다. '나'가 죽으면 당신의 모든 문제와 불행은 끝에 이를 것이다. 케다르나트 근처에는 영구한 눈으로 뒤덮인 가파른 고지들이 있다. 너무 높이 올라가는 사람은 돌아올 수 없다. 더 높은 영역에 무엇이 있는지 탐구하려고 했던 자들은 그것에 대해 우리에게 말해주려고 돌아오지 않았다. 사람과 아트만의 경우도 마찬가지이다."

헌: 그러면 저의 진정한 성품은 형체가 없는 브람만입니까?

라: (계속해서 읽으며) "재판을 열고 있는 왕을 생각해 보라. 갑자기 그의 요리사가 궁전에 들어와서 왕좌에 앉아 소리친다, "오 왕이시여! 당신과 나는 똑같다는 것을 아십시오!" 그 요리사는 위험한 미치광이라고 지하감옥으로 끌려가지 않겠는가? 하지만 어느 날은 왕이 요리사의 서비스에 기뻐하며 그에게 이렇게 말한다고 생각해 보라, "이리 와서 내 옆에 앉아라. 그게 무슨 문제가 있는가? 당신과 나는 아무 차이가 없다." 그런 다음, 요리사가 왕의 요구에 그와 함께 왕좌에 앉는다면, 그것에는 해가 될 것이 있을 수 없다. 반복해서 "나는 브람만이다."라고 말하는 것이 해롭다. 그것은 자아를 부풀린다. 파도는 바다에 속한다. 바다는 파도에 속하는가?"

헌: 갸니가 마음이 없다는 것이 사실입니까?

라: (읽는 것을 계속한다) "신을 깨달은 자는 같은 이름을 위해서만 그의 "나"를 유지한다. 그 "나"에 의해서는 어떤 악도 행해질 수 없다. 그것은 단지 눈에 보이는 겉모습이다. 그것은 나뭇가

지에 의해 코코넛 나무에 남겨진 흔적과도 같다. 오직 흔적만이 남아 있다. 나뭇가지는 오래 전에 없어졌다."

갸니의 마음은 감겨 있는 밧줄의 타버린 뼈대입니다. 그것이 밧줄처럼 보인다고 이 재가 어떤 것을 묶을 수 있습니까? 결국 바람의 작용에 의해 재는 땅 위로 흩어져 원소들 속으로 날려 갑니다. 마찬가지로 사람의 프라랍다가 소진될 때, 갸니에게 있는 마음-겉모습 또한 사라집니다. 그 겉모습은 오직 구경꾼과 관련한 것입니다. 갸니는 육체를 의식할 수 없습니다. 그는 심지어 육체를 보지도 않고 나만을 봅니다.

헌: 저 같은 평범한 사람이 이런 높은 상태에 이르는 것이 가능합니까, 아니면 그것은 운이 좋고, 그럴 운명에 있는 소수만을 위한 것입니까?

라: 세상적 관심사로부터의 완전한 초연함이 필요합니다.

헌: 슈리 바가반은 제가 산야사를 택하고 명상을 수행하기 위해 홀로 있는 장소로 물러나야 한다는 것을 의미합니까?

라: 일단 포기의 진정한 의미를 이해했다면, 집을 떠나 황토색 로브를 걸치고 떠돌아다닐 필요는 없습니다.

헌: 어떤 것이 -?

라: 자아를 포기하는 것입니다.

헌: 어떻게 그것을 합니까?

라: 그것이 사라질 수 있도록 끊임없이 그 근원을 찾거나 그것이 무너질 수 있도록 복종하십시오.

헌: 복종! 복종은 겁쟁이라고 여겨지지 않을까요? 어떻게 진정한 크샤트리야가 복종 할 수 있습니까?

라: 강렬한 헌신이 그것을 가능하게 만듭니다.

헌: 만약 궁극적으로 신조차도 실제가 아니라면, 헌신이 완전히 헛된 것이 아닙니까?

라: 신은 내버려 두십시오. "나는 누구인가?"라고 스스로에게 물어보십시오.

헌: 만약 모든 것이 단지 그 자신의 나라면, 신은 불필요해지지 않습니까?

라: Yo maam pashyathi sarvathra sarvam cha mayi pashyathi. thasyaham na pranashyami sa cha mae na pranashyathi. 그래서 깨달은 영혼은 모든 곳에서, 심지어 사악함에서도 오직 신만을 봅니다.

헌: 세상에서 일어나고 있는 모든 악한 행위들, 이것들 또한 신입니까?

라: 의심할 여지가 없습니다.

헌: 세상에서 이 모든 악이 계속 억제되지 않도록 허용한 그는 어떤 종류의 타락하고, 마음으로 미친 신입니까?

라: 신은 악을 알지 못합니다. 그는 아주 거룩하고, 선하고 순수해서 악이라고 불리는 어떤 것도 마음으로 품을 수조차 없습니다. 그는 사랑 외에는 아무것도 모릅니다.

헌: 그래서, 신은 그의 창조물에서 그렇게 많은 악이 일어나고 있다는 것을 의식하지 못합니까?

라: 더없이 그렇습니다.

헌: 그런 경우 어떻게 우리는 그런 무지한 신을 전능하다고 부를 수 있습니까? 어쨌든, 그의 창조가 그런 말로 다 할 수 없는 고통을 겪는 동안 그는 어째서 희열을 누렸습니까? 그는 나와 함께 희열을 누려야 하지 않겠습니까?

라: 신은 무지할 리가 없습니다. 그러므로 그는 분명 상상으로부터 자유롭습니다. 이와 같이 이 모든 허구의 악과 고통은 희열만을 보는 그의 눈에는 전혀 보일 수 없습니다. 신은 모든 세상에서 일어나고 있는 사건들을 완벽하게 의식하고 있지만, 마음이 없어서 선과 악 사이의 구분은 의식할 수 없습니다. 그의 희열을 나누는 신에 관해서는, 나누는 것에 대한 의심의 여지가 없습니다. 그것은 모두 당신의 것입니다. 그것은 손에 넣기만 하면 완전히, 전적으로 당신의 것입니다.

헌: 세상에는 너무나 많은 고통이 계속되고 있습니다. 왜 바가반께서는 그것을 "허구"라고 부릅니까?

라: 그것은 단지 마음을 가슴의 빛 안에 합쳤고 그곳에서 그것을 영원히 버린 사람들의 유리한 관점에서 보면 꿈입니다.

헌: "마음을 가슴의 빛 안에 합치는 것"은 무엇을 의미합니까?

라: 그것은 노력을 하지 않고 자유의지 없이 유지되고, 생각이 없고, 나른함이 없는 주관적 의식이 있는 마음의 영구한 상태에 이르는 것을 의미합니다.

헌: 우주가 드러난 브람만이라고 주장하는 베단타 경전들의 의견은 그것이 꿈이라는 바가반의 생각과 일치하지 않습니다.

라: 그것은 사다카에게는 꿈이고 깨달은 영혼에게는 브람만입니다.

헌: 해석에 대한 이 입장들 중 어느 것도 실용적 목적에 기여하기 위해 사용될 수 없습니다. 만약 우주가 꿈으로 간주된다면, 사람들은 살아가는 것이나 생산적인 어떤 것을 하는 것에 흥미를 잃을 것입니다. 모두가 포기하는 자가 되어야 합니까? 그러면 누가 우물을 팔 것입니까? 그러면 누가 밭을 갈 것입니까? 그러면 누가 길을 깔 것입니까?

라: 나는 내가 아는 진리를 말했습니다. 그리고 이 진리는 모두의 관심을 끌지는 않고 오직 소수에게만 매력적일 것입니다.

헌: 만약 신의 전체 희열의 보고가 무료로 저의 것이라면, 왜 저는 항상 비참함을 느낍니까? 저는 행복함을 느껴야 하지 않습니까?

라: 그에게 복종하십시오, 그러면 모든 것이 희열입니다.

헌: 어떤 것이 깨달음을 위한 최선의 방법입니까? 복종입니까 아니면 비차라입니까?

라: 그것은 개인의 성향에 따라 다릅니다. 실제로, 그것들은 같은 것에 대한 다른 이름입니다.

헌: 포기가 꼭 필요합니까?

라: 포기하는 자를 포기하십시오. 그것으로 충분할 것입니다.

헌: 갸나타파스를 수행하기 위해 한적한 정글로 물러날 필요가 있습니까?

라: "Vitharaga bhaya krodha manmayamam upashrithaha. bahavo jnana tapas bootha madh bhavam agathaha." 따라서, 숲으로 들어가는 것이 아니라 모든 애착을 버리고 우리의 삶을 모

두 그에게 복종하는 것이 진정한 갸나타파스입니다.

헌: 삿상감에 의해 어떤 목적이 얻어집니까? 슈리 바가반에 따르면, 그것은 나를 발견하기 위해 요구되는 엄청난 노력에 대한 대체물로서 작용할 수 있습니까?

라: "Chandanam sheetalam loke chandanath api chandramaha. chandrachandanayormadhye sheetala sadhu sangathihi." 따라서, 현자가 있는 곳에서는 마음의 내면화는 더 쉬워집니다. 그렇지만 어떤 것도 당신의 노력을 대신할 수 없습니다. 사실 삿상감만이 오직 아트마상감입니다. 아트만만이 삿입니다.

헌: 만약 저 자신의 재주로 나를 발견하기 위한 저의 모든 노력이 실패한다면, 제가 무엇을 할 수 있습니까?

라: 복종입니다.

헌: 아자타 아드바이타는 신의 존재조차 부인하는데, 누구에게 복종해야 합니까?

라: 복종은 영적 발전에서 아직 유치원 단계에 있는 사람들에게만 복종의 대상을 요구합니다. 현명한 사람들은 그냥 복종합니다. 복종하는 것은 모든 것을 포기하는 것입니다. 다시 말해서, 대상에 대한 모든 지식, 심지어 마음의 객관화 능력조차도 포기하는 것입니다. 그러면 어떻게 복종할 대상을 하나 더 찾는 문제가 일어날 수 있습니까?

헌: 저는 진정한 나라고 말해지는 제 안에 있는 아트만에게 복종해서는 안 됩니까?

라: 궁극적 진리는 어떤 것 또는 어떤 사람"에게" 복종하는 것은 무조건적 복종이 아니며 그럴 수도 없습니다. 당신은 자신이 아트만 등에게 복종하고 있다고 말합니다. 그것은 "아트만"이라고 불리는 임의적인 마음의 개념화가 여전히 당신의 마음에 남아 있다는 것을 의미합니다. 그러면 그것이 어떻게 무조건적 복종이 될 수 있겠습니까?

 기껏해야 그것은 부분적 복종입니다.

 절대적 복종은 모든 것을 버리는 것입니다. "나" 생각과 그것의 브릿터들, 개별적 인간이 되는 것에 대한 당신 생각의 총합summa total, 그리고 이렇게 해서 관련되는 욕망, 생각 움직임의 패턴, 야망, 기대, 희망 등들, 모든 것이 한 번의 치명적 타격에 포기됩니다. 그러면 오직 나만이 남습니다. 이것이 J.K.가 "완전한 부정은 긍정의 본질이다."라고 말한 것의 진정한 의미입니다. 물론 그것은 극도로 바이라기야를 필요로 합니다. 그것을 하려고 하는 필사적 행동은 머리가 물 밑으로 눌러져 있어서 숨을 쉬려고 표면으로 올라오려고 애쓰는 사람의 행동이나 몸에 등유가 부어져 불타올라서 들어갈 물을 찾고 있는 사람의 행동과도 같습니다. 오직 그때만 깨달음이 가능해집니다. 다른 사람들은 단지 쓸데없는 수다에 시간을 낭비하고 있을 뿐입니다.

헌: 그런 바이라기야를 기르고 싶으면 저는 무엇을 해야 합니까?

라: "Thvameva matha cha pitha thvameva thvameva bandhu cha saka thvameva. thvameva vidya cha dravinam thvameva thvameva sarvam mama deva deva." 따라서, 처음에는 인격적 신에게 복종하는 것을 수행할 수 있습니다.

헌: 이것을 하기에도 제가 너무 약하다면요?

라: "Patram pushpam phalam thoyam yo mae bhakthya parayacchathi. thath aham bhakthyupahritamashnami parayatatmanaha." 따라서, 인격적 신에 대한 숭배를 수행할 수도 있습니다.

헌: 하지만 아자타 아드바이타에 따르면 인격적 신은 허구입니다.

라: 지바트만도 그렇습니다. 하나의 허구가 다른 허구를 숭배한다면, 그것에 무슨 잘못이 있겠습니까?

헌: 그것은 무의미한 활동이 아닙니까?

라: 그러면 비실제인 것에서 실제인 것을 가려내기 위한 탐구로 바꾸십시오. 이원의 사다나 또는 비이원의 사다나 중 하나를 수행하십시오, 하지만 둘을 비교해서 "만약 이것이 타당하다면 저것은 의미가 없다. 저것이 타당하다면 이것은 의미가 없다."라고 말하는 것에 무슨 의미가 있습니까?

헌: 제 경우는 희망이 없습니다. 제가 인격적 신을 숭배하려고 한다면, 저는 바가반의 아자타 아드바이타 가르침에 의해 방해를 받고 곧 결국에는 존재하지 않는다고 밝혀지게 되는 신을

숭배하려 한 것에 대해 자신을 꾸짖습니다. 만약 제가 비차라를 하려고 한다면, 저는 그것이 저 같은 가련한 영혼들이 해내기에는 너무 어렵고, 또 박티마르감에 노력을 집중하는 것이 더 나을 수도 있다는 생각에 의해 방해를 받습니다.

라: "Sarvadharman parithyajya maam aekam sharanam vraja. aham thvaam sarva paapaebhyo mokshayishyami masucha." 따라서 완전한 복종이 유일한 방법입니다.

헌: 저는 결국에는 구원을 받을까요, 아니면 절망적으로 썩도록 내버려질까요?

라: "Pratijaanihi na mae bakthaha prapashyathi."

제17장
1936년 7월 23일

헌: 갸니는 그의 침묵의 힘으로 다른 사람들에게 갸나를 불어넣는다고 하는데, 그 말은 그에게는 필요하지 않습니다. 갸니는 어떻게 그의 제자들을 깨우칩니까? 그는 설교로 그들에게 강의하지 않습니다. 그러면 그는 텔레파시 소통을 사용합니까?

라: 그의 육체적 존재는 그 근처에 마음의 고요함의 자연스러운 "힘의 장"을 만듭니다. 과학은 적당한 길이의 절연 구리선을 쇠로 된 봉 주위에 반복해서 감으면, 전기가 전선을 통해 흐르고, 봉 근처에 놓인 쇠 줄밥들이 그것에 끌린다는 관찰을 했습니다. 자성을 띤 쇠가 쇠 줄밥들에 영향을 미칠 수 있는, 육안으로 보이는 그런 방식은 없습니다. 그래도 실제로 그것은 일어납니다.

마찬가지로, 무심을 방출하는 보이지 않는 갸나의 파도는 그들이 그것을 의식하든 하지 않든 자연스럽게 그의 주위에 있는 사람들에게 영향을 미칩니다. 민감한 마음들은 그것을 의식하게 됩니다. 쇠 줄밥들이 자성을 띤 쇠봉 쪽으로 조용히 빨려드는 것처럼, 갸니의 조용한 영향은 마음을 내향화하고 나의 존재 안에 그것이 잠기거나 흡수되는 것을 용이하게 합니다.

일단 갸니의 존재 근처에서 처음의 올바른 경험이 얻어지면, 그 이후에 끊임없는 수행의 결과로, 사다카는 외향성의 상태가 떠나며, 노력하지 않고 의지 없음이 유지되며, 생각이 없으며, 나른함이 없는 주관적 의식이 자연스러운 상태라는 것을 이해합니다. 갸니는 이런저런 사람들이 이런저런 영적 경험을 그로부터 얻도록 계획하지 않습니다.

물이 자연스럽게 높은 곳에서 낮은 곳으로 흐르듯이, 갸니 주위의 사람들의 마음은 그의 존재의 혜택을 경험합니다. 성숙한 영혼들은 갸나를 얻고, 중간 또는 아마추어인 영혼들은 비차라를 해 보고 싶은 유혹을 느끼며, 보통 사람들은 그의 삶에서 처음으로 전적으로 신에 대한 묵상만을 위한 시간을 따로 내야 한다고 느낍니다.

태양이 지구에서 꽃을 피우려는 동기를 가지고 햇빛을 내뿜지 않는 것과 마찬가지로 갸니는 의도적으로 이 모든 변형들을 가져오지 않습니다. "나"를 증언할 것이 아무것도 남아 있지 않은 벌거벗은 마음의 상태가 마음이 항상 빠져든 채로 있는 올바른 상태라는 것을 느낌–접촉을 통해 갸니로부터 배움으로써, 사다카는 마침내 마노브릿티 상태를 그의 자연적인 상태로 만듭니다. 그때에야 그는 파괴할 수 없는 평화라는 형체가 없는 영역에 도달합니다. 이 모든 것은 오직 사다카의 관점에서만이라는 것에 유의하십시오.

갸니는 도와줄 "다른 사람들"을 의식할 수가 없습니다. 또한 그는 자신이 이 모든 것을 가져온다는 것조차 의식하지 않습니다. 그것은 모두 단지 존재의 힘에 의해 일어납니다.

헌: 저는 바가반이 계신 곳에서 그런 자기적 영향을 느끼지 않습니다. 제가 어떤 잘못을 저지른 것입니까?

라: 그것은 마음의 민감성을 필요로 한다고 나는 이미 말했습니다. 그럼에도 불구하고 당신이 그런 뚜렷함을 느낄 수 없다는 것이 그것의 효과를 손상시키거나 감소시키지는 않습니다. 당신은 갸니의 조용한 영향력의 능력을 느끼지 못할 수도 있습니다. 그렇지만 당신의 의견이 반대일 수 있음에도 불구하고, 그것은 거기에 있고 당신을 돕고 있습니다.

헌: 구제불능의 무신론자나 물질주의자가 바가반께서 있는 곳으로 오면, 그도 혜택을 입게 됩니까?

라: 의심할 여지가 없습니다.

헌: 하지만 그는 그것을 인정하지 않을 것입니다!

라: 그것이 중요합니까?

헌: 영원히 작용하고 있지만 현재로서는 제가 인식할 수 없는 바가반의 자동적인 영향력을 제가 느낄 수 있도록 어떻게 하면 이런 "마음의 민감성"을 기를 수 있습니까?

라: 민감성과 내향성은 똑같은 것입니다. 내향성이 많을수록 마음은 더 많은 내향성을 원하게 됩니다. 마침내 외향성이 생각될 수도 없고 불가능해지는 단계에 도달할 때까지 계속 진행할 필요가 있습니다.

헌: 어떻게 마음을 내향화합니까?

라: 생각 흐름에 대한 관심이 줄어들어야 합니다. 개인적 자아에게 아무런 주의를 기울여서는 안 됩니다. 그것은 불필요하고 무관해져야 하며 어떤 고려의 가치도 없어져야 합니다. 만약 이것이 달성되면, 활동이나 사용의 부족 때문에 적절한 때가 되면 마음은 자동적으로 사라집니다.

헌: 이론은 이해합니다. 실제적으로 어떻게 할 수 있습니까?

라: "나" 생각의 뿌리를 탐구하거나 겉모습의 바탕에 무조건적으로 또는 전적으로 자신을 내맡기십시오.

헌: 마음의 내향성은 홀로 있음의 필요성을 의미합니까?

라: 마음의 홀로 있음만이 관련됩니다.

헌: 육체적 은둔은 어떻습니까?

라: 함께 있음이나 함께 있지 않음에 주의를 기울이지 마십시오. 함께 어울릴 다른 사람들이 있는지 없는지에 대해 마음이 어떤 주의도 기울이게 해서는 안 됩니다. 마음은 언제나 나의 존재에 빠져 있어야 합니다. 그러면 그것은 사람들이 주위에 있는지 없는지 신경 쓰지 않을 것입니다. 갸나비차라 사다나에 관한 한 외적인 삶의 조건들은 전혀 중요하지 않습니다.

헌: 그렇다면 정말 세상을 포기할 필요가 없습니까?

라: "육체가 나다."라는 생각을 버림으로써 마음으로만 그것을 포기하십시오.

제18장
1936년 7월 24일

헌: Steiner는 이렇게 가정합니다. "감각 경험에서의 분명한 이원은 지각과 사고의 내적인 숨겨진 통합을 발견함으로써 극복될 수 있다."

라: 그렇습니다. 생각하는 자가 여전히 있을 때만 지각은 가능합니다.

헌: (잠시 깊은 숙고에 몰두한 것처럼 보인 후에) 9년쯤 전에 신은 저의 막내아들을 저에게서 데려갔습니다. 그는 똑똑하고 열심히 일하는 사람이었습니다. 그렇지만 그의 죽음의 방식은 고통스럽고 섬뜩했습니다. 치료할 수 없는 종양이 그의 뇌에 박혀 있었습니다. 내부의 종양들 중 하나가 터질 때마다 그는 고통으로 소리를 지르곤 했고 코에서는 더러운 고름이 흘러나왔습니다. 그는 2년 반을 이런 상태로 고통을 받다가 죽었습니다. 그의 고통은 이렇게 심했는데, 그런 병적 상태에 있는 그를 보는 것을 우리는 견딜 수가 없었고, 그가 있는 곳에서 우리가 물러나는 것을 그가 허락하지도 않았기 때문에 마지막에는 나의 아내조차도 그가 죽기를 기도하고 있었습니다. 왜 신은 이런 식으로 무고한 사람들을 고문합니까? 나의 아들은 죄를 알지 못했습니다. 이것은 이전의 탄생들에서 저지른 악행 때문입니까? 아니면, 그가 다시 태어날 필요가 없도록, 바로 이 탄생에서 그 소년의 카르마를 끝내기 위한 것입니까?

라: 인간은 신의 동기와 신비를 가늠하려고 노력하는 것이 아닙니다.

헌: 하지만 바가반께서는 알 것입니다!

라: 바가반은 오직 이것만 압니다. (원어)

헌: 이것은 단지 추상적 철학입니다.

라: 그와 반대로, 그것은 살아있는 진리입니다.

헌: 저는 바가반의 가르침에 대한 것을 읽은 적이 있습니다. 제가 이 소멸하는 육체가 아니라 불멸의 아트만이라는 것이 사실입니까?

라: 그렇습니다.

헌: 아트만은 형체가 없습니다. 제가 그것과 하나가 될 수는 없지만, 그럼에도 제가 분명히 형체를 가지고 있는 이 몸에 의해 불가피하게 지장을 받는다는 것은 부인할 수 없는 진실입니다. 그렇다면 어떻게 제가 형체가 없는 아트만일 수 있습니까?

라: 육체를 거기에 있게 하거나 죽게 하십시오. 문제는 당신이 그것과 자신을 동일시할 때 생깁니다.

헌: 육체는 음식, 쉴 장소 같은 것들을 필요로 합니다. 만약 제가 육체를 무시한다면 그것은 어떻게 살아가겠습니까? 육체가 겪는 모든 고통을 나의 고통으로 느끼는데 어떻게 제가 태연하게 육체를 무시할 수 있겠습니까?

라: 아무도 당신에게 육체의 타당한 필요성을 무시하라고 요구하지 않습니다. 단지 자신을 육체와 동일시하지 말고 그것의 행동에 대한 행위자 상태의 책임을 가정하지 마십시오. 고통이 있다면 내버려 두십시오. 그것은 오직 육체를 위한 것입니다. 당신은 육체가 아닙니다.

헌: 하지만 육체의 고통은 저에게 아주 실제적입니다.

라: 오랜 습관 때문에 그렇습니다.

헌: 그 습관을 어떻게 버립니까?

라: 내향성에 대해 점점 더 많이 수행해야 합니다.

그 신사는 자신의 질문에 대답하는 슈리 바가반의 인내심에 감정적으로 아주 많이 감동한 것처럼 보였다. 그는 잠시 조용히 있다가 눈물이 글썽이고 목이 메는 소리로 이렇게 말했다.

헌: 모든 존재를 향한 슈리 바가반의 무차별적인 연민의 비밀은 무엇입니까? 저에게 그것을 밝혀 주시겠습니까?

라: Ellam Ondrae라는 작품은 당신의 질문에 대한 답을 담고 있습니다. 그것이 말하는 것을 생각해 보십시오. (노트를 읽는다)

(원어, 15줄)

헌: 듣기에는 분명 고무적입니다. 하지만 어떻게 이 상태에 이를 수 있습니까?

라: 단순한 의욕만으로는 충분하지 않을 것입니다. 우연히 어떤 것을 언뜻 보고 스쳐 지나가는 생각이 생겨나게 하는 것으로 높은 관리가 될 수 있습니까? "어떻게 제가 이 사람처럼 힘 있는 관리가 되기를 바라겠습니까?" 필요한 노력을 쏟고 그에 따라 그 자리를 위해 스스로 준비를 갖출 때만 그는 그 장려함과 고급스러움이 아주 강하게 그의 관심을 끌었던 그 사무실의 사용자가 될 수 있습니다.

마찬가지로, 마음으로서 속박되어 있는 자아는 단순히 그것이 그것의 진정한 정체성은 불멸의 나라는 지적 이해를 얻었기 때문에 절대적 나가 될 수 있습니까? 깨달음을 열망하는 마음의 파괴가 없으면 깨달음은 불가능하지 않습니까? 거지가 단지 왕을 방문해서 자신이 왕이라고 선언하는 것으로 왕이 될 수 있습니까? 아닙니다.

헌: 그러면 저같이 무지한 평범한 사람이 갸나를 얻는 것은 불가능합니까? 그리스도는 "내가 진실로 너희에게 이르노니 나를 믿는 자는 내가 하는 일을 그도 할 것이요 또한 그보다 큰 일도 할 것이다. 이는 내가 나의 아버지께로 가기 때문이다."라고 말했습니다. 만약 제가 진실로 노력한다면 신은 제가 나를 깨닫도록 도와주시지 않을까요?

라: 네, 그는 그럴 것입니다. 꾸준한 바이라기야로 갸나가 가능해집니다.

헌: 하지만 어떻게 바이라기야를 얻습니까?

라: "나는 누구인가?"라는 비차라를 끊임없이 추구함으로써 입니다. 탐구는 지적 분석이 아닙니다. 그것은 실제적인 조사입니다. "나는 이런 저런 것이다."라는 생각은 뿌리째 제거되어야

합니다. (다시 읽는다) (원어)

헌: 바가반께서는 나를 얻는 수단으로서 자기복종에 대해 말씀하십니다. (원어)

라: 맞습니다. 그래서 실제로는 복종하는 자가 없고, 복종 할 것이 없으며, 복종해야 할 대상이 없고, 복종이라고 알려진 그런 몸짓이나 행위가 없습니다. 모든 것이 바로 이미 그의 것이며, 우리의 비정상적인 상상에서가 아니고는 지위나 상황은 절대 다른 적이 없었습니다.

헌: 복종할 것이 아무것도 없다면 어떻게 복종의 사다나를 수행합니까?

라: 복종할 것이 아무것도 없다는 지적 이해에 도달하면, 자아를 포기하십시오. 그러면 숨마이루탈summayirutthal(노력하지 않고 자유의지 없이 유지되고, 생각이 없고, 권태가 없는 주관적 의식)이 잔여물로 남는 상태입니다.

헌: 박티는 신에게로 가는 길이 될 수 없습니까?

라: 박티는 무엇입니까?

헌: 신에 대한 사랑입니다.

라: 기도하는 자가 없는 기도입니다. 따라서 가장 높은 기도인 복종은 또한 사랑의 절정입니다.

Ovid는 말했습니다. (Mr. George Sandys가 라틴어에서 번역했다)

나는 더딘 세월을 헤아립니다.
그분은 모든 대상들을 보며,
모두가 그분에 의해 봅니다.
나는 바로 그분입니다.
세상의 깨끗한 눈, 당신의 공정함, 나는 맹세합니다,
나는 생각 너머에 있는 당신을 사랑합니다.
오! 나의 사랑스러운 이여!

따라서, 진정한 사랑은 생각과 지성을 초월하는 것입니다. 그것은 Una salus victis nullam sperare salutem이라는 말의 진정한 의미입니다. 당신의 유일한 희망은 자신의 노력이 당신을 목표로 데리고 가기에 충분할 수 있다는 모든 희망을 포기하는 것입니다. 이렇게 자신을 복종하십시오.

헌: 어떻게 사람은 죽음에 대한 끔찍한 두려움을 극복할 수 있습니까?

라: 육체가 나라는 생각을 포기함으로써 입니다. 그러면 육체가 소멸될 것이라는 사실은 당신을 괴롭히지 않을 것입니다. 죽음은 치명적으로 죽음에게 영향을 주기 위해 사용되는 도구입니다. 자아를 죽이고 나면 죽일 것이 아무것도 남지 않습니다.

사람은 언젠가는 육체가 죽는다는 것을 항상 알고 있습니다. 하지만, 그가 그것으로부터 자신을 성공적으로 떼어내도록 설득하는 것이 쉽습니까? 만일 육체에 대한 생각을 버리고 불멸의 나를 받아들이라는 요구를 받는다면, 그 생각은 그에게 호소력이 없습니다. 그를 괴롭히기 위해 그렇게 많은 문제가 발생할 여지를 허용하는 것은 저주받은 육체입니다. 그렇지만 그는 무의미하게 육체의 존재를 연장시키려고 합니다. 언젠가는 사라질 것에 대해 우리의 노력을 쏟는 것이 무슨 소용이 있습니까? 영원히 존재하는 것의 명령에 따르고, 우리 자신이 조용히 그것에게 흡수되어 사라지도록 하는 것이 더 낫지 않습니까?

헌: 이 고상한 생각들은 모든 사람에게 호소력을 갖지는 않을 것입니다.

라: 인생에서 불행을 충분히 경험한 사람은 자연스럽게 티비라바이라기얌theeviravairagyam을 발전시킵니다. 그런 사람은 자신이 마음이 없는 깨달음으로 내려가는 것을 막을 힘이 없습니다.

헌: 저는 스스로에게 "언젠가 나는 죽을 것이다. 그러면 어떤 것에 대해 생각하거나 걱정하는 것이 무슨 소용인가?"라고 계속해서 말해야 합니까?

라: 일단 그 사실에 대해 깊이 생각해 보고 육체의 필멸에 대한 진리를 받아들이십시오. 그런 다음에는 노력이 들어가지 않고 자유의지 없이 유지되고, 생각이 없고, 나태함이 없는 주관적 의식의 자연스러운 상태에 머무르십시오.

헌: 그런 것들에 대해 깊이 생각을 하면, 죽음에 대한 두려움이 저를 사로잡습니다.
라: 그것에 대한 계속적인 거짓된 부정을 하며 살면서 문제들을 헤쳐 나갈 수 있습니까? 그것이 왕자든 가난한 사람이든, 거지든 부호이든, 죽음은 모든 영혼을 정복하지 않습니까? 다음 이야기를 생각해 보십시오.

바가반은 수행원에게 홀의 책장에서 특히 낡은 책을 가져오라고 부탁했다. 이 책이 그에게 건네졌다. 그것은 내가 어린 시절 가장 좋아하던 책이었다. 『작가의 메모가 있는 그림(Grimm)의 가정 이야기, 독일어에서 번역, Margaret Hunt 편집, Andrew Lang, M.A.의 서론, 두 권으로 됨 – Vol.Ⅱ, George Bell and Sons 출판, York Street, Covent Garden, 런던, 1884.』라는 평소처럼 무심하게 바로 딱 맞는 페이지를 펼쳐서 타밀어로 그 이야기를 읽기 시작했다.

예전에 한 지친 거인이 인적이 드문 길을 지나고 있었는데, 갑자기 알 수 없는 생명체가 그의 앞에 나타나서 말을 했다.

"멈춰라, 한 걸음도 더 가지 못한다!"

"뭐라고!" 거인이 소리쳤다.

"내 검지와 엄지손가락 사이로 으스러뜨릴 수 있는 존재가 내 길을 가로막고 싶어한다고? 나에게 감히 그렇게 용감하게 말을 하는 당신은 누구인가?"

"나는 죽음이다."라고 다른 이가 답했다.

"누구도 나에게 저항할 수 없고, 그대 또한 나의 명령을 따라야 한다. 당장 이 세상적 영역을 떠날 준비를 하라!"

하지만 거인은 거부했고 죽음과 싸우기 시작했다. 그것은 길고도 피비린내 나는 싸움이었다. 마침내 거인이 우위에 서서 주먹으로 죽음을 내리쳐 그는 돌처럼 쓰러졌다. 거인은 자신의 길을 갔고, 죽음은 정복되어 거기에 누워있었는데, 너무나 약해서 자신이 다시는 일어날 수 없을 거라고 확신했다. 그는 곰곰이 생각했다.

"내가 한구석에 계속 누워있으면 이제 어떻게 될 것인가? 세상에서는 이제 아무도 죽지 않을 것이고, 세상은 사람들로 가득 차게 되어 서로의 옆에 설 자리가 없을 것이다."

그러는 동안 힘세고 건강한 한 젊은이가 노래를 부르면서 사방을 둘러보며 길을 따라 왔다. 길가에 으스러뜨려진 채 누워있는 불쌍한 죽음을 보고, 그는 동정하며 그에게 가서, 일으켜 세워, 그를 위해 자신의 물병에서 힘이 나게 하는 한 모금을 부어주고는, 그가 정신을 차릴 때까지 기다렸다. 그가 일어나고 있는 동안 그 낯선 사람이 물었다.

"내가 누구인지, 그리고 그대가 다리 아픈 것을 도와준 그가 누구인지 그대는 아는가?"

"아니요, 나는 당신을 모릅니다."라고 젊은이가 대답했다.

"나는 죽음이다" 이방인이 말했다.

"나는 누구도 봐 주지 않으며, 그대도 예외일 수 없다. 하지만 내가 고마워한다는 것을 알 수 있도록, 불시에 그대에게 닥치지 않고 그대를 데리러 가기 전에 나의 전령을 보낼 것을 약속한다."

"음, 당신이 언제 오는지를 내가 분명히 알 수 있고, 당신의 손아귀로부터 그렇게 오랫동안 안전을 보장받는다니 너무나 감사합니다."

그런 다음 그는 자신의 길을 갔고, 마음이 가벼워져서, 즐거운 시간을 보냈으며, 내일에 대한 생각 없이 살았다. 하지만 젊음과 건강은 오래 가지 않았고, 날이 갈수록 그를 괴롭히고 밤에는 그의 휴식을 앗아가는 병과 슬픔이 곧 찾아왔다. "나는 죽지 않을 것이다," 그는 혼잣말을 했다.

"왜냐하면 죽음은 그 전에 그의 전령을 보낼 것이니까, 하지만 이런 몹쓸 아픈 날들이 끝났으면 좋겠다." 다시 건강이 괜찮다고 느끼자마자, 그는 다시 한 번 즐겁게 살기 시작했다. 그러다가 어느 날 누군가 그의 어깨를 툭툭 쳤다. 그는 둘러보았고, 죽음이 그의 앞에 서서 말했다.

"이 세상을 떠날 날이 왔으니, 나를 따라오라."

"뭐라구요," 그 남자는 대답했.

"당신의 약속을 어길 것입니까? 나에게 오기 전에 전령을 보내겠다고 약속하지 않았습니까? 나는 아무도 못 봤습니다!"

"조용히 하라!" 죽음이 대답했다.

"내가 전령을 하나씩 보내지 않았던가? 열이 찾아와 그대를 협박하고, 괴롭히고, 넘어뜨리지 않았는가? 어지럼증이 머리를 혼란스럽게 하지 않았는가? 통증이 사지에 경련을 일으키지 않았는가? 치통을 뺨을 괴롭히지 않았는가? 눈앞에 캄캄하지 않았는가? 그리고 그 모든 것 외에도, 나의 형제 잠이 그대에게 매일 밤 나를 상기시켜주지 않았는가? 밤마다 그대는 마치 이미 죽은 것처럼 누워있지 않았는가?"

그 남자는 아무 대답도 할 수 없었다. 그는 운명에 복종했고, 죽음과 함께 떠났다.

헌: 거인은 어떻게 죽음을 피할 수 있었습니까?
라: 그에게 약속된 시간은 아직 오지 않았던 것입니다. 결국에는 그 또한 분명히 죽었습니다. 당신은 무엇을 봅니까? 이 이야기는 아주 강력하게 심오한 실제적 메시지를 구분할 수 있는 성숙한 소수의 사람들을 위해 그 메시지가 깊숙이 숨겨져 있는 아주 훌륭한 우화입니다.

"오 보잘것없는 인간이여! 그대가 어떤 것을 진정으로 알거나 이해하는 것이 가능하다고 생각하지 말라. 그대는 자신이 아주 똑똑하다고 생각할지도 모르나 그대의 모든 지식은 흘러가는 물에 손가락으로 흔적을 남긴 문장과도 같다." 어떤 사람들이 심각한 사고를 당하고 직후의 그들의 상태는 애처로워서 모두가 그들이 그 뒤로 며칠 안에 죽을 것이라고 확신합니다. 하지만 그 사람은 결국 완전히 정상적으로 기적적인 회복을 합니다. 그런 다음, 수십 년이 지나 그는 아주 건강합니다. 하지만 갑자기 어느 날 아침 침대에서 일어나지 못합니다. 그는 죽은 채 발견됩니다. 그래서 그것은 모두 프라랍다입니다. 그것이 그 이야기의 교훈입니다. 육체에서 생명이 떠나는 것은 그 특정한 육체의 프라랍다가 소진될 때만 가능합니다. 군인들은 하나 이상의 사지를 잃고 집으로 돌아갈 수도 있는데, 전방으로부터 돌아오는 여정에서 그들에게는 의료지원이 거의 없었을 수도 있습니다. 그렇지만 그들은 살아남습니다. 또 다른 사람은 젊고, 건강하고, 체격이 좋습니다. 갑자기 어느 날 그는 기절해서 쓰러집니다. 몇 분 후 호흡이 멈추고 그는 죽었습니다. 물론 과학은 평소와 같은 헛소리 즉 이름, 설명, 그리고 다른 장황한 이야기를 내놓을 것입니다. 왜냐하면 사람은 "무슨 일이 일어났는지 이해하기를" 원하고, 그의 마음은 구조와 질서를 갈망하고 임의성을 경멸하며, 그에 따르면 "일어난 모든 것"에 대한 논리적 이유가 필요하고, 그의 견해에서는 지금과 다음 세상에서 일어나는 모든 것은 그의 기존 지식의 틀에 맞아야 하거나 그 목적을 위해 특별히 고안된 새로운 지식의 틀의 범위에 가두어질 수 있어야 하기 때문입니다. 하지만 일어나는 일은 일어납니다. 일어나려고 하는 사건은 그것이 일어나기 전에 "오! 우리는 전에는 이 사람에게 일어난 적이 없다. 우리의 이런 새로운 경험이 그를 놀라게 하거나, 그것이 바람직하지 않거나, 유쾌하지 않거나, 달갑지 않다고 느낀다면 어떻게 할 것인가? 만약 우리가 그의 기존 경험의 레퍼토리의 일부가 아니라면 어떻게 할 것인가?"라는 생각을 하려고 멈추지 않습니다. 일은 그저 일어납니다. 사건에 대한 그의 지각들 사이에서 어떤 사람은 원인이라고 하고, 또 다른 사람은 결과라고 하며, 또 어떤 사람은 촉매라고 부르는 온갖 종류의 허구적 구조를 제시하는 것은 사람입니다. 보통의 평범한 사람에 따르면, 죽음은 노년의 끝에서 기다리고 있는 아주 멀리 있는 확실성입니다. 이것은 "동화" 생각이라고 불립니다. 아이들의 이야기는 "… 그래서 그들은 영원히 행복하게 살았습니다."로 끝납니다. 영원히 행복하게 사는 그런 것은 없습니다. 완벽한 삶이란 없습니다. 오직 실재만이 완벽할 수 있습니다. 다른 모든 완벽함은 완벽함에 대한 지적이거나 관념적인 지각들입니다. 이해에 토대를 둔 그런 겉으로 보이는 완벽함은 그것의 기초를 흔들기 위해 새롭고, 부정적인 데이터가 도착하면 곧 산산이 부서집니다. 언젠가 당신이 죽기로 되어 있는 순간, 당신은 이미 오늘 죽은 것입니다. 따라서 탄생이라고 불리는 것은 실제로 죽음입니다. 태어나지 않은 것만이 실제로 삽니다. 태어나는 사람들은 살아가고 있는 것이 아니라 죽어가고 있는 것입니다. 이것이 예수가 "누구든지 제 목숨을 구원하고자 하면 잃을 것이요, 누구든지 나를 위하여 제 목숨을 잃으면 구원하리라"라고 말한 이유입니다. 만약 당신이 육체에서의 생명을 연장하고자 한다면 언젠가 당신은 분명 그것을 잃을 것입니다. 만약 아트만에게 자아를 넘겨준다면, 당신은 영원이라는 진정한 삶을 발견할 것입니다. 사람은 어리석게도 자신의 영리함 때문에 그의 삶을 성공적으로 살아나간다고 상상합니다. 비파리타(vipareetha) 프라랍다 카르마가 그에게 큰 타격을 주어서 눈 깜짝할 사이에 그가 수많은 세월 동안 일해 온 모든 것을 잃을 때, 그는 이 샤라나가티(sharanagati)의 가르침의 가치를 깨달을 것입니다. 그때까지 그는 "고맙지만 괜찮습니다! 나는 완벽하게 모범적으로 내 삶을 잘 살 수 있다고 생각합니다."라고 말할 것입니다. 운명이 그에게 너무나 잔인한 타격을 입혀 그가 "실존적 위기"에 이르고 그의 탄생에 대한 이유를 묻기 시작할 때, 그는 오리가 물로 가는 것처럼 샤라나가티의 가르침으로 갈 것입니다. 다른 사람들은 "만약 내가 복종하면, 신은 이런 저런 것을 보장해 줄 것입니까?"라고 하는 등 계속해서 횡설수설할 것입니다. 이미 모든 것을 잃은 그는 그렇지 않습니다. "지혜로운 자는 영광을 물려받겠지만, 어리석은 자가 높여지는 것은 수치가 될 것이다." 라고 성경은 말합니다. 이 황량하지만 매력적으로 보이는 세상에서 매달릴 것이 없는 사람은, 외부인에게는 무수히 많은 책임과 헌신을 짊어지고 있는 것처럼 보일지 몰라도, 포기할 것이 없고 그는 자동적으로 나 안에 흡수됩니다. 만약 신이 당신의 삶에 엄청난 비극을 밀어 넣는다면, 그 이유는 오직 이것임을 아십시오. 당신의 자아를 겸손하게 하고 당신이 그에게 복종하도록 만들기 위해서. 그는 당신을 사랑하고, 당신을 그에게로 끌어당기기를 원합니다. 당신은 가겠습니까, 안 가겠습니까? (미소짓는다)

헌: (울부짖으며) 네. 네, 저는 복종합니다. 저는 바가반의 축복을 갈망합니다.
라: 당신은 결코 그것이 없지 않습니다.

제19장
1936년 7월 25일

~

헌: 아비야사에 관한 한, 각각의 스승은 각기 다른 영적 길을 추천합니다. 그것은 혼란의 원인이 아닙니까?

라: 예전에 물라 나스루딘과 그의 아들이 당나귀를 타고 마을 시장으로 가고 있었습니다.

한 무리의 사람들이 지나갔습니다. 물라는 그들이 속삭이는 것을 들었습니다. "이 얼마나 사악한 시대인가! 저 두 악마 같은 사람들을 보세요! 그들은 불쌍한 동물에 대한 자비가 없나요?" 나스루딘은 이것을 듣고 아들에게 내려서 도보로 여행을 계속하라고 말했습니다.

이제, 또 다른 무리의 사람들이 지나가고 있었고, 이것을 보고는 말했습니다. "이 얼마나 부도덕한 시대인가! 이 남자를 보세요. 한창 나이에 있는 그가 당나귀를 타고 가는 동안 연약한 몸의 불쌍한 그의 아들은 걸어야만 해요!" 이것을 듣고, 나스루딘은 아들에게 당나귀를 타라고 말하고 자신은 나머지 길을 가려고 내렸습니다.

세 번째 무리의 사람들이 이것을 보고 말했습니다. "이 얼마나 부당한 시대인가! 이 젊은이는 당나귀를 타고 있고 그의 병들고 늙은 아버지는 걸어가야만 하네요!" 이것을 듣고 나스루딘은 아들에게 그 동물에게서 내리라고 말했고 그들 둘 다 당나귀를 끌고 걸어갔습니다.

지나가는 또 다른 무리의 사람들이 웃으면서 그들을 가리켰습니다. "이 얼마나 어리석은 시대인가! 이 바보들을 보세요. 그들은 당나귀를 한 마리 가지고 있는데 시장까지 계속 걸어가고 있네요!"

헌: 그 이야기의 교훈은 무엇입니까?

라: 당신이 무엇을 하든 항상 비판이 있을 겁니다. 당신이 아무리 훌륭하게 행동하려고 노력해도 항상 이런저런 면에서 질책을 받을 것입니다. 그러므로 사소하고 세상적인 것이 아니라 파괴할 수 없고 영원한 지식의 완벽함을 목표로 하십시오. 당신이 어떤 영적 길을 따르든, 의혹은 언제나 생기고, 당신은 지금 자신이 하고 있는 일을 할 만큼 최악의 바보라고 말하는 사람들이 항상 있을 것입니다. 아무리 많은 길이 있더라도 말입니다. 당신은 어떤 것이 자신의 경우에 적절한지를 찾아내고 그것을 고수합니다. 하지만 하나에 열중하십시오. 영적 문제들에 있어서 다른 사람들이나 자신의 지성의 안내도 따르지 마십시오. 오직 자신의 가슴의 조용한 목소리에 귀 기울이십시오.

성경은 말합니다.
온 가슴을 다하여 신을 믿어라.
그리고 자신의 이해에 기대지 말라.
모든 길에서 그를 인정하라,
그러면 그가 그대의 길을 안내할 것이다.

헌: 그러면 구루는 필요하지 않습니까?

라: 당신이 진정으로 필요로 하는 것이 무엇이든, 신은 묻지 않고 제공합니다.

헌: 제 경험으로는 그렇지 않았습니다.

라: 당신이 유치한 지성의 관점으로 그를 판단하기 때문입니다. 그 전능하신 이에 대한 판단을 내리는 것이 우리의 아주 작은 자아들에게 열려 있습니까?

헌: 신의 이름으로 행해지는 잔학행위를 포함해서 세상의 모든 악은 어떻습니까? 왜 신은 그 모든 것을 참습니까?

라: 문제를 해결하는 것은 그에게 맡기십시오. 당신의 문제들에 신경 쓰십시오, 세상은 그것의 문제를 알아서 할 것입니다.

헌: 그러면 사회개혁은 소용이 없습니까?

라: 먼저 자기개혁을 하십시오. 그런 다음 다른 개혁을 하십시오.

헌: 공동체의 필요는 개인의 행복보다 우선시되어야 합니다. 그것이 고귀함의 정신입니다.

라: 앞을 못 보는 한 사람이 다른 사람이 걷도록 도와줄 수 있습니까? 그들은 둘 다 비틀거리며 넘어질 것입니다.

헌: 저는 신에 대한 존경과 애정을 지니고 있습니다. 그렇지만 그는 저의 삶을 불행으로 가득 채웁니다.

라: 성경은 말합니다.

나의 아들아, 신의 훈계를 경시하지 말라,
그의 꾸지람을 싫어하지도 말라.
왜냐하면 신은 그가 사랑하시는 자를 바로잡기 때문이다.
마치 아버지가 그가 기뻐하는 아들을 바로잡는 것과 같이.

헌: 그러면 만약 제 삶에서 어떤 것이 겉으로 보기에 잘못되어도, 그것은 모두 궁극적 선을 위한 것입니까?

라: 그렇습니다.

헌: 증거는 무엇입니까?

라: 셰익스피어는 말했습니다.

변화가 나타났을 때 변화하거나,

제거제와 함께 제거될 때
그 사랑은 사랑이 아니다. 오! 아니다.
그것은 항상 고정되어 있는 표식으로
폭풍우를 쳐다보면서도 결코 흔들리지 않는다.
그것은 모든 방랑하는 배에게 있어서 별이다.
사랑은 몇 시간이나 몇 주 안에 변하는 것이 아니라
심지어 운명의 끝까지 참고 견뎌내는 것이다.
이것이 틀린 것이라고 그렇게 나에게 입증되었더라면
나는 결코 글을 쓰지 않았고 누구도 사랑하지 않았으리라.

따라서 보상을 계산하고, 사랑하는 사람을 판단하고, 이득을 예상하거나, 보답에 관해 논리적 제시나 증거의 수단을 요구하는 사랑은 진정한 사랑이 아닙니다. 오직 무조건적인 사랑만이 진정한 사랑일 수 있습니다. 무조건적으로 사랑하는 사람은 어떤 것도 보답으로 기대하지 않습니다. 그는 그의 사랑에 있어서 전혀 동기가 없습니다. 그것은 물물교환이 아닙니다. 그는 그가 보답으로 사랑을 받는지 아닌지조차 신경 쓰지 않습니다.

중요한 것은 믿음이 아니라 사랑입니다. 강박적이고 미친 사랑. 사랑은 그 자신의 보상입니다. 믿음은 지성의 수준에서 멈춥니다. 사랑은 사랑하는 사람의 마음을 저 너머로 밀어 넣습니다. 믿음은 어떤 것이 일어나거나 일어나지 않을 것이라고 확신하는 기대입니다. 그것은 단지 마음의 활동입니다. 사랑은 신성합니다. 신에 대한 최고의 설명은 "사랑"입니다.

헌: 어떻게 신에 대한 사랑을 기릅니까?

라: 당신은 할 수 없습니다. 무한한 자비를 가진 신이 당신의 가슴(마음)에 그것을 심어야 합니다. 사랑의 씨앗은 신의 것입니다. 그와의 합일에 대한 열망과 갈망의 눈물의 강으로 그것을 기르십시오. 그것은 자아의 사악한 덩굴의 목을 졸라 그것을 영원히 파괴하는 거대한 나무로 자라날 것입니다.

헌: 어떻게 그가 씨앗을 심도록 설득합니까?

라: 그것은 진실한 영혼의 마음에 자동적으로 떨어집니다.

헌: 진실한 영혼과 진실하지 못한 영혼은 무엇입니까?

라: 오만함과 이기주의적 자만이 없는 것이 진실함입니다. "나는 오만함이 없어야 한다"라고 생각하는 것은 결코 진정한 겸손이 될 수 없습니다.

헌: 그렇다면 진정한 겸손은 무엇입니까?

라: 자신이 행위자라는 거짓된 감각의 완전한 부재입니다.

헌: 바가반께서 저에게 이 씨앗을 심지 않을까요?

라: 그것은 당신이 이곳을 방문하기로 결심한 순간에 이루어졌습니다. 하지만 오직 당신만이 그 씨앗을 싹트게 할 수 있습니다. 새들이 떨어뜨린 씨앗들은 어디에나 떨어지지만, 모두가 싹을 틔우고 뿌리를 내리는 것은 아닙니다.

헌: 예수는 씨뿌리는 자의 비유에서 똑같은 것을 설명합니다.

라: 맞습니다.

제20장
1936년 7월 26일

헌: 아주 많은 사람들이 깨닫는 것에 대한 열망을 가지고 여기에 옵니다. 바가반께서는 공정하기 때문에, 모두가 똑같이 그의 은총을 받습니다. 그렇지만 어떤 사람들은 깨닫는 것에 성공하는 반면 다른 사람들이 깨닫지 못합니다. 왜 그렇습니까?

라: 그것은 팍쿠밤(적합함)의 문제입니다. 어떤 사람들은 자신들이 깨우침이라고 알려진 어떤 대단한 능력을 얻을 수 있다고 생각하고 여기에 옵니다. 그들이 아는 유일한 자아인 개인적 자아를 버리라는 요구를 받으면, 그들은 자신들이 삶 자체를 포기하라는 요구를 받고 있다고 생각하고 겁을 먹습니다. 그래서 그들은 놀라서 도망갑니다. 원대한 것을 기대하고 온 사람에게 "모든 것을 포기하라"는 지시는 견디기 힘듭니다. 그는 신 그 자신의 상태를 얻기를 바라며 왔지만, 지금 그는 심지어 이미 그가 가진 것도 버리고, 그 자신과 그의 것이라고 생각하는 모든 것을 완전히 포기하라는 요구를 받습니다. 그래서 그는 황급히 달아납니다.

　나는 마음에 의해 얻어질 수 없습니다. 마음을 포기하면 나는 드러납니다. 어떤 사람들은 그들이 사다나를 함으로써 언젠가는 나를 깨달을 것이라고 생각합니다. 그들은 팍비pakvi들이 아닙니다. 마치 석유가 그에게 부어져서 불타고 있는 것처럼 느끼는 자, 불에 던져진 벌레처럼, 물에서 나온 물고기처럼, 또는 머리가 물 아래로 눌러지고 있는 사람처럼 그의 마음이 고통으로 걷잡을 수 없이 몸부림치는 자, 그의 깨달음은 멀지 않습니다. 그런 사람은 자신이 삼사라에 갇혀 있다는 생각에 겁을 먹습니다. 그는 어떻게든 도망치고 싶어합니다. 그는 "나는 그것을 수행함에 의해 결국 나의 진정한 나를 깨달을 수 있도록 어떤 사다나를 취하는 것이 더 좋은지 궁금하다."라고 궁금해 하지 않습니다.

당신의 머리가 물속에 눌려있을 때, 당신은 "내가 현재 처해 있는 이 치명적 위험으로부터 빠져나갈 수 있는 가장 효과적인 방법이 무엇인지 나는 궁금하다"라고 생각합니까? 아닙니다. 당신은 그것에 대한 고통으로 미쳐버립니다. 당신은 자신이 가진, 아니 그 이상의 모든 힘과 간계로 아무 생각 없이 고군분투합니다. 그 순간 어떻게든 살아남으려는 당신의 의지는 부담스러울 정도로 강렬해서 만약 당신이 살아남는다면, 나중에 어떻게 탈출했는지에 대한 기억이 없습니다. 그 몇 분 동안, 마음의 단일지향성single-pointednes의 정도는 엄청나서 기억-형성 같은 보조 기능들이 계속해서 작용할 여지가 없습니다. 그 몇 분 동안 당신에게 갑자기 밀려오는 것은 일종의 광기입니다. 그것은 정상적인 마음의 상태가 아닙니다. 여기에서도 마찬가지입니다. 그것이 바로 깨달음을 원한다면 온전한 정신을 잃을 준비가 되어 있어야 한다고 말해지는 이유입니다.

헌: 깨닫기 위해서는 미쳐야 합니까?

라: 그것은 옷을 찢고 사람들에게 물건을 던지면서 거리를 돌아다녀야 한다는 뜻은 아닙니다. 여기에서 제정신이 아니라는 것은 "당신의 마음을 잃는 것"을 의미합니다.

헌: 마음을 잃는다는 것은 위험하지 않습니까? 예를 들어, 마음이 없다면 어떻게 선과 악 사이의 차이를 알 수 있습니까?

라: 마음이 없어지면, 오직 사랑만이 남습니다. 마음이 없는 사람은 모두를 그 자신의 나로서 사랑하기 때문에 누구에게도 상처를 입힐 수 없습니다. 그러므로 그는 죽은 뱀처럼 완전히 무해합니다.

헌: 세샤드리 스와미갈은 속으로 나쁜 욕망이 결실을 맺기를 빌면서 자신에게 접근하는 사람들에게 돌을 던졌다고 알려져 있습니다.

라: 그렇습니다. 하지만 누구에게 떨어진 돌은 하나도 없습니다.

헌: 깨달은 모든 사람은 광기의 단계 또는 특이한 마음의 방식이나 단계를 겪습니까?

라: 그렇습니다. 하지만 겉으로 보기에는 분명하지 않을 수도 있습니다. 혼란이나 동요는 오직 마음에만 있습니다. 불운한 소수의 경우, 그것은 이상한 신체 활동으로 나타납니다. 그런 단계를 이미 이전 생에서 지났다면, 사람은 예고 없이 또는 아무런 명백한 이유 없이 황홀감과 우울함의 절정이 번갈아 나타나는 단계를 거치지 않고, 깨달을 수 있습니다.

헌: 제가 이 단계를 지났는지 어떻게 알 수 있습니까?

라: 만약 당신이 지났다면, 이런 질문은 일어나지 않았을 것입니다.

헌: 바가반께서 설명하신 마음의 불안, 그것은 보통 정신 질환으로 분류되지 않습니까?

라: 자신을 육체나 마음이라고 여기고 언젠가는 자신이 죽을 것을 알고서, 그것만이 그런 불가피한 죽음을 터무니없는 생각으로 만들어주는 불멸의 수단 이외의 다른 것들에 열중하는 제정신이 아닌 바보들은 물론 신에 대한 사랑으로 인해 제정신이 아닌 사람들을 미쳤다고 부를 것입니다. 당신은 그들이 부르는 것에 신경을 써야 합니까?

헌: 그래서 사람들이 저에 대해서 말하는 것에는 주의를 기울일 필요가 없습니까?

라: 당신의 마음이 하나의 존재에 대한 탐구로 확고하게 귀착되면 그렇습니다.

헌: 어떤 사람들은 말하기를 수행되는 사다나의 강렬함으로, 그 사람의 얼굴과 어깨는 빛을 발하기 시작한다고 합니다. 다른 사람들은 그의 과거 생에들에 대한 사람의 기억들 같은 것이 그에게 돌아오고, 그는 이전의 생애들에서 그가 누구였는지를 떠올릴 수 있다고 합니다. 또 다른 사람들은 그가 더 높은 영적 영역에 속하는 다른 세계의 존재들과 소통을 할 수 있다고 합니다. 그것이 모두 사실입니까?

라: 이것들은 실재적인 것으로부터의 원치 않는 마음의 동요입니다. 심지어 당신이 이미 주위에서 보는 것도 완벽하게 비실제적입니다. 비록 그런 초자연적 지각들이 발달한다고 해도, 그것들 또한 조만간 가치가 없고 부담스러운 것으로서 버려져야 합니다. 당신은 이미 현재의 지식으로도 아주 많은 고통을 겪습니다. 더 많은 지식이 있다면 고통은 가중됩니다.

헌: 그래서 무지가 축복이군요!

라: 정말 그렇습니다.

헌: 초월적 지식의 습득이 사다나의 목적이 아닙니까?

라: 아닙니다.

헌: 그러면 그 목적은 무엇입니까?

라: 만약 어떤 목적이 있다면, 사실 이상적으로 있어서는 안 되는 것인데, 그것은 "네, 나는 신과는 완전히 별개이고, 나의 걸음을 그에게로 다시 추적하기 위해 나는 사다나를 해야 합니다" 또는 "우파니샤드는 아함 브람마스미를 선언합니다. 그러므로 나 자신이 신 또는 궁극적 실재입니다."라고 단언하는 망상적인 사다카의 파괴입니다.

헌: 모든 생각이 죽으면 무엇이 남습니까?

라: 그것으로부터 생각들이 만들어지는 순수한 주관적 의식입니다.

헌: 사람은 이 순수한 주관적 의식으로 무엇을 합니까?

라: 순수한 주관적 의식은 어떤 것도 할 수 없습니다. 그를 제외하고는 그와 함께 어떤 것을 할 사람은 없습니다.

헌: 그러면 순수한 주관적 의식을 제외한 나는 누구입니까?

라: 알아내십시오!

헌: 비차라마르가를 위해서는 구루가 필요합니까?

라: 물론입니다.

헌: 구루는 누구 또는 무엇입니까?

라: 당신의 모든 주의와 마음의 능력을 그것에게 고정시키고, 당신이 다른 어떤 것에 대해서 생각하는 것을 조금도 허용하지 않는 것이 당신의 구루입니다. 사이 바바는 "그릇 조각을 당신의 구루라고 생각하고, 당신이 그렇게 할 수 있는지 아닌지를 보라."라고 말했습니다, 어떤 것에 대해 완전한 강박관념이라고 할 정도의 매혹은 에카그라타라고 불립니다. 그것은 갸나 비차라와 똑같은 결과로 이어집니다.

헌: 박티는 필요하지 않습니까? 어떻게 버려진 토기 조각이 그것을 불러일으킬 수 있습니까?

라: 각자는 그를 만족시키는 각기 다른 이상을 발견합니다. 어떤 사람이 가치가 없다고 생각하는 것을 다른 사람은 귀중한 보물이라고 발견합니다. 그 문제에 대한 어떤 일반적 규칙은 있을 수 없습니다.

헌: 저는 구루가, 다른 사람들이 깨닫도록 도움을 주는 나 깨달음을 얻은 인간을 의미하는 것으로 이해합니다.

바가반은 아무 대답도 하지 않았다. 그 후에 곧 그는 홀을 떠났다.

라: 사람들은 내가 그들의 믿음이나 생각을 확증해주리라는 기대를 하고 여기에 옵니다. Bell-Tainter 실린더에 대고 이야기해서 그것을 재생시키는 것이 어떻습니까? 적어도 발판을 작동시키는 것은 발에 약간 운동은 될 것입니다.

헌: 저는 과학에 대한 상당한 믿음을 가진 사람입니다. 저는 무언가를 믿으려고 하면 논리적 증거가 저에게 제시되기를 기대합니다. 만약 신이 존재한다면, 그는 자신을 드러내야 하지 않겠습니까? 만약 신이 존재한다는 증거를 제시한다면 저는 그것을 받아들일 것입니다.

라: 칭찬할 만한 당신의 과학적 견해는 자연의 작용 방식이 사람의 방식과 끊임없이 충돌을 일으키는 것을 결코 본 적이 없습니까? 사람이 무엇을 만들어내든, 자연은 무너뜨리고 파괴하는 경향이 있습니다. 인간은 임의성이나 무질서는 경시하고 질서와 구조를 갈망하지만, 자연 또는 섭리는 질서와 구조를 경시하고 임의성이나 무질서를 선호하는 것처럼 보입니다.

Clausius는 말했습니다, "순환 과정에서 일어나는 모든 변환에서의 대수합은 양일 수밖에 없고, 또는 극단적 경우, 아무것도 아닌 것이 된다." 사다카로서 우리는 이것으로부터 무엇을 이해해야 합니까? 우리는 상상적인 마음에 의해 겉보기에 동기, 아젠다 즉 시간의 경과에 따른 무질서화 또는 파괴를 가진 것으로 해석될 수 있는 독특한 원리를 물리학에서 만나게 됩니다.

돌보지 않은 채 남겨진 것은 사라집니다. 어떤 것을 있는 그대로 보존하기 위해서는 계속적인 노력을 할 필요가 있습니다. 심지어 그때도, 자연이 그녀의 궁극적이고 피할 수 없는 것 즉 절멸을 하기 전에 사람은 아주 짧은 시간 동안 버틸 수 있습니다.

  자연은 모든 것의 위대한 파괴자입니다. 그녀는 시간이라고 알려져 있는 죽음의 낫을 휘두르는 자입니다. 그것으로 그녀는 보잘것없는 인간과 그의 보잘것없는 창조들에 대해 무자비한 대학살을 계속합니다. 사람의 선천적 욕구는 창조하는 것으로 보입니다. 자연의 의도는 사람이 아주 힘들게 창조하는 모든 아름다운 것을 산산이 부수는 것으로 보입니다. 그래서 슬픔은 모든 창조의 확실하고 피할 수 없는 결과입니다. 창조는 사람의 내재적 행복을 죽이는 자입니다. 자연이 항상 그녀의 모든 행위를 특징짓는 그녀의 이 불가침의 파괴적인 행동을 통해 무언가를 말하려고 하고 있는지도 모른다는 생각이 든 적이 없습니까?

  자연은 사람을 위한 메시지를 가지고 있습니까? 사람은 영원히 자연과 갈등을 겪습니다. 그는 거의 확실히 결코 이길 수 없을 그런 싸움을 항상 하고 있습니다. 그렇지만 그는 복종하지 않을 것입니다. 이 전쟁에서 지는 유일한 방법은 생각이라고 불리는 당신의 마음의 탄약을 내려놓고 자연 또는 나에게 복종하는 것입니다.

  그렇지 않다면 계속해서 싸우십시오. 하지만 승리는 불가능합니다. 그러므로 인간에 대한 자연의 메시지는 무엇입니까? "나에게 복종하라."가 메시지입니다.

헌: 세상에! 이것이 여기에 와서 당신과 함께 앉아있는 사람들에게 당신이 가르치고 있는 것입니까? 삶에 대해 이 얼마나 비관적인 태도입니까! 모든 것은 무의미합니다. 창조된 것은 언젠가는 확실히 파괴되어야 합니다. 그러므로 우리 모두 언젠가는 어쨌든 죽을 것이니 바로 지금 모두 자살합시다!

라: 나의 감정이 정확히 그렇습니다.

헌: 제가 정말 위험한 미치광이를 찾아왔군요! 저는 당신이 갇혀야 한다고 생각합니다, 선생님! 당신이 이 마을 사원의 지하 감옥에 스스로 갇혀 굶어 죽으려 했다는 것을 들었을 때 저는 뭔가 잘못되었을 것이라고 생각했습니다! 하지만 그 후로 당신은 왜 자살을 시도하지 않았습니까?

라: 나는 자살하는 것에 성공했습니다.

헌: 그러면 지금 소파에 앉아서 저와 이야기를 하고 있는 것은 누구입니까?

라: 나는 그 설명이 말하는 어떤 것도 보이지 않습니다. 따라서 그것에 대해 말하는 것은 내가 할 일이 아닙니다. 그 자신이 보고 있다고 믿는 현상을 보고 그것에 대한 설명을 제시하는 사람, 그가 그것에 대한 설명을 찾아내게 하십시오.

헌: 당신은 정말 미친 사람이군요! 대단한 미치광이네요! 당신을 일종의 신이라고 생각하는 것처럼 보이는 이 불쌍한 원주민들의 운명은 어떻게 될지 궁금합니다... 아주 많은 귀중한 예술가들과 과학자들이 포함된 이 세상. 그런 불쾌한 허무주의자들을 포함하고 있다니 얼마나 부끄러운 일입니까... 하지만 적어도 허무주의자는 삶이 무의미하다고 믿는 반면, 당신에게는 그런 믿음조차 존재하지 않는 것처럼 보입니다! 당신은 그저 빈 껍데기 인간일 뿐입니다!

라: 당신이 문제의 진리를 그렇게 손쉽게 파악했다니 기쁩니다...

헌: 만약 당신 같은 제정신이 아닌 미치광이의 위험한 충고를 듣고 모든 사람이 문명을 버리고 정글로 다시 돌아간다면, 신이 인간을 위해 너무나도 사랑스럽게 창조한 이 세상의 운명에 대해 생각하니 소름이 끼칩니다!

라: (환하게 미소 지으면서) 세상이요? 무슨 세상 말입니까?

헌: (크게 울부짖는다) 으악!

나이 든 백인 신사가 홀에서 뛰쳐나갔다. 그러는 동안 바가반은 눈물이 뺨을 타고 흘러내릴 정도로 너무 크게 웃었고, 소파 매트리스가 벗겨져 그는 거의 미끄러져 떨어지려 했다. 수행원이 달려갔지만, 바가반은 스스로 균형을 잡고 일어섰다. 어떤 일이 일어나고 있는지 분명히 알 수 없었던 수행원은 당황해서 예의상의 미소를 지으며 매트리스를 다시 정리했다. 바가반은 여전히 웃으면서 앉았다. 그의 웃음이 잦아들었을 때, 채드윅이 급히 홀로 들어와서는, 어리둥절한 표정으로 긴 얼굴을 찡그리면서, 고개를 좌우로 흔들며 홀 구석구석을 살피고는 말했다.

채드윅: 여기에 누가 있습니까?

라: (활짝 웃기 시작하면서) 뭐라구요?

채드윅: 누군가 "조심하세요! 저 홀에 미친 사람이 있어요! 누가 관리자에게 알려주세요! 조심하세요! 저 홀에 미친 사람이 있어요! 조심하세요! 미친 사람이에요! 미치광이라구요! 조심하세요!"라고 소리를 지르면서 이곳에서 뛰쳐나가고 있습니다. 저는 바가반께서 위험에 처해 있을 거라고 생각해서 급히 들어왔습니다. 누가 왔었습니까?

라: (억눌러진 웃음에 몸을 떨고, 위태로울 정도로 자제된 목소리로) 그 미치광이가 누군지 압니까?

채드윅: 누구입니까?

라: 나입니다! (웃음을 터뜨리고는 소파에 놓인 베개 위로 쓰러져서, 몸을 앞뒤로 흔든다. 이 시점에서 전염되듯 내 눈길이 끌렸고 나도 키득키득 웃기 시작했다)

채드윅: (웃으면서, 거의 자신도 모르게) 여기에서 무슨 일이 일어나고 있는 거죠? 저를 놀리는 겁니까?

라: (나를 가리키면서, 숨이 막혀 가까스로 말을 하면서) 가자파티가 설명할 겁니다..!

그러고 나서 나는 채드윅에게 무슨 일이 일어났는지 말했다.

채드윅: 저런 무례한 악한 같으니! 감히 그런 고약한 말을 하다니!

라: 걱정하지 마세요. (원어) (이곳을 방문한 결과로 그 남자는 상당히 혼란스러워지지 않았습니까?)

 (깔깔거리면서) 그것은 그렇게 매우 오만한 사람들을 대하는 친절한 방식은 아닐지 모르지만, 불행하게도 그들에게는 그것이 유일한 방법입니다!

헌: 그렇지만 바가반께서는 세상에서의 삶이 사다나에 대한 장애물이 될 필요는 없다고 주장하셨습니다.

라: 네?

헌: 그가 지금 창조나 현현에 대해 비난하는 방식으로 말을 했다는 점에 비추어 – 그리고 이처럼 세상적 삶에 대한 암시에 의해서 말입니다.

라: 행위자가 없는 행위는 해롭지 않습니다. 사실, 육체의 행위는 그의 프라랍다가 그것을 그렇게 만든 사람에게는 불가피한 것입니다. 비난받는 것은 오직 개인적 행위의식에 대한 생각

뿐입니다. 완강한 마음은 육체가 저지르고 있는 행위들에 대해 스스로 개인적 책임을 지거나 가정합니다. 마음의 이런 성향은 창조라고 불립니다. 창조가 저주받는 것은 전적으로 이런 의미에서입니다.

헌: 바가반께서는 어떤 사람들에게는 베단타를, 어떤 사람들에게는 물리학을, 또 다른 사람들에게는 박티를 말씀하십니다. 누구에게 접근해야 하는지를 그는 어떻게 압니까?

라: 옛날에 살면서 한 번도 거울을 본 적이 없는 두 명의 아주 어리석은 사람이 처음으로 마을에 갔습니다. 그들은 아주 오래된 결혼식장에 있었습니다. 축제는 아직 시작하지 않았고 사람들은 아직 도착하지 않았습니다. 한쪽 구석에서, 그들은 한 사람만 설 수 있는 좁은 벽감에 있는 아주 크고 광택이 나는 은으로 된 판을 보았습니다. 첫 번째 사람이 벽감 안으로 들어가 크게 놀라며 말했습니다.

"이런, 누군가 내 초상화를 여기에 두었네요!"

"뭐라구요!", 두 번째 사람이 말했습니다, "당신은 근방에서 그렇게 유명합니까? 믿지 못하겠습니다. 내가 직접 볼게요. 나오세요."

첫 번째 사람이 벽감을 나갔고 두 번째 사람이 들어갔습니다.

"당신은 정말 지독한 거짓말쟁이군요!", 그가 말했습니다.

"나에 대한 당신의 질투심이 정말로 대단하다는 것을 이제 알겠습니다. 도대체 당신의 초상화라니! 이것은 나의 초상화입니다!"

두 사람은 번갈아가며 보았지만, 각자는 자신만을 보았습니다. 곧 그들은 말다툼을 시작했고 그러다가 주먹다짐을 했습니다. 주고받는 타격은 아주 격렬했고 우연히 한 번의 강타가 고대 건축의 지붕을 받치고 있는 기둥에 떨어졌을 때 그것은 완전히 갈라졌고, 벽감을 포함하고 있던 벽이 바닥으로 무너져 내려서 은색 판이 그들의 발밑에 떨어지게 했습니다.

"이런!" 어리석은 형제들 중 한 명이 말했습니다.

"그것은 우리 둘의 초상화잖아요!" 그들은 이렇게 기뻐하며 그들이 입힌 모든 손해를 누군가 알아차리고 그것에 대해 그들을 채찍질하기 전에 자신들의 마을로 돌아갔습니다.

헌: 그 이야기의 교훈을 파악하지 못하겠습니다.

라: 갸니는 순수하고 투명한 거울입니다. 사람들은 그에게서 그들이 원하는 것 또는 그렇게 하고 싶은 것을 봅니다. 선천적으로, 그는 빛에 접근할 수 없는 방에 있는 거울처럼 특성이 전혀 없습니다. 당신이 있는 곳에서 그가 무엇을 하고 있는 것처럼 보이는지와 당신에 대해 어떻게 행동하는지는 그와 전혀 관계가 없으며 모두 당신과 관련이 있습니다.

헌: 만약 두 명의 갸니가 만나면 그들은 무엇을 봅니까?

라: 갸니는 누구도 아갸니로 보지 않습니다. 그의 눈에는 모든 것이 오직 갸나입니다.

제21장
1936년 7월 27일

"나-깨달음"이라는 제목의 영어로 된 바가반의 전기를 쓴 유명한 법률가인 헌신자가 아쉬람에 편지를 썼다. 바가반은 홀에 있는 사람들에게 그의 편지를 읽었다. 겉으로 보기에, 슈리 나라심하 스와미갈은 이제 아함마드나가르 근처에 아쉬람을 가지고 있는 유명한 메허 바바의 영적 책임으로 넘어갔다. 그는 또한 이따금 바바의 구루인 우파산니야를 방문한다. 그는 바가반에게 절대로 그를 잊지 말라고 간청한다. 그 시간에 참석한 사람들 가운데 있었던 채드윅은 물어볼 것이 있었다.

채드윅: 왜 어떤 사람은 여기에 온 이후에도 다른 구루에 대한 필요를 느끼고 다른 곳으로 가버리는지 저는 여전히 알 수가 없습니다. 이 사람은 특히 바가반의 열성 헌신자였던 것으로 보입니다. 저는 우연히 그가 바가반의 전기를 잘라낸 큰 종이 뭉치를 발견했고, 그것들을 흥미롭게 살펴보았습니다. 그는 많은 사람들을 면담하는 것에 상당한 수고를 했습니다. 그렇지만 그는 떠나면서 바가반과 그의 대화 기록을 포함해서 그의 일기조차도 모으지 않았기에, 분명 바가반에게 환멸을 느낀 것 같습니다.

라: 여기에서 복종한 것은 결국 여기에서 파괴될 것입니다.

채드윅: 하지만 왜 그는 불필요하게 자신의 깨달음을 미루고 있습니까?

라: 당신이 무엇을 위해 여기에 왔는지에 대해 신경 쓰십시오. 다른 사람들은 스스로 알아서

할 것입니다. 우리가 스스로 돌볼 수 있다면 그것은 정말 대단한 일입니다. 다른 사람들에 대해서는 신경 쓸 필요가 없습니다.

제22장
1936년 7월 28일

헌: 저는 깨닫기를 엄청나게 열망합니다. 이번 생에서 깨닫는 것을 해내지 못한다면 어떻게 됩니까?

라: 그것이 중요합니까?

헌: 저에게는, 아주 많이, 그렇습니다.

라: 신경 쓰는 것이 완전히 멈추었을 때, 깨달음은 그리 멀지 않습니다.

헌: 슈리 바가반께서 실제로 아자타 아드바이타가 유일한 진리라는 생각을 가지고 있으면, 왜 그는 여기에 오는 일부 사람들에게 박티를 추천합니까? 그것은 그들에게 부당한 일을 하고 있는 것 아닙니까?

라: 박티에 대해 당신은 무엇을 알고 있습니까?

헌: 저는 그것이 사다카로 하여금 인격적 신의 존재를 전제하도록 함으로써 이원을 사실로 상정한다는 것을 압니다. 반면 바가반에 따르면, 진리 또는 실재의 관점에서 인격적 신은 전혀 존재하지 않습니다.

라: 신에 대한 지고한 무조건적 사랑의 결과로, 마음이 조금의 잔여물의 흔적도 없이 녹아버릴 때, 그것이 비이원의 나의 깨달음입니다.

헌: 저의 질문은 바가반께서 승인한 철학 체계인 아자타 아드바이타 학파에 따르면 인격적 신은 존재하지도 않는데 왜 바가반은 사람들이 의식적 숭배라는 이원의 수행을 계속하는 것을 금지하지 않는가 하는 것입니다.

라: 자유의지가 없고 동기가 없는 사랑, 말하자면, 무조건적인 복종이 있기만 하다면, 이름과 형체의 숭배 또한 이름이 없는 것과 형체가 없는 것을 깨닫기 위한 수단이 됩니다.

헌: 어떻게 그렇습니까?

라: 어떤 이유에서든 비차라사다나를 하고 싶지 않은 사람들에게는 다른 모든 것을 배제시킨 어떤 특정한 하나의 생각에 대한 강박적 집착이 방법입니다. 갸나비차라를 하는 사람은 하나의 생각이 일어날 때마다 스스로 "나는 누구인가?"라고 질문합니다. 그 생각은 사라지고 그는 순수한 주관적 의식의 흐름에 재흡수됩니다.

신에 대한 헤아릴 수 없을 정도로 강렬하고 간절한 사랑을 갈망하는 사람은 생각들이 일어날 때, 그가 사랑하는 사람이 자리를 찾지 못하는 생각들을 그가 하는 것이 아니라고 그 자신에게 말함으로써 그 생각들을 잘라냅니다. 그는 그가 사랑하는 사람에 대한 생각에 항상 몰두해서, 그의 연인에 대해 생각하고 그렇게 해서 간접적으로 그를 인식하기보다는, 느낌 – 접촉에 의해 그의 연인을 직접적으로 경험할 수도 있는, 그에게 완전히 명백해진 단계에 빠르게 도달합니다. 이것은 사다카에게 항상 내재해 있는 신성한 사랑의 흐름 안의 자기-몰입과 똑같습니다.

이 흐름은 순수한 주관적 의식과 다릅니까? 아닙니다. 따라서 박티나 갸나는 그 목적이 똑같습니다. 생각, 자유의지, 지성의 완전한 파괴. 삼사라로부터 필사적으로 벗어나려고 하는 자들만, 어떤 희생이나 대가를 치르더라도 깨닫습니다. 다른 사람들은 사다카로 남습니다.

당신이 운이 나쁘게도 머리에 뇌진탕으로 인한 강직증 상태에 빠졌다고 상상해 보십시오. 당신은 죽은 것으로 오인되어 호화로운 흑단나무 관 안에 안치되어 있습니다. 정교하게 깎아 만든 뚜껑은 못질이 되어 닫혀서 땅속 깊은 곳으로 내려집니다. 다음에는 흙이 채워지고 그 자리에 기념 석비가 세워지고, 추도 연설이 낭독된 다음 모든 사람이 흩어집니다. 이 모든 것이 일어난 지 몇 시간 후, 당신은 깨어나고 당신의 뇌가 무의식적으로 내내 기록하고 있었던 모든 감각 정보가 순간적으로 당신에게 떠오릅니다. 이 상황에 갇혀 있으면, 당신이 그때 똑같은 절망을 느낄 것입니다. 만약 당신이 삼사라에 갇혀 있는 것을 느낄 수 있다면, 왜냐하면 많은 차이가 없기 때문에, 깨달음은 확실합니다. 그렇지 않으면 당신은 만족해서 "일단 나의 이 힘든 세상적 책임을 다하면, 나는 오직 나의 진정한 나의 발견이라는 대의에만 초점을 맞출 것이다…"라거나 다른 비슷한 쓸데없는 말, 가상의 삶 후의 삶을 스스로에게 계속 이야기할지도 모릅니다…

그물에 걸린 물고기를 본 적이 있습니까? 현실에 안주하는 물고기들은 먹이가 되지만, 어떤 것들은 걷잡을 수 없이 뛰어올라 어떻게든 바다로 다시 떨어지려고 합니다. 마찬가지로, 슈리 라마크리슈나는 호마 새라고 불리는 숭고한 영혼을 가진 생명체들을 묘사합니다. 깨달음을 미래로 미루는 습관이 있는 사람에게, 이 "미래"는 결코 도래하지 않습니다. 그가 무덤으로 갈 때까지, 걱정이 잇따라 그를 점령합니다. 점점 더 좌절하며, 매번 그는 자신에게 말합니다, "이 문제를 해결한 직후에 나는 하늘조차도 흔들 수 없을 변함없는 사다나를 시작할 위치에 있게 될 것이다… 하지만 일단 근면 성실한 사다나를 시작했으면 나의 관심을 점령할 어떤 것도 원하지 않기 때문에, 이 하나의 마지막 순간의 문제가 해결될 때까지 기다려보자."

예외 없이, 일단 하나의 문제가 끝나면, 다음 문제가 곧 이어서 드러납니다. 이것은 태양이 뒤에 있을 때 자신의 그림자를 뒤쫓는 것과 같습니다. 당신은 그것을 잡을 수 있습니까? 그러므로, 깨달음은 지금 여기에 있습니다. 하누만은 무슨 요일이냐는 질문을 받았을 때 이렇게 말했습니다, "형제여, 나는 이런 것들에 대해서는 아무것도 모릅니다. 나에게는 오직 라마만 존재합니다."

따라서, 그것이 이상적인 사다카의 태도입니다. 일상적인 일들은 그의 마음에 접근하지 못합니다. 그렇지만 그는 수없이 많은 직업적, 가정적인 의무들을 완벽하게 이행하고 있을 수도 있습니다. 구경꾼은 "오! 불쌍한 사람. 이 얼마나 거추장스러운 삶인가!"라고 생각할지도 모릅니다. 사실 완전히 복종한 사람은 어떤 것도 하고 있지 않습니다.

헌: 바가반의 가르침에 따르면, 결코 존재하지 않는 가상의 신들의 도움을 간청하기보다는 자신의 진정한 나를 발견하고자 노력해야 하지 않습니까?

라: 만약 이 몸과 마음에서 당신이 실제로 있다면 그들 또한 있습니다. 당신은 진리에 대한 자신의 접근에 있어서 선택적일 수 없고, 동시에 그것이 진리에 대한 접근이라고 의미심장하게 단언할 수도 없습니다.

헌: 저의 육체는 눈에 보이는 물리적 존재입니다. 경전에 언급된 신들은 어디에서도 찾아볼 수 없습니다.

라: 하나의 이야기는 거친 것이고, 다른 하나는 미세합니다.

헌: 갸나비차라는 얼마나 오래 수행해야 합니까?

라: 노력과 의지가 없는 생각 없음이라는 자연적 상태가 얻어질 때까지입니다. 트라키아의 이 옛 이야기를 생각해 보십시오.

옛날에, 오래된 나무 구멍에 양치기들이 남겨 놓은 빵과 고기를 본 배고픈 여우가 몰래 구멍으로 기어들어가 충분한 식사거리를 얻었습니다. 먹기를 마쳤을 때, 그는 너무 배가 불러서 밖으로 나올 수 없었습니다. 그는 신음하며 자신의 운명을 한탄하기 시작했습니다. 지나가던 다른 여우가 그가 소리치는 것을 듣고 다가와 그가 불평하는 이유를 물었습니다. 무슨 일이 일어났는지 듣고 그는 말했습니다, "아! 친구여. 당신이 기어들어갈 때처럼 그렇게 될 때까지 당신은 거기에 있어야 할 거예요. 그러면 쉽게 나올 수 있을 겁니다."

따라서 원초적인 마음의 상태를 되찾지 않고서는 삼사라라고 알려진 지옥 같은 심연으로부터의 탈출은 불가능합니다.

헌: 이 자연적인 마음의 상태는 무엇입니까?

라: 노력과 의지가 없이 유지되는 순수한 주체적 의식입니다.

헌: 어떻게 해야 어떤 것을 하기 위해 노력하지 않으면서 그것을 할 수 있습니까? 그것은 말이 안 되고 우스꽝스럽게 들립니다.

라: 당신은 행위를 하는 것에 너무나 익숙해서 편안하게 아무것도 하지 않는 당신의 진정한 성품이 당신에게 이질적이게 되었습니다. 자연적 상태로부터의 일탈이 당신을 끝없는 활동의 바다로 밀어 넣었기 때문에, 당신은 행복한 비활동의 자연적 상태로부터 아주 멀어졌습니다. 그래서 당신은 "자연적 상태를 되찾기 위해 무엇을 할 수 있습니까?"라는 터무니없는 질문을 하고 있습니다. 그것은 "이 손전등으로부터 최대한 많은 양의 빛이 쏟아지도록 하기 위해서는 렌즈 앞에 손을 어떤 자세로 두어야 할까요?"라고 묻는 것과 같습니다. 그냥 손을 치우면 빛은 깨끗하고 밝게 빛납니다.

따라서 자아를 놓아주면 나가 드러납니다. 하지만 사람들은 이것을 이해하지 못할 것입니다. 그들은 공식, 개념, 방법들을 원합니다. 요약하면, 그들은 자신들이 "할" 수 있는 것을 원합니다. 그들이 삶에서 어떤 것을 원할 때마다, 그들은 그것을 얻기 위해 무언가를 했고 아마도 성공했을 것입니다. 그래서 그들은 깨달음도 이런 방식으로 얻어질 수 있다고 생각합니다. 많은 사기꾼들은 그들에게 그들의 마음을 의도적으로 지속되는 희열의 상태에 밀어 넣으라는 마음의 수행을 지시하면서, 잘 속아 넘어가는 그런 사람들의 심리적 요구를 또한 충족시킵니다. 이렇게 해서 가련한 희생자들은 그들이 성공적으로 깨달음을 얻었다고 생각합니다!

(웃는다) 하지만 아닙니다! 아무리 많은 것을 하거나 "명상"을 해도 나를 드러낼 수 없습니다. 깨달음을 열망하는 자에게 줄 수 있는 가장 고귀하고, 가장 유용하며, 가장 적당한 충고는 단순히 "숨마 이루"입니다. 하지만 사람들은 이것을 성취할 수 있게 해 주는 공식을 원합니다. 그러므로 갸나비차라가 처방됩니다. 깨닫기를 원함에 있어서 충분히 간절한 사람은 수다에 시간을 낭비하지 않을 것입니다. 그는 갑작스럽게 자신의 마음 안에 담겨 있는 모든 것을 버릴 것입니다.

이렇게 해서 벌거벗은 마음만 남게 되고, 그것 또한 결국에는 나에 의해 삼켜집니다. 육체에 집착하지 말고 결코 개인적 자아의 끝없는 요구의 충족을 목표로 삼지 마십시오. 이것들은 하나의 실재적 THAT에 있어서 일시적이고, 환상에 불과한 겉모습입니다. 태어나는 것은 무엇이든 분명히 죽을 것입니다. 필멸하는 것은 사라지게 마련입니다. 왜 언젠가는 사라지게 되어 있는 것에 집착합니까? 삼사라는 사람이 아비디야마야의 장갑을 끼고 손으로 잡고 있는 타오르는 시뻘건 쇠막대와 같습니다. 아비디야마야의 사악한 힘은 삼사라 불행의 전체 힘이 그의 마음에 새겨지도록 하지 않습니다. 또한 고통이 완전히 보류되지도 않습니다. 만약 당신이 실제로 쇠막대의 온전한 열기를 느낀다면, 당신은 그것을 떨어뜨릴 것이고, 아비디야마야는 그녀의 장난에 속을 것입니다. 따라서 고통은 감당할 수 있는 만큼의 양으로 당신에게 주어지고, 당신은 어리석게도 "오! 이 삶은 행복과 슬픔이 뒤섞여 있어."라고 생각합니다. 그런 태도는 삼사라의 경험에 대한 더 많은 갈망이 여전히 당신 마음에 있게 합니다.

마음을 다해 신을 갈망하는 사람은 다음과 같은 방법으로 신의 도움을 받습니다. 장갑은 강제로 찢깁니다. 따라서 독실한 박타인 사람은 때때로 사람들이 "이것이 바로 신이 그의 가장 신실한 숭배자들에게 보상을 주는 방식이다."라고 말하게 만드는 엄청나게 큰 비극을 직면해야 할 수도 있습니다. 이 빈정대는 말은 실제로 글자 그대로의 의미에서 사실입니다. 장갑을 끼고 있는 동안에는 당신이 시뻘건 쇠막대기를 내려놓도록 설득할 수 없습니다. 일단 그것이 없어지면, 이전과 달리 이제 그 고통은 감당하기에는 너무나도 엄청나기 때문에, 극도로 뜨거운 막대를 버리는 것은 불가피합니다.

깨달음에 효과적인 유일한 사다나는 "마음을 파괴하는 것"이라기보다는 "마음의 모든 내용물을 완전히 버리는 것"입니다. 밧줄에서 보는 뱀을 죽이는 것이 불가능한 것처럼 허구인 마음은 파괴될 수 없습니다. 우리가 파괴된 마음에 대해 이야기할 때, 그것은 단지 그 안에 세상-지각의 환영이 영구적으로 없는 상태에 대한 언급일 뿐입니다. 결코 존재하지 않았던 것과 존재할 수 없는 것을 당신은 어떻게 파괴할 것입니까? 만약 깨달음을 원한다면, 당신이 해야 할 일은 이것뿐입니다. 모든 것을 버리십시오. 즉, 마음을 비우십시오. 사실, 깨달은 모든 사람은 모든 사다나를 쓸모없는 속임수라고 포기하고 결국에는 오직 이것을 했습니다.

헌: 깨닫기 위해서는 사다나가 필요하지 않습니까?

라: 유일하게 진정한 사다나는 모든 사다나를 포기하는 것입니다. 모든 수행의 목적은 오직 모든 수행을 포기하는 것입니다.

　채드윅이 물었다.
채드윅: 같은 질문을 다른 사람이 하면, 바가반은 다른 대답을 합니다. 왜 그런지 물어봐도 되겠습니까?
라: 각자의 성향에 따라, 그는 지도를 받습니다.
채드윅: 그러면 하나의 단일한 진리는 없습니까?
라: 그것은 말로는 설명할 수 없습니다.

헌: 힌두 경전에 따르면, 소마바남^{somabhanam}이라고 하는 취하게 하는 음료가 있는데 그것은 들뜬 분위기를 만들기 위해 악마들이 사용했습니다. 그것을 어떻게 제조합니까? 바가반께서 저에게 알려주시기를 바랍니다. 그것은 현대인에게는 알려지지 않은 음료입니까, 아니면 고대인들이 그 이름으로 묘사한 단순한 알콜입니까?
라: 아트마스와루파의 희열이 언제나 당신의 것인데 왜 그런 저급한 쾌락들을 갈망합니까?
헌: 갸나비차라 기술은 평범한 보통 사람에게 정말 실용적입니까?
라: 왜 아니겠습니까? 하지만 그것이 극도의 바이라기야를 필요로 하는 것은 사실입니다.
헌: 그렇다면, 어떻게 바이라기야를 길러야 합니까?
라: 사람은 육체의 존재가 바람직하지 않고, 헛되고, 무의미하고, 무가치하고, 변함없이 고통스럽고, 완전히 용납할 수 있는 것을 넘어선다는 지적 이해가 분명해짐과 함께 시작됩니다. 깊이 자리 잡은 영구적인 것에 대한 사랑은 자연스럽게 그런 태도로 이어집니다. 그로부터 사물들은 자신의 불가결한 과정을 밟습니다.

헌: 어떻게 자아의 집요함을 극복할 수 있습니까?

라: 그것에게 아무 관심도 주지 않음으로써입니다. 만약 조금의 중요성이나 의미라도 자아에게 부여된다면, 그 결과는 한없는 비참함이 될 것입니다. 다음의 이야기를 들어보십시오.

    옛날 어느 마을에 세탁업자가 살았습니다. 그의 애완동물은 개와 당나귀였습니다. 개는 주인의 집을 지켰고, 주인이 어디를 가든 그를 호위했습니다. 당나귀는 강으로 갔다가 오는 길에 피곤한 몸 위에 무거운 옷 보따리를 실었습니다. 두 마리의 동물 모두 세탁업자 주거지 구역 안에서 잠을 잤습니다. 그들은 세탁업자가 사용할 수 있게 해주는 친절한 안식처에서 만족한 삶을 살고 있었습니다. 하지만 시간이 흐르면서 개는 자신이 더 나은 주인을 가질 자격이 있다고 느끼기 시작했기 때문에 원통해하며 침울해졌습니다. 어느 불운한 밤, 모두가 자고 있을 때, 도둑이 집 안으로 들어오려고 했습니다. 개는 도둑을 보고도 굳이 짖지 않았습니다. 도둑이 집 안으로 들어가는 것을 보고는 당나귀가 개에게 물었습니다, "친구여, 도둑이 집으로 들어간 것이 보이지 않나요? 주인을 깨우려고 짖지 않을 겁니까?" 개는 퉁명스럽게 대답했습니다, "당신 일이나 신경 쓰세요. 어디 감히 내 의무에 대해서 나를 가르칩니까? 어떻게 주인을 지켜야 하는지 나는 압니다. 나는 오랫동안 이 집을 지켜왔지만, 주인은 나에게 조금도 신경을 쓰지 않아요. 지난 몇 달 그는 나에게 제대로 먹을 것을 주지도 않았어요. 그 바보는 내 가치를 평가할만한 입장이 아니에요. 나는 그를 깨우지 않을 겁니다. 이 도둑이 그의 집에서 귀중한 것을 훔쳐 가면, 그는 나의 중요성을 깨닫게 될 거예요." 당나귀는 화가 나서 말했습니다, "오! 어리석은 이여, 지금은 불평할 때가 아니에요. 지금은 시기적절한 행동을 취할 때예요. 서두르세요, 그리고 바로 주인을 깨우도록 뭔가를 하세요." 개는 완고하게 대답했습니다. "아니요, 그는 나에게 신경 쓰지 않아요. 그러니 나도 그에게 신경 쓰지 않을 겁니다." 당나귀가 화가 나서 소리쳤습니다, "오! 사악한 이여, 당신은 주인에 대한 배은망덕함으로 가득 차 있군요. 당신이 가장 필요한 때에, 당신은 자신의 의무를 저버리고 있어요. 나는 당신과 같은 배은망덕한 몹쓸 이가 아닙니다. 당신이 그것을 도외시했으니 내가 대신 당신의 의무를 이행해서 그를 깨울 겁니다." 당나귀는 이렇게 말하고는 목청껏 울었습니다. 당나귀가 계속해서 소리를 질렀음에도 세탁업자는 몇 분 후에야 일어났습니다. 그러는 동안, 도둑은 당나귀의 거슬리는 목소리가 분명 집주인을 깨웠을 거라고 생각하며 재빨리 그 자리를 떴습니다. 세탁업자는 일어나서 주위를 둘러보았지만 잘못된 것을 발견할 수 없었습니다. 그는 자신의 평화로운 잠을 방해한 당나귀에게 몹시 화가 났습니다. 세탁업자는 튼튼한 지팡이로 가엾은 당나귀를 호되게 매질했습니다. 당나귀는 몇 달 동안 참을 수 없는 고통에 몸부림치도록 방치되었습니다.

헌: 이 무슨 말도 안 되는 이야기입니까? 정의로운 자들은 고통받도록 만들어지고 남겨지며 정의롭지 않은 자들은 번창합니다. 하지만 요즘엔 이것이 세상의 방식이라는 것은 인정합니다…

라: 이야기의 기초가 되는 교훈은, 자아는 그것이 당신의 의무 또는 도덕적 책무라고 주장하면서 당신에게 이런저런 것을 하라고 요구한다는 것입니다. 절대 신경 쓰지 마십시오. 만약 그렇게 한다면, 당신은 곧 자신을 심각한 곤란함에 처하게 할 것입니다. 육체의 프라랍다는 사람이 자동적으로 많은 일들을 불가피하게 수행하도록 만듭니다. 이것들을 제외하고, 사람이 어떤 지각된 구속력 있는 도덕적 책무의 결과로서 행동해야 한다고 생각하는 것은 무엇이든 불필요한 괴로움과 견딜 수 없는 고통을 초래하는 지략일 뿐입니다.

헌: 프라랍다에 의해 정해진 활동과 스스로 부과된 활동은 어떻게 구분합니까?

라: 모든 활동은 프라랍다에만 그 원인이 있습니다.

헌: 방금 바가반께서는 자아가 사람이 불필요한 활동을 하도록 부추긴다고 하셨습니다.

라: 어떤 일이 일어나는 순간 그것의 원인은 오직 프라랍다입니다. 나는 당신에게 생각에 따라 행동하지 말고 임의성 또는 더 높은 힘이 육체의 행동을 넘겨받도록 놔두라고 요구하고 있는 것입니다. 만약 "이것을 하는 것이 나의 의무가 아닙니까?"라는 생각이 일어나거나 행동의 필요성에 대한 다른 생각들이 일어나면, 그것들이 누구에게 일어났는지 물어봄으로써 그것들을 모두 분명하게 거부하십시오. 만약 그 후에 똑같은 행동이 육체에 의해 수행되고 있는 것을 당신이 목격한다고 해도, 절대 신경 쓰지 마십시오. 육체가 하고 있을지도 모를 것에 관여하는 느낌도 없이 초연하게 있으십시오.

헌: 그러면 제가 마음을 사용하지 않고 생각이 없는 상태에 머물러 있으면 더 높은 힘이 자동적으로 저의 책임을 완수할 것입니까?

라: 당신이 무조건적으로 그것에 복종했다면요. 이와 같이 "더 높은 힘이 효과적인 방법으로 나의 책임을 이행하는 것에 실패했다"라는 생각은 절대 일어날 수 없습니다.

헌: 이야기에서, 당나귀는 상황에 도움이 되려고 노력했을 뿐입니다.

라: 그의 것이 아닌 의무를 수행하려고 노력하는 것은 그의 일이 아니었습니다.

헌: 당나귀가 아니었다면, 도둑은 집을 약탈했을 것입니다. 당나귀는 숭고한 행동을 했고, 그의 주인을 해로부터 보호한 것에 대한 보답으로 그 주인에게서 매를 맞았습니다.

라: 이야기를 계속하자면, 당나귀는 결국 매질로 인한 상처 때문에 죽었습니다. 세탁업자는 즉각적으로 대체할 것을 얻지 못했습니다. 그래서 빈둥거리는 시간을 견디기 위해, 그는 모아 놓은 상당한 돈을 도박과 술에 탕진하기 시작했습니다. 곧 그는 이런 나쁜 습관들에 중독되어 일을 다시 시작할 생각은 그를 떠나버렸습니다. 그는 카드 게임의 결과에 대해 내기를 거는 것과 토디를 구입하는 것에 돈을 모두 썼습니다. 곧 그는 간경변 말기의 돈 한 푼 없는 가난뱅이로 죽었습니다.

　당나귀가 조용히 있었다면, 배은망덕한 개는 매를 맞고 쫓겨났을 것입니다. 세탁업자는 처음에는 절도로 인해 모은 돈을 모두 잃어서 제정신이 아니었겠지만, 세탁물을 가지러 이웃 마을에까지 가면서 보상하기 위해 밤낮으로 일했을 것입니다. 그는 번창하고 부유한 사람이 되었을 것입니다. 그는 애정을 가지고 초창기 시절 그를 위해 많은 수고를 했던 자신의 첫 당나귀를 떠올렸을 것입니다. 그는 영화로운 삶으로 그것을 애지중지하고 마지막 날까지 평화로운 휴식을 주었을 것입니다. 당나귀는 이 모든 가능성이 펼쳐지는 것을 막았습니다.

　왜 그럴까요? 그의 어리석고 잘못된 의무감 때문입니다. 눈에 보이는 실재의 영역에서, 일들은 어떤 이유 때문에 일어납니다. 오직 그 이유는 보통 우리의 감지 또는 이해를 넘어섭니다. 세탁업자는 이런 비통한 방식으로 죽을 운명이었습니다. 따라서 당나귀는 그 특정 순간에 우는 것이 그의 의무라고 생각했던 것입니다.

헌: 만약 지적 분석으로부터 얻은 모든 결론이 오해의 소지가 있다면, 어떻게 우리는 옳고 그름에 관한 결정에 도달합니까?

라: 복종하십시오, 그러면 더 높은 힘이 의사 결정에 대한 모든 필요성을 제거할 것입니다. 행동은 자발적이고 자동적이게 될 것입니다.

헌: 그런 자발적 행동들은 도덕적으로 옳고 적절할까요?

라: 복종했으므로 문제를 제기할 사람은 아무도 남아 있지 않습니다.

헌: 이 더 높은 힘이 저에게 비도덕적 행위를 하도록 강요하면 어떻게 됩니까?

라: 그것이 세상적 기준에 따른 것이라 할지라도, 복종한 상태에 있는 사람은 결코 그 명백한 사실에 연연하지 않을 것입니다. 그 상태에서 옳고 그른 것 사이의 모든 구분은 사라집니다. 도덕적 기준들은 우리의 육체적, 마음의 실제만큼만 실제적입니다. 절대적이지 않기 때문에 그것들은 절대적 존재 안에서는 자리가 없습니다. 또한 하나의 존재로서 머무르는 사람은 모든 존재에 대해 자연스러운 친절함과 연민을 보이는 것 또한 사실입니다. 그는 모두를 그 자신의 나로서 사랑합니다. 오직 사랑만 알고 다른 어떤 것도 모르기에, 그는 악을 알 수 없습니다.

헌: 또한 그들이 깨달은 상태에 놓여 있다고 추정되기 때문에 옳고 그름의 규범을 초월했고 이렇게 해서 그들 자신에게 모든 방식의 악을 저지르는 권한을 준다고 주장하는 갸나의 사칭자들이 있습니다. 왜 신은 그들의 속임수를 벌하지 않습니까?

라: 무엇이 당신에게 그가 그러지 않는다는 인상을 주었습니까?

헌: 영적 길에서 인간의 가장 나쁜 적은 무엇입니까?

라: 잠, 무력함 또는 다른 뭐라고 부르든 나태함 또는 타모구남^{tamogunam}입니다.

헌: 아무리 열심히 노력해도 저는 육체적 동일시를 포기할 수 없습니다. 저는 무엇을 해야 합니까?

라: 어떤 기술이나 학파를 따르든, 사다나에서는 우리가 더 나아가서 완전히 복종하기 위해 자신의 무력함을 인정해야 하는 지점이 도래합니다.

헌: 이것은 어떻게 합니까?

라: Mr. Girish Ghose가 슈리 라마크리슈나에게 이 질문을 했을 때, 그는 슈리 라마크리슈나에게 유리한 "위임장"을 주도록 지시를 받았습니다. 실제로 이것은 깨달음을 위해 전적으로 필요하고 완전히 충분합니다. 그러나 그것이 무엇을 의미합니까? 그것은 당신이 구루의 손에 자신을 무조건적으로 맡기고 그 후에는 아무 관심도 갖지 않는다는 것을 의미합니다.

헌: 이것을 위해서는 구루에 대한 확고한 믿음이 필요할 것 같습니다.

라: 신뢰나 믿음이 아니라 사랑, 사랑밖에는 모르는 맹목적 사랑입니다.

헌: 저는 복종했습니다. 그렇지만 여전히 도움이 없습니다.

라: 태평양 한가운데에서 항해하고 있는 구축함에 타고 있는 사람들을 생각해 보십시오. 갑자기 선체 바닥에서 큰 균열이 발견되고 배는 계속해서 침수되기 시작합니다. 승객들은 배가 떠 있게 만들기를 바라며 자신들의 모든 물건을 하나씩 바다에 던집니다. 다음으로, 수색 구조대가 도착할 때까지 아이들이 살아있게라도 하려는 바람으로, 중년의 사람들은 바다로 뛰어듭니다. 마침내 아이들은 부모님과 보호자가 돌아오기를 기다리는 것에 지칩니다. 한 아이가 말합니다. "저쪽 난간을 넘어보자. 분명 우리의 멋진 배가 아주 멋지게 서서 성큼성큼 나아가는 이 매력적으로 넘실대는 푸른 커튼 아래에 부모님들이 숨어 계실 거야." 아이들은 그것이 그들이 해야 할 일이라고 자신들끼리 동의합니다. 그들은 곤두박질쳐서 바다로 뛰어듭니다. 이제 그의 운명에 대해 한탄할 사람이 누가 남았다고 생각합니까? 구축함입니까?

따라서, 만약 당신이 정말로 복종했다면, 질문은 절대 일어날 수 없었습니다. 질문은 질문하는 사람에게만 일어납니다. 질문하는 사람은 포기되었습니다. 그러니 의문을 제기하거나 어떤 것을 질문할 누가 남습니까? "당신의 것"이 있을 수 있기 전에 "당신"이 있어야 합니다. "당신"은 복종의 행위로 버려집니다. 그러므로 이제 문제, 의혹 또는 불안 그 어떤 것이든 당신을 곤란하게 할 어떤 것이 당신의 것으로 남을 수 있거나 남아 있습니까?

제23장
1936년 7월 30일

헌: 비베카추다마니에서 슈리 샹카라는 "나"-"나" 의식이 가슴의 광채로 영원히 빛나고 있다고 말합니다. 저는 그것을 의식하지 못합니다. 제가 그것을 느끼지 못하는 이유가 무엇인지 궁금합니다.

라: 어떤 상태 즉 깨어있음, 꿈, 또는 꿈이 없는 잠의 상태에 있든 그리고 그것을 의식하든 그렇지 않든, 모든 사람은 예외 없이 그것을 가지고 있습니다. 당신은 자신이 그것을 의식하지 못한다고 말합니다. 그것은 당신이 그것을 주체에 의해 의식되는 대상으로서 지켜보기를 기대하고 있다는 것을 의미합니다. 반면, 그 자신으로서 남아 있는 주체는 단지 "나"-"나" 의식으로 알려져 있습니다. 그것을 보거나 감지하기를 기대하지 마십시오. 그것이 되십시오.

헌: 『마하리쉬와의 대담』이라는 책에서, "나"-"나" 의식은 절대적 존재로 언급됩니다. 그런데, 바가반께서는 또한 사하자 니르비칼파 이전의 어떤 깨달음도 단지 지적인 마음의 변형이라는 의견을 가지고 계신 것 같습니다. 왜냐하면 며칠 전 그 문제에 대해 그런 맥락에서 그가 논의하는 것을 제가 들었기 때문입니다.

라: 그렇습니다. "나"-"나" 의식은 절대적 존재의 성품을 띠고 있습니다. 그것이 사하자 이전에 온다고 해도, 사하자 그 자체에서처럼 그 안에는 미묘한 지성이 있습니다. 차이점은 후자에서는 형태의 의식이 사라진다는 것인데, 전자에서는 그렇지 않습니다.

헌: 바가반께서 한 번은 저에게 인간의 몸에는 바늘구멍만큼이나 작은 구멍이 존재하는데, 그곳으로부터 항상 의식이 몸 밖으로 흘러나간다고 말씀하신 것을 기억합니다. 그것은 열려 있습니까, 아니면 닫혀 있습니까?

라: 그것은 겉으로 보기에는 육체를 의식에 묶어주는 무지의 매듭이기 때문에 항상 닫혀 있습니다. 일시적 케발라 니르비칼파에서 마음이 사라지면 그것은 열리지만 그런 다음에는 다시 닫힙니다. 사하자에서 그것은 항상 열려 있습니다.

헌: "나"-"나" 의식의 경험 동안에는 어떻습니까?

라: "나"-"나" 의식 또는 아함 스푸라나는 중간 단계입니다. 그것의 기능은 매듭을 영구적으로 끊어내는 열쇠로서의 역할을 하는 것입니다. 의식과 겉으로 보이는 물리적 세상 사이의 이 매듭은 치드자다그란티chidhjagranthi라고 알려져 있습니다. 그것이 묶여 있는 한, 이와 같이 오랜 무지가 지속됩니다. 심지어 사람이 이것 또는 저것이라는 조금의 생각이라도 남아 있는 한(즉, 동일시의 능력이 여전히 살아있는 한, 마음이 그 자신을 인격과 동일시하는 한, 또는 마음이 그 자신의 내용물의 진실성을 계속해서 믿는 한), 마음은 죽지 않을 것이고 이렇게 해서 매듭은 끊어질 수 없습니다. 비샤야바사나가 마음에 잠재되어 있는 한, 마음의 영구적인 파괴는 어떤 수단으로도 달성될 수 없습니다. 사다카의 목표는 바사나를 가슴으로부터 빼내는 것이어야 합니다. 이것을 위해서는 비차라가 가장 효과적인 방법입니다. 그것은 무지라는 독이 있는 나무를 철저히 파괴합니다.

헌: "나는 누구인가?"라는 탐구는 육체의 어떤 지점으로 이어집니까?

라: 나-의식은 개별적 존재 그 자신과 관련이 있고, 따라서 경험의 중심으로서 육체의 구멍을 가진 그의 존재 안에서 경험되어야 합니다. 이 중심은 모든 종류의 전기 에너지 방출을 일으키는 기계의 발전기와 비슷합니다. 그것은 육체에서의 삶, 그것의 모든 부분과 기관의 의식적이고 무의식적인 활동들을 유지할 뿐만 아니라, 개인이 기능을 하는 물리적 차원과 미세한 차원 사이의 연결고리입니다. 또한 발전기와 마찬가지로 그것은 물리적으로 진동을 하고 그것에 주의를 기울이는 조용한 마음에 의해 느낄 수 있습니다. 벌거벗은 마음이 이 진동에 주의를 기

울인 채로 있는 상태만이 스판다비라자^{Spandabhraja} 사마디 또는 아함스푸르티^{ahamsphoorthi}라고 알려져 있습니다. 영어로 우리는 그것을 "'나'—섬광'이라고 부릅니다.

헌: 만약 마음이 그 근원에 잠겨 있는 것이 아니라 어떤 것에 주의를 기울이고 있다면, 여전히 그 상태를 사마디라고 부를 수 있습니까?

라: 아함스푸르티 또는 아함 스푸라나는 마음이 그 근원에 잠겨 있을 때를 제외하고는 나타나지 않습니다. 진짜 아함 스푸라나 상태인 것에서 발생하는 "나"–"나"의 진동에 주의를 기울이는 마음은 이원성을 포함하지 않습니다.

헌: 어떻게 그럴 수 있습니까?

라: 마음은 그 자신의 근원에만 주의를 기울이고 있고, 그렇게 함으로써 일시적으로 그 안에 합해져서 남아 있기 때문입니다. "나"–"나" 진동은 묵상의 대상이 아니라, 오히려 적어도 당분간 그에게서 바사나가 다시 활동적이기 시작할 때까지는 주체의 완벽한 내향성을 구성합니다.

헌: 그래서 아함 스푸라나 상태는 영구적이지 않습니까?

라: 처음에 그것은 산발적일 수 있습니다. 변함없는 비차라의 수행으로 그것을 영구적으로 만드십시오. 마음이 순수한 주관적 의식의 근원에 영구적으로 녹아있을 때, 그것이 깨달음입니다. 깨달음에서는 절대적 자각 외에는 아무것도 느끼지 않습니다.

헌: "나"–"나" 의식이 생겨나는 그 중심에는 어떻게 도달합니까? 단순히 "나는 누구인가?"를 탐구하는 것에 의해서입니까?

라: 그렇습니다. 그것은 당신을 저절로 안으로 데리고 갈 것입니다. 당신은 고요한 마음으로 그것을 해야 합니다. 마음의 니브릿티 상태는 필수적인 전제조건입니다. 그것은 객관적 관점이나 "나는 육체다"라는 생각을 포기해야 한다는 것을 의미합니다. 이런 명을 "나는 육체가 아니라 불멸의 나이다"라고 생각해야 한다는 뜻으로 이해해서는 안 됩니다. 생각을 포기하라는 요구를 받을 때, 그것이 "나는 생각해서는 안 된다"라고 생각함으로써 이루어질 수 없다는 것을 이해하십시오. 타불라–라사$^{tabula-rasa}$는 "타불라–라사"라는 말이 새겨졌던 석판과 똑같은

것이 아닙니다.

헌: 가슴에 도달했을 때 "나"–"나" 의식은 어떻게 스스로를 드러냅니까? 저는 그것을 알아보겠습니까?

라: 확실히, 모든 생각으로부터 자유로운 순수한 주관적 의식으로서 입니다. 그것은 나의 존재함에 대한 원래 그대로의 깨지지 않는 자각입니다. 그것이 생각이나 지성의 능력에 의해 오염되지 않고 남아 있을 때, 그것을 오해하는 것은 불가능합니다.

헌: 이 중심의 떨리는 움직임은 순수한 주관적 의식의 경험과 동시에 느껴집니까?

라: 그렇습니다. 하지만 스푸라나는 절대적 자각이 아주 가까이에 있을 수 있도록 가슴의 빛 안에서의 내재함이 충분히 안정화되고 깊어질 때 또는 갑작스럽게 크게 놀라거나 충격을 받는 동안 마음이 정지할 때에도 미묘한 방식으로 느껴질 수 있습니다. 그것은 스스로에게 주의를 끌어 모아서, 동요나 불안의 부재로 인해 예민해진 구도자의 마음이 그것을 자각하고 마침내 그것, 나 안으로 뛰어들게 합니다.

헌: "나"–"나" 의식은 나–깨달음과 같은 것입니까?

라: 아닙니다. 그것은 단지 나–깨달음에 대한 전주곡일 뿐입니다. 그것이 갸나의 사하자스티티로 이어졌을 때만 나–깨달음 또는 해방이 될 수 있습니다.

헌: 이 "나"–"나" 의식에 이르면, 어떻게 그것으로부터 완벽한 깨달음의 상태로 나아갈 수 있습니까?

라: 그 흐름은 당신이 저절로 그 안에 빠져 죽게 만듭니다. 해야 하는 꼭 필요한 일은 그것과 싸우는 것을 멈추고 그것에게 복종하는 것입니다.

헌: 소크라테스는 "조사하지 않는 삶은 살 가치가 없다"라고 말했습니다. 그렇다면 우리는 신이 왜 세상을 창조했는지 알아내려고 노력해서는 안 됩니까? 이 거대한 우주의 원대한 운명에서 작고 연약한 인간의 역할은 무엇입니까?

라: 소크라테스는 "Gnothi seauton(너 자신을 알라)."이라고 말했습니다. 그것부터 먼저 합시다.

헌: 하지만 나-깨달음은 정말 실질적 목표가 아닙니다. 바가반 같은 사람들에게, 그것은 청하지 않아도 찾아옵니다. 다른 사람들은 그것을 요구하고 울부짖지만 그것은 찾아오지 않습니다. 그것은 가치나 노력에 의해 얻어지는 어떤 것이라기보다는 우연한 재능으로 보입니다. 더욱이 바가반께서 가르친 갸나비차라의 길은 가파릅니다. 심지어 벤자민 프랭클린은 "세 가지의 아주 힘든 것이 있는데, 강철, 다이아몬드, 그리고 자신의 진정한 나를 아는 것이다." 라고 말했습니다.

라: 깨달음에 대한 탐색을 포함해서 모든 것을 포기하는 사람은 실재의 안으로 들어가는 출입구에 머무르고 있습니다. 이것은 단순한 진리입니다. 그것에 대한 난해한 관점은 없습니다. 실재적인 것을 보는 사람들은 "신비주의자"라고 알려져 있습니다. 정말 이상한 세계입니다! 가장 명백하고, 근본적이고, 스스로 빛나고, 자명한 그것을 보는 사람은 신비주의자 또는 신비한 사람이라고 불립니다. 그것을 완전히 무시하고 허구를 쫓는 사람은 정상적인 방식으로 행동하는 것으로 간주됩니다. 누가 이 이상한 세계의 방식을 이해할 수 있습니까?

헌: 진정 바가반이 아니면 누가 전능한 존재입니까?

라: 전능함은 실제로 어떤 것을 아는 것이 아닙니다. 전능한 존재는 알지 않습니다. 그는 영구적으로 허구로부터 벗어나 있습니다. 그는 불변의 실재로서 머물러 있습니다. 이처럼 그가 알아야 할 것은 진정 아무것도 없고 그는 알아야 할 것을 찾을 수 없습니다. 지식, 객관화 능력, 그리고 마음은 모두 실제로 같은 것을 의미합니다. 고통 혹은 환영 혹은 무지.

헌: 이 고매한 베단타는 평범한 보통 사람을 위한 것이 아닙니다.

라: 그렇습니다. 그는 모든 것을 듣고 말할 것입니다, "오! 개인적 자아는 존재하지 않는다! 나는 이해한다..." 그가 한 이 말은 그가 아무것도 이해하지 못했다는 것을 정확하게 보여줍니다. 일단 그가 유능한 스승으로부터 "자아-자아는 존재하지 않는다."라는 말을 들으면, 팍비의 마음은 마치 번개에 맞은 것처럼 (즉, 영구적인 침묵 속으로) 떨어집니다. 다른 사람들은 자아-자아가 존재하지 않는다는 것을 스스로 이해합니다. 그것은 마음으로 완전히 미쳐서, 그 도둑을 잡겠다는 분명한 각오를 가지고 경찰관의 제복을 입은 도둑과 같습니다. 그 임무가 성공할

까요? 기껏해야 그 미치광이는 도둑이 발견되었다고 스스로 설득할 수 있을 것입니다.

　마찬가지로 우리는 우리가 아자타 아드바이타를 이해했다고 상상합니다. 이해하는 것과 지성적인 것의 마음의 영역으로부터 작동하는 사람은 자발적으로 빛으로부터 아주 멀리 갔습니다. 자아-자아가 존재하지 않음에 대한 단순한 지적 수용이나 인식은 어떤 진정한 이익도 초래하지 않을 것입니다. 나가 즉각적이고 지금 여기에 있는 것은 사실입니다. 그렇게 의식하든 아니든, 사람은 항상 그것과 변함없는 동질감을 유지하는 것도 사실입니다. 그렇지만 아비디야마야의 짙은 구름을 산산조각 찢는 것은 쉽지 않습니다. 그것은 기본적으로 그의 은총을 필요로 합니다.

헌: 어떻게 그의 은총을 얻습니까?
라: 당신의 완전한 무력감을 인정하고 무조건 항복함으로써입니다.

　백인의 유행을 좇아 화려하게 치장을 한, 마음으로 문제가 있어 보이는 한 젊은이가 홀에 들어와 자신이 방금 어머니를 살해했다고 바가반에게 알렸다. 바가반은 그의 존재를 의식하지 못하는 것처럼 보였지만, 홀에 참석한 사람들은 불안해하는 것 같았다. 젊은이는 계속해서 이렇게 말했다. "저는 Thanjavour에 있는 정통 브람민 가정에서 태어났습니다. 고등 교육을 받을 목적으로 저는 마드라스 조지타운에 있는 마드라스 크리스천 칼리지 B. A. 프로그램에 등록했습니다. 그곳에 있는 동안 저는 봄베이 법정변호사이자 사회 개혁가인 Mr.Ambetkar의 생각에 크게 영향을 받았습니다. 저는 대학 친구들과 함께 마누스므리티Manusmriti 복사본들을 태우는 것에 참여했습니다. 저는 머리다발과 신성한 실을 잘라냈습니다. 중독을 끊으려고 애쓰는 알콜 중독자들의 고통을 연구하고 싶어하는 척하면서, 친구들과 저는 영국계 인도인 친구가 -우리를 위해- 강력하게 편지를 써서 해외로부터 받은 뷰캐넌의 Special Red Seal을 자유롭게 잔뜩 먹었습니다. 어느 날 우리 가족이 Mylapour에 살고 있는 친척들을 방문하러 마드라스에 왔습니다. 2주쯤 전에 저는 그들이 마드라스에 방문하는 잠정적 날짜를 알려주는 편지를 받았지만, 그것에 대해 모두 잊어버렸습니다. 호스텔에서 즐겁게 노는 "Red-Seal-ing" 세션 도중에, 갑자기 그것에 대해 기억이 났습니다. 저는 어머니를 본 지 여러 달이 지났습니다. 당장 어머니의 행복한 얼굴을 보고 싶었습니다. 화장실에 가고 싶다고 친구들에게 거짓말을 하고 저는 곧바로 Mylapour로 떠났습니다. 저는 너무 얼큰하게 취해서, 그렇게 완전히 술에 취한 상태의 얼굴을 보여줘서는 안 된다는 생각이 들지 않았습니다. 저는 기차에서 쓰러져 의식을 잃었습니다. 편지는 여전히 코트 주머니 안에 있었고 거기에는 친척집의 주소가 있었습니다. 분명 누군가 저를 그곳에 데려다 준 것 같습니다. 다음날 아침 저는 깨어나서 아그라하람 양식의 집에 있는 것을 알았습니다. 어머니는 구석에 웅크리고 앉아 흐느껴 울고 있었습니다. 모두가 제 옷에서 뿐 아니라 (듣자하니, 밤중에 저에게 소변을 누었기 때문에) 입에서 불쾌한 냄새가 나고 있고, 머리 다발과 신성한 실이 사라졌다는 사실에 대해 이야기하고 있었습니다. 아버지는 나쁜 길로 빠진 것에 대해서 저를 꾸짖었습니다. 어머니는 멍해 보였고 아무 말도 하지 않았습니다. 아버지와 삼촌들은 저에게 주의를 줬고 저를 다시 호스텔로 데려다주었습니다. 일주일 후 저는 전보를 받았습니다. 어머니가 Thanjavour의 집에서 천장에 목을 매 돌아가셨습니다. 저는 서둘러 집으로 갔습니다. 그녀는 자신의 결혼식 사리를 사용했는데, 그녀가 항상 언급해 온 그것은 특별히 저의 미래 배우자를 위해 결혼식 때 쓰도록 지정되어 있었습니다. 그녀의 축 늘어지고 생기가 없는 손에서 발견된 쪽지에는 이렇게만 적혀 있었습니다: "(원어, 118)" (흐느끼며 허벅지로 홀 바닥을 쿵쿵 치면서) 저는 어머니를 죽였습니다..."

그러나 바가반은 창문 밖에서 그의 시선을 끄는 것처럼 보이는 어떤 것에만 관심이 있는 것처럼 보였다. 그는 그의 welterous 방문객과 그의 행동의 두드러진 astraughtedness에는 조금도 신경을 쓰지 않았다. 술에 취한 소년이 거칠게 손을 흔들면서 스승에게 신호를 보냈음에도 불구하고, 바가반은 같은 자세로 꼼짝도 않고, 움직이지 않고 반응하지 않은 채로 있었다. 소년은 계속해서 딸꾹질 소리를 내며 엄청난 눈물을 흘렸다. 마침내 그가 말했다. "당신은 원래 위대한 성자입니다. 저에 대해서 조금의 연민도 가지고 있지 않습니까?" 큰 반구형의 머리가 창문으로부터 천천히 그 시선을 돌려 소년의 눈을 직접 마주치려고 향한 다음 부드럽게 이렇게 말했다.

라: 속죄는 무엇입니까?

헌: 제가 당신에게 그것을 물어보기 위해 여기에 온 것입니다.

라: (조용히 미소지으면서) 당신은 존경하는 Woolavington 남작에게 물어보려고 한 적이 있습니까? Mr.Ambetkar에게 물어보려고 한 적이 있습니까?

헌: 저는 이미 마음이 많이 괴롭습니다. 제발 이렇게 저를 놀리지 마십시오. 저는 당신이 위안을 주기를 기대하며 이곳에 왔습니다.

라: 고려되어야 할 문제는 바다가 얼마나 많은 소금을 가지고 있느냐가 아니라 당신이 얼마나 필요로 하고 추출할 수 있는가 하는 것입니다. 또한 거울을 들여다볼 때, 당신이 보는 것은 거울이 아니라 오직 당신 자신 또는 주변입니다. 그 자체로서의 거울을 보는 사람은 드뭅니다.

헌: 이 말들은 모호하고 당혹스럽습니다.

라: 괜찮다면, 여기에 며칠 머물러도 좋습니다. 조용히 있으면서 당신의 의혹이 저절로 해소되는지를 보십시오.

헌: 아쉬람 경영진이 제가 머무는 것을 허락할까요?

라: 직접 물어보는 게 어떻습니까?

헌: 갸나를 얻은 사람은 겉으로 보기에 여전히 똑같은 육체를 차지하고 있는 동안에도 새로운 탄생을 얻는다고 합니다. 이 말의 저변에 있는 의미는 무엇입니까?

라: 네, "나는 그리스도와 함께 십자가에 못 박혔다. 그럼에도 불구하고 나는 살아있다. 그렇지만 내가 아니라 그리스도가 내 안에 살아 있다..." "그러므로 만약 누구든 그리스도 안에 있으면, 그는 새로운 피조물이다. 옛것은 갔다. 보라, 모든 것이 새로워졌다." "그가 죽었다는 점에서, 그는 예전에 죄에 대해서 죽었다. 하지만 그가 살아있다는 점에서, 그는 신에 대해서 살아있다."

   태고의 자연적인 의식이 있는 상태 안에 끊임없이 내재해 있음으로써, 진지한 사다카는 그의 마음이 비활동으로 죽는 것을 허용했고, 자신이 갸나라는 것을 깨달았습니다. 그의 육체는 세상에서 활동하고 있는 것처럼 보일 수 있지만, 그는 그것에 대해 전혀 의식하지 않습니다. 그는 좋아함이나 싫어함이 없고, 섭리의 팔이 그것을 가만히 두거나 휘두를 때 그의 육체는 가만히 있거나 이리저리 움직입니다. 그 자신은 전혀 움직일 수 없습니다. 그는 육체가 (전체로) 남아 있는지 구성 요소로 축소되었는지에 대해서는 전혀 무관심합니다. 실제로 그는 겨우 그 사실을 등록하거나 압니다.

그는 다른 누구도 보지 않거나 볼 수 없기 때문에 누군가를 깨우치게 하거나 하는 그런 일에는 관심이 없습니다. 그의 가까이에 있는 사람들은 그런 경험을 할 수도 있습니다. 하지만 그 자신은 아무것도 알지 못하고 아무것도 하지 않습니다. 그는 그 너머의 것에 의해 완전히 파괴되었습니다. 그는 결코 기억될 수 없습니다. 그래서 새로운 탄생은 자신을 육체가 있는 생명체라고 상상하는 존재로서의 죽음과 불멸의 절대적 존재로의 탄생을 의미합니다.

헌: 이 상태는 모두가 도달하도록 열려 있습니까?

라: 그것은 깊은 헌신이나 강한 바이라기야 중의 하나를 필요로 합니다. 만약 누군가 삼사라를 기분 좋고 호의적인 것이고, 심지어 아주 약간 참을 수 있고 받아들일 수 있다고 생각한다면, 그는 흐리다야그란티의 강한 유대를 깰 가능성이 없습니다. 붓다는 화살에 찔린 사람은 그것을 뽑아내는 것에만 관심이 있을 것이고, 화살이 어떤 금속으로 만들어졌는지, 어떤 속도로 이동했는지 등에 관한 연구를 하는 것에는 관심이 없을 것이라고 말했습니다.

우리의 모든 노력은 실재의 획득이 아니라 거짓된 부착물의 제거에만 집중됩니다. 자아라고 알려진 환영의 겉모습은 그의 환영의 무지를 근절하기 위한 환영의 노력을 합니다. 그러면 그는 사라지고, 절대 존재하지 않았던 것입니다.

헌: 저는 지난 세기 말쯤에 캠브리지, 킹스 칼리지 Seeley 교수가 Transvaal에 있는 Durban 시 근처 어딘가에서 여우같은 생명체의 화석화된 유해를 발견했다는 것을 읽었습니다. 이것들에게 그는 "Thrinaxodon liorhinus"라는 이름을 붙였습니다. 이 생명체들은 오늘날에는 발견될 수 없습니다. 그들은 지구상에서 완전히 사라졌습니다. 우리는 이렇게 궁금해 하지 않을 수 없습니다. 사람도 언젠가는 비슷한 운명을 겪게 되어 있지 않을까? 언젠가 우리 또한 존재로부터

사라질 것인가?

라: 당신은 당신 자체가 절대적 존재입니다. 무엇보다도, 자신을 찾으십시오. 그러면 그런 의혹과 두려움은 절대로 당신을 괴롭히지 않을 것입니다.

헌: 슈리 구루 나마치바야르는 치담바람 쉬바 사원에서 화재 사건이 일어나고 있다는 것을 어떻게 알아차렸고, 더욱이 티루반나말라이의 이 언덕 어딘가에 앉아있으면서 새끼손가락을 드는 것조차도 하지 않고 그 불을 끌 수 있었습니까?

라: 갸니에게 시간이나 공간이 어디에 있습니까? 그에게 시간이나 공간이 있을 수 있습니까? 시간과 공간은 단지 생각하고, 기운이 넘치는 마음에 의해 만들어진 상상의 허구일 뿐입니다. 마음이 전혀 없는 갸니는 그것들에게 구속될 수 없습니다. 공간–시간 다면성^{manifold} 그 자체는 갸니에게만 의존합니다. 그 자신이라는 구조로부터 다면성이 만들어집니다. 그러면 왜 우리는 겉으로 보이는 현자의 비범한 행동을 보고 놀라야 합니까? 그는 그의 싯디들에 대한 어떤 이례적인 것도 보지 못합니다. 그것들은 자연스럽게 그에게 옵니다. 그는 그것들을 배우고, 함양하거나 효율적으로 사용하려는 어떤 노력도 하지 않습니다. 그의 프라랍다가 다른 것이 아니라 그런 식이라면 그는 그것들을 행사합니다. 우리는 그를 잘못 동일시하고 있는 육체 안으로부터 그가 작용하고 있다고 생각하기 때문에 현자 측에서의 그런 행동들이 특이하다고 생각합니다. 그러나 그것은 현자의 경험이 아닙니다. 당신은 터무니없게도 자신을 형체와 동일시하고 똑같은 실수를 현자에게도 확장시킵니다. 하지만 그가 속을 수 있습니까? 실재인 그에 관한 한, 나타나는 모든 것, 그리고 항상 오직 있을 수 있는 것은 전적으로 그 자신뿐입니다.

헌: 왜 칸나기는 마두라이를 태웠습니까? 저에게는 부당해 보입니다.

라: 왜 저에게 묻습니까? 법정에 고소하십시오. (홀 안의 웃음소리)

제24장
1936년 8월 1일

헌: 행복에 대한 바가반의 생각은 무엇입니까?

라: 행복은 단지 그 자체입니다. 그것에 대한 생각들은 불행입니다.

헌: 불행에 대한 바가반의 생각은 무엇입니까?

라: 그 자체를 "나"라고 칭하는 생각—제조 능력입니다.

헌: 바가반의 인생에서 가장 큰 사랑은 무엇입니까?

라: 무형의 존재, 아루나찰라입니다.

헌: 바가반의 현재 마음 상태는 무엇입니까?

라: 마음이 없는 상태입니다.

헌: 바가반이 가장 좋아하는 일은 무엇입니까?

라: (원어).

헌: 제 삶은 끊임없는 불행에 대한 이야기입니다. 저는 아마도 행복하다는 것이 무엇인지 전혀 알지 못했을 것입니다. 저는 인생의 모든 것에서 완전히 실패했습니다. 태어날 때부터 지금 순간까지, 저는 오직 실패만을 만났고 알았습니다. 저는 이 고통을 연장하고 싶지 않습니다. 저는 자살하기로 결정했습니다. 가장 좋은 방법은 무엇입니까? 저는 총기 사용법에 능숙

하지 않습니다. 굶어 죽을까요?

라: 당신은 자신이 모든 것에서 실패했다고 말합니다. 또한 미래에 실패만을 예상합니다. 따라서 당신은 나는 자살을 하기로 마음을 정했다라고 말합니다. 하지만 생각해 보십시오. 자살은 실패에 맞설 수 있습니까? 모든 것에서 실패했다면, 자살 시도만은 성공할 것이라고 생각하는 이유는 무엇입니까?

헌: [어리둥절한 듯 보인다] 네… 그것에 대해서는 생각 못했습니다. 그러니 그 방법 또한 권할 만한 일이 못 되는군요! 하지만 이제 저는 무엇을 해야 합니까? 저는 악마와 깊고 푸른 바다 사이에 갇혀 있습니다! 더 이상은 살 수 없습니다. 스스로에 대한 자신감이 완전히 무너졌습니다. 죽을 수도 없다는 것을 이제 이해하게 되었습니다. 살 수도 없고 죽을 수도 없다면, 저는 무엇을 해야 합니까?

라: 신경 쓰는 것을 그만 두십시오. 모든 것에 대해서 완전히. 당신이 사람이라는 생각을 포기하십시오. 이것 또한 죽음입니다. 사실 그것이 유일하게 진짜이고 영원한 죽음입니다.

헌: 바가반은 제가 생각들로부터 벗어난 정신적 평정의 상태에 있다고 옹호하고 있습니다. 그렇지 않습니까? 하지만 이 상태에 이르는 것은 아주 어렵다고 합니다.

라: 얻어야 할 것은 아무것도 없습니다. 오직 모든 것을 포기하십시오. 모든 거짓된 부착물을 제거해서 버려야 나를 깨달을 수 있습니다.

헌: 예수는 말했습니다. "까마귀들을 생각해 보라. 그들은 심지도 않고 거두지도 않는다. 창고도 헛간도 없다. 그리고 신이 그들을 먹인다…"

라: 정말 그렇습니다.

헌: 하지만 인간만이 브람마갸나를 얻을 능력을 부여받았음은 부인할 수 없습니다.

라: 그것은 당신의 의견입니다.

헌: 그러면 동물이 나를 깨달을 수 있습니까?

라: 전례가 없지는 않습니다.

바가반은 이제 홀에 있던 채드윅의 눈을 똑바로 쳐다보고는 말했다.

라: 처음 여기에 왔을 때, 당신은 [나에게] 어떻게 구루의 도움이 깨달음을 가져오는 데 유용한지를 물었습니다. 당신은 그것이 삼사라의 유해한 올가미를 무력하게 만든다는 말을 들었습니다. 이제 보입니까?

채드윅은 이해하지 못하고 그저 멍해 보였다.

라: 원숭이가 여기[그의 몸을 가리키며]에 앉아 있는 동안, 그것은 개가 닿을 수 없는 곳에 있었습니다. 그것은 울부짖었지만 그 이빨을 원숭이의 살에 찔러 넣을 수 없었습니다. 그것은 낙담하고 가야만 했습니다.

마찬가지로, 구루의 자비로운 은총의 시선을 단단히 붙잡은 사람은 삼사라가 전혀 닿을 수 없는 돌이킬 수 없는 곳에 자신을 두었습니다. 그러면 삼사라는 위협적으로 그에게 짖기만 할 수 있을 뿐입니다. 그것은 물 힘이 없습니다. 이를 위해서는 무조건적인 복종이 필요합니다.

채드윅: 저의 복종이 완전한지 아닌지를 어떻게 확인할 수 있습니까?

라: 이것들을 포함한 질문이나 의문이 더 이상 일어나지 않습니다. 원하는 것이나 신경 쓰는 것이 더 이상 없습니다.

헌: 바가반의 기도 "Maal visham pattri, adhu thalai uttru iru munam, ninadhu arul pattridavaen dum."의 의미는 무엇입니까?

라: "육체가 나다"라는 생각이 스스로 무감각해지게 해서는 안 됩니다. 사람은 자신이 형태와 모양을 가진 지각의 대상인 육체 안에 살고 있는 것을 발견하면 당연히 깜짝 놀라고 충격을 받아야 합니다. 의도적으로 육체로부터 소외감을 일으키려고 노력하는 것은 아무 소용이 없습니다. 육체적 존재에 대한 생각은 전혀 받아들여지거나 용납되어서는 안 됩니다. 그러면 깨달음만 가능해집니다.

육체적 존재를 편안하게 느끼는 사람은 깨달을 수 없습니다. 깨달음이 육체적 존재와 공존한다고 생각하는 사람은 단지 자신을 속이고 있는 것입니다. 깨달음을 위해 필요한 벌거벗겨진 마음의 상태를 가져오는 강렬한 바이라기야는, 삼사라는 오직 슬픔만을 내놓는다는 진리를 인식할 때만 올 것입니다. 사람들은 "하지만 삶은 보통 슬픔과 행복이 섞여 있는 것이라고 여겨진다."라고 주장할지도 모릅니다. 바로 이런 이유로, 그것은 행복만이 되어야 하는 완벽함과는 거리가 멉니다.

영원하지 않은 것은 그것을 위해 노력할 가치가 없습니다. 소위 삼사라의 기쁨이라는 것은 본질적으로 덧없고 일시적입니다. 그런 이유로, 그것들은 완전히 가치가 없습니다. 흔들리지 않고, 힘이 들지 않는 영원한 희열은 깨달음에서만 가질 수 있는 것입니다. 말비샴^{malvisham}은 자신을 어떤 것과 동일시하고 이렇게 해서 "나"와 "나의 것"이라는 환영이 생기는 것을 가능하게 만드는 정신적 습관입니다. 그것은 아비디야마야와 동일합니다. 굳어지도록 허용되면, 그것은 사람을 죽이는데, 왜냐하면 진정한 죽음은 다름 아닌 삼사라에 갇히는 것이기 때문입니다.

만약 무지가 마음에 강하게 정착하기 전에, 마음이 구루의 자비로운 은총에 스스로를 노출시킬 기회를 얻는다면, 깨달음은 가능해집니다. 만약 사람이 어딘가에서 자라나고 있는 유해한 잡초를 본다면, 그는 그것을 뿌리째 뽑아서 태워야 합니다. 만약 방치된다면, 그것은 큰 나무로 자라서 파괴하기에 정말 힘들어질 것입니다. 세상적 일에서의 성공은 자아를 더 크고 강하게 만들고, 개인적 성취감은 그것을 점점 더 지성과 동일시하게 만듭니다. 그래서 사람이 삶에서 어떤 것을 성취하기 전에 마음을 내향화하는 데 성공한다면 틀림없이 깨달음이 얻어질 수 있습니다. 이것 때문에 나이 든 사람들은 사다나에서 앞으로 나아가는 것이 더 어렵다는 것을 알게 됩니다. 슈리 라마크리슈나는 "노화 때문에 목구멍의 막이 굳어져 있을 때 앵무새는 말하는 법을 배울 수 없다."라고 말했습니다.

높은 이상을 향한 열정적인 헌신은 개인적 자아에 대한 그들의 감각이 그 스스로를 주장할 수 있기 전에 어린 나이의 아이들에게서 길러져야 합니다. 왜냐하면 가장 치명적인 위험은 사람이 재정적 독립의 수단을 발견할 때이기 때문입니다. 그는 자신이 "자급자족의 존재"라고 생각합니다. 자신을 물질적으로 또는 재정적으로 부양할 수 있는 것에 대한 이 자부심이 많은 사람의 경우에 깨달음에 대한 큰 방해물이라는 것을 우리는 관찰할 수 있습니다.

깨달음은 당신이 스스로를 완전히 그리고 무조건적으로 굴복하는 것을 필요로 합니다. 그것은 "나는 나 혼자서는 무력하다. 나는 어떤 것도 할 수 없다. 내가 빠져나갈 유일한 방법은 구루 [또는 우연성 또는 나 또는 신 또는 더 높은 힘, 이 이름들 중 어느 것으로 부르든 간에]의 자비에 나 자신을 던지고 조용히 있는 것이다."라는 느낌이 마음을 완전히 뒤덮었을 때만 일어날 것입니다.

만약 "나는 이 세상에서 스스로 생계를 유지함으로써 나 자신을 부양할 수 있다."라고 생각한다면, 그것은 깨달음과 정반대 방향으로 즉, 멀어지도록 이끕니다. 복종하라는 요구를 받으면, 어떤 사람들은 단순히 그들의 도덕적 의무 또는 깨닫기 위한 영적 탐구를 복종하라는 요구를 받고 있다고 생각하고, 복종에 대한 그들의 생각을 실행한 후에 그들은 자신들이 하고 싶은 어떤 것이든 할 만큼 대담해집니다. 아닙니다.   깨달으려면 당신은 "나"를 굴복해야 하고 그것은 모든 것을 포함합니다. 그래서 이기적 자만심의 마알 비샴Maal visham이 의식의 눈을 완전히 멀게 하기 전에, 우리는 구루의 자비로운 은총의 눈길에 그것을 완전히 열어야 합니다.

헌: 깨닫기를 원한다면 저는 일을 그만두어야 합니까?

라: 비난 받는 것은 활동에 대한 자만심이지 생계를 이어나가는 활동 그 자체가 아닙니다. 육체가 일을 해야 할지 말지를 당신이 결정할 수는 없습니다. 반면 마음은, 내향적이든 외향적이든 적어도 그것이 지향하는 방향은, 항상 당신의 통제 아래에 있습니다.

헌: 바가반은 산야시가 되려는 의도를 가지고 티루반나말라이에 왔다고 우리는 말할 수 있습니까?

홀의 어떤 이: 바가반은 바르나슈라마다르맘varnashramadharmam을 초월했습니다.

라: 왜 내가 여기에 왔는지 나는 알 수 없었고 그 문제에 대해서는 아무 말도 하지 않았습니다. 뱀의 눈에 마음을 빼앗겨 쳐다보는 개구리가 본능적으로 그쪽으로 움직이는 것처럼 나는 넋을 빼앗기고 이곳으로 끌렸습니다. 산야시는 집을 떠났을 수도 있고 길거리에서 음식을 구걸

하고 있을 수도 있습니다. 그렇지만 "나는 산야시"라는 자기본위의 생각의 흔적이 조금이라도 남아있는 한, 그는 사실 사다카일 뿐입니다.

헌: 카스트에 기반한 차별 관행에 대한 바가반의 의견은 무엇입니까?

라: 쉬바바키야르는 노래했습니다. (원어, 122)

헌: 바가반은 동의하십니까?

라: 네.

헌: 아유르베다에 따르면, Rumex Vesicarius라는 약초는 특별한 조제 물질의 특정 혼합물로 섭취되면 수행자에게 영적 세계astral 여행의 힘을 부여한다고 저는 들었습니다. 그것이 사실입니까?

라: 이 사람[그 자신을 의미한다]은 약초로 만든 조제 물질이 설사를 치료하는데 그저 그런 효능이 있다는 것을 발견했습니다. 영적 세계 여행의 싯디에 관해서, 당신은 왜 그것을 원합니까? 그것이 당신에게 행복을 줄 것이라는 인상을 받습니까?

헌: 왜 아니겠습니까? 저는 이곳 외의 세계를 여행할 수 있고, 그곳에서 볼 수 있는 모든 유형의 새롭고 흥미로운 광경과 장면들을 눈요기할 수 있습니다. 이것은 행복으로 가득 찬 매력적인 경험이지 않을까요?

라: 쾌락과 행복은 같은 것이 아닙니다. 쾌락에는 산찰람[동요]이 있습니다. 행복에는 샨티[평화]가 있습니다. 어떤 것이 지각될 가능성이 아직 남아 있는 한, 당신은 결코 샨티를 안 것이 아닙니다. 따라서 만약 세상이 보인다면, 그것은 보는 자가 스스로 마음이 편하지 않다는 것을 의미합니다. 하나의 세상을 보는 것을 현명한 자들은 불행이라고 말합니다. 어떤 사람들은 많은 세상을 보기를 원합니다!

헌: 바가반의 조언에 주의를 기울여서, 저는 여러 번 굴복했습니다. 그렇지만 지평선에서는 아무런 희망의 빛도 보이지 않습니다.

라: 일단 무조건적인 굴복이 이루어졌으면, 어떤 질문이나 문제도 일어날 수 없습니다. 만약 "나", 다시 말해서 질문자 자신이 영원히 포기되었다면, "아! 이 비통한 고통이 나에게 아주 고통스러운 고난을 가져다줄 것이다!" 또는 "바가반에게 굴복을 했음에도 불구하고 왜 나는 아직 깨닫지 못하는지 궁금하다"라고 어떤 것을 묻거나 불평하거나 생각할 누가 남습니까? 질문과 의문이 여전히 일어난다는 사실은 실제로는 아무런 굴복이 일어나지 않았다는 것을 보여줍니다.

오직 절대적 굴복만이 진정으로 굴복이라고 알려질 자격이 있습니다. "나는 굴복했다"라고 생각하는 것은 굴복이 아닙니다. 굴복한 사람은 절대 그런 생각을 하지 않고, 다른 생각도 하지 않습니다.

사다나로서 굴복을 수행하는 것과 실제로 굴복하는 것은 구별할 수 있습니다. 그것을 사다나로서 수행하는 사람은 세상적 걱정에 대한 고통을 만날 때마다 "나는 내 삶에 대한 책임을 신의 손에 맡겼다. 이제부터 나는 어떤 두려움, 불안 또는 걱정도 품어서는 안 된다. 신이 나를 돌봐줄 것이다"라고 생각합니다. 실제로 굴복한 사람은 단순히 오래전에 걱정하는 것을 끝냈습니다. 만약 하늘이 땅에 충돌한다 해도 그것은 그의 무심함을 흔들지 않을 것입니다. 어떤 이유로도 그에게서 생각을 끌어내는 것은 더 이상 가능하지 않습니다. 오래전에 자신을 포함한 모든 것을 포기했기 때문에, 그는 생각할 어떤 것도 더 이상 없으며, 어떤 생각을 할 누구도 그에게는 없습니다.

오직 후자의 굴복하는 자만 아난야샤라나가티Ananyasharanagati라고 알려져 있습니다. 이것만이 카이발야로 이어집니다. 사람들은 마음으로 무엇인가를 하는 것에 너무 익숙해져 있어서 굴복하라는 요구를 받으면 "네, 저는 굴복하고 싶습니다. 제가 무엇을 해야 하는지 제발 알려주십시오."라고 간청합니다. 그런 사람들에게는 부분적 굴복의 방법이 사다나로서 처방됩니다. 적절한 시간이 지나면 그것은 성실한 추구자 즉 깨달음을 위해 기꺼이 모든 것을 포기하는 사람에게서 아난야샤라나가티로 이어집니다. 아난야샤라나가티는 사다나가 아닙니다. 실제로 무조건적으로 굴복하는 사람은 그 안에 "나는 깨달을 수 있도록 모든 것을 포기하고 있다."라는 생각에 대한 조금의 흔적도 가지지 않을 것입니다. 아난야샤라나가티는 동기나 의도가 전혀 없습니다. 그것의 아름다움은 어떤 것을 "하는 것"이 아니라 "나는 모든 것을 포기했다"라는 생각조차도 제외하지 않고 모든 것을 완전히 포기하는 것에 있습니다.

헌: 하지만 어떻게 이것을 합니까?

라: 나는 그것은 행해지는 것이 아니라고 방금 말했습니다. 행위[어떤 것을 하는 것]는 포기[당신 자신을 포함한 모든 것을 완전히 버리는 것]의 반대입니다.

헌: 그렇다면 저는 무엇을 해야 합니까?

라: 모든 것을 포기하고 조용히 있으십시오.

헌: 그러면 바가반처럼 집을 떠나 사람이 살지 않는 숲 지역으로 가야 합니까?

라: 당신의 육체가 어디에 있게 되고 그것이 무엇을 하고 있게 되는지는 당신의 통제 범위 안에 있지 않습니다. 그것은 육체의 프라랍다입니다. 당신은 마음에 집중하고 그것을 가슴 쪽으로 몰고 갑니다. 이것만이 당신의 통제에 있습니다.

헌: 갸니는 신 그 자신이라고 합니다. 이 신의 사람 즉 자신의 당연한 역할은 인간에 대해 선을 행하는 것임에도 불구하고, 그가 자기 동료의 고통은 무시하고 고립해서 사는 것을 더 좋아하는 것은 어째서입니까? 바가반은 "인간이 있는 곳 그 어디에서나 특권에 대한 여지가 있다(Ubicumque homo est ibi beneficio locus est)"라는 격언을 들어본 적이 없습니까?

라: 갸니는 고통에 무지합니다. 무지가 행복입니다(Ignorantia sit beatitudo). 그는 희열에 대해서만 깨어있고 희열만 의식합니다.

헌: 우리 불쌍한 인간들은 어떻습니까? 바가반은 인간의 고통이 안타깝지 않습니까?

라: 고통은 마음에만 있습니다. 물리적 차원에서 고통을 개선하려는 모든 노력은 일시적 결과만을 낳을 것입니다. 고통을 제거하는 영구적인 방법은 고통 받는 마음과 동일한 고통 받는 자를 없애는 것입니다. 고통 받는 자는 소멸되고 더 이상 고통은 가능하지 않을 것입니다.

헌: 세상에 이런 고통을 들여온 것에 대해 신은 분명 타당한 이유가 있을 것입니다.

라: 그렇습니다.

헌: 그 이유는 무엇입니까?

라: 그래서 당신은 삼사라에 싫증이 나게 되고, 내면으로 돌아서고, 깨닫고, 그렇게 함으로써 고통의 문제에 대한 영원한 해답에 도달합니다. 세상의 유감스러운 곤경에 대한 당신의 추론들은 단지 객관적 지식입니다. 그런 지식은 사정에 따라 옳을 수도 있지만, 다른 어떤 곳이 아니라 점점 더 고통스러운 탄생들[또는 환생들]로 이어질 뿐입니다.

따라서 모든 지식을 포기하는 것이 갸냐입니다. 그것만이 지혜입니다. 변화만이 유일하게 영원한 것이고, 무작위성과 불확실성이 양두정치에서의 왕들Kings-in-duumvirate로서 지배하는 세상에서, 행해지는 것은 결국 무효화되고, 만들어지는 것은 완전히 파괴되며, 갈망하여 소중히 여겨지는 것은 썩은 뿌리 덮개가 됩니다. Cicero는 현명하게 말했습니다, "그러나 만물의 시작이 우리에게 시작을 가져다주는 것과 같이 자연이 그러하다면 죽음은 끝을 가져온다. 부활하기 전에는 아무것도 우리 것이 아니었듯이 죽은 후에도 아무것도 우리 것이 되지 않을 것이다.(Natura vero si se sic habet ut quo modo initium nobis rerum omnium ortus noster adferat sic exitum mors: ut nihil pertinuit ad nos ante ortum sic nihil post mortem pertinebit.)" 이것은 자연의 불변의 계획입니다. 그래도 사람은 진리를 보지 않고, 그것이 분명 그를 반복된 파멸로 이끌 것을 알면서도 어리석게도 계속해서 이름과 형태에 매달릴 것입니다. Sattaimuni Siddhar는 노래했습니다. (원어, 123)

반면 마음이 죽은, 완전히 무지한 갸니는 일어나는 것처럼 보이는 것은 무엇이든 단지 실재에서의 겉모습이라는 것을 압니다. 그는 포괄성이나 다양성을 의식할 수 없습니다. 그러므로 그에게는 사실 아무것도 절대 일어나지 않고, 아무것도 일어날 수 없으며, 아무것도 일어나지 않았습니다. "Bidhyathae hridaya granthishchidyanthae sarvasamshayaha kshiyanthae chasya karmani thasmin dhrishtae paravarae." 아트만이라는 깊이를 알 수 없는 희열의 바다에 빠져 있는 갸니는 오직 "의식할aware" 수만 있습니다. 그는 "알아차릴aware of" 수는 없습니다.

세상의 일들은 단지 상상의 허구일 뿐입니다. 장신구들이 녹으면 금에게 어떤 일이 일어납니까? 형태가 변화합니다. 아디슈타남, 사드바스투는 절대 움직이지 않습니다. 그것은 실재의 것입니다. 당신은 신을 알기를 원합니다. 그렇지만 또한 세상이 불행으로부터 자유롭기를 원합니다. 만약 이 세상이 완벽하게 행복한 곳이라면, 왜 수고스럽게 신을 알려고 해야 합니까? 신을 알려고 하는 사람의 노력은 실제로 이 미치게 만드는 고통, 더 많은 고통, 그리고 훨씬 더 많은 고통의 세상으로부터 영원히 벗어나려고 하는 시도입니다.

[외경에서] 예수는 말했습니다, "진실로 내가 너희에게 이르노니 사람이 그의 눈으로 하늘과 땅을 동시에 볼 수 없듯이, 신과 세상을 사랑하는 것은 불가능하다. 누구도 결코 서로 적대하는 두 주인을 섬길 수는 없다. 왜냐하면 만약 한 사람이 너를 사랑하면 다른 사람은 너를 미워할 것이기 때문이다. 그렇다 하더라도 진실로 너희에게 이르노니 너희가 하나님과 세상을 섬기지 못하리니, 이는 세상은 거짓과 탐욕과 악독함에 빠져 있기 때문이다. 그러므로 세상에서는 안식을 찾지 못하고 오히려 박해와 상실을 찾을 것이다. 신을 섬기고 세상을 멸시하는 곳에서, 너는 나에게서 자신의 영혼을 위한 안식을 찾게 될 것이다."

헌: 보통의 평범한 사람이 이 모든 난해하고 복잡한 철학을 이해할 수 있겠습니까?

라: 그렇지 않다면, 그에게는 신의 달콤한 사랑의 길이 기다릴 것입니다. St. Augustine은 지혜롭게 말했습니다, "자선을 통하지 않고는 진리에 들어갈 수 없다(Non intratur in veritatem nisi per caritatem)."

헌: 신에 대한 사랑으로 아트만을 깨달을 수 있습니까?

라: 사랑이 그 자체로 목적이 되도록 작용하고, 어떤 것에 대한 수단이 되도록 의도되지 않는다면요. 그것은 자유의지가 없고 동기가 없어야 합니다.

헌: 깨달음은 기술입니까, 아니면 과학입니까?

라: 박타에게 그것은 전자입니다. 그것은 보답으로 사랑받기를 기대하지도 않는 무조건적 사랑의 기술입니다. 모든 것을 태우는 이 맹렬한 사랑의 도가니에서 불타는 사람은 세상, 그의 삶, 또는 그것들의 [지각된] 결점들에 대해 불평할 것이 없습니다.

헌: 바가반은 사적인 면담을 승인하십니까?

라: 혼자 있는 상태요? 다른 사람들은 어디에 있습니까? 다른 사람들이 있습니까? 당신이 그것을 좋아하든 그렇지 않든, 그것을 알든 그렇지 않든, 당신은 항상 홀로 있음에 있습니다. 그

것을 깨달으십시오. 깨달은 사람은 언제나 혼자 있지만 결코 외롭지 않습니다. 갸니만이 진정 혼자 있는 상태가 무엇인지를 압니다. 그는 런던 다우닝 스트리트 한가운데에서 벌거벗고 서서 지나가는 한 사람 한 사람으로부터 조롱을 받도록 스스로를 노출할 수도 있습니다. 그렇지만 당신은 그의 혼자 있는 상태에 하나의 흠집이나 훼손도 만들 수 없습니다.

왜 그렇습니까? 그는 여기에 없기 때문입니다. 저 너머의 것이 이미 그를 집어삼켰습니다. 그것이 진정한 혼자 있는 상태입니다. 다른 혼자 있는 상태들은 가상의 것입니다.

헌: 아! 그래서 이것이 바가반께서 어떤 옷도 입기를 거부함으로써 하려고 하는 말이군요.

라: 이 홀에서 행해지는 말들이 어떻게 이해되고 해석되는지는 듣고 흡수하는 사람의 기질에 따라 다릅니다.

헌: 제가 이 육체가 아니라는 논리적 증거는 무엇입니까?

라: 당신은 잠에서 그것을 느낍니까?

헌: 그곳에서 깨어난 후에는, 또다시 전날 밤과 똑같이 잠에 빠지기 바로 전입니다.

라: 육체는 왔다 갔다 합니다. 당신은 항상 있는 그대로 남아 있습니다.

헌: 제가 이 살의 육체가 아니리 형태가 없는 아트만이라는 논리적 증거는 무엇입니까? 그것은 단순한 믿음의 문제입니까? 뒷받침해주는 경험적 증거는 없습니까?

라: 눈에 보이는 실재 그 자체의 수준에서, 눈에 보이는 실재는 겉으로 보기에는 실제인 것처럼 보입니다. 그것을 초월할 때만, 당신은 그것이 완전한 허구이고, 그것이 결코 존재하지 않았다는 것을 압니다.

헌: 그러면 현재로서는 맹목적 믿음에 근거해서 계속 나아가야 합니까?

라: 믿음은 전적으로 지성의 영역에 충성을 느낍니다. 그것은 당신을 그 정도까지만 데려갈 수 있습니다. 박타는 무조건적인 사랑에 의해 진리를 발견합니다. 그는 변함없는 바이라기야에 의해 갸나비차에 참여하고 있습니다. 이 두 가지 무기는 자아를 쫓아낼 수 있는 마법 지팡이입니다.

제25장
1936년 8월 2일

헌: 아루나찰라 언덕은 신과 동일합니까?

라: 그렇습니다.

헌: 제가 그것에게 은총을 요구할 수 있을까요?

라: 그렇습니다.

헌: 그 은총들이 허락될까요?

라: [대답이 없다]

헌: 만약 기도가 이루어지지 않을 것이라면 요구하는 것이 무슨 소용입니까?

라: 사자의 이가 몇 개인지 세어보려고 사자의 입속에 머리를 집어넣는 사람, 자살하는 사람, 멍하니 있는 사람, 호기심이 없는 사람. 모두가 동등하게 완전한 절멸이라는 똑같은 운명을 만납니다.

헌: 서커스에서 어릿광대는 쉽게 재주를 부립니다.

라: 아루나찰라라고 알려진 이 다섯 개의 얼굴을 가진 사자는 아편에 중독되고 속을 수 없습니다. 일단 그것들이 당신에게 다가오기 시작했으면 그의 치명적인 은총의 턱으로부터 벗어나지 못합니다.

헌: 그래서 이것이 "은총이란 무엇인가(Arunai endru enna)… valai thappumo?"의 의미군요!

라: 맞습니다.

헌: 저 또한 바가반을 가둔 이 희열의 턱 사이에 갇히기를 원합니다. 저는 무엇을 해야 합니까?

라: 계속해서 언덕 주위를 걸으십시오.

헌: 아드바이타 학파에 따르면, 신은 바로 형태가 없는 아트만입니다. 아루나찰라는 명확한 형태와 모양이 있습니다. 이 모순은 만약 우리가 그 언덕을 신이라고 칭한다면 언제나 반드시 일어납니다.

라: 보는 자가, 마음이 완전히 없을 때만 분명해지는 진정한 지식의 빛 안에서 이름과 형태의 지각에 대한 정신적 능력이 용해되고 파괴된 사람일 때, 아루나찰라는 결코 형태가 있는 것으로 보이지 않습니다.

라마나 마하리쉬와의 대화, 1

초판 발행   2025년 6월 10일

옮 긴 이   김병채(크리슈나다스)
펴 낸 이   황정선
출판등록   2003년 7월 7일 제62호
펴 낸 곳   슈리 크리슈나다스 아쉬람
주   소   경상남도 창원시 의창구 북면 신리길 35번길 12-12
대표전화   (055) 299-1399
팩시밀리   (055) 299-1373

전자우편   krishnadass@hanmail.net
카   페   cafe.daum.net/Krishnadas

ISBN 978-89-91596-84-9 (03270)

* 잘못 만들어진 책은 바꾸어 드립니다.